中财传媒版
2020年注册会计师全国统一考试辅导系列丛书——名师点拨

经济法

重难点点拨

注册会计师考试编写组 编

中国财经出版传媒集团
中国财政经济出版社

图书在版编目（CIP）数据

经济法重难点点拨/注册会计师考试编写组编．
—北京：中国财政经济出版社，2020.6
（中财传媒版2020年注册会计师全国统一考试
辅导系列丛书．名师点拨）
ISBN 978－7－5095－9805－4

Ⅰ.①经…　Ⅱ.①注…　Ⅲ.①经济法－中国－
资格考试－自学参考资料　Ⅳ.①D922.29

中国版本图书馆CIP数据核字（2020）第077807号

责任编辑：张若丹　汪娟娟　　　　责任印制：党　辉
责任校对：张　凡　　　　　　　　封面设计：王　颖

中国财政经济出版社 出版
URL：http：//www.cfeph.cn
E－mail：cfeph@cfeph.cn

社址：北京市海淀区阜成路甲28号　邮政编码：100142
营销中心电话：010－88190406　北京财经书店电话：010－64033436
北京鑫海金澳胶印有限公司印装　各地新华书店经销
787×1092毫米　16开　27.5印张　656 000字
2020年6月第1版　2020年6月北京第1次印刷
定价：84.00元
ISBN 978－7－5095－9805－4
（图书出现印装问题，本社负责调换）
本社质量投诉电话：010－88190744
反盗版举报热线：88190492　88190446

前　言

中国注册会计师制度恢复重建至今正好走过40个春秋，40年风雨历程见证着注册会计师事业的辉煌，而注册会计师考试是其很重要的组成部分。注册会计师考试编写组通过对教材的详细阅读与专门研究，对教材中的知识点进行了深度的梳理与分析。在本系列丛书中，我们将教会考生如何备考、如何抓住重难点以及如何理解以前年度真题。通过对本系列丛书的学习，考生可以更加深入地了解历年考试的重点，更好地把握今年教材的新变化。书中还附有相应的练习题，帮助考生巩固所学知识、顺利通过考试。

注册会计师考试科目多、章节内容广、知识点庞杂，考生常常反映考试难度大，甚至有的考生在备考过程中就选择了放弃。其实，考生如果能够把握正确的复习方法和应试技巧，顺利通过考试并没有想象中那么困难。复习时，首先应当按考试大纲规定的范围和相应的辅导教材进行全面、系统的学习；其次抓住重点章节和重点内容强化知识储备；最后有针对性地多做练习，以掌握答题思路和技巧，并加深对重点难点的理解和把握，方法得当，教辅应手，往往事半功倍！

注册会计师考试编写组以注册会计师考试教材为起点，认真剖析知识点与考试的关系，精准把握考试定位，方便考生的理解和记忆，书中主要包含以下五个部分：

第一部分：2020年新教材内容的主要变化。这一部分主要是解读新教材的变化，帮助考生了解今年教材与以往的不同之处，把握教材新动向。

第二部分：近五年的考情统计分析。这一部分主要是对每一章节近五年的考试分值分布与考点分布进行了统计，帮助考生了解重点所在，使考生复习时有的放矢。

第三部分：重难点解析。这一部分是对教材知识点进行深度解析，为了考生使用方便，我们对每个重难点标有不同的星级，以此来对其重要程度进行区分，且重难点后会设有经典真题和经典模拟题，以求更好地帮助考生把握重点难点。

第四部分：进阶练习。这一部分增加配套练习，目的是帮助考生巩固所学知识点，掌握答题的思路和技巧，加深对重点和难点的理解和把握。

第五部分：进阶练习答案及解析。

本系列丛书的撰写倾注了编写团队大量的心血和情感，团队成员经验丰富、熟悉专业、了解考生的需求。我们的最终目标就是希望能真正帮助考生攻克每一个难关，提高考生的应试能力，使考生能轻松通过考试，顺利拿下证书。

预祝各位考生取得好成绩！

目　录

第五章　合伙法律制度

第六章　公司法律制度

第七章　证券法律制度

第八章　企业破产法律制度

第九章　票据与支付结算法律制度

第十章　企业国有资产法律制度

第十一章　反垄断法律制度

第十二章　涉外经济法律制度

第一章　法律基本原理

一、2020 年教材本章主要变化

2020 年教材中未出现任何新变化。

二、本章近 5 年考情统计分析

本章考题以单项选择题或多项选择题形式出现，属非重要考试章节，复习难度不大，最近 5 年平均考试分值为 2. 5 分。

（一）近 5 年考试分值分布

题型	2015 年	2016 年	2017 年	2018 年	2019 年
单选题	1	1	1	1	2
多选题	1. 5	1. 5	1. 5	1. 5	—
合计	2. 5	2. 5	2. 5	2. 5	2

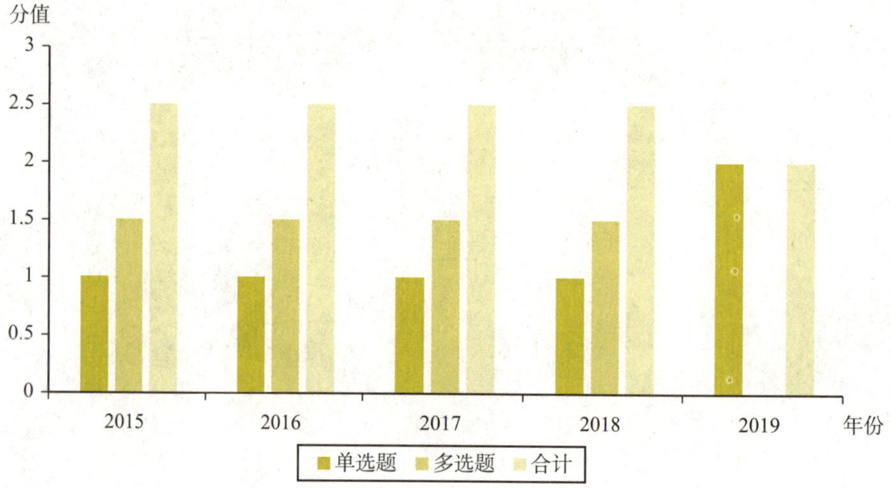

（二）近 5 年考试考点分布

高频考点内容	年度及题型分布
法律渊源	2015 年多选题、2016 年单选题、2018 年多选题
法律规范	2015 年单选题、2017 年单选题、2018 年单选题
法律关系	2015 年单选题、2015 年多选题、2016 年多选题、2017 年多选题、2018 年单选题、2019 年单选题
全面依法治国基本方略	2019 年单选题

三、本章思维导图

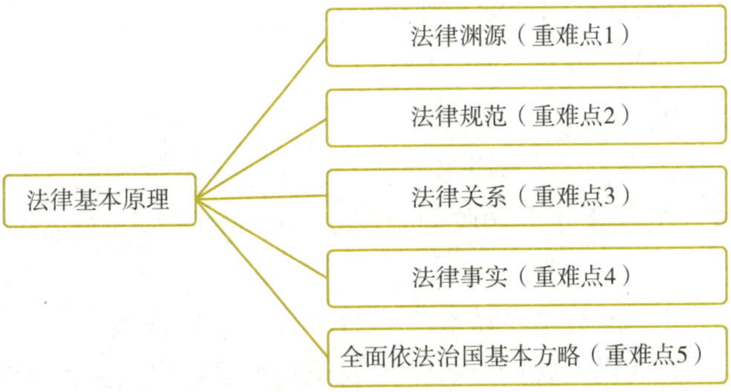

四、重难点解析

本章内容为法律的基本原理，属于基础章节，主要包括法律渊源、法律规范、法律关系及其构成要素、法律事实、全面依法治国基本方略等内容。

重难点1：法律渊源★★★

法律渊源即法的表现形式，它表明法的效力来源。我国是成文法国家，法律渊源主要有：

（1）宪法：具有最高法律效力，由全国人民代表大会制定。

（2）法律：效力仅次于宪法。其中，基本法律由全国人民代表大会制定，这些法律基本均是调整国家和社会生活中带有普遍性的社会关系的规范性法律文件，如《中华人民共和国刑法》（以下简称《刑法》）、《中华人民共和国民法总则》（以下简称《民法总则》）；一般法律由全国人民代表大会常务委员会制定，这些法律基本均是调整国家和社会生活中某一方面社会关系的规范性法律文件，如《中华人民共和国合伙企业法》（以下简称《合伙企业法》）、《中华人民共和国公司法》（以下简称《公司法》）。在全国人民代表大会闭会期间，全国人民代表大会常务委员会可以对基本法律进行补充和修改，但不得同该法律的基本原则相抵触。另外，法律解释权归属于全国人民代表大会常务委员会。

（3）法规：行政法规由国务院制定；地方性法规由有地方立法权的地方人民代表大会及其常务委员会制定。

（4）规章：部门规章由“国务院各部、委员会、中国人民银行、审计署和具有行政管理职能的直属机构”制定；地方政府规章由有地方立法权的地方人民政府制定。

（5）司法解释：由最高人民法院和最高人民检察院制定，当最高人民法院和最高人民检察院的解释出现原则性分歧时，须报请全国人民代表大会常务委员会解释或决定。

【小贴士】法律解释权归属于全国人民代表大会常务委员会；而司法解释权归属于最高人民法院和最高人民检察院。

（6）国际条约和协定。

【经典真题】

【多选题·2015】下列各项中，属于我国法律渊源的有（　　）。

A. 联合国宪章

B. 某公立大学的章程

C.《最高人民法院公报》公布的案例

D. 中国证监会发布的《上市公司收购管理办法》

【答案】AD

【解析】（1）选项A：属于“国际条约”的范畴；（2）选项B：属于法人组织的内部性文件；（3）选项C：最高人民法院的判决书不属于我国的法律渊源；（4）选项D：属于“部门规章”的范畴。

【单选题·2016】下列关于法律渊源的表述中，正确的是（　　）。

A. 全国人大常委会有权部分修改由全国人大制定的基本法

B. 部门规章可以设定减损公民、法人和其他组织权利或者增加其义务的规范

C. 地方性法规是指地方人民政府对地方性事务制定的规范性法律文件的总称

D. 除最高人民法院外，其他国家机关无权解释法律

【答案】A

【解析】（1）选项B：没有法律或者国务院的行政法规、决定、命令的依据，部门规章不得设定减损公民、法人和其他组织权利或者增加其义务的规范；（2）选项C：地方性法规由地方人民代表大会及其常委会制定，而不是地方人民政府；（3）选项D：法律解释权归全国人民代表大会常务委员会，司法解释权归最高人民法院和最高人民检察院。

【经典模拟题】

【单选题】下列规范性文件中，属于行政法规的是（　　）。

A. 全国人大制定的《中华人民共和国民事诉讼法》

B. 国务院制定的《中华人民共和国外汇管理条例》

C. 吉林省人大制定的《吉林省地方立法条例》

D. 中国人民银行制定的《中国人民银行货币政策委员会条例》

【答案】B

【解析】（1）选项A：全国人大及常委会制定的是法律；（2）选项C：地方人大及常委会制定的是地方性法规；（3）选项D：中国人民银行制定的是部门规章。

重难点2：法律规范★★

1. 法律规范的概念

法律规范是由国家制定或者认可的，具体规定主体权利、义务及法律后果的行为准则。

2. 法律规范与法律条文的关系

法律规范不同于法律条文。法律条文是法律规范的文字表述形式；法律规范是法律条文

的内容，但法律条文的内容还可能包含其他法因素，如法律原则。同时，法律规范与法律条文不是一一对应的，一项法律规范的内容可以表现在不同的法律条文中。

3. 法律规范与规范性法律文件的关系

规范性法律文件是以规范化的成文形式表现出来的各种法的形式的总称，是有权制定法律规范的国家机构制定或发布的，具有普遍拘束力的法律文件，是法律规范的载体。

4. 法律规范的种类

（1）根据法律规范为主体提供行为模式的不同方式，可分为授权性规范和义务性规范，后者又细化为命令性规范和禁止性规范。

①授权性规范是规定人们可以作出一定行为或者可以要求别人作出一定行为的法律规范。

②义务性规范是指规定人们应当或者必须作出一定积极行为的规范。

③禁止性规范是禁止人们作出一定行为的规范。

（2）根据法律规范是否允许当事人进行自主调整，及按照自己的意愿设定权利和义务，可分为强制性规范和任意性规范。

①强制性规范是指所规定义务具有确定的性质，不允许任意变动和伸缩。

②任意性规范是指在法定范围内允许行为人自行确定其权利义务的具体内容。

（3）根据法律规范内容的确定性程度，可分为确定性规范和非确定性规范，后者又细化为委任性规范和准用性规范。

①确定性规范是指内容已经完备明确，无须再援引或参照其他规范来确定其内容的法律规范。

②委任性规范是指只规定某种概括性指示，具体内容则由有关国家机关通过相应途径或程序加以确定的法律规范。

【经典真题】

【多选题·2017】下列关于法律规范与法律条文关系的表述中，正确的是（　　）。

A. 法律规范是法律条文的表现形式

B. 法律规范等同于法律条文

C. 法律规范与法律条文一一对应

D. 法律条文的内容除法律规范外，还包括法律原则等法要素

【答案】D

重难点3：法律关系★★★

1. 法律关系的概念

法律关系是根据法律规范产生的，以主体之间的权利与义务为内容的特殊的社会关系（如合同关系）。

【小贴士】虽然法律关系是社会关系，但并非所有的社会关系均属于法律关系，如同学关系、邻里关系，因不存在相应的法律规范，也就不存在相应的法律关系。

2. 法律关系的种类

根据法律关系的主体是单方还是双方可以分为绝对法律关系和相对法律关系。

（1）绝对法律关系的特点是法律关系中的权利主体是确定的，另一方主体是除了权利主体以外的所有人，如物权法律关系。

（2）相对法律关系的特点是法律关系中的双方主体都是确定的，如债权法律关系。

3. 法律关系的构成要素

（1）主体。

①主体的分类。法律关系的主体分为自然人、法人和非法人组织及国家。

自然人既可以是本国公民，也可以是居住在一国境内或者在境外活动的外国公民和无国籍人。

法人又细化为营利法人（如有限责任公司）、非营利法人（如基金会）、特别法人（如基层群众性自治组织法人）。

非法人组织是不具有法人资格但能以自己的名义从事民事活动的组织（如个人独资企业、合伙企业等）。

②自然人的民事权利能力和民事行为能力。自然人的民事权利能力一律平等，均始于出生，终于死亡。

自然人的民事行为能力分为三种：

第一，完全民事行为能力：18 周岁以上的自然人属于完全民事行为能力人，可以独立实施民事法律行为。另外，16 周岁以上的未成年人，如果以自己的劳动收入为主要生活来源的，视为完全民事行为能力人。

第二，限制民事行为能力人：8 周岁以上的未成年人属于限制民事行为能力人，实施民事法律行为由其法定代理人代理或者经法定代理人同意、追认，但是可以独立实施纯获利益的民事法律行为或者与其年龄、智力相适应的民事法律行为。

第三，无民事行为能力人：不满 8 周岁的未成年人属于无民事行为能力人，由其法定代理人代理实施民事法律行为。

（2）客体。

法律关系的客体，是指法律关系主体间权利义务所指向的对象。通常包括物、行为、人格利益、智力成果。

①物：物可以是自然物（如森林、土地），也可以是劳动创造物（如建筑物），还可以是财产的一般表现形式（如各种有价证券）。

②行为：行为可以是作为（如旅客运输合同的客体是运送旅客的行为），还可以是不作为（如竞业禁止合同的客体是不得从事相同或者相似的经营活动）。

③人格利益：人格利益包括公民或组织的姓名或名称、公民的肖像、名誉、尊严，公民的人身、人格和身份等。

④智力成果：智力成果包括科学著作、文学艺术作品、专利、商标等。智力成果通常是知识产权法律关系的客体。

（3）内容。

即法律关系主体享有的权利和承担的义务。

【经典真题】

【多选题·2016】甲、乙均为完全民事行为能力人。甲、乙之间的下列约定中，能够产生法律上的权利义务的有（　　）。

A. 甲将房屋出租给乙　　B. 二人此生不离不弃

C. 二人共进晚餐　　D. 甲送给乙一部手机

【答案】AD

【解析】（1）选项 A、D：《合同法》明确规定了租赁合同与赠与合同中当事人的权利和义务；（2）选项 B、C：因不存在相应的法律规范，也就不存在相应的法律关系，无法产生法律上的权利和义务。

【多选题·2017】下列各项中，属于法人的有（　　）。

A. 北京大学　　B. 中华人民共和国最高人民法院

C. 中国人民保险集团股份有限公司　　D. 中国注册会计师协会

【答案】ABCD

【解析】选项 A、D 是非营利法人；选项 C 是营利法人；选项 B 是特别法人。

【多选题·2017】下列各项中，属于法律关系客体的有（　　）。

A. 建筑物　　B. 自然人的不作为

C. 有价证券　　D. 人格利益

【答案】ABCD

【解析】法律关系的客体包括物、行为（作为和不作为）、人格利益、智力成果。

【单选题·2019】根据民事法律制度的规定，下列各项中，属于无权利能力的是（　　）。

A. 刚出生的婴儿　　B. 病理性醉酒的病人

C. 智能机器人　　D. 植物人

【答案】C

【解析】自然人从出生到死亡均具有民事权利能力，依法享有民事权利，承担民事义务。机器人不是自然人，没有民事权利能力。

重难点 4：法律事实★★★

法律事实是指法律规范所规定的，能够引起法律关系产生、变更或者消灭的客观现象。根据是否以权利主体的意志为转移可分为行为和事件。

1. 行为

行为是指以权利主体的意志为转移，能够引起法律后果的法律事实。其又细化为法律行为和事实行为。

（1）法律行为，是指以行为人的意思表示为要素的行为，如订立合同。

（2）事实行为，是指与表达法律效果、特定精神内容无关的行为，如创作行为。

2. 事件

事件是指与当事人意志无关，但能够引起法律关系发生、变更和消灭的客观情况，如人的出生与死亡、自然灾害与意外事件、时间的经过。

【经典模拟题】

【多选题】下列各项中，能导致一定法律关系产生、变更或者消灭的有（　　）。

A. 人的死亡　　B. 时间的经过

C. 买卖合同的订立　　D. 文艺作品的创作

【答案】ABCD

【解析】（1）选项 A、B：属于法律事实中的事件，与当事人意志无关；（2）选项 C、D：属于法律事实中的行为，前者以行为人的意思表示为要素，后者与意思表示无关。

重难点 5：全面依法治国基本方略★

1. 全面依法治国新理念新思想新战略

全面依法治国是新时代中国特色社会主义思想的重要组成部分。依法治国，是指依照法律治理国家的原则和方法。全面依法治国，是深刻总结我国社会主义法治建设成功经验和深刻教训作出的重大抉择。

全面推进依法治国的总目标是建设中国特色社会主义法治体系、建设社会主义法治国家。这个总目标既明确了全面推进依法治国的性质和方向，又突出了全面推进依法治国的工作重点和总抓手，对全面推进依法治国具有纲举目张的意义。

2. 全面推进依法治国的基本原则

为实现全面推进依法治国的总目标，应坚持以下基本原则：

第一，坚持中国共产党的领导；

第二，坚持人民主体地位；

第三，坚持法律面前人人平等；

第四，坚持依法治国和以德治国相结合；

第五，坚持从中国实际出发。

3. 建设中国特色社会主义法治体系

第一，要完善以宪法为核心的中国特色社会主义法律体系。

第二，建立高效的法治实施体系。

第三，建立严密的法治监督体系。

第四，健全法治保障体系。

第五，加强党内法规制度建设。

【经典真题】

【单选题·2019】全面推进法治国家的总目标是（　　）。

A. 建设中国特色社会主义法治体系，建设社会主义法治国家

B. 坚持中国共产党的领导，坚持人民主体地位

C. 法律面前人人平等

D. 依法治国和以德治国相结合

【答案】A

五、进阶练习

（一）单选题

1. 全国人民代表大会制定的《中华人民共和国合同法》，属于（　　）。

A. 法律　　B. 行政法规

C. 部门规章　　D. 地方性法规

2. 下列属于授权性法律规范的是（　　）。

A. 夫妻双方都有参加生产、工作、学习和社会活动的自由，一方不得对他方加以限制或干涉

B. 票据的签发、取得和转让，应当遵循诚实信用的原则，具有真实的交易关系和债权债务关系

C. 未经证券交易所许可，任何单位和个人不得发布证券交易即时行情

D. 子女不履行赡养义务时，无劳动能力的或生活困难的父母，有要求子女付给赡养费的权利

3. 小刚今年 9 岁，智力正常，但患有小儿先天麻痹。下列关于其民事权利能力和民事行为能力的表述中，正确的是（　　）。

A. 小刚无民事权利能力，属于无民事行为能力人

B. 小刚无民事权利能力，属于限制民事行为能力人

C. 小刚有民事权利能力，属于无民事行为能力人

D. 小刚有民事权利能力，属于限制民事行为能力人

4. 下列关于法律关系主体的表述中，正确的是（　　）。

A. 法律关系主体一定是同时具有民事权利能力和民事行为能力

B. 具有民事权利能力不一定具有完全民事行为能力

C. 法律关系主体不包括无国籍人

D. 法律关系主体不包括外国人

5. 下列法律事实中，属于法律事件的是（　　）。

A. 侵权行为　　B. 签订合同

C. 地震　　D. 承兑汇票

（二）多选题

1. 我国《婚姻法》第十五条规定："夫妻双方都有参加生产、工作、学习和社会活动的自由，一方不得对他方加以限制或干涉。"该法律规范属于（　　）。

A. 禁止性法律规范　　B. 义务性法律规范

C. 授权性法律规范　　D. 任意性法律规范

2. 下列选项中，不属于相对法律关系的有（　　）。

A. 物权法律关系　　B. 债权法律关系

C. 人格权法律关系　　D. 专利权法律关系

3. 下列选项中，可以成为法律关系主体的有（　　）。

A. 股份有限公司　　B. 有限责任公司
C. 普通合伙企业　　D. 基层群众性自治组织

4. 下列选项中，可以成为法律关系客体的有（　　）。
A. 科学著作　　B. 公民的肖像
C. 有价证券　　D. 运送旅客的行为

5. 下列对法律渊源的表述中，正确的是（　　）。
A. 全国人民代表大会制定和修改的是基本法律
B. 全国人民代表大会常务委员会制定和修改的是一般法律
C. 最高人民法院和最高人民检察院制定的是司法解释
D. 我国的法律渊源中不包括判例法

六、进阶练习答案与解析

（一）单选题

1. 【答案】A

【解析】全国人民代表大会制定的是法律；行政法规由国务院制定；部门规章由国务院各部、委、行、署等直属机构制定；地方性法规由地方人民代表大会及常委会制定。

2. 【答案】D

【解析】选项 A、B、C 均属于义务性规范。

3. 【答案】D

【解析】（1）自然人自出生时就具有民事权利能力；（2）8 周岁以上的未成年人为限制民事行为能力人。

4. 【答案】B

【解析】（1）自然人自出生就具有民事权利能力，但根据年龄区分为无民事行为能力、限制民事行为能力和完全民事行为能力；（2）法律关系主体既包括本国公民，也包括居住在一国境内或者在境内活动的外国公民和无国籍人。

5. 【答案】C

【解析】选项 A、B、D 均属于法律行为。

（二）多选题

1. 【答案】AB

【解析】禁止性法律规范又称义务性法律规范。

2. 【答案】ACD

【解析】债权法律关系属于相对法律关系，其他均属于绝对法律关系。

3. 【答案】ABCD

【解析】民事法律主体包括自然人、法人、非法人组织和国家。其中，公司属于营利法人，普通合伙企业属于非法人组织，基层群众性自治组织属于特别法人。

4. 【答案】ABCD

5. 【答案】ABCD

第二章 基本民事法律制度

一、2020 年教材本章主要变化

2020 年教材中有 1 处改动，即重新规定了国家赔偿的诉讼时效的起算时间，将在重难点中予以说明。

二、本章近 5 年考情统计分析

本章考题多以单项选择题或多项选择题形式出现，但在 2015 年的案例分析题中涉及了本章的“表见代理”考点，在 2017 年的案例分析题中涉及了本章的“可撤销的民事法律行为”考点。总体来看，本章复习难度不大，但需要准确理解和运用，最近 5 年平均考试分值为 3.8 分。

（一）近 5 年考试分值分布

题型	2015 年	2016 年	2017 年	2018 年	2019 年
单选题	1	1	1	3	1
多选题	1.5	—	1.5	1.5	1.5
案例分析题	3	—	2.5	—	—
合计	5.5	1	5	4.5	2.5

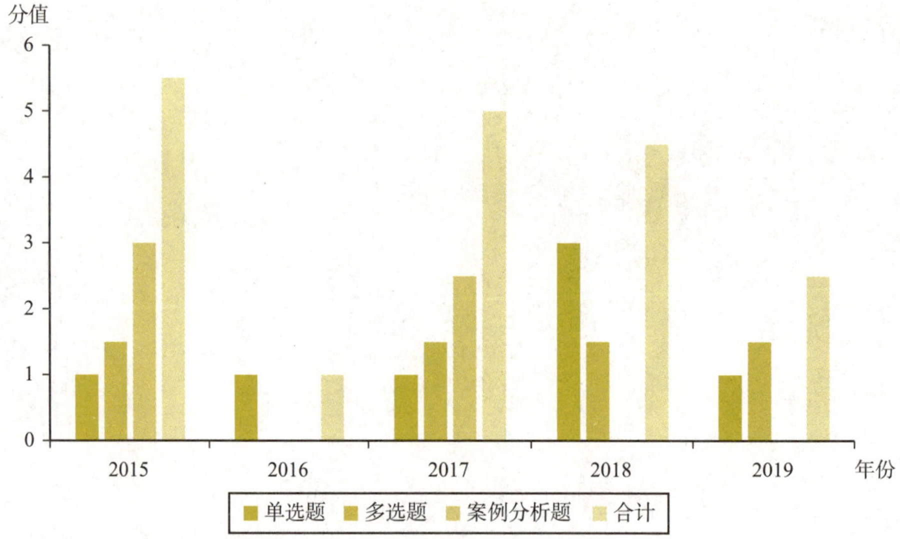

（二）近 5 年考试考点分布

高频考点内容	年度及题型分布
单方民事法律行为和双方民事法律行为	2018 年单选题、2019 年多选题

续表

高频考点内容	年度及题型分布
负担行为与处分行为	2018 年单选题
意思表示	2018 年多选题、2019 年单选题
可撤销的民事法律行为	2015 年单选题、2017 年单选题、2017 年案例分析题、2018 年单选题
附条件和附期限的民事法律行为	2017 年单选题
委托代理中的代理权	2018 年案例分析题
代理权的滥用	2015 年多选题
表见代理	2015 年案例分析题
诉讼时效期间的起算	2017 年单选题
诉讼时效的中止与中断	2016 年单选题、2017 年多选题、2019 年多选题

三、本章思维导图

四、重难点解析

本章内容为民事法律基本制度，属于基础章节，主要包括民事法律行为制度、代理制度、诉讼时效制度等基础理论知识。

重难点 1：民事法律行为的分类★★★

民事法律行为可以从不同角度作不同分类。

1. 单方民事法律行为、双方民事法律行为和多方民事法律行为

（1）民事法律行为可以基于双方或者多方的意思表示一致成立，也可以基于单方的意思表示成立。

（2）单方民事法律行为，是指根据一方当事人的意思表示而成立的民事法律行为（如委托代理的撤销、债务的免除、无权代理的追认、订立遗嘱等）。

（3）双方民事法律行为，是指两个当事人之间意思表示一致而成立的民事法律行为。

（4）多方民事法律行为，是指三个以上（含三个）的当事人意思表示一致而成立的民事法律行为。

2. 有偿民事法律行为和无偿民事法律行为

有偿民事法律行为，是指当事人互为给付一定代价（包括金钱、财产、劳务）的民事法

律行为，如买卖合同的买方为获得对方的货物而支付价款、承揽合同的承揽人为获得对方的报酬而提供劳务等。

无偿民事法律行为，是指一方当事人承担给付一定代价的义务，而他方当事人不承担相应给付义务的民事法律行为，如赠与行为、无偿委托、无偿消费借贷等。

3. 负担行为与处分行为（根据法律行为效果的不同）

负担行为是使一方相对于他方承担一定给付义务的法律行为。这种给付义务既可以是作为，也可以是不作为。因此，负担行为产生的是债法上的法律效果，其中负有给付义务的主体是债务人。

处分行为是直接导致权利发生变动的法律行为。这种变动既可以是权利的产生，也可以是权利的变更或者消灭。物权变动就是典型的处分行为。

4. 要式的民事法律行为和不要式的民事法律行为

要式的民事法律行为是指法律规定必须采取一定的形式或者履行一定的程序才能成立的民事法律行为，如票据行为就是法定要式的民事法律行为。

不要式的民事法律行为是指法律不要求采取一定形式，当事人自由选择形式即可成立的民事法律行为。该类民事法律行为的形式可由当事人协商确定。

5. 主民事法律行为和从民事法律行为

主民事法律行为是指不需要有其他民事法律行为的存在就可以独立成立的民事法律行为。

从民事法律行为是指从属于其他民事法律行为而存在的民事法律行为。

【经典真题】

【单选题·2018】根据民事法律制度的规定，下列各项中，属于民事法律行为中的处分行为的是（　　）。

A. 租赁合同　　B. 所有权转让

C. 买卖合同　　D. 拆除房屋

【答案】B

【解析】(1) 选项 A、C：属于负担行为；(2) 选项 B：属于处分行为；(3) 选项 D 属于事实行为（而非民事法律行为）。

【多选题·2019】根据民事法律制度的规定，下列各项中，属于单方民事法律行为的有（　　）。

A. 赠与　　B. 追认　　C. 撤销　　D. 借贷

【答案】BC

【解析】单方民事法律行为是根据一方当事人的意思表示而成立的民事法律行为。追认与撤销都是一方当事人意思表示即可成立，是单方民事法律行为。赠与和借贷都是合同行为，双方当事人意思表示一致才能成立，是双方民事法律行为。

重难点 2：意思表示★★★

(1) 民事法律行为以意思表示为核心，意思表示可以分为无相对人的意思表示和有相对人的意思表示。

（2）无相对人的意思表示于意思表示完成时生效。法律另有规定的，依照其规定。如遗嘱行为、抛弃动产等单方民事法律行为。但并非所有单方民事法律行为都是无相对人的意思表示，如撤销权的行使、法定代理人的追认等为单方民事法律行为，同时也是有相对人的意思表示。（2019 年新增）

（3）有相对人的意思表示分为对话的意思表示和非对话的意思表示。

①以对话方式作出的意思表示，相对人知道其内容时生效。

②以非对话方式作出的意思表示，到达相对人时生效。如订立合同过程中的要约和承诺、债务免除、授予代理权、合同解除等意思表示，均采取到达主义。

③以非对话方式作出的采用数据电文形式的意思表示，相对人指定特定系统接收数据电文的，该数据电文进入该特定系统时生效；未指定特定系统的，相对人知道或者规定意思应当知道该数据电文进入其系统时生效。当事人对采用数据电文形式的意思表示的生效时间另有约定，按照其约定。

④以公告方式作出的意思表示，公告发布时生效。

（4）行为人可以明示或者默示作出意思表示。沉默只有在有法律规定、当事人约定或者符合当事人之间的交易习惯时，才可以视为意思表示。

（5）行为人可以撤回意思表示。撤回意思表示的通知应当在意思表示到达相对人前或者与意思表示同时到达相对人。

（6）对意思表示的解释。

①有相对人的意思表示的解释，应当按照所使用的词句，结合相关条款、行为的性质和目的、习惯以及诚信原则，确定意思表示的含义。

②无相对人的意思表示的解释，不能完全拘泥于所使用的词句，而应当结合相关条款、行为的性质和目的、习惯以及诚信原则，确定行为人的真实意思。

【经典真题】

【多选题·2018】根据民事法律制度的规定，下列各项中，属于无相对人的意思表示的有（　　）。

A. 抛弃动产　　B. 授予代理权

C. 设立遗嘱　　D. 行使解除权

【答案】AC

【解析】选项 B、D 属于“有相对人的意思表示”。

【多选题·2018】根据民事法律制度的规定，下列情形中，沉默可以视为行为人的意思表示的有（　　）。

A. 当事人有约定　　B. 法律有明文规定

C. 符合当事人之间的交易习惯　　D. 当事人纯获利益

【答案】ABC

【单选题·2019】根据民事法律制度的规定，下列关于意思表示的表述中正确的是（　　）。

A. 要约不属于意思表示

B. 以公告方式发出的意思表示，公告发布时生效

C. 非对话的意思表示属于无相对人的意思表示

D. 继承开始后，继承人没有作出意思表示的，视为放弃继承

【答案】B

【解析】选项A：要约属于意思表示；选项C：有相对人的意思表示分为对话的意思表示和非对话的意思表示；选项D：继承开始后，继承人放弃继承的，应当作出明确的放弃的意思表示，没有表示的，视为接受继承。

重难点3：无效民事法律行为★★★

无效民事法律行为是指因欠缺民事法律行为的有效条件，不发生当事人预期法律后果的民事法律行为。

1. 无效民事法律行为的特征

（1）自始无效。从行为开始时起就没有法律约束力。

（2）当然无效。不论当事人是否主张，是否知道，也不论是否经过人民法院或者仲裁机构确认，该民事法律行为当然无效。

（3）绝对无效。绝对不发生法律效力，不能通过当事人的行为进行补正。当事人通过一定行为消除无效原因，使之有效，这不是无效民事法律行为的补正，而是消灭旧的民事法律行为，成立新的民事法律行为。

2. 无效民事法律行为的种类

根据《民法总则》，无效民事法律行为包括以下种类：

（1）无民事行为能力人独立实施的民事法律行为无效。

（2）以虚假意思表示实施的民事法律行为无效。

（3）恶意串通损害他人利益的民事法律行为无效。

（4）违反强制性规定或者公序良俗的民事法律行为无效。

【经典真题】

【多选题·2015】根据民事法律行为制度的规定，下列关于无效的民事法律行为特征的表述中，正确的有（　　）。

A. 不能通过当事人的行为进行补正

B. 其无效需以当事人主张为前提

C. 从行为开始起就没有法律约束力

D. 其无效须经人民法院或者仲裁机构确认

【答案】AC

【解析】选项B：无效民事法律行为不需以当事人主张为前提，属于绝对无效。选项D：无效民事法律行为无须经人民法院或者仲裁机构确认，属于当然无效。

重难点4：可撤销的民事法律行为★★★

1. 可撤销的民事法律行为与无效民事法律行为的区别

（1）行为成立后的效力不同。可撤销的民事法律行为在撤销前已经生效，在被撤销以前，其法律效果可以对抗除撤销权人以外的任何人。而无效的民事法律行为在法律上当然无效，从开始即不发生法律效力。

（2）主张权利的主体不同。可撤销的民事法律行为的撤销，应由撤销权人以撤销行为为之，人民法院不主动干预。无效民事法律行为在内容上具有明显的违法性，故对无效民事法律行为的确认，不以当事人的意志为转移，司法机关和仲裁机构可以在诉讼或仲裁过程中主动宣告其无效。

（3）行为效果不同。可撤销的民事法律行为的撤销权人对权利行使拥有选择权，当事人可以撤销其行为，也可通过承认的表示使得撤销权消灭。如果撤销权人未在规定的期限内行使撤销权，可撤销民事法律行为将终局有效，不得再被撤销。可撤销的民事法律行为一经撤销，其效力溯及至行为开始，即自行为开始时无效。而无效民事法律行为的后果则为自始无效、绝对无效。

（4）行使时间不同。可撤销的民事法律行为，其撤销权的行使有时间限制。而在无效民事法律行为中，则不存在此种限制。

2. 可撤销民事法律行为的种类

（1）因重大误解而为的民事法律行为。所谓重大误解是指行为人对行为的性质、对方当事人、标的物的品种、质量、规格和数量等的错误认识，使行为的后果与自己的意思相悖，造成较大损失的意思表示。基于重大误解而为行为的当事人，对于因撤销民事法律行为而导致的相对人的损失，应当承担赔偿责任。

（2）受欺诈而为的民事法律行为。欺诈，指当事人一方故意编造虚假情况或者隐瞒真实情况，使对方陷入错误而为违背自己真实意思表示的行为。被欺诈的一方可以请求人民法院或者仲裁机构予以撤销。如果第三人实施欺诈行为，使一方在违背真实意思的情况下实施民事法律行为，对方知道或者应当知道该欺诈行为的，受欺诈方有权请求人民法院或者仲裁机构予以撤销。

（3）受胁迫而为的民事法律行为。受胁迫而为的民事法律行为，指以给公民或其亲友的生命健康、荣誉、名誉、财产等造成损害或者以给法人的荣誉、名誉、财产等造成损害相要挟，迫使对方作出违背真实意愿的意思表示。被胁迫的一方可以请求人民法院或者仲裁机构予以撤销。胁迫既可以来自民事法律行为的相对人，也可以来自第三人，其法律效果一样，均导致民事法律行为的可撤销。

（4）显失公平的民事法律行为。显失公平的民事法律行为，是指一方利用对方处于危困状态、缺乏判断能力等情形，致使民事法律行为成立时当事人间的权利义务明显违反公平原则的民事法律行为。对民事法律行为是否显失公平进行判断的时间点，应当以民事法律行为成立的时间点为标准。在民事法律行为成立以后发生的情势变化，导致双方利益显失公平的，不属于显失公平的民事法律行为，而应当按照诚实信用原则处理。

【经典模拟题】

【单选题】王某打算低价购置李某的房屋，两人因房价问题未能达成一致。王某声称：如果李某不低价出售，将公布一段李某与一名神秘女子的不雅视频，李某无奈只得低价出售。根据《民法总则》的规定，该民事法律行为的效力是（　　）。

A. 有效　　B. 无效　　C. 可撤销　　D. 效力待定

【答案】C

【解析】一方或者第三人以胁迫手段，使对方在违背真实意思的情况下实施的民事法律行为属于可撤销行为，受胁迫方可请求人民法院或者仲裁机构予以撤销。

重难点5：效力待定的民事法律行为★★★

1. 限制民事行为能力人独立实施的民事法律行为

（1）直接有效。限制民事行为能力人实施的纯获利益的民事法律行为或者与其年龄、智力、精神健康状况相适应的民事法律行为有效。

（2）效力待定。限制民事行为能力人实施的其他民事法律行为经法定代理人同意或者追认后有效。

①相对人的催告权。相对人可以催告法定代理人自收到通知之日起1个月内予以追认；法定代理人未作表示的，视为拒绝追认。

②相对人的撤销权。民事法律行为被追认前，善意相对人有撤销的权利。撤销应当以通知的方式作出。

2. 无权代理

（1）狭义的无权代理：效力待定。行为人没有代理权、超越代理权或者代理权终止后，仍然实施代理行为，未经被代理人追认的，对被代理人不发生效力。

①相对人的催告权。相对人可以催告被代理人自收到通知之日起1个月内予以追认；被代理人未作表示的，视为拒绝追认。

②相对人的撤销权。行为人实施的行为被追认前，善意相对人有撤销的权利。撤销应当以通知的方式作出。

（2）表见代理：直接有效。行为人没有代理权、超越代理权或者代理权终止后，仍然实施代理行为，相对人有理由相信行为人有代理权的，代理行为有效。

表见代理的构成要件：①代理人实际上无代理权；②相对人主观上为善意且无过失；③客观上有使相对人相信无权代理人具有代理权的情形；④相对人基于这个客观情形而与无权代理人成立民事法律行为。其中，相对人"有理由相信"无权代理人具有代理权的情形包括但不限于：a. 被代理人对相对人表示已将代理权授予无权代理人，而实际并未授权；b. 无权代理人持有被代理人的介绍信或者盖有印章的空白合同书，使得相对人相信其有代理权；c. 代理关系终止后被代理人未采取必要的措施而使相对人仍然相信行为人有代理权，并与之进行民事法律行为。

【经典模拟题】

【多选题】甲是乙公司采购员，已离职。丙公司是乙公司的客户，已被告知甲离职的事实，但当甲持乙公司盖章的空白合同书，以乙公司名义与丙公司洽谈买卖100吨钢筋时，丙公司仍与其签订了买卖合同。根据代理法律制度的规定，下列表述中，错误的是（　　）。

A. 甲的行为构成无权代理，合同的效力待定

B. 甲的行为构成无权代理，合同无效

C. 丙公司有权在乙公司追认合同之前，行使撤销权

D. 丙公司可以催告乙公司追认合同，如乙公司在1个月内未作表示，合同有效

【答案】BCD

【解析】（1）选项AB：甲的行为构成狭义的无权代理（由于丙公司已被告知甲离职的事实，谈不上表见代理的问题），该买卖合同的效力待定（而非无效合同）；（2）选项C：只有善意相对人才享有撤销权，由于丙公司已经知道甲离职的事实，丙公司不能行使撤销权；（3）选项D：被代理人在1个月内未作表示的，视为拒绝追认。

重难点6：民事法律行为的附条件和附期限★

jj200202

1. 附条件的民事法律行为

民事法律行为所附条件，既可以是自然现象、事件，也可以是人的行为。但它应当具备以下特征：

（1）必须是将来发生的事实。

（2）必须是将来不确定的事实。

（3）条件应当是双方当事人约定的。

（4）条件必须合法。

按照所附条件对民事法律行为产生的效力的不同，可以分为附延缓条件的民事法律行为和附解除条件的民事法律行为：

（1）附生效条件的民事法律行为，自条件成就时生效。

（2）附解除条件的民事法律行为，自条件成就时失效。

（3）附条件的民事法律行为，当事人为自己的利益不正当地阻止条件成就的，是为条件已成就；不正当地促进条件成就的，视为条件不成就。

2. 附期限的民事法律行为

（1）附生效期限的民事法律行为，自期限届至时生效。

（2）附终止期限的民事法律行为，自期限届满时失效。

【小贴士】附条件的民事法律行为与附期限的民事法律行为的区别在于：附条件的民事法律行为是以未来不确定的事实作为民事法律行为效力产生或消灭的依据，所以该民事法律行为效力的产生或消灭具有不确定性；而附期限的民事法律行为是以一定期限的到来作为民事法律行为效力产生或消灭的依据，由于期限的到来是一个必然发生的事件，所以附期限的民事法律行为的效力的产生或消灭是确定的、可预知的。

【经典真题】

【单选题·2017】下列关于附条件民事法律行为所附条件的表述中，正确的是（　　）。

A. 既可以是将来的事实，也可以是过去的事实

B. 既可以是人的行为，也可以是自然现象

C. 既可以是确定发生的事实，也可以是不确定发生的事实

D. 所附条件可以合法，也可以不合法

【答案】B

【解析】所附条件，可以是自然现象、事件，也可以是人的行为。但应具有以下特征：必须是将来发生的事实；必须是将来不确定的事实；必须是双方约定；条件必须合法。

重难点7：委托代理★★★

1. 委托代理的概述

委托代理是指基于被代理人授权的意思表示而发生的代理，又称意定代理。

委托授权为不要式行为，既可以采用书面形式，也可以采用口头或者其他方式授权，其中书面的委托形式是授权委托书。

2. 代理权

代理权是代理人以他人名义独立为意思表示，并使其效果归属于他人的一种法律资格。

委托代理中的授权行为是一种单方民事法律行为，仅凭被代理人一方的意思表示，即可发生授权的效果。

3. 代理权的滥用

（1）双方代理。代理人既代理本人又代理第三人为同一民事法律行为的代理。

（2）自己代理。代理本人与自己签订合同，也称“自己契约”。

（3）恶意代理。代理人与相对人恶意串通，损害被代理人利益之代理。

【经典真题】

【多选题·2015】乙公司有个塔吊，甲和乙公司签订了委托合同，甲代理乙公司将该塔吊出售。根据代理法律制度的规定，甲的下列行为中，属于滥用代理权的有（　　）。

A. 甲以乙公司的名义将塔吊卖给自己

B. 甲以乙公司的名义将塔吊卖给自己代理的丙公司

C. 甲与丁公司恶意串通，将塔吊低价卖给丁公司，损害了乙公司的利益

D. 代理权被收回后，甲仍以乙公司的名义将塔吊卖给戊公司

【答案】ABC

【解析】（1）滥用代理权包括：自己代理（选项A）、双方代理（选项B）、恶意代理（选项C）；（2）选项D：属于无权代理。

重难点8：诉讼时效的基本理论★★

1. 诉讼时效的概念

诉讼时效是指请求权不行使达一定期间而失去国家强制力保护的制度。诉讼时效属于法律事实中的事件，是基于一定的事实状态在法律规定的一定期间内持续存在而当然发生不为当事人意志所决定的某种法律效果。民法上建立诉讼时效制度，目的在于维护社会经济秩序的稳定、避免时间过长导致举证困难，同时也有利于督促权利人及时行使权利。

2. 诉讼时效的特点

（1）有债权人不行使权利的事实状态存在，而且该状态持续了一段期间。

（2）诉讼时效届满不消灭债权人实体权利，只是让债务人产生抗辩权。

（3）诉讼时效具有强制性。

3. 诉讼时效的适用对象

根据《民法总则》的规定，下列请求权不适用诉讼时效的规定：

（1）请求停止侵害、排除妨碍、消除危险；

（2）不动产物权和登记的动产物权的权利人请求返还财产；

（3）请求支付抚养费、赡养费或者扶养费；

（4）依法不适用诉讼时效的其他请求权。

4. 下列债权请求权不适用诉讼时效的规定

（1）支付存款本金及利息请求权；

（2）兑付国债、金融债券以及向不特定对象发行的企业债券本息请求权；

（3）基于投资关系产生的缴付出资请求权；

（4）其他依法不适用诉讼时效规定的债权请求权。

5. 诉讼时效与除斥期间（2019 年调整）

除斥期间是指法律规定某种权利预定存续的期间，债权人在此期间不行使权利，预定期间届满，便可发生该权利消灭的法律后果。例如，基于重大误解的合同，当事人自知道或者应当知道撤销事由之日起 3 个月内没有行使撤销权的，撤销权消灭。

【小贴士】诉讼时效与除斥期间的区别如下：

（1）适用对象不同。

①诉讼时效适用于债权请求权；

②除斥期间一般适用于形成权（如追认权、解除权、撤销权等）。

（2）可以援用的主体不同。

①人民法院不能主动援用诉讼时效，诉讼时效须由当事人主张后，人民法院才能审查；

②除斥期间无论当事人是否主张，人民法院均可主动审查。

（3）法律效力不同。

①诉讼时效届满只是让债务人取得抗辩权，债权人的实体权利并不消灭；

②除斥期间届满，实体权利消灭。

【经典模拟题】

【单选题】下列关于除斥期间的说法中，正确的是（　　）。

A. 撤销权可适用除斥期间

B. 除斥期间为可变期间

C. 如果当事人主张除斥期间届满，人民法院不得主动审查

D. 除斥期间届满，实体权利依然存在

【答案】A

【解析】（1）选项 B：除斥期间为不变期间；（2）选项 C：无论当事人是否主张除斥期

间届满，人民法院均可主动审查；（3）选项 D：除斥期间届满将导致实体权利消失。

重难点9：诉讼时效的种类与起算★★★

1. 诉讼时效的种类

诉讼时效有以下几种：

（1）普通诉讼时效。向人民法院请求保护民事权利的诉讼时效期间为 3 年。法律另有规定的依照其规定。

（2）长期诉讼时效。长期诉讼时效，指时效期间比普通诉讼时效的 3 年要长，但不到 20 年的诉讼时效。如《合同法》第一百二十九条规定，涉外货物买卖合同及技术进出口合同争议提起诉讼或者仲裁的期限为 4 年。

（3）最长诉讼时效。最长诉讼时效是指期间为 20 年的诉讼时效期间。根据《民法总则》第一百八十八条的规定，权利被侵害超过 20 年的，人民法院不予保护。

2. 诉讼时效期间的起算

（1）附条件的或附期限的债的请求权，从条件成就或期限届满之日起算。

（2）定有履行期限的债的请求权，从清偿期届满之日起算。当事人约定同一债务分期履行的，诉讼时效期间自最后一期履行期限届满之日起计算。

（3）未定有履行期限或者履行期限不明确的债的请求权，依照《合同法》第六十一条、第六十二条的规定，可以确定履行期限的，诉讼时效期间从履行期限届满之日起计算；不能确定履行期限的，诉讼时效期间从债权人要求债务人履行义务的宽限期届满之日起计算，但债务人在债权人第一次向其主张权利之时明确表示不履行义务的，诉讼时效期间从债务人明确表示不履行义务之日起计算。

（4）无民事行为能力人或者限制民事行为能力人对其法定代理人的请求权的诉讼时效期间，自该法定代理终止之日起计算。

（5）未成年人遭受性侵害的损害赔偿请求权的诉讼时效期间，自受害人年满 18 周岁之日起计算。

（6）请求他人不作为的债权请求权，应当自权利人知道义务人违反不作为义务时起算。

（7）国家赔偿的诉讼时效的起算，自赔偿请求人知道或者应当知道国家机关及其工作人员行使职权时的行为侵犯其人身权、财产权之日起计算，但被羁押等限制人身自由的期间不计算在内。

【小贴士】（2020 年教材新变化）重新规定了国家赔偿的诉讼时效的起算时间。

【经典真题】

【单选题 · 2017】根据诉讼时效法律制度的规定，下列关于诉讼时效期间起算的表述中，正确的是（　　）。

A. 当事人约定同一债务分期履行的，从最后一期履行期限届满之日起算

B. 附条件或者附期限的合同的债权请求权，从合同成立之日起算

C. 请求他人不作为的，自义务人违反不作为义务时起算

D. 国家赔偿的，自国家机关及其工作人员实施违法行为时起算

【答案】A

【解析】（1）选项 B：附条件或者附期限的债权请求权，从条件成就或者期限届满之日起算；（2）选项 C：请求他人不作为的，应当自权利人知道义务人违反不作为义务时起算；（3）选项 D：国家赔偿的，自国家机关及其工作人员行使职权时的行为被依法确认为违法之日起算。

重难点 10：诉讼时效的中止★★★

1. 诉讼时效中止的事由

在诉讼时效期间的最后 6 个月内，因下列障碍不能行使请求权的，诉讼时效中止：

（1）不可抗力；

（2）无民事行为能力人或者限制民事行为能力人没有法定代理人，或者法定代理人死亡、丧失民事行为能力、丧失代理权；

（3）继承开始后未确定继承人或者遗产管理人；

（4）权利人被义务人或者其他人控制；

（5）其他导致权利人不能行使请求权的障碍。

2. 诉讼时效中止的时间

自中止时效的原因消除之日起满 6 个月，诉讼时效期间届满。

【小贴士】在 20 年的最长诉讼时效期间内，诉讼时效中止的持续时间没有限制。

【经典模拟题】

【单选题】甲向乙借款 5 万元，借款到期后甲未偿还。根据诉讼时效法律制度的规定，在诉讼时效期间内发生的下列情形中，能够引起诉讼时效中止的有（　　）。

A. 乙在大街上碰到甲，甲主动向乙表示将在 5 日内先支付约定的利息

B. 乙以特快专递发送催款函件给甲，甲签收

C. 乙遇到车祸，变成了植物人，且没有法定代理人

D. 乙向人民法院提起诉讼

【答案】C

【解析】（1）选项 A：义务人作出分期履行、部分履行、提供担保、请求延期履行先支付利息等承诺或者行为，视为“义务人同意履行义务”，导致诉讼时效中断；（2）选项 B：当事人一方以发送信件或者数据电文方式主张权利，信件或者数据电文到达或者应当到达对方当事人的（甲已经签收），应当认定为“当事人一方提出要求”，导致诉讼时效中断；（3）选项 C：权利被侵害的无民事行为能力人、限制民事行为能力人没有法定代理人的，导致诉讼时效的中止（而非中断）；（4）选项 D：权利人提起诉讼属于诉讼时效中断事由。

重难点 11：诉讼时效的中断事由★★★

jj200204

1. 诉讼时效中断情形

有下列情形之一的，诉讼时效中断，从中断、有关程序终结时起，诉讼时效期间重新计算：

（1）权利人向义务人提出履行请求；

（2）义务人同意履行义务；

（3）权利人提起诉讼或者申请仲裁；

（4）与提起诉讼或者申请仲裁具有同等效力的其他情形。

2. 权利人向义务人提出履行请求

这是指权利人在诉讼程序以外作出请求履行的主张。这种主张在客观上改变了权利不行使的事实状态，导致诉讼时效中断。

具有下列情形之一的，应当认定为“当事人一方提出要求”：

（1）当事人一方直接向对方当事人送交主张权利文书，对方当事人在文书上签字、盖章或者虽未签字、盖章但能够以其他方式证明该文书到达对方当事人的；

（2）当事人一方以发送信件或者数据电文方式主张权利，信件或者数据电文到达或者应当到达对方当事人的；

（3）当事人一方为金融机构，依照法律规定或者当事人约定从对方当事人账户中扣收欠款本息的；

（4）当事人一方下落不明，对方当事人在国家级或者下落不明的当事人一方住所地的省级有影响的媒体上刊登具有主张权利内容的公告的，但法律和司法解释另有特别规定的，适用其规定；

（5）权利人对同一债权中的部分债权主张权利，诉讼时效中断的效力及于剩余债权，但权利人明确表示放弃剩余债权的情形除外。

3. 下列事项与提起诉讼或者申请仲裁具有同等的中断效力

（1）申请支付令；

（2）申请破产、申报破产债权；

（3）为主张权利而申请宣告义务人失踪或者死亡；

（4）申请诉前财产保全、诉前临时禁令等诉前措施；

（5）申请强制执行；

（6）申请追加当事人或者被通知参加诉讼；

（7）在诉讼中主张抵销。

4. 下列情形也会发生诉讼时效中断的效果

（1）对于连带债权人、连带债务人中的一人发生诉讼时效中断效力的事由，应当认定对其他连带债权人、连带债务人也发生诉讼时效中断的效力。

（2）债权人提起代位权诉讼的，应当认定对债权人的债权和债务人的债权均发生诉讼时效中断的效力。

（3）债权转让的，应当认定诉讼时效从债权转让通知到达债务人之日起中断。

【经典真题】

【单选题·2016】根据诉讼时效法律制度的规定，下列各项中，属于诉讼时效中止事由的是（　　）。

A. 申请仲裁

B. 权利被侵害的无民事行为能力人没有法定代理人

C. 申请宣告义务人死亡

D. 申请支付令

【答案】B

【解析】选项 A、C、D 属于诉讼时效中断的事由。

【多选题·2019】根据诉讼时效法律制度的规定，下列各项中，属于诉讼时效中断事由的有（　　）。

A. 债权人发送催收信件到达债务人

B. 债务人向债权人请求延期履行

C. 债务人申请诉前财产保全

D. 债务人向债权人承诺提供担保

【答案】ABCD

【解析】引起诉讼时效中断的事由有：权利人提起诉讼或申请仲裁；当事人一方向义务人提出请求履行义务的要求；当事人一方同意履行义务。

五、进阶练习

（一）单选题

1. 根据民事法律制度的规定，下列民事法律行为中，须经双方当事人意思表示一致才能成立的是（　　）。

A. 甲免除乙对自己所负的债务

B. 甲将一串珍珠项链赠与乙

C. 甲授权乙以甲的名义购买一套住房

D. 甲立下遗嘱，将个人所有财产赠给乙

2. 肖浩成今年 15 周岁，精神智力正常。他在商场以 200 元的价格为自己购买了一双旅游鞋。根据民事法律制度的规定，下列表述中，正确的是（　　）。

A. 肖浩成属于无民事行为能力人，其购买行为无效

B. 肖浩成属于无民事行为能力人，其购买行为必须经法定代理人追认才有效

C. 肖浩成属于限制民事行为能力人，其购买行为有效

D. 肖浩成属于限制民事行为能力人，其购买行为必须经法定代理人追认才有效

3. 甲与乙订立合同后，乙以行为显失公平为由向人民法院提出撤销合同的申请，人民法院依法撤销了该合同。根据民事法律制度，下列表述中，正确的是（　　）。

A. 合同自订立时无效

B. 合同自提出撤销请求时无效

C. 合同自法院受理撤销权请求时无效

D. 合同自人民法院撤销后无效

4. 根据民事法律制度，下列各项中，属于无效民事法律行为的是（　　）。

A. 因欺诈实施的民事法律行为

B. 因重大误解实施的民事法律行为

C. 限制民事行为能力人依法不能独立实施的民事法律行为

D. 无民事行为能力人独立实施的民事法律行为

5. 甲为了避免财产被法院强制执行，虚假地将房子卖给自己的同事。根据民事法律制度的规定，该民事法律行为的效力是（　　）。

A. 无效　　B. 可撤销

C. 有效　　D. 效力待定

6. 甲为了不履行对乙的清偿义务，恐吓乙：如不免除债务则绑架其家人。乙因为恐惧而免除了甲的债务。根据民事法律制度的规定，该免除债务行为的效力属于（　　）。

A. 无效　　B. 可撤销

C. 有效　　D. 效力待定

7. 2017 年 10 月，甲公司聘用乙为业务经理，委托其负责甲公司一切对外业务往来。2018 年 4 月，乙辞职，但甲公司并未收回乙所持盖有甲公司公章的空白合同书，也未对其客户进行告知。2018 年 5 月，乙以甲公司业务经理的身份，持盖有甲公司公章的空白合同书，与客户丙公司签订了一份买卖合同，后下落不明。根据民事法律制度的规定，下列关于该买卖合同效力的说法中，正确的是（　　）。

A. 合同无效　　B. 合同可撤销

C. 合同效力待定　　D. 合同有效

8. 王某曾是甲公司的采购员，于 2019 年 8 月从甲公司离职。乙公司是甲公司的客户，已被告知甲离职的事实，但当王某持甲公司盖章的空白合同书，以甲公司名义与乙公司买卖 100 吨棉花时，丙公司仍与其签订了买卖合同。根据民事法律制度的规定，下列表述中，正确的是（　　）。

A. 甲的行为构成无权代理，合同的效力待定

B. 甲的行为构成表见代理，合同有效

C. 乙公司有权在甲公司追认合同之前，行使撤销权

D. 乙公司可以催告甲公司追认合同，如甲公司在 1 个月内未作表示，合同有效

9. 根据诉讼时效法律制度的规定，下列情形中，导致诉讼时效中止的是（　　）。

A. 债务人主动向债权人履行义务

B. 债权人向债务人提起诉讼

C. 债务人被债权人控制

D. 债权人向债务人提出履行义务的请求

10. 根据诉讼时效法律制度的规定，下列情形中，导致诉讼时效中断的是（　　）。

A. 未成年债权人的监护人在一次车祸中遇难，尚未确定新的监护人

B. 债权人向债务人直接送交主张权利的文书，债务人在文书上签字

C. 权利被侵害的无民事行为能力人没有法定代理人

D. 因地震导致债务人无法向债权人履行债务

（二）多选题

1. 甲有一个明朝时期仿制的花瓶，价值 10 万元，其欺骗乙说是元青花，价值 2 000 万

元，乙购买并交付花瓶货款后，找到专业机构进行鉴定，方知自己上当受骗。根据民事法律制度的规定，下列表述中，正确的有（　　）。

A. 乙有权请求人民法院或仲裁机构撤销自己与甲之间的买卖合同

B. 乙自知道或应当知道撤销事由之日起 1 年没有行使撤销权的，撤销权消灭

C. 乙既可以自行与甲协商撤销两人之间的买卖合同，也可以请求人民法院撤销

D. 乙知道撤销事由后，如果明确表示放弃撤销权则撤销权可以消灭

2. 根据民事法律制度的规定，下列表述中，符合民事法律行为所附条件要求的有（　　）。

A. 将来发生的事实　　B. 不确定的事实

C. 合法的事实　　D. 法律规定的事实

3. 甲为乙公司业务员，负责某小区的订奶业务多年，每月月初更新订奶用户并收取下月订奶款。2019 年 5 月 1 日，甲从乙公司辞职。5 月 3 日，甲仍照常前往小区摆摊收取订奶款，订奶户不知内情，照例交款，甲也如常开出盖有乙公司公章的订奶款收据，之后甲下落不明。根据代理法律制度的规定，下列表述中，正确的有（　　）。

A. 甲的行为构成无权代理

B. 甲的行为构成表见代理

C. 应由甲和乙公司共同向订奶户承担连带责任

D. 应由乙公司向订奶户承担合同履行义务

4. 根据民事法律制度的规定，下列选项中属于重大误解的民事法律行为的有（　　）。

A. 甲不知女友已与他人结婚而为其购买订婚戒指

B. 乙误将真画当作赝品出售

C. 丙承揽一项工程，因估算平方米数错误导致报价偏低

D. 丁误认某人是其救命恩人而赠与其 5 000 元人民币

5. 根据民事法律制度的规定，下列选项中属于无效的民事法律行为的有（　　）。

A. 刘某与某县政府商定，将其一辆私有轿车赠送给县政府，但实际上该轿车属于付某所有，县政府明知上述事实且接受

B. 11 岁的邹某接受了从美国回来的叔叔送给他的一台电脑，价值人民币 5 万元

C. 曲某与赵某恶意串通，将曲某名下全部财产转移至赵某名下，以逃避曲某对孙某的债务清偿

D. 个体工商户蒋某用工业酒精勾兑白水冒充二锅头出售

6. 根据民事法律制度的规定，下列表述中，属于效力待定的民事法律行为的有（　　）。

A. 王某基于被胁迫与李某订立买卖合同

B. 12 岁小学生芳芳与当代商城签订了一台价值 9 000 元电脑的合同

C. 刘某以欺诈手段与马某订立橱柜加工合同

D. 无权代理人高某与善意第三人钱某订立房屋租赁合同

7. 甲向乙借款 1 万元，借款到期后甲未履行债务。根据诉讼时效法律制度的规定，在诉讼时效期间内发生的下列情形中，能够引起诉讼时效中断的有（　　）。

A. 甲主动打电话向乙表示将在 3 日内先支付约定的利息

B. 乙以特快专递发送催款函件给甲，甲签收后未拆封

C. 乙向人民法院提交起诉书

D. 乙向人民法院申请支付令

8. 根据诉讼时效法律制度的规定，下列情形中，导致诉讼时效中断的有（　　）。

A. 债权人向人民法院申请对债务人的财产实施诉前财产保全

B. 债务人否认对债权人负有债务

C. 债权人向人民法院申请债务人破产，但被人民法院驳回

D. 债权人向人民调解委员会请求调解

六、进阶练习答案与解析

（一）单选题

1. 【答案】B

【解析】（1）选项A、C、D：属于单方民事法律行为；（2）选项B：属于双方民事法律行为。

2. 【答案】C

【解析】肖浩成属于限制民事行为能力人，其独立实施的纯获利益的民事法律行为或者与其年龄、智力、精神健康状况相适应的民事法律行为直接有效。

3. 【答案】A

【解析】被撤销的民事法律行为自始没有法律效力。

4. 【答案】D

【解析】（1）选项A、B：属于可撤销民事法律行为；（2）选项C：属于效力待定的民事法律行为。

5. 【答案】A

【解析】因双方当事人均无真实的意思表示，故民事法律行为无效。

6. 【答案】B

【解析】该债务的免除因胁迫而作出，故属于可撤销民事法律行为。

7. 【答案】D

【解析】乙的行为构成表见代理，产生有效代理的法律后果，故买卖合同有效，同时也符合合同有效的要件。

8. 【答案】A

【解析】（1）选项A、B：王某的行为构成狭义的无权代理（由于乙公司已被告知王某离职的事实，谈不上表见代理的问题），该买卖合同的效力待定；（2）选项C：只有善意相对人才享有撤销权，由于乙公司已经知道王某离职的事实，乙公司不能行使撤销权；（3）选项D：被代理人在1个月内未作表示的，视为拒绝追认。

9. 【答案】C

【解析】选项A、B、D：属于诉讼时效中断的事由。

10. 【答案】B

【解析】选项 A、C、D：属于诉讼时效中止的事由。

（二）多选题

1. 【答案】ABD

【解析】（1）选项 A、C：撤销权应依诉而行使，即只能通过向人民法院或仲裁机构提出申请而行使；（2）选项 B、D：当事人自知道或者应当知道撤销事由之日起 1 年内没有行使撤销权的，撤销权消灭；当事人知道撤销事由后明确表示或者以自己的行为表明放弃撤销权的，撤销权消灭。

2. 【答案】ABC

【解析】民事法律行为所附条件的要求是：应是不确定的事实；应是未发生的事实；应是当事人约定的事实；应是合法的事实。

3. 【答案】BD

【解析】甲的行为构成表见代理，因为有客观理由使第三人相信甲具有代理权，所以产生与有权代理一样的效果，故由乙公司承担责任。

4. 【答案】BCD

【解析】（1）选项 A：重大误解属于意思表示内容的错误，而 A 属于动机错误；（2）选项 B：属于对标的物性质的误解；（3）选项 C：属于对标的物数量的误解；（4）选项 D：属于对对方当事人的误解。

5. 【答案】ACD

【解析】（1）选项 A：属于以虚假意思表示的民事法律行为；（2）选项 B：属于有效民事法律行为，即赠与；（3）选项 C：属于恶意串通损害他人利益的民事法律行为；（4）选项 D：属于违反法律强制性规定的民事法律行为。

6. 【答案】BD

【解析】选项 A、C：以欺诈和胁迫手段实施的民事法律行为均属于可撤销的民事法律行为。

7. 【答案】ABCD

【解析】（1）选项 A：义务人作出分期履行、部分履行、提供担保、请求延期履行先支付利息等承诺或者行为，视为“义务人同意履行义务”，导致诉讼时效中断；（2）选项 B：当事人一方以发送信件或者数据电文方式主张权利，信件或者数据电文到达或者应当到达对方当事人的（甲已经签收），应当认定为“当事人一方提出要求”，导致诉讼时效中断；（3）选项 C、D：债权人提起诉讼或与提起诉讼具有同等效力的其他情形（支付令），导致诉讼时效中断。

8. 【答案】ACD

【解析】（1）选项 B：义务人同意履行义务，才导致诉讼时效中断；如果债务人否认对债权人负有债务，不能引起诉讼时效的中断；（2）选项 C：债权人申请债务人破产，即导致诉讼时效中断（破产申请被人民法院驳回后，债权人可以继续对债务人提起民事诉讼，诉讼时效期间从申请破产之日起中断；如果破产申请不被人民法院驳回，就进入破产程序了，也就谈不上债权人对债务人提起民事诉讼的问题了）。

第三章　物权法律制度

一、2020 年教材本章主要变化

2020 年教材中未出现明显变化，只是对建设用地使用权进行内容上的微调，但与考点无关。

二、本章近 5 年考情统计分析

本章为相对重要的考试章节，经常与合同法律制度相结合并以案例分析题的方式进行考查，绝大多数考点需要准确理解与运用，复习难度不大。最近 5 年平均考试分值为 8.7 分。

（一）近 5 年考试分值分布

题型	2015 年	2016 年	2017 年	2018 年	2019 年
单选题	1	1	2	1	2
多选题	1.5	1.5	1.5	1.5	3
案例分析题	8.5	6	2.5	3	17
合计	11	8.5	6	5.5	22

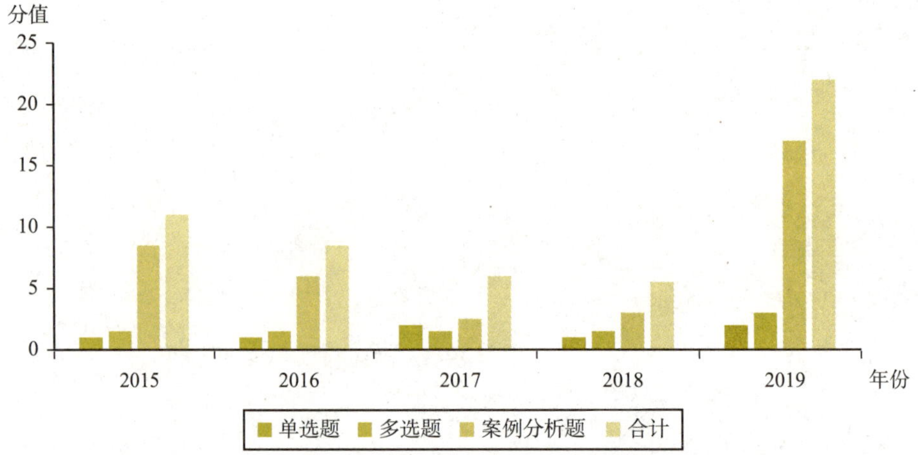

（二）近 5 年考试考点分布

高频考点内容	年度及题型分布
物的种类	2017 年单选题、2018 年单选题、2019 年单选题
物权的种类	2017 年单选题、2019 年多选题
物权法的基本原则	2015 年多选题
不动产登记制度	2015 年单选题、2017 年单选题
不动产的物权变动	2016 年案例分析题

续表

高频考点内容	年度及题型分布
动产的买卖	2015 年案例分析题、2017 年案例分析题
动产的抵押	2015 年案例分析题
动产物权的变动	2019 年案例分析题
无权处分	2019 年案例分析题
善意取得制度	2015 年案例分析题、2016 年单选题、2019 年案例分析题
遗失物	2019 年多选题
按份共有	2019 年案例分析题
共有物的处分	2015 年多选题、2016 年单选题、2017 年单选题
建设用地使用权	2016 年多选题、2017 年多选题、2019 年单选题
抵押权的设立	2019 年案例分析题
流押条款	2019 年案例分析题
同一财产向两个以上债权人设定抵押时的清偿顺序	2018 年案例分析题
权利质押	2018 年多选题

三、本章思维导图

- 物权法律制度
  - 物权法律制度概述（重难点1~重难点3）
  - 不动产的物权变动（重难点4~重难点6）
  - 动产的物权变动（重难点7~重难点8）
  - 有权处分与无权处分（重难点9~重难点12）
  - 共有法律制度（重难点13~重难点16）
  - 建设用地使用权（重难点17~重难点18）
  - 抵押权（重难点19~重难点27）
  - 质权（重难点28~重难点29）
  - 留置权（重难点30~重难点31）

四、重难点解析

本章内容为物权法律制度，属于比较重要的章节，特别是有案例分析题的考查，主要包括物权法律制度概述、不动产与动产的物权变动、用益物权和担保物权等相关基础理论知识。

重难点1：物的种类★★

1. 动产与不动产

不动产包括土地、海域以及房屋、林木等地上定着物，不动产纠纷由不动产所在地人民法院管辖。

动产为不动产以外的物。

2. 主物与从物

认定主物、从物关系，必须同时具备两个条件：（1）二者在物理上互相独立；（2）二者在经济用途上存在主从关系：A 物脱离 B 物，不损害 A 物的独立用途，则 A 物为主物；B 物脱离 A 物，丧失其本来的用途，则 B 物为从物。

3. 可分物与不可分物

可分物是不因分割而变更其性质或减损其价值的物，如米、酒等。反之，如牛、汽车等属于不可分物。区分意义在于：分割共有时，可分物可进行实物分割。

4. 可替代物与不可替代物

该分类仅限于动产。交易客体为可替代物（如冰棍）时，可以同类替代履行；不可替代物（如王羲之的字画）一旦发生毁损、灭失就只能转化为金钱赔偿。

5. 消耗物与非消耗物

该分类仅限于动产。消耗物只能一次性使用（如苹果），非消耗物（如苹果手机）则相反。以让与为目的的消耗物（如金钱）转移占有即转移所有权。

6. 流通物、限制流通物与禁止流通物

流通物是指可自由进入市场流通之物（如冰棍）；限制流通物（如文物、黄金、药品）是指被法律限制市场流通的物；禁止流通物（如法律规定专属于国家所有的不动产和动产）是指法律禁止流通的物。

7. 原物与孳息

（1）孳息是独立于原物的物，原物、孳息属于两个物。因此，尚在母牛身体里的小牛属于母牛的组成部分，不属于孳息；尚未与苹果树相分离的苹果，也不属于孳息。

（2）孳息分为天然孳息和法定孳息（如储蓄存款的利息、出租房屋获得的租金）。

【经典真题】

【单选题·2017】根据物权法律制度的规定，下列关于物的种类的表述中，正确的是（　　）。

A. 海域属于不动产　　B. 文物属于禁止流通物

C. 金钱属于非消耗物　　D. 牛属于可分割物

【答案】A

【解析】（1）选项 B：文物属于限制流通物；（2）选项 C：金钱属于消耗物；（3）选项 D：牛属于不可分物。

【单选题·2018】根据物权法律制度的规定，下列各项中，属于动产的是（　　）。

A. 海域　　B. 房屋　　C. 林木　　D. 船舶

【答案】D

【解析】选项 A、B、C 属于不动产。

【单选题 · 2019】根据物权法律制度的规定，下列各项中，属于物权法上的物的是（　　）。

A. 太阳　　B. 星星　　C. 月亮　　D. 海域

【答案】D

【解析】选项 A、B、C：因不能为人力所支配而不属于物权法上的物。

重难点 2：物权的种类★★★

1. 所有权、用益物权和担保物权

（1）所有权是指在法律限制范围内，对物全面支配的权利。

（2）用益物权包括建设用地使用权、土地承包经营权、宅基地使用权和地役权。

（3）担保物权包括抵押权、质权和留置权。

【小贴士】用益物权以使用他人之物为目的，针对的是他人之物的使用价值；担保物权以担保债权实现为目的，针对的是他人之物的交换价值。

2. 自物权和他物权

所有权属于自物权，用益物权和担保物权则属于他物权。

3. 独立物权和从属物权

（1）独立物权是指能够独立存在的物权，包括所有权、建设用地使用权、土地承包经营权和宅基地使用权。

（2）从属物权是指从属于其他权利、不能独立存在的物权，包括担保物权和地役权。

【小贴士】担保物权从属于主债权而存在，主债权消灭的，担保物权随之消灭。地役权从属于需役地的所有权或者使用权而存在。

【经典真题】

【单选题 · 2017】根据物权法律制度的规定，下列各项中，属于独立物权的是（　　）。

A. 地役权　　B. 建设用地使用权

C. 质权　　D. 抵押权

【答案】B

【解析】选项 A、C、D：属于从物权。

【多选题 · 2019】根据物权法律制度的规定，下列权利中，可以设定在动产之上的有（　　）。

A. 抵押权　　B. 留置权　　C. 所有权　　D. 质押权

【答案】ABCD

重难点 3：物权法的基本原则★★

1. 物权法定原则

根据《物权法》第五条的规定，物权的种类和内容，由法律规定。从以下四个方面把握该法条的内涵：

（1）行为人违反“种类法定”原则，在法定物权种类之外创设物权，该行为无效；

（2）行为人违反“内容法定”原则，设定与法定物权相异的内容，该行为无效。

（3）此条所称“法律”，不限于《物权法》，包括一切由全国人大及其常务委员会制定的“法律”，但不包括行政法规与地方性法规，亦不包括司法解释与司法判例。

（4）物权法的基本原则体现了物权与债权的基本区别。物权法定原则旨在限制当事人的物权创设自由，原因在于，物权具有绝对效力，如果允许当事人任意设置，可能不利于交易安全。债权则不同，其效力仅及于当事人自己，故不仅债权内容可由当事人自由设定，债权类型也可由当事人自由设定。

2. 物权客体特定原则

物尚不存在不可能存在物权，物尚未确定也谈不上物权。而债权的客体是当事人的给付行为，即使物尚未确定、尚不存在，也不影响债权合同（如李某将正在研制的工具作价150万元卖给周某）的有效性。

3. 物权公示原则

动产以交付占有为公示手段，不动产则以登记为公示手段。

【经典真题】

【多选题·2015】根据物权法律制度的规定，下列属于物权法基本原则的有（　　）。

A. 物权相对原则　　B. 物权法定原则

C. 物权公示原则　　D. 物权客体特定原则

【答案】BCD

重难点4：基于法律行为的物权变动★★★

1. 登记生效

（1）不动产物权的设立、变更、转让和消灭，经依法登记，发生效力；未经登记，不发生效力，但法律另有规定的除外。（2016年案例分析题）

【小贴士】房屋买卖、建设用地使用权的设立、取得和转让必须登记，登记为生效要件。另外，以建筑物、建设用地使用权等不动产设定抵押的，必须办理抵押登记，登记是抵押的生效要件，抵押权自登记之日起设立。

（2）当事人之间订立有关设立、变更、转让和消灭不动产物权的合同，除法律另有规定或者合同另有约定外，自合同成立时生效；未办理物权登记的，不影响合同的效力。（2016年案例分析题）

【小贴士】不动产的抵押必须办理抵押登记，抵押权自登记之日起设立。如果当事人未办理抵押登记，只是抵押权未设立但不影响抵押合同的生效。

2. 登记对抗

（1）土地承包经营权自土地承包经营权合同生效时设立。未经登记，不得对抗善意第三人。

（2）地役权自地役权合同生效时设立。未经登记，不得对抗善意第三人。

【小贴士】是否登记，不影响地役权的设立。但未经登记的，不得对抗善意第三人。

【经典模拟题】

【单选题】甲与乙订立合同出售其房屋，并约定乙应当在房屋所有权转移登记手续办理完毕后支付价款。后甲反悔，并向乙表示不再办理房屋所有权转移登记。根据物权法律制度的规定，下列表述中，正确的是（　　）。

A. 合同尚未生效，但乙可以请求甲赔偿损失

B. 合同生效，但是甲有权解除合同

C. 合同生效，乙有权要求甲办理所有权转移登记并承担其他违约责任

D. 合同尚未生效，乙不得请求甲赔偿损失

【答案】C

【解析】当事人之间订立的不动产买卖合同自成立时生效，虽然未办理所有权转移登记，但不影响合同的效力，所以乙可以要求甲承担违约责任。

重难点5：非基于法律行为的物权变动★★★

1. 基于事实行为

因合法建造、拆除房屋等事实行为设立或者消灭物权的，自事实行为成就时发生效力。

【小贴士】非基于法律行为的不动产物权变动虽不以登记为要件，但获得权利的主体再处分该物权时，仍应当依法办理登记。未经登记，不发生物权效力。

2. 基于法律规定

因继承或者受遗赠取得物权的，自继承或者受遗赠开始时发生效力。

3. 基于公法行为

因人民法院、仲裁委员会的法律文书或者人民政府的征收决定，导致物权设立、变更、转让或者消灭的，自法律文书或者人民政府的征收决定生效时发生效力。

【小贴士】“导致物权设立、变更、转让或者消灭的人民法院、仲裁委员会的法律文书”，是指人民法院、仲裁委员会在分割共有不动产或者动产等案件中作出并依法生效的改变原有物权关系的判决书、裁决书、调解书，以及人民法院在执行程序中作出的拍卖成交裁定书、以物抵债裁定书。这些“法律文书”具有直接改变原有物权关系、不必由当事人履行的形成效力。因此，如果判决内容是一方当事人向另一方当事人履行，那么，让物权发生变动的，是当事人的履行行为而非判决本身。

【经典模拟题】

【多选题】根据物权法律制度的规定，下列属于非基于法律行为而发生物权变动的有（　　）。

A. 某公司合法建造办公楼

B. 甲合法继承其父母去世后的房屋

C. 乙将其身故后的遗产全部赠送给丙

D. 丙向银行贷款，双方办理了抵押登记

【答案】ABC

【解析】选项D属于基于法律行为而发生的物权变动。

重难点6：不动产登记制度★★★

1. 首次登记

不动产首次登记，是指不动产权利第一次登记。未办理不动产首次登记的，不得办理不动产其他类型登记，但法律、行政法规另有规定的除外。

2. 变更登记

变更登记，是指不动产登记事项发生不涉及权利转移的变更所需进行的登记。下列情形之一的，不动产权利人可以向不动产登记机构申请变更登记：

（1）权利人的姓名、名称、身份证明类型或者身份证明号码发生变更的；

（2）不动产的坐落、界址、用途、面积等状况变更的；

（3）不动产权利期限、来源等状况发生变化的；

（4）同一权利人分割或者合并不动产的；

（5）抵押担保的范围、主债权数额、债务履行期限、抵押权顺位发生变化的；

（6）最高额抵押担保的债权范围、最高债权额、债权确定期间等发生变化的；

（7）地役权的利用目的、方法等发生变化的；

（8）共有性质发生变更的；

（9）法律、行政法规规定的其他不涉及不动产权利转移的变更情形。

3. 转移登记

转移登记，是指不动产权利在不同主体之间发生转移所需进行的登记。因下列情形导致不动产权利转移的，当事人可以向不动产登记机构申请转移登记：

（1）买卖、互换、赠与不动产的；

（2）以不动产作价出资（入股）的；

（3）法人或者其他组织因合并、分立等原因致使不动产权利发生转移的；

（4）不动产分割、合并导致权利发生转移的；

（5）继承、受遗赠导致权利发生转移的；

（6）共有人增加或者减少以及共有不动产份额变化的；

（7）因人民法院、仲裁委员会的生效法律文书导致不动产权利发生转移的；

（8）因主债权转移引起不动产抵押权转移的；

（9）因需役地不动产权利转移引起地役权转移的；

（10）法律、行政法规规定的其他不动产权利转移情形。

4. 注销登记

不动产权利消灭时，需要办理注销登记。有下列情形之一的，当事人可以申请办理注销登记：

（1）不动产灭失的；

（2）权利人放弃不动产权利的；

（3）不动产被依法没收、征收或者收回的；

（4）人民法院、仲裁委员会的生效法律文书导致不动产权利消灭的；

（5）法律、行政法规规定的其他情形。

5. 异议登记

（1）更正登记。权利人、利害关系人认为不动产登记簿记载的事项有错误的，可以申请更正登记。不动产登记簿记载的权利人书面同意更正或者有证据证明登记确有错误的，登记机构应当予以更正。

（2）异议登记。如果不动产登记簿记载的权利人不同意更正，利害关系人可以申请异议登记。

（3）登记机构予以异议登记的，申请人在异议登记之日起 15 日内不起诉，异议登记失效。

（4）异议登记不当，造成权利人损害的，权利人可以向申请人请求损害赔偿。

【小贴士】异议登记使得登记簿上所记载的权利失去正确性推定的效力，异议登记后，第三人不得主张基于登记而产生的公信力（不适用于善意取得）。

6. 预告登记

当事人签订买卖房屋或者其他不动产物权的协议，为保障将来实现物权，按照约定可以向登记机构申请预告登记。具有下列情形之一的，当事人可以申请预告登记：

（1）预购商品房；

（2）以预购商品房设定抵押；

（3）房屋所有权转让、抵押；

（4）法律、法规规定的其他情形。

【小贴士】预告登记后，未经预告登记的权利人同意，处分该不动产（转移不动产所有权或者设定建设用地使用权、设定地役权、设定抵押权等）的应当认定其不发生物权效力；另外，预告登记后，债权消灭或者自能够进行不动产登记之日起 3 个月内未申请登记的，预告登记失效。买卖不动产物权的协议被认定无效、被撤销、被解除，或者预告登记的权利人放弃债权的，应当认定为“债权消灭”。

【经典真题】

【单选题·2015】根据物权法律制度的规定，下列关于更正登记与异议登记的表述中，正确的是（　　）。

A. 提起更正登记之前，须先提起异议登记

B. 更正登记的申请人可以是权利人，也可以是利害关系人

C. 异议登记之日起 10 日内申请人不起诉的，异议登记失效

D. 异议登记不当造成权利人损害的，登记机关应承担损害赔偿责任

【答案】B

【单选题·2017】甲公司与乙银行签订 300 万元的借款合同，以甲公司的房屋提供债权额为 300 万元的抵押担保，并已办理登记。其后，借款合同的借款金额增加为 400 万元，仍以该房屋提供抵押担保，担保债权额相应增加为 400 万元。为使新增抵押生效，根据物权法律制度的规定，乙银行应向不动产登记机构申请的登记类型是（　　）。

A. 更正登记　　B. 预告登记
C. 变更登记　　D. 转移登记

【答案】C

重难点7：动产的买卖★★★（2015年案例分析题、2017年案例分析题）

1. 一般动产：交付生效

动产物权的设立和转让，自交付时发生效力，但法律另有规定的除外。

在动产买卖合同中，如果当事人未约定所有权保留条款，则动产的所有权自交付之日起转移。

2. 特殊动产：交付生效＋登记对抗

根据《物权法》第二十四条的规定，船舶、航空器和机动车等物权的设立、变更、转让和消灭，未经登记，不得对抗善意第三人。

【小贴士】对于船舶、航空器和机动车等动产，其所有权的移转仍以交付为生效要件，而不以登记为生效要件。但登记具有对抗效力，如果交付后没有办理过户登记，不得对抗善意第三人。

3. 转让人转移船舶、航空器和机动车等所有权，受让人已经支付对价并取得占有，虽未经登记，但转让人的债权人主张其为《物权法》第二十四条所称的“善意第三人”的，除法律另有规定外，不予支持。

4. 特殊的交付方式

（1）简易交付。动产物权设立和转让前，权利人已经先行占有该动产的，物权在法律行为生效时发生变动效力。

（2）指示交付。动产物权设立和转让前，第三人依法占有该动产的，负有交付义务的人可以通过“转让请求第三人返还原物的权利”代替交付。

（3）占有改定。动产物权转让时，双方又约定由出让人继续占有该动产的，物权转移自该约定生效时发生效力。

【经典模拟题】

【多选题】2019年8月1日，甲、乙签订了一份车辆买卖合同。双方约定如下：8月10日乙付款给甲，8月20日甲将汽车交付给乙，8月30日双方去办理过户手续。8月25日，甲又向丙借款，将该车抵押给不知情的丙，并办理了抵押登记。后因甲无法偿还借款，丙欲行使抵押权。根据物权法律制度的规定，下列说法中正确的有（　　）。

A. 因车辆办理了抵押登记，故甲、乙之间的合同不成立

B. 汽车的所有权已于8月20日发生转移

C. 丙可主张抵押权

D. 因车辆已经交付给乙，丙不得主张抵押权

【答案】BC

【解析】（1）选项A：甲乙之间的买卖合同在双方签订合同之日时成立，不受物权变动影响；（2）选项B、C、D：动产的物权转让以交付为要件，但车辆属于特殊动产，登记为

对抗要件，未经登记，不得对抗善意第三人，所以丙作为善意第三人可依法取得该车的抵押权，乙的损失可向甲主张赔偿。

重难点8：动产的抵押和质押★★★

1. 抵押权：登记对抗（2015年案例分析题）

以动产设定抵押的，抵押权自抵押合同生效时设立。但未经登记，不得对抗善意第三人。即以动产设定抵押时，无论是否办理了抵押登记，抵押权均自抵押合同生效之日起设立。只是未登记的，不能对抗善意第三人。

2. 质权：交付生效

以动产设定质押的，质权自交付时设立。

【经典模拟题】

【多选题】下列关于动产抵押和质押的说法中，正确的有（　　）。

A. 动产抵押必须办理登记，否则抵押不生效力

B. 动产抵押权自抵押合同生效时成立，登记不是生效要件

C. 动产质押权利自质押物交付时生效

D. 动产质押合同自签订之日起生效

【答案】BCD

【解析】（1）选项A、B：动产抵押权自抵押合同生效时设立，但抵押权的权属变动须以登记为对抗要件，未经登记不得对抗善意第三人；（2）选项C、D：动产质押权的合同自签订时生效，但质押权的权属变动以交付为生效要件，此处涉及债权变动和物权变动。

重难点9：有权处分★★★

1. 多重买卖合同的合同效力

出卖人就同一标的物订立多重买卖合同，合同均不具有《合同法》第五十二条规定的无效情形，买受人因不能按照合同约定取得标的物的所有权，请求追究出卖人违约责任的，人民法院应予支持。

2. 普通动产的一物二卖（第四章内容）

出卖人就同一普通动产订立多重买卖合同，在买卖合同均有效的情况下，买受人均要求实际履行合同的：

（1）先行受领交付的买受人请求确认所有权已经转移的，人民法院应予支持。

（2）各买受人均未受领交付，先行支付价款的买受人请求出卖人履行交付标的物等合同义务的，人民法院应予支持；

（3）买受人均未受领交付，也未支付价款，依法成立在先合同的买受人请求出卖人履行交付标的物等合同义务的，人民法院应予支持。

【小贴士】此处的权利享有顺序可理解为：交付 > 付款 > 合同。

3. 特殊动产的一物二卖（第四章内容）

出卖人就同一船舶、航空器、机动车等特殊动产订立多重买卖合同，在买卖合同均有效

的情况下，买受人均要求实际履行合同的：

（1）先行受领交付的买受人请求出卖人履行办理所有权转移登记手续等合同义务的，人民法院应予支持；

（2）各买受人均未受领交付，先行办理所有权转移登记手续的买受人请求出卖人履行交付标的物等合同义务的，人民法院应予支持；

（3）出卖人将标的物交付给买受人之一，又为其他买受人办理所有权转移登记，已受领交付的买受人请求将标的物所有权登记在自己名下的，人民法院应予支持；

（4）各买受人均未受领交付，也未办理所有权转移登记手续，依法成立在先合同的买受人请求出卖人先行交付标的物和办理所有权转移登记手续等合同义务的，人民法院应予支持。

【小贴士】此处的权利享有顺序可理解为：交付 > 登记 > 合同。

【小贴士】对于船舶、航空器和机动车等动产，其所有权的移转仍以交付为生效要件，而不以登记为生效要件。

【经典模拟题】

【单选题】刘某将一部手机先后卖给甲、乙、丙三人，买卖合同分别是 7 月 1 日、7 月 2 日、7 月 3 日签订。在三人均未付款的情况下，刘某将手机交付给了丙。那么手机的所有权归属于（　　）。

A. 甲　　B. 乙

C. 丙　　D. 三人共同所有

【答案】C

【解析】该题属于普通动产的一物多卖，其权利行使顺序是交付 > 付款 > 合同。

重难点 10：无权处分★★★

1. 债权行为：合同有效

当事人一方以出卖人在缔约时对标的物没有所有权或者处分权为由主张合同无效的，人民法院不予支持。

2. 物权行为：效力待定

物权行为处于效力待定状态，在得到权利人追认或者无处分权人事后取得处分权的，该行为有效。

【经典模拟题】

【单选题】孙某于 2019 年 12 月 5 日将其名下的捷达车作价 5 万元卖给赵某，并于当日完成交付。12 月 13 日，孙某又以自己的名义将该车卖给不知情的钱某，两次买卖均未登记。针对上述情形，下列说法正确的是（　　）。

A. 车辆所有权归属于赵某

B. 车辆所有权归属于钱某

C. 孙某将车辆卖给钱某属于“无权处分”，但二人之间的合同有效

D. 如果孙某的行为得到了赵某的追认，其行为可转化为“有权处分”

【答案】ACD

【解析】（1）选项 A、B：属于特殊动产的一物多卖，其权利行使顺序是交付 > 登记 > 合同，因均未登记，车辆所有权归属于赵某；（2）选项 C、D：孙某的行为构成“无权处分”，但孙某和钱某之间的买卖合同有效，债权行为不受物权行为的影响，在得到权利人追认或者无处分权人事后取得处分权的，该行为有效。

重难点 11：善意取得制度★★★

1. 善意取得的构成要件

根据《物权法》第一百零六条的规定，无处分权人将不动产或者动产转让给受让人的，除法律另有规定外，符合下列情形的，受让人取得该不动产或者动产的所有权：

（1）受让人受让该不动产或者动产时是善意的；

（2）以合理的价格转让；

（3）转让的不动产或者动产依照法律规定应当登记的已经登记，不需要登记的已经交付给受让人。

除此以外，善意取得制度的适用还需具备以下几个条件：

（1）转让人没有处分权；

（2）转让之物为委托物；

（3）物权变动基于法律行为而发生；

（4）转让合同为债权合同。

2. 有权处分还是无权处分

（1）如果转让人对于所转让的标的物享有处分权，则适用正常的物权变动规则。

（2）善意取得制度必须以转让人无处分权为前提。

3. 是否合法占有

基于真实权利人的意思而合法占有之物，称为委托物（如承租人基于租赁合同而合法占有租赁物）。非基于真实权利人的意思而占有之物称为脱手物（如遗失物、盗窃物）。善意取得制度适用于委托物，不适用于脱手物。这是因为，转让人取得对委托物的占有毕竟是基于真实权利人的真实意思，正是真实权利人的这一行为，为事后的无权处分提供了机会，真实权利人毕竟“参与”了无权处分局面的形成，与完全无辜的善意受让人相比，自然是后者更值得保护。而脱手物则并非如此，因为物的遗失或者被盗并非基于真实权利人的本意，此时，真实权利人与善意第三人均处于无辜地位，如允许适用善意取得制度，可能在客观上为销赃行为提供合法支持。

4. 是否属于法律行为

善意取得只能在交易中发生，该交易所借助的手段是法律行为（如买卖合同）。基于非法律行为而发生的物权变动，无论是基于事实行为、公法行为还是直接基于法律规定而变动，均不存在善意取得的问题。

5. 转让合同是否有效

转让合同是指为转让标的物所有权而订立的买卖合同等债权合同。具有下列情形之一，受让人主张善意取得所有权的，人民法院不予支持：

（1）转让合同因违反《合同法》第五十二条规定被认定无效；

（2）转让合同因受让人存在欺诈、胁迫或者乘人之危等法定事由被撤销。

6. 转让价格是否合理

（1）判断是否构成“合理的价格”，应当根据转让标的物的性质、数量以及付款方式等具体情况，参考转让时交易地市场价格以及交易习惯等因素综合认定。

（2）受让人无偿或者以明显不合理的价格取得财产时，不适用善意取得制度。

7. 受让人是否善意

（1）是否善意的判断时点，以受让时（依法完成不动产物权转移登记或者动产交付之时）为准。如果受让人事后得知转让人无处分权的，不影响受让人的善意取得。

（2）受让人受让不动产或者动产时，不知道转让人无处分权，且无重大过失的，应当推定受让人为善意。

（3）受让人受让动产时，交易的对象、场所或者时机等不符合交易习惯的，应当认定受让人具有重大过失。

（4）真实权利人主张受让人不构成善意的，应当承担举证证明责任。

（5）对于“简易交付”，转让动产法律行为生效时为动产交付之时；对于“指示交付”，转让人与受让人之间有关转让返还原物请求权的协议生效时为动产交付之时。

（6）具有下列情形之一的，应当认定不动产受让人知道转让人无处分权：

①登记簿上存在有效的异议登记；

②预告登记有效期内，未经预告登记的权利人同意；

③登记簿上已经记载司法机关或者行政机关依法裁定、决定查封或者以其他形式限制不动产权利的有关事项；

④受让人知道登记簿上记载的权利主体错误；

⑤受让人知道他人已经依法享有不动产物权。

（7）真实权利人有证据证明不动产受让人应当知道转让人无处分权的，应当认定受让人具有重大过失。

8. 是否完成了交付或者登记

（1）动产的善意取得以交付为要件，不动产则以登记为要件。如果当事人之间仅仅签订了买卖合同，但动产尚未交付或者不动产尚未办理产权转移登记，则受让人不能善意取得标的物的所有权。

（2）转让人将《物权法》第二十四条规定的船舶、航空器和机动车等特殊动产交付给受让人的（无论是否登记），应当认定符合善意取得的条件。

（3）“占有改定”不能满足善意取得制度意义上的“交付”要求。

9. 善意取得的法律效果

（1）所有权发生转移

善意受让人取得标的物的所有权，真实权利人的所有权随之失去。

（2）赔偿请求权

真实权利人有权向无权处分的转让人请求损害赔偿。

10. 善意取得制度的适用范围

（1）动产、不动产均可适用善意取得制度。

（2）赃物、遗失物不适用善意取得制度。

（3）善意取得制度不仅适用于所有权，建设用地使用权、抵押权、质权、留置权等他物权也可以善意取得。

【经典模拟题】

【多选题】根据物权法律制度的规定，下列关于善意取得要件的说法中，正确的是（　　）。

A. 受让人受让标的物时主观上是善意的

B. 受让人以合理对价取得

C. 转让的不动产或动产依照法律规定应当登记的已经登记，不需要登记的已经交付给受让人

D. 转让人无处分权

【答案】ABCD

【解析】上述选项的内容即为善意取得的要件。

重难点 12：拾得遗失物★★★

（1）拾得遗失物后，拾得人应当及时通知权利人领取，或者送交公安等有关部门。有关部门收到遗失物，知道权利人的，应当及时通知其领取；不知道的，应当及时发布招领公告。遗失物自发布招领公告之日起 6 个月内无人认领的，归国家所有。

（2）拾得人享有费用偿还请求权。在遗失人发出悬赏广告时，归还遗失物的拾得人还享有悬赏广告所允诺的报酬请求权。

（3）遗失物的转让。

①如果遗失物通过转让为他人所占有时，权利人有权向无处分权人请求损害赔偿，或者自知道或者应当知道受让人之日起 2 年内向受让人请求返还原物。

②如果受让人通过拍卖或者向具有经营资格的经营者购得该遗失物的，权利人请求返还原物时应当支付受让人所付的费用。权利人向受让人支付所付费用后，有权向无处分权人追偿。

【经典真题】

【多选题·2019】乙拾得甲丢失的手机，以市场价 500 元卖给不知情的旧手机经销商丙。根据物权法律制度的规定，下列表述中，正确的有（　　）。

A. 乙拾得手机后，甲即失去手机所有权

B. 甲有权请求乙给予损害赔偿

C. 甲有权请求丙返还手机，但应向丙支付 500 元

D. 乙将手机出让给丙的行为属于无权处分

【答案】BD

【解析】（1）选项 A：所有权人或其他权利人有权追回遗失物。（2）选项 B：遗失物通

过转让被他人占有的，权利人有权向无处分权人请求损害赔偿。(3) 选项 C：遗失物通过转让被他人占有的，权利人有权向无处分权人请求损害赔偿，或者自知道或者应当知道受让人之日起 2 年内向受让人请求返还原物，但受让人通过拍卖或者向具有经营资格的经营者购得该遗失物的，权利人请求返还原物时应当支付受让人所付的费用，所以甲请求丙返还时无须支付 500 元；权利人向受让人支付所付费用后，有权向无处分权人追偿。(4) 选项 D：遗失物不适用善意取得，拾得人乙无所有权，因此是无权处分行为。

重难点 13：按份共有还是共同共有★★

1. 法定的共同共有

家庭关系中的共有为共同共有，包括《婚姻法》规定的夫妻共同财产、《继承法》上的遗产等。

2. 共有类型

共有人对共有的不动产或者动产没有约定为按份共有或者共同共有，或者约定不明确的，除共有人具有家庭关系等外视为按份共有。

3. 共有份额

按份共有人对共有的不动产或者动产享有的份额，可以约定；没有约定或者约定不明确的，按照出资额确定；不能确定出资额视为等额享有。

【经典模拟题】

【多选题】根据物权法律制度的规定，下列情形中属于共同共有的有（　　）。

A. 夫妻对家庭财产的共有

B. 合伙人对合伙财产的共有

C. 继承人对被继承人遗产在分割前的共有

D. 三农民对共同出资购买的农用运输车的共有

【答案】ABC

【解析】选项 D 为按份共有。

重难点 14：共有的对外关系★★

1. 按份共有

(1) 对外。因共有的不动产或者动产产生的债权债务，在对外关系上，共有人享有连带债权承担连带债务，但法律另有规定或者第三人知道共有人不具有连带债权债务关系的除外。

(2) 内部。除共有人另有约定外，按份共有人按照份额享有债权、承担债务。因此，当对外承担债务的共有人所承担的债务超出其应当承担的份额时，有权向其他共有人追偿。

【小贴士】按份共有人对外承担连带责任、内部承担按份责任。

2. 共同共有

(1) 对外。因共有的不动产或者动产产生的债权债务，在对外关系上，共有人享有连带债权承担连带债务，但法律另有规定或者第三人知道共有人不具有连带债权债务关系的除外。

(2) 内部。除共有人另有约定外，共同共有人共同享有债权、承担债务。

【小贴士】共同共有人对外承担连带责任、内部不分你我。

重难点 15：按份共有人转让自己的个人份额★★★

1. 对外转让

根据《物权法》第一百零一条的规定，按份共有人可以转让其享有的共有的不动产或者动产份额，其他共有人在同等条件下享有优先购买的权利。

2. 内部转让

按份共有人之间转让共有份额，其他按份共有人主张优先购买的，人民法院不予支持，但按份共有人之间另有约定的除外。

3. 继承或者遗赠

共有份额的权利主体因继承、遗赠等原因发生变化时，其他按份共有人主张优先购买的，人民法院不予支持，但按份共有人之间另有约定的除外。

4. 同等条件

《物权法》第一百零一条所称的“同等条件”，应当综合共有份额的转让价格、价款履行方式及期限等因素确定。

5. 优先购买权的行使期间

按份共有人之间有约定的，按照约定处理。没有约定或者约定不明的，按照下列情形确定：

（1）转让人向其他按份共有人发出的包含同等条件内容的通知中载明行使期间的以该期间为准；通知中未载明行使期间，或者载明的期间短于通知送达之日起 15 日的，为 15 日。

（2）转让人未通知的，为其他按份共有人知道或者应当知道最终确定的同等条件之日起 15 日。

（3）转让人未通知，且无法确定其他按份共有人知道或者应当知道最终确定的同等条件的，为共有份额权属转移之日起 6 个月。

6. 数人主张优先购买的处理

两个以上按份共有人主张优先购买且协商不成时，请求按照转让时各自份额比例行使优先购买权的，人民法院应予支持。

7. 优先购买权的不当行使

按份共有人向共有人之外的人转让其份额，其他按份共有人的请求具有下列情形之一的，人民法院不予支持：

（1）未在规定的期间内主张优先购买，或者虽主张优先购买，但提出减少转让价款、增加转让人负担等实质性变更要求；

（2）以其优先购买权受到侵害为由，仅请求撤销共有份额转让合同或者认定该合同无效。

【经典模拟题】

【多选题】甲、乙、丙、丁按份共有一艘货船，份额分别为 10%、20%、30%、40%。甲欲将其共有份额转让，戊愿意以 500 万元的价格购买，价款一次付清。根据物权法律制度的规定，下列表述中，正确的有（　　）。

A. 甲向戊转让其共有份额时，无须经乙、丙、丁同意

B. 如乙、丙、丁均以同等条件主张优先购买权，可按各自份额比例购买

C. 如丙以分期付款的方式要求购买该份额，人民法院不予支持

D. 按份共有人可约定共有人内部转让共有份额时，其他按份共有人可主张优先购买权

【答案】ABCD

【解析】（1）选项A：按份共有人可以转让其享有的共有的不动产或者动产份额，无须经其他按份共有人同意；（2）选项B：两个以上按份共有人主张优先购买且协商不成时，应按转让时各自的份额比例行使优先购买权；（3）选项C：戊采取一次付清的方式，而丙采取分期付款的方式，并非同等条件，丙无权主张优先购买权；（4）选项D：按份共有人之间转让共有份额，其他按份共有人主张优先购买的，人民法院不予支持，但按份共有人之间另有约定的除外。

重难点16：共有物的处分★★★

1. 共同共有

处分共有的不动产或者动产，或者对共有的不动产或者动产进行重大修缮的，应当经全体共同共有人同意，但共有人之间另有约定的除外。

2. 按份共有

处分共有的不动产或者动产，或者对共有的不动产或者动产进行重大修缮的，应当经占份额2/3以上的按份共有人同意，但共有人之间另有约定的除外。

【小贴士】对按份共有物进行处分（如转让、抵押）或者进行重大修缮，首先应按共有人之间的约定；共有人之间没有约定的，应当经占份额2/3以上的按份共有人同意。

【经典真题】

【多选题·2015】甲、乙、丙、丁、戊、庚六人对一台挖掘机按份共有，甲的份额是2/3，其余五人的份额各为1/15。根据物权法律制度的规定，没有特别约定时，下列转让挖掘机的行为中，有效的有（　　）。

A. 甲将挖掘机转让给辛，乙、丙、丁、戊、庚均表示反对

B. 甲、乙将挖掘机转让给辛，丙、丁、戊、庚均表示反对

C. 乙、丙、丁、戊、庚将挖掘机转让给辛，甲表示反对

D. 丙、丁、戊、庚将挖掘机转让给辛，甲、乙均表示反对

【答案】AB

【解析】对按份共有物进行处分（如转让、抵押）或者进行重大修缮，首先应按共有人之间的约定；共有人之间没有约定的，应当经占份额2/3以上的按份共有人同意。

【单选题·2016】甲、乙、丙三兄弟共同继承一幅古董字画，由甲保管。甲擅自将该画以市场价出卖给丁并已交付，丁对该画的共有权属关系并不知情。根据物权法律制度的规定，下列表述中，正确的是（　　）。

A. 丁取得该画的所有权，但须以乙和丙均追认为前提

B. 无论乙和丙追认与否，丁均不能取得画的所有权

C. 无论乙和丙追认与否，丁均可取得该画的所有权

D. 经乙和丙中一人追认，丁即可取得该画的所有权

【答案】C

【解析】（1）如果乙、丙不追认，则甲的行为构成无权处分，但丁基于善意取得制度（善意且无重大过失、合理对价并完成交付）依法取得该画的所有权；（2）如果乙、丙追认，则甲的行为转为有权处分，则丁基于交付取得该画的所有权。因此，无论乙和丙追认与否，丁均可取得该画的所有权。

【单选题·2017】朋友6人共同出资购买一辆小汽车，未约定共有形式，且每人的出资额也不能确定。部分共有人欲对外转让该车。为避免该转让成为无权处分，在没有其他约定的情况下，根据物权法律制度的规定，同意转让的共有人至少应当达到的人数是（　　）。

A. 4人　　B. 3人　　C. 6人　　D. 5人

【答案】A

【解析】（1）共有人对共有的不动产没有约定为按份共有或者共同共有，除共有人具有家庭关系等外，视为按份共有；（2）按份共有人对共有的不动产或者动产享有的份额，可以约定；没有约定或者约定不明确的按照出资额确定；不能确定出资额的，视为等额享有；（3）在按份共有中，处分共有的不动产或者动产，当经占份额2/3以上的按份共有人同意，但共有人之间另有约定的除外。在本题中，这6人“等额按份共有”该汽车，故同意转让的共有人至少应当达到4人。

重难点17：无偿划拨★★★

1. 下列建设用地的土地使用权，确属必需的，可以由县级以上人民政府依法批准划拨：

（1）国家机关用地和军事用地；

（2）城市基础设施用地和公益事业用地；

（3）国家重点扶持的能源、交通、水利等项目用地；

（4）法律、行政法规规定的其他用地。

2. 用于商业开发的建设用地，不得以划拨方式取得建设用地使用权。

3. 使用期限

以无偿划拨方式取得的建设用地使用权，除法律、行政法规另有规定外，没有使用期限的限制。

4. 无偿划拨+转让

以划拨方式取得土地使用权的，转让房地产时，应当按照国务院规定，报有批准权的人民政府审批。有批准权的人民政府准予转让的，应当由受让方办理土地使用权出让手续，并依照国家有关规定缴纳土地使用权出让金。

5. 无偿划拨+抵押

当事人以无偿划拨的国有土地使用权设定抵押，抵押权实现时，对于拍卖所得，在依法缴纳土地出让金后，抵押权人才享有优先受偿权。

6. 无偿划拨+出资

出资人以无偿划拨的土地使用权出资，公司、其他股东或者公司债权人主张认定该出资

人未履行出资义务的，人民法院应当责令当事人在指定的合理期间内办理土地变更手续；逾期未办理的，人民法院应当认定出资人未依法全面履行出资义务。

重难点18：有偿出让★★★

1. 建设用地使用权出让，可以采取拍卖、招标或者双方协议的方式。其中，工业、商业、旅游、娱乐和商品住宅等经营性用地以及同一土地有两个以上意向用地者的，应当采取招标、拍卖等公开竞价的方式出让；没有条件，不能采取拍卖、招标方式的，可以采取双方协议的方式。

2. 出让最高年限

（1）居住用地70年；

（2）工业用地50年；

（3）教育、科技、文化、卫生、体育用地50年；

（4）商业、旅游、娱乐用地40年；

（5）综合或者其他用地50年。

3. 住宅建设用地使用权期间届满的，自动续期。

4. 出让+转让

以出让方式取得土地使用权的，转让房地产时，应当符合下列条件：

（1）按照出让合同约定已经支付全部土地使用权出让金，并取得土地使用权证书；

（2）按照出让合同约定进行投资开发，属于房屋建设工程的，完成开发投资总额的25%以上，属于成片开发土地的，形成工业用地或者其他建设用地条件；

（3）转让房地产时房屋已经建成的，还应当持有房屋所有权证书。

【经典真题】

【多选题·2016】根据物权法律制度的规定，以出让方式取得土地使用权的，转让房地产时，应当符合的条件有（　　）。

A. 按照出让合同约定已经支付全部土地使用权出让金，并取得土地使用权证书

B. 按照出让合同约定投资开发，属于成片开发土地的，形成工业用地或者其他建设用地条件

C. 转让房地产时房屋已经建成的，应当持有房屋所有权证书

D. 按照出让合同约定投资开发，属于房屋建设工程的，完成开发投资总额的20%以上的

【答案】ABC

【多选题·2017】根据物权法律制度的规定，下列关于建设用地使用权的表述中，正确的有（　　）。

A. 兴办乡镇企业需要对集团土地建设利用的，必须先将土地征归国有，然后取得国有建设用地使用权

B. 住宅建设用地使用权期间届满的，自动续期

C. 建设用地使用权出让，优先考虑双方协议的方式，协议不成，则采取拍卖、招标

方式

D. 用于商业开发的建设用地，不得以划拨方式取得建设用地使用权

【答案】BD

【解析】（1）选项 A：原则上，除兴办乡镇企业、村民建设住宅、乡镇村公共设施以及公益事业建设，经依法批准使用本集体经济组织农民集体所有土地的外，其他对集体土地的建设利用，都必须先征归国有，然后取得国有建设用地使用权；（2）选项 C：建设用地使用权出让，可以采取拍卖、招标或者双方协议的方式，其中，工业、商业旅游、娱乐和商品住宅等经营性用地以及同一土地有两个以上意向用地者的，应当采取招标、拍卖等公开竞价的方式出让，没有条件，不能采取拍卖、招标方式的，可以采取双方协议的方式。

【单选题·2019】根据物权法律制度的规定，下列关于建设用地使用权的表述中，说法正确的是（　　）。

A. 建设用地使用权自登记时成立

B. 建设用地使用权期间届满自动续期

C. 以划拨方式取得的建设用地使用权，最高使用年限为 70 年

D. 以划拨方式取得的建设用地使用权，非经国务院审批不得转让

【答案】A

【解析】（1）选项 B：只有住宅建设用地使用权期间届满自动续期；（2）选项 C：以无偿划拨方式取得的建设用地使用权，除法律、行政法规另有规定外，没有使用期限的限制；（3）选项 D：以划拨方式取得的建设用地使用权，转让房地产时，应当按照国务院规定，报有批准权的人民政府审批。

重难点 19：抵押权和抵押合同★★★

（1）设立抵押权，当事人应当采取书面形式订立抵押合同。

（2）订立抵押合同时，抵押权人和抵押人不得约定在债务履行期限届满抵押权人未受清偿时，抵押物的所有权直接归债权人所有，但该“流押条款”的无效不影响抵押合同其他条款的效力。禁止“流押条款”的目的在于防范道德风险：如果抵押人是债务人，债务人可能故意拒不清偿债务，从而变相地将抵押物卖给债权人。

【经典模拟题】

【多选题·2017】根据物权法律制度的规定，下列关于抵押权和抵押合同的表述中，正确的有（　　）。

A. 当事人可通过口头方式订立抵押合同

B. 抵押合同中，双方当事人不得约定“流押条款”

C. 抵押权是一种用益物权

D. 抵押权人有权就抵押物优先受偿

【答案】BD

【解析】（1）选项 A：抵押合同必须以书面形式订立；（2）选项 C：抵押权是一种担保物权。

重难点20：抵押物★★★

1. 禁止抵押的财产

（1）土地所有权；

（2）耕地、宅基地、自留地、自留山等集体所有的土地使用权，但法律规定可以抵押的除外；

（3）学校、幼儿园、医院等以公益为目的的事业单位、社会团体的教育设施、医疗卫生设施和其他社会公益设施；

（4）所有权、使用权不明或者有争议的财产；

（5）依法被查封、扣押、监管的财产；

（6）法律、行政法规规定不得抵押的其他财产。

2. 房地一体原则

（1）城市房地产以建筑物抵押的，该建筑物占用范围内的建设用地使用权一并抵押；以建设用地使用权抵押的，该土地上的建筑物一并抵押。即，“房随地走、地随房走”。

（2）农村集体土地。乡镇、村企业的建设用地使用权不得单独抵押；以乡镇、村企业的厂房等建筑物抵押的，其占用范围内的建设用地使用权一并抵押。即，只能“地随房走”，不能“房随地走”。

3. 土地承包经营权

《物权法》缩小了土地承包经营权的可抵押范围，将“家庭土地承包经营权”排除在外，只允许以招标、拍卖、公开协商等方式取得的荒地等土地承包经营权作为抵押财产。

【经典模拟题】

【多选题】根据物权法律制度的规定，下列财产中，可以作为抵押权客体的是（　　）。

A. 工厂的半成品

B. 正在生产的机器设备

C. 以招标方式取得的荒地的土地承包经营权

D. 机动车

【答案】ABCD

重难点21：抵押权的设立

1. 登记生效

（1）建筑物和其他土地附着物；

（2）建设用地使用权；

（3）以招标、拍卖、公开协商等方式取得的荒地等土地承包经营权；

（4）正在建造的建筑物。

【小贴士】不动产的抵押必须办理抵押登记，抵押权自登记之日起设立。如果当事人未办理抵押登记，只是抵押权未设立，但不影响抵押合同的生效。

2. 登记对抗

当事人以生产设备、原材料、半成品、产品，正在建造的船舶、航空器，交通运输工具设定抵押，抵押权自抵押合同生效时设立。但未经登记，不得对抗善意第三人。

3. 动产的浮动抵押

（1）经当事人书面协议，企业、个体工商户、农业生产经营者可以将现有的以及将有的生产设备、原材料、半成品、产品抵押，债务人不履行到期债务或者发生当事人约定的实现抵押权的情形，债权人有权就实现抵押权时的动产优先受偿。

（2）浮动抵押仅限于特定的主体，即企业、个体工商户、农业生产经营户。

（3）浮动抵押仅限于动产。

（4）浮动抵押的抵押权自抵押合同生效时设立，未经登记，不得对抗善意第三人。

（5）浮动抵押即使已经登记，也不得对抗正常经营活动中已支付合理价款并取得抵押财产的买受人。

【经典模拟题】

【多选题】甲公司向乙银行借款同意以自己现有以及将有的全部生产设备原材料、产品、半成品进行抵押。根据担保法律制度的规定，下列关于该抵押的表述中，正确的有（　　）。

A. 甲公司与乙银行达成口头协商一致时，抵押权设立

B. 甲公司与乙银行达成书面协商一致时，抵押权设立

C. 该抵押权非经登记不得对抗善意第三人

D. 如第三人已向甲公司支付了合理价款并取得抵押财产的，则抵押权不得对抗该第三人

【答案】BCD

【解析】（1）选项 A、B：设定浮动抵押时，当事人必须达成书面协议；（2）选项 C：浮动抵押的抵押权自抵押合同生效时设立，未经登记的，不得对抗善意第三人；（3）选项 D：浮动抵押即使已经登记，也不得对抗正常经营活动中已支付合理价款并取得抵押财产的买受人。

重难点 22：抵押担保的范围★★★

1. 抵押担保的债权范围

抵押权的担保范围包括主债权及其利息违约金、损害赔偿金和实现抵押权的费用。当事人另有约定的，按照约定。

【小贴士】因抵押担保的成立不需要转移占有标的物，所以在担保范围中不包括保管费用，这一点有别于质权；另外，由于抵押权属于约定的担保物权，所以可以事先约定担保范围，这一点有别于留置权（法定担保物权）。

2. 以登记为准

抵押物登记记载的内容与抵押合同约定的内容不一致的，以登记记载的内容为准。

3. 新增的不动产

（1）城市房地产抵押合同签订后，土地上新增的房屋不属于抵押财产。需要拍卖该抵押

的房地产时，可以依法将该土地上新增的房屋与抵押物一同拍卖，但对拍卖新增房屋所得，抵押权人无权优先受偿。

（2）建设用地使用权抵押后，该土地上新增的建筑物不属于抵押财产。对该建设用地使用权实现抵押权时，应当将该土地上新增的建筑物与建设用地使用权一并处分，但新增建筑物所得的价款，抵押权人无权优先受偿。

4. 物上代位性

担保期间，抵押物毁损、灭失或者被征收等，抵押权人可以就获得的保险金、赔偿金或者补偿金等优先受偿。被担保债权的履行期未届满的，也可以提存该保险金、赔偿金或者补偿金等。

5. 孳息

（1）债务人不履行到期债务或者发生当事人约定的实现抵押权的情形，致使抵押财产被人民法院依法扣押的，自扣押之日起抵押权人有权收取该抵押财产的天然孳息或者法定孳息，但抵押权人未通知应当清偿法定孳息的义务人的除外。抵押权人所收取的孳息应当首先充抵收取孳息的费用。

（2）抵押物被扣押之前的孳息归抵押人，与抵押权人没有任何关系。

（3）抵押物被扣押之后，抵押权人有权收取该抵押物的天然孳息（不用通知），但并非取得该孳息的所有权，而是将孳息一并计入抵押财产。

（4）如果收取法定孳息（如房租），应通知义务人（承租人）。

6. 添附

（1）抵押物所有人为附合物、混合物或者加工物的所有人的，抵押权的效力及于附合物、混合物或者加工物。

（2）第三人与抵押物所有人为附合物、混合物或者加工物的共有人的，抵押权的效力及于抵押人对共有物享有的份额。

（3）抵押物因附合、混合或者加工使抵押物的所有权为第三人所有的，抵押权的效力及于补偿金。

【经典模拟题】

【单选题】甲向银行贷款，并以本人所有的一间厂房设定抵押担保，甲为此就该厂房购买了一份财产意外损失险。在借款尚未到期前，因泥石流导致该厂房全部毁损。如果甲无法按时还款，根据物权法律制度的规定，下列表述中，正确的是（　　）。

A. 银行可以就保险金优先受偿

B. 银行可以要求以保险金受偿，但是并不优先于甲的其他债权人

C. 泥石流属于不可抗力事件，甲可以不偿还银行的贷款

D. 银行不可以就保险金优先受偿

【答案】A

【解析】担保期间，抵押物毁损、灭失或者被征收等，抵押权人可以就获得的保险金、赔偿金或者补偿金等优先受偿。

重难点 23：抵押物的转让★★★

1. 不动产

（1）抵押期间，抵押人经抵押权人同意转让抵押财产的，应当将转让所得的价款向抵押权人提前清偿债务或者提存。转让的价款超过债权数额的部分归抵押人所有，不足部分由债务人清偿。

（2）抵押期间，抵押人未经抵押权人同意，不得转让抵押财产，但受让人代为清偿债务消灭抵押权的除外。

2. 动产

以动产设定抵押时，抵押权自抵押合同生效时设立，与登记与否无关。因此，在未办理抵押登记的情况下，抵押人有可能不告知抵押权人，偷偷将抵押物转让给善意第三人。此时，由于抵押未经登记，抵押权人不得对抗善意第三人。

【经典模拟题】

【单选题】甲向银行贷款500万元，并以其所有的一间厂房设定抵押担保。在贷款尚未到期前，甲欲转让该厂房，后经银行同意，甲将厂房卖给乙，售价480万元。根据物权法律制度的规定，下列表述中，正确的是（　　）。

A. 即使取得银行的同意，甲也不得转让抵押物，因为厂房所有权归属于银行

B. 抵押期间，抵押物不得处分

C. 转让所得的价款可以向抵押权人提前清偿

D. 不足清偿的部分无须清偿，因为抵押物已处分

【答案】C

【解析】（1）选项A、B：抵押期间，抵押人经抵押权人同意可以转让抵押财产，因为抵押物的所有权仍归属于抵押人；（2）选项D：不足部分仍由债务人继续清偿，不因抵押物被处分而免除。

重难点 24：抵押物的出租★★

1. 先出租后抵押

订立抵押合同前抵押财产已出租的，原租赁关系不受该抵押权的影响，抵押权实现后，租赁合同在有效期内对抵押物的受让人继续有效。即，先出租后抵押的，租赁合同优先。

2. 先抵押后出租

（1）抵押权设定之后，由于抵押物仍归抵押人占有，因此抵押人有权将抵押物出租。

（2）抵押权设立后抵押财产出租的，该租赁关系不得对抗已登记的抵押权，抵押权实现后，租赁合同对受让人不具有约束力。抵押人将已抵押的财产出租时，如果抵押人未书面告知承租人该财产已抵押的，抵押人对出租抵押物造成承租人的损失承担赔偿责任；如果抵押人已书面告知承租人该财产已抵押的，抵押权实现造成承租人的损失，由承租人自己承担。即，先抵押后出租的，抵押权优先。

【经典模拟题】

【多选题】2019 年 1 月 1 日，甲将其房屋出租给乙，租期为 1 年。2019 年 4 月 1 日，甲以该房屋设定抵押向丙借款 100 万元，借款期限 3 个月，双方办理了抵押登记。7 月 1 日，甲无法还本付息，经丙同意，甲将房屋作价 200 万元出售给丁，并于 7 月 10 日办理房屋产权过户登记手续，但甲未将此事告知乙。根据物权法律制度的规定，下列表述中，正确的有（　　）。

A. 承租人乙在同等条件下享有优先购买权

B. 承租人乙的优先购买权被侵害，可以向甲要求赔偿

C. 租赁合同在有效期内对丁继续有效

D. 丁在取得房屋所有权后可要求乙提前搬出

【答案】ABC

【解析】（1）选项 A、B：订立抵押合同前抵押财产已出租的，原租赁关系不受该抵押权的影响；而且承租人在同等条件下享有抵押物的优先购买权；（2）选项 C、D：由于租赁合同在前，所以在有效期内对丁继续生效，在 2020 年 1 月 1 日之前，丁无权要求乙搬出。

重难点 25：抵押权的实现★★

1. 抵押物拍卖价款的清偿顺序

（1）实现抵押权的费用；

（2）主债权的利息；

（3）主债权。

2. 土地出让金优先于抵押权

拍卖划拨的国有土地使用权所得的价款，应当首先依法缴纳相当于应缴纳的土地使用权出让金的款额，抵押权人可主张剩余价款的优先受偿权。

3. 不可分性

（1）主债权未受全部清偿的，抵押权人可以就抵押物的全部行使其抵押权，即债权部分清偿，不产生抵押权部分消灭的效力。

（2）主债权被分割或者部分转让的，各债权人可以就其享有的债权份额行使全部抵押权。

（3）主债务被分割或者部分转让的，抵押人仍以其抵押物担保数个债务人履行债务。但是，第三人提供抵押的，债权人许可主债务人转让债务未经抵押人书面同意时，抵押人对未经其同意转让的债务，不再承担担保责任。

（4）抵押物部分灭失，残存部分仍担保债权之全部。

【经典模拟题】

【多选题】天顺公司以 100 台机器设备为抵押物向银行贷款 50 万元。后因火灾导致 50 台机器被烧毁。甲公司到期拒绝清偿债务，银行行使了抵押权，50 台机器共拍卖所得价款 50 万元。天顺公司提出，银行只能就拍卖价款的 50% 享有优先受偿权。根据物权法律制度的规定，下列表述中，正确的有（　　）。

A. 天顺公司的主张不能成立

B. 天顺公司的主张可以成立

C. 剩余的 50 台机器仍就全部债务负担清偿义务

D. 剩余的 50 台机器只对 50% 的债务负担清偿义务

【答案】 AC

【解析】 抵押物部分灭失，残存部分仍担保债权之全部。

重难点 26：抵押权重合★★★

1. 同一财产向两个以上债权人设定抵押款时的清偿顺序

（1）不动产。按照登记的先后顺序清偿；顺序相同的，按照债权比例清偿。

（2）动产。

①抵押权已登记的，按照登记的先后顺序清偿；顺序相同的，按照债权比例清偿；

②抵押权已登记的先于未登记的受偿；

③抵押权均未登记的，按照债权比例清偿。

【小贴士】（1）抵押权均未登记的，无论是设立在先的抵押权，还是先到期的债权，均不得主张优先权，必须按照债权比例清偿；（2）顺位在后的抵押权所担保的债权先到期的，抵押权人只能就抵押物价值超出顺位在先的抵押担保债权的部分受偿；（3）顺位在先的抵押权所担保的债权先到期的，抵押权实现后的剩余价款应予提存，留待清偿顺位在后的抵押担保债权。如果抵押物的变价所得不足以清偿顺位在先的抵押权，则顺位在后的抵押权消灭，其所担保的债权转化为普通债权。

2. 抵押权顺位的变更

抵押权人与抵押人可以协议变更抵押权顺位以及被担保的债权数额等内容，但抵押权顺位的变更，未经其他抵押权人书面同意，不得对其他抵押权人产生不利影响。

【经典模拟题】

【单选题】长江公司以其房屋作抵押，先后向甲银行借款 100 万元，乙银行借款 300 万元，丙银行借款 500 万元，并依次办理了抵押登记。后丙银行与甲银行商定交换各自抵押权的顺位，并办理了变更登记，但乙银行并不知情。因长江公司无力偿还三家银行的到期债务，银行拍卖其房屋，仅得价款 600 万元。根据物权法律制度的规定，关于三家银行对该价款的分配，下列选项中正确的是（　　）。

A. 甲银行 100 万元、乙银行 300 万元、丙银行 200 万元

B. 甲银行得不到清偿、乙银行 100 万元、丙银行 500 万元

C. 甲银行得不到清偿、乙银行 300 万元、丙银行 300 万元

D. 甲银行 100 万元、乙银行 200 万元、丙银行 300 万元

【答案】 C

【解析】（1）如果不变更抵押权的顺序，乙银行作为第二顺位的抵押权人，可以得到清偿的数额为 300 万元；（2）甲银行和丙银行交换抵押权的顺位时，未经乙银行的书面同意，不得对乙银行产生不利影响。因此，乙银行可以得到清偿的数额仍为 300 万元，剩下的 300

万元给丙银行（丙银行通过交换，其抵押权的顺位已经优先于甲银行）。

重难点 27：最高额抵押★

1. 最高额抵押的概念

为担保债务的履行，债务人或者第三人对一定期间内将要连续发生的债权提供担保财产的，债务人不履行到期债务或者发生当事人约定的实现抵押权的情形，抵押权人有权在最高债权额限度内就该担保财产优先受偿。

【小贴士】浮动抵押是抵押权设立时抵押财产尚未确定，最高额抵押则是抵押权设立时所担保的债权额尚未确定。

2. 债权的确定

有下列情形之一的，抵押权人的债权确定：

（1）约定的债权确定期间届满；

（2）没有约定债权确定期间或者约定不明确，抵押权人或者抵押人自最高额抵押权设立之日起满 2 年后请求确定债权；

（3）新的债权不可能发生；

（4）抵押财产被查封、扣押；

（5）债务人、抵押人被宣告破产或者被撤销；

（6）法律规定债权确定的其他情形。

3. 最高额抵押担保的债权确定前，抵押权人与抵押人可以通过协议变更债权确定的期间、债权范围以及最高债权额，但变更的内容不得对其他抵押权人产生不利影响。

重难点 28：质权的设立★★★

1. 动产质押：交付设立

动产质权自出质人交付质押财产时设立。

2. 权利质押：登记（交付）设立

（1）证券权利。以汇票、支票、本票、债券、存款单、仓单、提单出质的，质权自权利凭证交付质权人时设立；没有权利凭证的，质权自有关部门办理出质登记时设立。

（2）基金份额与股权。以基金份额、证券登记结算机构登记的股权出质的，质权自证券登记结算机构办理出质登记时设立；以其他股权出质的，质权自工商行政管理部门办理出质登记时设立。以上市公司的股权出质的，应当向“证券登记结算机构”办理出质登记；以非上市公司的股权出质的，应当向“工商行政管理部门”办理出质登记。

（3）知识产权。以注册商标专用权、专利权、著作权等知识产权中的财产权出质的，质权自有关主管部门办理出质登记时设立。

（4）应收账款。以应收账款出质的，质权自信贷征信机构办理出质登记时设立。中国人民银行征信中心是应收账款质押的登记机构。

所谓应收账款，具体包括下列权利：①销售产生的债权，包括销售货物，供应水、电、气、暖，知识产权的许可使用等；②出租产生的债权，包括出租动产或者不动产；③提供服务产生的债权；④公路、桥梁、隧道、渡口等不动产的收费权；⑤提供贷款或者其他信用产生的债权。

【经典真题】

【多选题·2018】根据物权法律制度的规定，下列各项中，可以出质的有（　　）。

A. 支票　　B. 存款单　　C. 仓单　　D. 股权

【答案】ABCD

【解析】以上选项均属于权利质押。

重难点 29：质权人★★

1. 对质物处分的限制

（1）基金份额、股权出质后，不得转让，但经出质人与质权人协商同意的除外。出质人转让基金份额、股权所得的价款，应当向质权人提前清偿债务或者提存。

（2）知识产权中的财产权出质后，出质人不得转让或者许可他人使用，但经出质人与质权人协商同意的除外。出质人转让或者许可他人使用出质的知识产权中的财产权所得的价款，应当向质权人提前清偿债务或者提存。

（3）应收账款出质后，不得转让，但经出质人与质权人协商同意的除外。出质人转让应收账款所得的价款，应当向质权人提前清偿债务或者提存。

2. 质权人的保管义务

（1）已经毁损、灭失。质权人负有妥善保管质押财产的义务，因保管不善致使质押财产毁损、灭失的，应当承担赔偿责任。

（2）可能毁损、灭失。质权人的行为可能致使质押财产毁损、灭失的，出质人可以要求质权人将质押财产提存，或者要求提前清偿债务并返还质押财产。

3. 出质人可以请求质权人在债务履行期届满后及时行使质权；质权人不行使的，出质人可以请求人民法院拍卖、变卖质押财产。

4. 债务人以自己的财产出质，质权人放弃该质权的，其他担保人在质权人丧失优先受偿权益的范围内免除担保责任，但其他担保人承诺仍然提供担保的除外。

【经典模拟题】

【单选题】甲向乙借款，为担保债务履行，将一个古董花瓶出质给乙。乙在占有花瓶期间，不慎将花瓶打碎。根据物权法律制度的规定，下列表述中，正确的是（　　）。

A. 甲有权拒绝还款

B. 甲有权要求解除质押合同

C. 甲有权要求乙立即赔偿损失，或者在借款到期时在损失赔偿范围内相应抵销其对乙所负的债务

D. 甲有权要求延期还款

【答案】C

【解析】质权人负有妥善保管质押财产的义务，因保管不善致使质押财产毁损、灭失的，应当承担赔偿责任，或者可以在赔偿范围内相应抵销债务。

重难点30：留置权的成立要件★★★

1. 留置权的概念

留置权，是指债务人不履行到期债务时，债权人可以留置已经合法占有的债务人的动产，并有权就该动产优先受偿。其中，债权人为留置权人，占有的动产为留置财产。

2. 留置权的成立要件

（1）债权人合法占有债务人的动产。留置权的行使对象仅限于动产，而且必须是债权人合法占有的动产，如果因侵权行为非法占有的，不能产生留置权。

（2）债权已届清偿期。债权人的债权未届清偿期，其交付或者返还所占有的标的物的义务已届履行期的，不能行使留置权。但是，债权人能够证明债务人无支付能力的除外。

（3）动产的占有与债权属于同一法律关系。债权人留置的动产，应当与债权属于同一法律关系。但是，企业之间留置的除外。所谓“同一法律关系”，是指占有人交付或者返还占有物的义务与留置所担保的债权属于同一法律关系。

3. 留置权的适用范围

留置权的适用范围不仅局限于合同关系，其他法律关系（如不当得利、无因管理）也可以产生留置权。

同一动产上已设立抵押权或者质权，该动产又被留置的，留置权人优先受偿。

【经典模拟题】

【多选题】根据物权法律制度的规定，下列情形中，甲享有留置权的有（　　）。

A. 甲为乙有偿保管某物，保管期限届满后，乙无正当理由拒不交付保管费，故甲将保管物扣留

B. 甲为了迫使丙偿还货款，强行扣押其车辆一台

C. 甲为了确保对丁的一项未到期债权能够顺利实现，扣留了为丁保管的物品

D. 甲为戊加工了一批桌椅，在完成全部订单后，戊迟迟不支付尾款，甲将该批桌椅扣留

【答案】AD

【解析】（1）选项B：车辆不属于“合法占有”的动产；（2）选项C：留置权的享有必须是债权已届清偿期。

重难点31：抵押权、质权与留置权的效力等级★★★

同一财产法定登记的抵押权与质权并存时，抵押权人优先于质权人受偿；质权与未登记抵押权并存时，质权人优先于抵押权人优先受偿。

【经典模拟题】

【单选题】陈某从蔡某处借款10万元，以其名贵手表设定抵押权。后陈某出国留学，又将该手表放于齐某处保管，约定一年后支付保管费。当借款期限与保管期限同时届满时，陈某均拒绝履行债务。根据物权法律制度的规定，下列说法正确的是（　　）。

A. 蔡某的权利优先于齐某

B. 齐某的权利优先于蔡某

C. 两者权利不分先后

D. 陈某的权利优先于蔡某和齐某

【答案】B

【解析】同一动产上已设立抵押权或者质权，该动产又被留置的，留置权人优先受偿，因为留置权属于法定物权担保，而抵押权和质权属于约定担保物权。

五、进阶练习

（一）单选题

1. 根据物权法律制度的规定，下列选项中，不属于民法意义上孳息的是（　　）。

A. 依股本所得的股息　　B. 苹果树上长着的苹果

C. 母鸡生的鸡蛋　　D. 出租房屋获得的租金

2. 根据物权法律制度的规定，下列各项中属于自物权的是（　　）。

A. 建设用地使用权　　B. 土地承包经营权

C. 地役权　　D. 所有权

3. 甲从乙处购买房屋一套，并已支付一半价款，剩余价款约定在过户登记手续办理完毕后7个工作日内付清。乙在办理房屋过户登记手续前反悔，要求解除合同。甲诉至法院，要求乙继续履行合同。根据物权法律制度的规定，下列表述中，正确的是（　　）。

A. 房屋产权未过户，合同尚未生效

B. 房屋产权未过户，合同尚未成立

C. 合同已经生效，但法院应当判决解除合同，乙赔偿甲的损失

D. 合同已经生效，乙应当继续履行合同

4. 根据物权法律制度的规定，下列属于转移登记情形的是（　　）。

A. 不动产灭失的

B. 不动产被依法没收

C. 不动产作价出资入股的

D. 权利人放弃不动产权利的

5. 2019年5月1日，甲乙之间签订一份买卖车辆的合同，买方乙于5月10日付款，甲于5月20日将汽车交付给乙，双方于5月30日办理了过户登记手续。根据物权法律制度的规定，汽车所有权发生变更的日期是（　　）。

A. 5月1日　　B. 5月10日

C. 5月20日　　D. 5月30日

6. 2020年1月1日，甲将平板电脑出租给乙使用，租期为一年，10月2日乙将该电脑以市场价1万元卖给不知情的第三人丙，乙向丙交付了电脑，丙也支付了价款。根据物权法律制度的规定，下列表述中，正确的是（　　）。

A. 乙作为承租人对电脑有权占有，因此有权处分

B. 乙丙之间的买卖合同无效

C. 丙没有取得电脑的所有权

D. 甲无权请求丙返还电脑

7. 甲在上班途中遗失手机一部，被乙拾得。甲发布悬赏广告称，愿向归还手机者支付现金1 000元作为酬谢。根据物权法律制度的规定，下列表述中，正确的是（　　）。

A. 返还手机是乙的法定义务，故甲虽承诺向归还手机的拾得人支付1 000元酬金，乙仍无权请求甲支付该酬金，仅有权要求甲支付因返还手机而发生的必要费用

B. 若乙将手机以3 000元的市场价格卖给不知情的丙，则甲除非向丙支付3 000元，否则无权请求丙返还手机

C. 若乙将手机送交公安机关，而甲未于公安机关发出招领公告之日起6个月内认领，则乙取得该手机的所有权

D. 若乙将手机送交公安机关，而甲未于公安机关发出招领公告之日起6个月内认领，则该手机归国家所有

8. 甲、乙、丙、丁按份共有一栋房屋，份额相同。为提高该房屋使用价值，甲向乙、丙、丁提议拆旧翻新。在共有人之间未就该事项做出明确约定的情况下，下列表述中，符合物权法律制度规定的是（　　）。

A. 即使乙、丙、丁不同意，甲仍可以拆旧翻新

B. 只要乙、丙、丁中有一人同意，甲就可以拆旧翻新

C. 只要乙、丙、丁中有二人同意，甲就可以拆旧翻新

D. 只有乙、丙、丁均同意，甲才可以拆旧翻新

9. 根据物权法律制度的规定，下列关于住宅建设用地使用权期间届满后续期问题的表述中，正确的是（　　）。

A. 自动续期

B. 建设用地使用权收归国有，不得续期

C. 经县级以上人民政府批准，可以续期

D. 经不动产登记机构批准，可以续期

10. 根据物权法律制度的规定，以有偿出让方式取得居住用地的建设用地使用权，出让的最高年限是（　　）。

A. 50年　　B. 60年　　C. 30年　　D. 70年

11. 下列关于以无偿划拨方式取得的建设用地使用权期限的表述中，符合物权法律制度规定的是（　　）。

A. 最长期限为50年　　B. 最长期限为70年

C. 最长期限为30年　　D. 一般无使用期限的限制

12. 根据物权法律制度的规定，下列可以作为抵押权客体的是（　　）。

A. 土地所有权　　B. 土地使用权

C. 社会公益设施　　D. 正在建造的船舶

13. 甲向乙借款2 000元，5月30日双方签订了书面质押合同，约定甲将其一头奶牛作为质物交付给乙，6月1日甲如期交付。6月30日，母牛产下小牛一头。根据物权法律制度的规定，下列表述中，正确的是（　　）。

A. 质押合同的生效时间是5月30日

B. 质押合同的生效时间是6月1日

C. 小牛的所有权归乙享有

D. 小牛不是质押标的

14. 甲公司向某银行借款，并以其所持有的某上市公司的股权用于质押。根据物权法律制度的规定，该质权的设立时间是（　　）。

A. 借款合同签订之日

B. 质押合同签订之日

C. 在证券登记结算机构办理出质登记之日

D. 在工商行政管理部门办理出质登记之日

15. 甲向乙借款30万元，将一辆大货车抵押给乙。抵押期间，大货车因车祸严重受损，甲将货车送到修理厂维修，但无力支付5万元的修理费，修理厂将货车留置。经催告，甲在约定的合理期限内仍未支付修理费，此时，甲也无法偿还对乙的到期借款，乙要求修理厂将货车交给自己依法进行拍卖，遭到修理厂的拒绝。根据物权法律制度的规定，下列表述中，正确的是（　　）。

A. 修理厂应当将货车交给乙依法拍卖，修理费由甲承担

B. 乙应当向修理厂支付修理费，修理厂应当向乙交付货车

C. 修理厂应当将货车交给乙依法拍卖，拍卖所得价款首先向乙偿付，剩余部分修理厂享有优先受偿权

D. 修理厂可将货车依法拍卖，拍卖所得价款首先偿付修理费，剩余部分乙享有优先受偿权

（二）多选题

1. 根据物权法律制度的规定，下列各项中，能够成为所有权客体的有（　　）。

A. 月球表面　　B. 药品

C. 土地　　D. 存有计算机程序的光盘

2. 自然人甲死亡后，其房屋由乙继承，乙欲将该房屋出售给丙。根据物权法律制度的规定，下列各项中，表述正确的有（　　）。

A. 乙自继承之日起取得该房屋的所有权

B. 乙自继承之日起便可将房屋出售给丙

C. 乙必须先将房屋过户登记在自己名下后才能出售给丙

D. 乙如果未将房屋过户登记在自己名下后才出售给丙，则乙、丙之间的房屋买卖合同无效

3. 根据物权法律制度的规定，当事人可申请预告登记的情形有（　　）。

A. 预购商品房　　B. 房屋所有权转让

C. 房屋抵押　　D. 租赁商业用房

4. 2019年8月1日，甲将自己的一辆小汽车作价30万元卖给乙，双方签订了买卖合同，乙向甲交付了30万元的车款，甲向乙交付了该车，但未办理过户登记手续。8月10日甲又将该车作价33万元卖给不知情的丙。根据物权法律制度的规定，下列表述中，正确的有（　　）。

A. 虽然甲乙之间未办理过户登记手续，但乙因为交付取得了该车的所有权

B. 因甲已经向乙交付了车辆，所以甲丙之间的买卖合同无效

C. 根据物权优于债权的原则，乙可以对抗丙

D. 由于乙已经付款并占有车辆，虽未经登记，债权人丙也无权主张自己是善意第三人

5. 甲公司以机器设备作为抵押，向乙银行贷款500万元，双方于5月7日签订书面抵押合同，但未办理抵押登记。5月17日甲公司在未通知乙银行的情况下，将该机器设备按照市场价格卖给了不知情的丙公司并完成交付。根据物权法律制度的规定，下列表述中，正确的有（　　）。

A. 因甲乙未办理抵押登记，抵押权未设立

B. 甲公司转让抵押物的行为构成无权处分

C. 甲丙之间的买卖合同有效，丙基于善意取得制度，取得了该设备的所有权

D. 乙银行可以对丙公司占有的机器设备行使抵押权

6. 甲、乙是多年同窗好友，二人共同购买了一套住房。甲出资90万元，乙出资60万元，双方未约定共有类型。一年后，甲利用乙出差之机，请丙装修公司对房屋重新装修，并告知丙，该房屋由自己与乙共有，但装修费用由乙一人承担。乙获悉装修事宜后，表示反对，并拒绝向丙付款。后乙欲将整个房屋所有权全部转让给丁。根据物权法律制度的规定，下列表述中，正确的有（　　）。

A. 甲、乙对该套房屋形成共同共有关系

B. 甲对房屋重新装修，应征得乙的同意

C. 对于丙公司的付款请求，乙无权拒绝

D. 乙转让房屋所有权时，须征得甲的同意

7. 甲、乙、丙、丁按份共有某商铺，各自份额均为25%。因经营理念发生分歧，甲与丙商定将其份额以100万元转让给丙，并通知了乙、丁。乙与第三人戊约定将其份额以120万元转让给戊，但未通知甲、丙、丁。根据物权法律制度的规定，下列表述中，正确的有（　　）。

A. 乙、丁对甲的份额享有优先购买权

B. 甲、丙、丁对乙的份额享有优先购买权

C. 如果甲、丙、丁均对乙的份额主张优先购买权，三人可协商确定各自购买的份额

D. 甲、丙、丁可以其优先购买权受到侵害为由，仅请求人民法院认定乙与戊之间的份额转让合同无效

8. 张某以其轿车作为抵押，向某银行借款100万元，双方签订了书面抵押合同，并办理了抵押登记手续。之后，张某驾驶该车出行时不慎发生交通意外，经鉴定该车的价值损失了10%，保险公司赔付了10万元。根据物权法律制度的规定，下列表述中正确的是有（　　）。

A. 银行的抵押权自登记之日起设立

B. 银行的抵押权自抵押合同生效之日起设立

C. 银行对10万元的保险理赔金享有优先受偿权

D. 银行对10万元的保险理赔金不享有优先受偿权

9. 孙某向吴某借款200万元，约定三年后还款。刘某为该借款合同提供保证，但未约定保证期间。孙某同时以自己的房产作为抵押，并办理了抵押登记。抵押期间，顾某向孙某表示愿意以220万元的价格购买该房屋。根据物权法律制度的规定，下列表述中，正确的有（　　）。

A. 孙某若将房屋出售给顾某，要征得吴某的同意

B. 孙某若将房屋出售给顾某，所得价款应当提前清偿债务或者提存

C. 若刘某代为偿还该笔借款，则孙某的转让行为无须得到吴某的同意

D. 刘某的保证期间为主债务履行期届满之日起6个月

10. 根据物权法律制度的规定，下列物权变动中，以登记为变动要件的有（　　）。

A. 甲公司将一块土地的建设用地使用权转让给乙公司

B. 甲公司与乙公司之间订立合同，在甲的土地上设定地役权

C. 甲公司将一架飞机的所有权转让给乙

D. 自然人丙将其继承的房屋转让给丁，该房屋尚登记在其去世的父亲名下

11. 根据物权法律制度的规定，下列情形中，不发生标的物所有权转移的有（　　）。

A. 甲委托乙保管名贵字画一幅，已交付

B. 甲借给乙现金100元，已交付

C. 甲赠送乙手机一部，已交付

D. 甲将自己的汽车出租给乙，已交付

12. 根据物权法律制度的规定，下列情形中，担保物权已经设立的有（　　）。

A. 甲与乙签订以房屋为抵押物的抵押合同，但尚未办理抵押登记

B. 甲与乙签订以车辆为质物的质押合同，车辆已交付，但尚未办理质押登记

C. 甲与乙签订以车辆为抵押物的抵押合同，该车辆已交付，但尚未办理抵押登记

D. 甲与乙签订以甲持有的某有限责任公司的股权为质押标的的质押合同，但尚未办理质押登记

13. 根据物权法律制度的规定，下列关于留置权的表述中，正确的有（　　）。

A. 甲为乙送货，约定货到付款，甲在货物运到后，立刻要求乙支付运费被拒绝，甲可留置货物

B. 丙将房屋出租给丁，丁退租后尚有部分租金未付，丙可留置其向丁借用的打印机

C. 戊将行李存放在火车站寄存处，后拒绝支付寄存费，寄存处可留置该行李

D. X公司为Y公司加工一批机器零件，由于Y公司尚欠X公司借款20万元，X公司可滞留部分机器零件

（三）案例分析题

1. （2019年真题）甲、乙二人是在某技校结识的朋友。2017年10月12日，两人共同出资购买一台价格为50万元的挖掘机，甲出资10万元，乙出资40万元，双方约定按出资比例共有。

2018年7月9日，挖掘机出现故障，无法正常工作。乙在未征得甲同意的情况下请丙维修，维修费3万元。乙要求甲分担20%的维修费用，甲以维修未征得自己同意为由拒绝。丙要求乙支付全部维修费，乙拒绝。

乙不想再与甲合作，欲将其份额对外转让。2018 年 8 月 2 日，乙发函征询丁的购买意向，同时告知甲：正在寻找份额买主，甲须在接到通知之日起 15 日内决定是否行使优先购买权。甲认为，份额转让须经其同意，况且乙尚在寻找份额买主，在未告知任何交易条件的情况下，要求自己接到通知之日起 15 日内决定是否行使优先购买权，不符合法律规定，故对乙的通知置之不理。

2018 年 8 月 3 日，甲在未告知乙的情况下，将挖掘机以市价卖给不知情的戊，约定 3 日后交付。

2018 年 8 月 4 日，丁向乙回函称，对乙所占挖掘机份额不感兴趣，想要整台挖掘机。由于甲对乙之前的通知置之不理，乙也不再告知甲，于 8 月 4 日当天将挖掘机转让给丁，并同时交付。

2018 年 8 月 6 日，戊要求甲交付挖掘机时，发现挖掘机已被乙交付给了丁，遂要求丁交出挖掘机，丁拒绝。

根据上述内容，分别回答下列问题：

（1）挖掘机维修是否需要征得甲的同意？乙是否有权要求甲分担 20% 的维修费用？并分别说明理由。

（2）乙是否有权拒绝向丙支付全部维修费用？并说明理由。

（3）乙的份额转让是否需要征得甲的同意？并说明理由。

（4）乙在寻找份额买主时要求甲在接到通知之日起 15 日内决定是否行使优先购买权，是否符合法律规定？并说明理由。

（5）丁是否取得挖掘机的所有权？并说明理由。

（6）甲与戊之间买卖挖掘机的行为是否有效？并说明理由。

（7）丁是否有权拒绝戊交出挖掘机的请求？并说明理由。

2. 2015 年 3 月 2 日，甲将其生产的一批价值 30 万元的设备寄存于乙的仓库，寄存期限截止于 2015 年 4 月 30 日。3 月 5 日，甲将该批设备抵押给债权人 A 公司，双方签订了书面抵押合同，但未办理抵押登记。

3 月 9 日，乙向丙谎称该批设备属于自己，以 35 万元的价格将该批设备卖给丙，不知情的丙全额付款并取走设备。3 月 16 日，丙将该批设备以 40 万元的价格卖给丁。3 月 20 日，丙交付设备，丁向丙付款。

3 月 25 日，A 公司对甲的债权到期，甲无力偿还，A 公司拟就该批设备行使抵押权。此时，甲才得知乙已将该批设备出卖给丙，甲要求乙承担违约责任并要求丙返还设备，丙告知甲已将设备转卖给丁。甲要求丁返还设备，A 公司则向丁主张就该批设备行使抵押权，均遭丁的拒绝。

4 月 9 日，丁发现该批设备存在严重质量瑕疵，无法投入使用，遂主张解除与丙之间的买卖合同，并要求丙赔偿损失，丙以该质量瑕疵在乙向其交付设备时已经存在，丁遂要求乙承担违约责任要求。

根据上述内容，分别回答下列问题：

（1）丙是否取得了从乙处购买的设备的所有权？并说明理由。

（2）甲是否有权要求丁返还设备？并说明理由。

（3）A 公司能否就该批设备行使抵押权？并说明理由。

（4）丁是否有权解除与丙之间的买卖合同？并说明理由。（第四章内容）

（5）丁是否有权要求乙承担违约责任？并说明理由。（第四章内容）

（6）对于甲的损失，谁是赔偿义务人？并说明理由。（第四章内容）

六、进阶练习答案与解析

（一）单选题

1. 【答案】B

【解析】（1）选项 A、D：属于法定孳息；（2）选项 C：属于天然孳息。

2. 【答案】D

【解析】选项 A、B、C：属于他物权。

3. 【答案】D

【解析】当事人之间订立的不动产买卖合同自成立时生效。

4. 【答案】C

【解析】（1）选项 A、B、D：属于注销登记。

5. 【答案】C

【解析】在动产买卖合同中，如果当事人未约定所有权保留条款，则动产的所有权自交付之日起转移。

6. 【答案】D

【解析】（1）选项 A：乙只是承租人占有电脑，但无权处分；（2）选项 B、C：乙丙之间的买卖合同有效，且符合善意取得要件，丙取得所有权；（3）选项 D：因丙取得电脑的所有权，甲无权要求其返还，但甲有权要求乙承担损害赔偿责任。

7. 【答案】D

【解析】（1）选项 A：在遗失人发出悬赏广告时，归还遗失物的拾得人享有悬赏广告所允诺的报酬请求权；（2）选项 B：丙直接从乙手中购得手机（而非通过拍卖或者向具有经营资格的经营者购得），无权要求甲支付购买手机的费用；（3）选项 C、D：遗失物自发布招领公告之日起 6 个月内无人认领的，归国家所有。

8. 【答案】C

【解析】对共有的不动产进行重大修缮的，应当经占份额 2/3 以上（≥2/3）的按份共有人同意，但共有人之间另有约定的除外。

9. 【答案】A

【解析】住宅建设用地使用权期间届满的，自动续期。

10. 【答案】D

【解析】居住用地是 70 年。

11. 【答案】D

【解析】以无偿划拨方式取得的建设用地使用权，除法律、行政法规另有规定外，没有使用期限的限制。

12.【答案】D

【解析】选项A、B、C都是禁止抵押的财产。

13.【答案】A

【解析】(1)选项A、B：质押合同自成立时生效，质权自出质人交付质押财产时设立；(2)选项C、D：质权人有权收取孳息，作为质押标的，但不取得孳息的所有权。

14.【答案】C

【解析】以基金份额、证券登记结算机构登记的股权出质的，质权自证券登记结算机构办理出质登记时设立。

15.【答案】D

【解析】同一动产上已设立抵押权或者质权，该动产又被留置的，留置权人优先受偿。

(二)多选题

1.【答案】BCD

【解析】所有权是指在法律限制范围内，对物为全面支配的权利。月球表面不具有可支配性，不属于物，不能成为所有权的客体。

2.【答案】AC

【解析】(1)选项A：因继承或者受遗赠取得物权的，自继承或者受遗赠开始时发生效力；(2)选项B、C：如果乙将该房屋出售给丙，必须先将房屋过户登记在自己的名下，然后才能过户到丙的名下；(2)选项D：如果乙未将房屋过户登记在自己名下而直接出售给丙，则乙、丙之间的房屋买卖合同有效，但不发生物权变动的效力。

3.【答案】ABC

【解析】具有下列情形之一的，当事人可以申请预告登记：(1)预购商品房；(2)以预购商品房设定抵押；(3)房屋所有权转让、抵押；(4)法律、法规规定的其他情形。

4.【答案】ACD

【解析】(1)选项A、C、D：在动产买卖合同中，如果当事人未约定所有权保留条款，则动产的所有权自交付之日起转移；船舶、航空器和机动车等物权的设立、变更、转让和消灭，未经登记，不得对抗善意第三人。但是丙享有的只是债权，并未取得任何物权，尽管甲乙未办理过户登记，丙也不属于“善意第三人”。(2)选项B：甲丙之间的买卖合同有效，与物权变动没有关系。

5.【答案】BC

【解析】(1)选项A、D：以动产设定抵押的，抵押权自抵押合同生效时设立；但未经登记，不得对抗善意第三人。即以动产设定抵押时，无论是否办理了抵押登记，抵押权均自抵押合同生效之日起设立；只是未登记的，不能对抗善意第三人。丙公司已经占有了抵押物，完成交付，取得所有权，所以乙银行不得以抵押权对抗善意第三人。(2)选项B、C：抵押权设立后，甲公司转让抵押物的行为构成无权处分，但甲丙之间的买卖合同有效，丙符合善意取得要件而取得了设备的所有权。

6.【答案】BD

【解析】(1)选项A：共有人对共有的不动产没有约定为按份共有或者共同共有的，除共有人具有家庭关系等外，视为按份共有。(2)选项B、C：对共有的不动产作重大修缮的，应当经占份额2/3以上的按份共有人同意，但共有人之间另有约定的除外。在本题中，甲、乙按份共有该房屋，但未约定各自享有的份额，应按照各自的出资额确定，即甲享有60%（90÷150）的份额。因此，甲重新装修房屋应当取得乙的同意，甲未取得乙的同意且乙事后未追认的，甲、丙之间的装修合同对乙不具有约束力，对于丙公司的付款请求，乙有权予以拒绝。（3）选项D：按份共有人处分共有物的，应当经占份额2/3以上的按份共有人同意，但共有人之间另有约定的除外。

7.【答案】BC

【解析】（1）选项A：按份共有人之间转让共有份额，其他按份共有人主张优先购买的，人民法院不予支持，但按份共有人之间另有约定的除外。在本题中，既然按份共有人之间没有约定，乙、丁对甲的份额不享有优先购买权。（2）选项C：两个以上按份共有人主张优先购买且协商不成时，请求按照转让时各自份额比例行使优先购买权的，人民法院应予支持。（3）选项D：按份共有人向共有人之外的人转让其份额，其他按份共有人以其优先购买权受到侵害为由，仅请求撤销共有份额转让合同或者认定该合同无效的，人民法院不予支持。

8.【答案】BC

【解析】（1）选项A、B：抵押权自抵押合同生效之日起设立；（2）选项C、D：担保期间，抵押物毁损、灭失或者被征收等，抵押权人可以就获得的保险金、赔偿金或者补偿金等优先受偿。

9.【答案】ABCD

【解析】（1）选项A、C：抵押期间，抵押人未经抵押权人同意，不得转让抵押财产，但受让人代为清偿债务消灭抵押权的除外；（2）选项B：抵押期间，抵押人经抵押权人同意转让抵押财产的，应当将转让所得的价款向抵押权人提前清偿债务或者提存；（3）选项D：当事人未约定保证期间的，保证期间为主债务履行期限届满之日起6个月。

10.【答案】AD

【解析】（1）选项A：建设用地使用权的设立必须向登记机构办理登记，登记是建设用地使用权的生效条件；（2）选项B：地役权自地役权合同生效时设立，未经登记的，不得对抗善意第三人；（3）选项C：对于船舶、航空器和机动车等动产，其所有权的移转仍以交付为生效要件，而不以登记为生效要件；（4）选项D：因继承或者受遗赠取得物权的，自继承或者受遗赠开始时发生效力，物权变动不以登记为生效要件，但事后处分时仍要登记。

11.【答案】AD

【解析】选项B：乙自交付之日起取得该货币的所有权，甲仅对乙享有债权。

12.【答案】BC

【解析】（1）选项A：以不动产抵押的，抵押权自登记时设立；（2）选项B：以动产质押的，自质物移交质权人占有时设立；（3）选项C：以动产抵押的，抵押权自抵押合同生效时设立；（4）选项D：以股权出质的，质权自向工商管理部门办理出质登记时设立。

13.【答案】ACD

【解析】（1）选项A：债权人的债权已届清偿期，能行使留置权；（2）选项B：债权人留置的动产，应当与债权属于同一法律关系；（3）选项C：符合留置权行使要件；（4）选项D：债权人留置的动产，应当与债权属于同一法律关系，但是，企业之间留置的除外。

（三）案例分析题

1.（1）挖掘机维修不必征得甲的同意，乙有权要求甲分担20%的维修费用。根据物权法律制度的规定，甲、乙二人形成按份共有，按份共有对共有物作重大修缮的，经占份额2/3以上按份共有人同意即可，乙的份额为4/5，故有权单独决定修缮，不必征得甲的同意。共有物修缮费用，当事人没有约定的，按照各自份额负担，故乙有权要求甲承担与其份额相当即20%的修缮费用。

（2）乙无权拒绝向丙支付全部维修费用。根据物权法律制度的规定，债权债务的对外关系上，任何一名按份共有人均有义务对债权人承担全部债务。

（3）乙的份额转让无须征得甲的同意。根据物权法律制度的规定，按份共有人对其份额享有处分自由，可自由转让，无须征得其他共有人同意。

（4）乙在寻找份额买主时要求甲在接到通知之日起15日内决定是否行使优先购买权，不符合法律规定。根据物权法律制度的规定，优先购买权的行使期间须以同等条件确定为前提，发出的通知应包含同等条件之内容，未确定此内容前，优先购买权的期限不得起算。

（5）丁取得挖掘机的所有权。根据物权法律制度的规定，占共有份额2/3以上多数的共有人即可处分共有物，乙的处分属于有权处分，且已交付。

（6）甲与戊之间的买卖行为有效。根据物权法律制度的规定，共有物买卖行为属于债权行为，不以处分权为有效要件。

（7）丁有权拒绝戊交出挖掘机的请求。根据物权法律制度的规定，戊虽为善意相对人，但尚未完成交付，不满足善意取得中的交付要件，戊不能取得所有权。丁已自乙处取得所有权，故有权拒绝戊的交付请求。

2.（1）丙取得了该设备的所有权。根据规定，乙属于无权处分，但丙基于善意取得制度依法取得了该设备的所有权，甲则丧失了所有权。

（2）甲无权要求丁返还设备。根据规定丙基于善意取得制度已经依法取得了该批设备的所有权，丙将该批设备再卖给丁时，丙的行为属于有权处分，且该批设备已经交付，故丁自交付之日起即取得该批设备的所有权，因此甲无权要求丁返还设备。

（3）A公司不能行使抵押权。根据规定，当事人以生产设备设定抵押的，抵押权自抵押合同生效时设立；但未经登记，不得对抗善意第三人。在本题中，A公司的抵押权虽已经设立，但未经登记，不能对抗善意第三人，因此A公司不能就该批设备行使抵押权。

（4）丁有权解除与丙之间的买卖合同。根据规定，因当事人一方的违约行为致使不能实现合同目的的，对方当事人有权解除合同。

（5）丁无权要求乙承担违约责任。根据合同的相对性原理，由于合同关系具有相对性，因此，违约责任也具有相对性，即违约责任只能在特定的具有合同关系的当事人之间发生。在本题中，乙和丁之间并无合同关系，乙无须对丁承担违约责任。

（6）乙是赔偿义务人。根据规定，由于甲乙之间存在保管合同关系，保管人违反保管合同的约定，构成违约，因此乙应当向甲承担赔偿责任。

第四章　合同法律制度

一、2020 年教材本章主要变化

2020 年教材中只出现了 1 处变化，即对“建设工程合同承包人的优先受偿权”进行了调整，将在重难点解析部分详细说明。

二、本章近 5 年考情统计分析

本章是比较重要的考试章节，经常与物权法律制度相结合并以案例分析题的方式进行考查，绝大多数考点需要准确理解与运用，但复习难度不大。最近 5 年平均考试分值为 13 分。

（一）近 5 年考试分值分布

题型	2015 年	2016 年	2017 年	2018 年	2019 年
单选题	3	3	2	1	1
多选题	—	1.5	1.5	—	—
案例分析题	8.5	11	12	14	—
合计	11.5	15.5	15.5	15	1

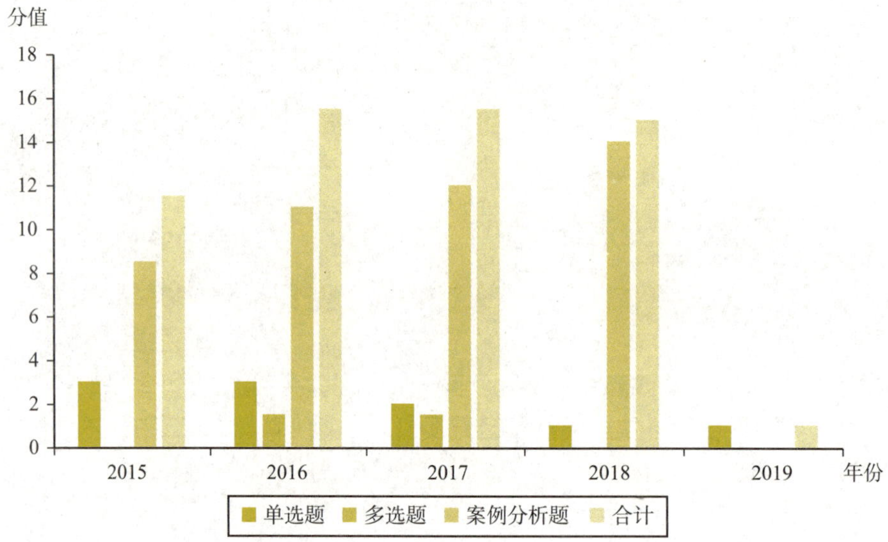

（二）近 5 年考试考点分布

高频考点内容	年度及题型分布
承诺的迟延与迟到	2016 年单选题
缔约过失责任	2016 年单选题、2018 年单选题
附生效条件的合同	2016 年案例分析题

续表

高频考点内容	年度及题型分布
先履行抗辩权	2015 年单选题、2017 年单选题
不安抗辩权	2017 年案例分析题
代位权	2015 年单选题
债权转让	2016 年案例分析题、2019 年多选题
合同的解除	2015 年案例分析题、2017 年案例分析题、2019 年案例分析题
抵销	2017 年单选题
提存	2015 年单选题
违约责任	2016 年案例分析题、2017 年案例分析题
合同的相对性原理	2015 年案例分析题、2016 年单选题
保证合同	2017 年多选题
连带保证	2015 年案例分析题、2017 年案例分析题
合同变更与保证责任承担	2019 年单选题
定金	2015 年单选题、2017 年案例分析题
人保与物保的并存	2015 年案例分析题、2017 年案例分析题
标的物的风险负担	2017 年案例分析题
标的物的检验	2015 年案例分析题、2017 年案例分析题
租金的支付期限	2016 年案例分析题
租赁物的维修义务	2018 年案例分析题、2019 年案例分析题
转租	2016 年单选题、2016 年案例分析题
买卖不破租赁	2016 年案例分析题、2018 年案例分析题
房屋租赁合同	2016 年案例分析题、2018 年案例分析题
融资租赁合同	2018 年案例分析题
金融机构的贷款合同	2017 年案例分析题
民间借贷合同	2016 年单选题、2018 年案例分析题、2019 年案例分析题
赠与合同	2016 年多选题、2017 年多选题
委托合同	2015 年单选题、2018 年案例分析题
建设工程合同	2016 年单选题、2018 年案例分析题

三、本章思维导图

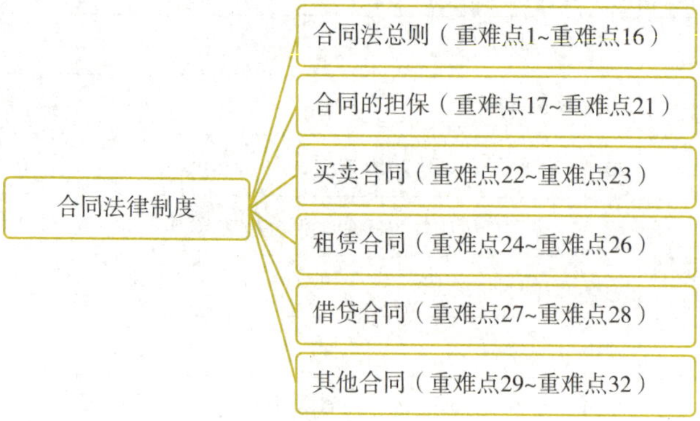

四、重难点解析

本章内容为合同法律制度，属于比较重要的章节，特别是有案例分析题的考查，主要包括合同法总则、合同的担保、几类典型合同等理论知识。

重难点1：要约★★★

1. 要约和要约邀请

要约是指希望和他人订立合同的意思表示；要约邀请是希望他人向自己发出要约的意思表示。

要约应当符合下列规定：

（1）内容具体确定，即该意思表示已经具备了未来合同的必要内容，并不要求该意思表示必须具备合同的所有条款。

（2）表明经受要约人承诺，要约人即受该意思表示的约束。

【小贴士】准确区分要约和要约邀请。要约具有法律约束力，而要约邀请没有法律约束力。寄送的价目表、拍卖公告、招标公告、招股说明书、商业广告等，性质均为要约邀请。如果商业广告的内容符合要约的规定，视为要约。

【小贴士】（1）招标公告属于要约邀请；（2）投标人投标属于要约；（3）招标人定标属于承诺；（4）中标人在接到中标通知后，在指定的期间、地点与招标人签订书面合同，买卖合同正式成立。

2. 要约到达受要约人时生效

要约到达受要约人，并不是指要约一定实际到达受要约人（或者其代理人）手中或者为受要约人（或者其代理人）实际知悉，要约只要送达受要约人通常的地址、住所或者能够控制的地方（如信箱）即为到达。

根据《民法总则》的规定，以非对话方式作出的采用数据电文形式的意思表示，相对人指定特定系统接收数据电文的，该数据电文进入该特定系统时生效；未指定特定系统的，相对人知道或者应当知道该数据电文进入其系统时生效。当事人对采用数据电文形式的意思表示的生效时间另有约定的，按照其约定。

要约和承诺均采用到达生效的原则。

3. 要约的撤回

（1）要约在发出后、生效前，要约人可以撤回要约。

（2）撤回要约的通知应当在要约到达受要约人之前或者与要约同时到达受要约人。

4. 要约的撤销

在要约生效后、受要约人承诺前，要约人可以撤销要约。但下列情形要约不得撤销：

（1）要约人确定了承诺期限；

（2）要约人以其他形式明示要约不可撤销；

（3）受要约人有理由认为要约是不可撤销的，并已经为履行合同做了准备工作。

【小贴士】正确区分要约的撤回和要约的撤销。（1）要约的撤回，是指让要约根本就不生效，因此撤回要约的通知应当在要约到达受要约人之前或者与要约同时到达受要约人；（2）要约的撤销，是指让已经生效的要约归于失效；（3）要约可以依法撤回和撤销，承诺可以依法撤回但不能撤销（由于承诺生效时合同已经成立）。

5. 要约的失效

（1）拒绝要约的通知到达要约人；

（2）要约人依法撤销要约；

（3）承诺期限届满受要约人未作出承诺；

（4）受要约人对要约的内容作出实质性变更。

对合同标的、数量、质量、价款或者报酬、履行期限、履行地点和方式、违约责任和解决争议方法等内容的变更，是对要约内容的实质性变更。

【经典模拟题】

【单选题】甲公司于2019年5月10日向乙公司发出订购一批红松木家具的要约，要求乙公司于5月18日前答复。5月12日乙公司收到该要约。5月13日，甲公司决定增加购买数量，故发出撤销原要约的意思表示，以信件方式发出，该信件于5月14日到达乙公司。5月15日，甲公司收到乙公司的回复，乙公司表示暂无红松木家具，问甲公司是否愿意更改为橡木家具。根据合同法律制度的规定，甲公司要约失效的时间是（　　）。

A. 5月13日　　B. 5月14日

C. 5月15日　　D. 5月18日

【答案】C

【解析】（1）甲公司在要约中确定了承诺期限，该要约不可撤销，因此5月14日撤销要约的通知到达时，不产生撤销要约的效力；（2）受要约人对要约的内容作出实质性变更的（将红松木家具更改为橡木家具），原要约失效。

重难点2：承诺★★★

1. 承诺期限的起算

（1）要约以信件作出的，承诺期限自信件载明的日期开始计算；信件未载明日期的，自投寄该信件的邮戳日期开始计算。

（2）要约以电话、传真作出的，承诺期限自要约到达受要约人时开始计算。

2. 承诺的迟延与迟到

（1）承诺的迟延。受要约人超过承诺期限发出承诺的，为迟延承诺，除要约人及时通知受要约人该承诺有效以外，迟延承诺应视为新要约。

（2）承诺的迟到。受要约人在承诺期限内发出承诺，按照通常情况能够及时到达要约人，但因其他原因致使承诺到达要约人时超过承诺期限的，为迟到承诺，除要约人及时通知受要约人因承诺超过期限不接受该承诺以外，迟到承诺为有效承诺。

3. 承诺内容

（1）受要约人对要约的内容作出实质性变更的，视为新要约。

（2）受要约人对要约的内容作出非实质变更的（除要约人及时表示反对或者要约表明承诺不得对要约的内容作出任何变更外），该承诺有效，合同的内容以承诺的内容为准。

【经典真题】

【单选题·2016】根据合同法律制度的规定，下列情形中，构成有效承诺的是（　　）。

A. 受要约人向要约人发出承诺函后，随即又发出一份函件表示收回承诺，两封函件同时到达要约人

B. 受要约人在承诺期内发出承诺，正常情形下可如期到达要约人，但因连日暴雨致道路冲毁，承诺通知到达要约人时已超过承诺期限，要约人收到承诺通知后未作任何表示

C. 受要约人发出表示承诺的函件时已超过要约人规定的承诺期限，要约人收到后未作任何表示

D. 受要约人向要约人回函表示："若价格下调5%，我司即与贵司订立合同。"

【答案】B

【解析】（1）选项A：受要约人依法撤回了承诺，该承诺并未生效；（2）选项B：受要约人在承诺期限内发出承诺，按照通常情况能够及时到达要约人，但因其他原因致使承诺到达要约人时超过承诺期限的，为迟到承诺，除要约人及时通知受要约人因承诺超过期限不接受该承诺以外，迟到承诺为有效承诺；（3）选项C：受要约人超过承诺期限发出承诺的，为迟延承诺，除要约人及时通知受要约人该承诺有效以外，迟延承诺应视为新要约；（4）选项D：受要约人对要约的内容作出实质性变更的，视为新要约。

重难点3：实际履行原则★★

（1）合同当事人约定采用书面形式订立合同，当事人未采用书面形式但一方已经履行主要义务并且对方接受的，该合同成立。

（2）合同当事人约定采用合同书形式订立合同，在签字或者盖章之前，当事人一方已经

履行主要义务并且对方接受的，该合同成立。“对方是否接受”是判定合同是否处于实际履行状态的关键。

重难点4：免责条款与格式条款★★★

1. 免责条款的无效

（1）造成对方人身伤害的；

（2）因故意或者重大过失造成对方财产损失的。

基于合同自由原则，对于双方当事人自愿订立的免责条款，法律原则上不加干涉。但是，如果事先约定的免责条款明显违反诚实信用原则及社会公共利益的，则法律规定其无效。

2. 格式条款

（1）格式条款具有《合同法》规定的合同无效（如损害社会公共利益）和免责条款无效的情形（造成对方人身伤害的、因故意或者重大过失造成对方财产损失的）时，该条款无效。

（2）提供格式条款的一方免除其责任、加重对方责任、排除对方主要权利的，该格式条款无效。

（3）对格式条款的理解发生争议的，应当按照字面含义及通常理解予以解释。

（4）对格式条款有两种以上解释的，应当作出不利于提供格式条款一方的解释。

（5）格式条款与非格式条款不一致的，应当采用非格式条款。

【经典模拟题】

【多选题】根据合同法律制度的规定，合同中的下列免责条款中，无效的有（　　）。

A. 排除损害国家利益的责任

B. 排除损害社会公共利益的责任

C. 排除因重大过失造成对方财产损失的责任

D. 排除因重大过失造成对方人身伤害的责任

【答案】ABCD

【解析】免责条款中凡是具有《合同法》规定的合同无效和免责条款无效的情形的，该条款即为无效。选项A、B属于合同无效情形，选项C、D属于免责条款无效情形。

重难点5：缔约过失责任★★★

1. 承担损害赔偿责任的情形

当事人在订立合同过程中，有下列情形之一，给对方造成损失的，应当承担损害赔偿责任：

（1）假借订立合同，恶意进行磋商；

（2）故意隐瞒与订立合同有关的重要事实或者提供虚假情况；

（3）当事人在订立合同过程中知悉的商业秘密，无论合同是否成立，泄露或不正当地使用的。

2. 缔约过失责任与违约责任的区别

（1）缔约过失责任发生在合同成立之前，而违约责任产生于合同生效之后。

（2）当事人承担缔约过失责任是因为在订立合同过程中，违背诚实信用原则，致使合同未成立、合同未生效或者合同无效；而当事人承担违约责任是因为在合同生效后，不履行合同或者履行合同不符合约定；

（3）当事人承担缔约过失责任的前提是因合同无效或者未成立，给对方造成了损失，缔约过失责任赔偿的是信赖利益的损失；而违约责任赔偿的是可期待利益的损失。可期待利益的损失要大于或者等于信赖利益的损失。

【经典真题】

【单选题·2016】根据合同法律制度的规定，下列关于缔约过失责任的表述中，正确的是（　　）。

A. 一方当事人假借订立合同恶意进行磋商，给他人造成损失的，可成立缔约过失责任

B. 缔约过失责任仅在合同成立时适用

C. 缔约过失责任赔偿的是可期待利益损失

D. 缔约过失责任的赔偿额通常大于违约责任

【答案】A

【解析】（1）选项B：缔约过失责任适用于合同未成立、合同未生效、合同无效等情形；（2）选项C、D：缔约过失责任赔偿的是信赖利益的损失，而违约责任赔偿的是可期待利益的损失，可期待利益损失要大于或者等于信赖利益的损失。

【单选题·2018】根据合同法律制度的规定，下列各项中，应当承担缔约过失责任的是（　　）。

A. 甲假借订立合同，恶意与乙进行磋商

B. 丙未按时履行支付租金的义务

C. 丁驾驶机动车违反交通规则撞伤行人

D. 戊辞职后违反竞业禁止约定从事同业竞争

【答案】A

【解析】（1）选项B、D：应承担违约责任；（2）选项C：应承担侵权责任。

重难点6：合同的生效（考点综述）★★

1. 合同生效时间

依法成立的合同，原则上自成立时生效。如保证合同、抵押合同、质押合同、金融机构贷款的借款合同等。

2. 实践合同

（1）定金合同从实际交付定金之日起生效。

（2）自然人之间的借款合同为实践合同，自贷款人提供借款时生效。

3. 附条件、附期限的合同

（1）附生效条件的合同，自条件成就时生效。

（2）附生效期限的合同，自期限届至时生效。

4. 应当登记备案，但登记备案并非合同的生效要件

（1）当事人之间订立有关设立、变更、转让和消灭不动产物权的合同，除法律另有规定

或者合同另有约定外，自合同成立时生效；未办理物权登记的，不影响合同效力。

（2）商品预售合同应当办理登记备案手续，但该登记备案手续并非合同生效条件，当事人另有约定的除外。

（3）当事人以房屋租赁合同未按照法律、行政法规规定办理登记备案手续为由请求确认合同无效的，人民法院不予支持。

（4）对自由进出口的技术，实行合同登记制度。但是，该技术进出口合同自依法成立时生效，不以登记作为合同生效的条件。（第十二章）

5. 经许可合同才生效

对限制进出口的技术实行许可证管理，该技术进出口合同自许可证颁发之日起生效。（第十二章）

6. 多重买卖合同

出卖人就同一标的物订立多重买卖合同，如合同均不具有《合同法》第五十二条规定的无效情形，买受人因不能按照合同约定取得标的物的所有权，请求追究出卖人违约责任的，人民法院应予支持。

重难点 7：约定不明的处理★★★

合同生效后，当事人就质量、价款等内容没有约定或者约定不明确的，可以协议补充；不能达成补充协议的，按照合同有关条款或者交易习惯确定。仍不能确定的，按照下列规则确定：

（1）质量要求不明确的，按照国家标准、行业标准履行；没有国家标准、行业标准的，按照通常标准或者符合合同目的的特定标准履行。

（2）价款或者报酬不明确的，按照订立合同时履行地的市场价格履行。

（3）履行地点不明确的，给付货币的，在接受货币一方所在地履行；交付不动产的，在不动产所在地履行；其他标的，在履行义务一方所在地履行。

（4）履行期限不明确的，债务人可以随时履行，债权人也可以随时要求履行，但应当给对方必要的准备时间。

（5）履行方式不明确的，按照有利于实现合同目的的方式履行。

（6）履行费用的负担不明确的，由履行义务一方负担。

【经典模拟题】

【单选题】甲公司与乙公司签订了大理石买卖合同。根据合同约定，甲公司先发货，乙公司收到货物后经验收合格再支付货款，但双方就运费问题约定不明确。根据合同法律制度的规定，如果就运费发生争议，解决方式是（　　）。

A. 由甲公司负担　　B. 由乙公司负担

C. 双方协商解决　　D. 甲公司和乙公司各负担 50%

【答案】A

【解析】当合同履行费用的负担不明确时，由履行义务一方负担。买卖合同属于双务合同，在发货环节中，甲公司属于履行义务的一方，故由甲公司负担。

重难点8：抗辩权★★★

1. 同时履行抗辩权

双务合同的当事人互负债务，没有先后履行顺序的，应当同时履行。一方在对方履行之前有权拒绝其履行要求；一方在对方履行债务不符合约定时，有权拒绝其相应的履行要求。

2. 先履行抗辩权

双务合同的当事人互负债务，有先后履行顺序，先履行一方未履行的，后履行一方有权行使先履行抗辩权，拒绝其履行要求。先履行一方履行债务不符合约定的，后履行方有权拒绝其相应的履行要求。

3. 不安抗辩权

（1）中止履行。

双务合同中应当先履行债务的当事人，有确切证据证明对方有下列情况之一的，可以行使不安抗辩权，中止合同履行：

①经营状况严重恶化；

②转移财产、抽逃资金，以逃避债务；

③丧失商业信誉；

④有丧失或者可能丧失履行债务能力的其他情形。

（2）解除合同。

当事人行使不安抗辩权中止履行的，应当及时通知对方。对方提供适当担保的，应当恢复履行。对方在合理期限内未恢复履行能力并且未提供适当担保的，中止履行的一方可以解除合同。

【小贴士】行使同时履行抗辩权、先履行抗辩权和不安抗辩权的条件：当事人基于同一双务合同。

【经典真题】

【单选题·2015】甲、乙在买卖合同中约定：甲先付款，乙再发货。后甲未付款却要求乙发货，乙予以拒绝。根据合同法律制度的规定，乙可以行使（　　）。

A. 同时履行抗辩权　　B. 先履行抗辩权

C. 先诉抗辩权　　D. 不安抗辩权

【答案】B

【单选题·2017】甲、乙双方签订买卖合同，约定甲支付货款一周后乙交付货物。甲未在约定日期付款，却请求乙交货。根据合同法律制度的规定，对于甲的请求，乙可行使的抗辩权是（　　）。

A. 不安抗辩权　　B. 先诉抗辩权

C. 不履行抗辩权　　D. 先履行抗辩权

【答案】D

【解析】先履行一方履行债务不符合约定的，后履行一方有权拒绝其相应的履行要求。

重难点9：债权人代位权★★★

1. 定义

债权人代位权是指债务人怠于行使其对第三人（次债务人）享有的到期债权，危及债权人债权实现时，债权人为保障自己的债权，可以自己的名义代位行使债务人对次债务人的债权。

2. 代位权行使的条件

（1）债权人对债务人的债权合法；

（2）债务人怠于行使其到期债权，对债权人造成损害；

（3）债务人的债权已到期，债权人的债权已到期；

（4）债务人的债权不是专属于债务人自身的债权。

所谓"债务人的懈怠行为"必须是债务人不以诉讼方式或者仲裁方式向次债务人主张其享有的具有金钱给付内容的到期债权。因此，如果债务人以书面或者口头方式催促次债务人履行债务但没有就此提起诉讼或者申请仲裁，仍然构成懈怠。

所谓"专属于债务人自身的债权"，是指基于扶养关系、抚养关系、赡养关系、继承关系产生的给付请求权和劳动报酬、退休金、养老金、抚恤金、安置费、人寿保险、人身伤害赔偿请求权等权利。

债权人的债权不受是否专属于债权人自身的限制。

3. 代位权诉讼

（1）代位权诉讼由被告住所地人民法院管辖。

（2）债权人是原告，次债务人是被告，债务人为诉讼上的第三人。

（3）如果债权人胜诉的，诉讼费用由次债务人承担，从实现的债权中优先支付；代位权诉讼的其他必要费用则由债务人承担。

4. 代位权行使的法律效果

（1）经人民法院审理后认定代位权成立的，由次债务人向债权人履行清偿义务，债权人与债务人、债务人与次债务人之间相应的债权债务关系即予消灭。

（2）债权人的债权就代位权行使的结果享有优先受偿的权利。

（3）在代位权诉讼中，次债务人对债务人的抗辩，可以向债权人主张。

（4）债权人提起代位权诉讼的，应当认定对债权人的债权和债务人的债权均发生诉讼时效中断的效力。

【经典真题】

【单选题·2015】甲对乙的债务清偿期已届满却未履行，乙欲就甲对他人享有的债权提起代位权诉讼。根据合同法律制度的规定，甲享有的下列债权中，乙可代位行使的是（　）。

A. 抚恤金请求权　　B. 劳动报酬请求权

C. 人身伤害赔偿请求权　　D. 财产损害赔偿请求权

【答案】D

【解析】选项 A、B、C 中的权利均属于“专属于债务人自身的债权”，所以债务人的债权人不得代位行使。

重难点 10：债权人撤销权★★★

1. 定义

债权人撤销权是指债务人实施了减少财产行为，危及债权人的债权实现时，债权人为保障自己的债权请求人民法院撤销债务人处分行为的权利。

2. 可撤销的行为

（1）债务人放弃债权（到期、未到期均可）、放弃债权担保或者恶意延长到期债权的履行期限，对债权人造成损害。债权人对债务人的债权可以到期，也可以未到期，但债权人对债务人必须享有有效债权。

（2）债务人无偿转让财产，对债权人造成损害。债务人的无偿行为（放弃债权、无偿转让财产），不论第三人善意还是恶意，均可撤销；而债务人的有偿行为（以明显不合理的低价转让财产、以明显不合理的高价收购他人财产），第三人恶意时才可以撤销。

（3）债务人以明显不合理的低价转让财产或者以明显不合理的高价收购他人财产，对债权人造成损害，并且受让人知道该情形。转让价格达不到交易时交易地的指导价或市场交易价 70% 的，一般可视为“明显不合理的低价”；转让价格高于交易时交易地的指导价或市场交易价 30% 的，一般可视为“明显不合理的高价”。

3. 撤销权的行使范围以债权人的债权为限

4. 撤销权行使的期限

撤销权应当自债权人知道或者应当知道撤销事由之日起 1 年内行使；自债务人的行为发生之日起 5 年内没有行使撤销权的，该撤销权消灭。

5 年期间为除斥期间（不变期间），不适用诉讼时效中止、中断或者延长的规定。

5. 撤销权诉讼

（1）债权人为原告，债务人为被告，受益人或者受让人为诉讼上的第三人。

（2）债权人行使撤销权所支付的律师代理费、差旅费等必要费用，由债务人负担；第三人有过错的，应当适当分担。

（3）撤销权诉讼由被告住所地人民法院管辖。

6. 行使撤销权的法律效果

（1）一旦人民法院确认债权人的撤销权成立，债务人的处分行为即归于无效。

（2）撤销权行使的目的是恢复债务人的财产，债权人就撤销权行使的结果并无优先受偿的权利。

【经典模拟题】

【多选题】2019 年 1 月 1 日，甲向乙借款 5 万元，约定 2019 年 12 月 31 日还本付息。半年后，甲财产状况严重恶化，遂将其贵重财产无偿转让给其友丙。债务到期后，乙要求甲偿还债务，甲称自己财产所剩无几故无力偿还，乙只好通过诉讼程序请求人民法院保护其权利。根据合同法律制度的规定，下列表述中，正确的是（　　）。

A. 乙可以行使撤销权

B. 撤销权诉讼应当以乙为被告

C. 撤销权诉讼应当以乙和丙为共同被告

D. 乙可以行使代位权

【答案】AB

【解析】(1)选项A、D：上述情形属于债权人行使撤销的法定情形，即债务人无偿转让财产，对债权人造成损害。(2)选项B、C：撤销权诉讼中，应当以债权人为原告，债务人为被告，受益人或者受让人为诉讼上的第三人。

重难点11：合同的转让★★★

1. 债权转让

(1)债权人转让权利，不需要经债务人同意，但应当通知债务人。未经通知，该转让对债务人不发生效力。即，债权转让不以债务人的同意为生效条件，但是要对债务人发生效力，则必须通知债务人。

(2)债权人转让权利的，受让人同时取得与主债权有关的从权利（如抵押权、质权），但该从权利专属于债权人自身的除外。

(3)债务人接到债权转让通知后，债务人对让与人的抗辩（如提出债权无效抗辩、诉讼时效抗辩），可以向受让人主张。

(4)债务人对让与人享有债权，并且其债权先于转让的债权到期或者同时到期的，债务人可以向受让人主张抵销。

(5)基于当事人特定身份而订立的合同（如出版合同、赠与合同、委托合同等），因合同性质不得转让。

2. 债务承担

(1)债务人将合同的义务全部或者部分转移给第三人的，应当经债权人同意。

(2)债务人转移义务的，新债务人可以主张原债务人对债权人的抗辩。

3. 债权债务的概括转移

(1)意定的概括转移。当事人一方经他方当事人同意，可以将自己在合同中的权利义务一并转让给第三人。

(2)法定的概括转移。

①当事人订立合同后合并的，由合并后的法人或其他组织行使合同权利，履行合同义务。

②当事人订立合同后分立的，除债权人和债务人另有约定的以外，由分立的法人或其他组织对合同的权利和义务享有连带债权，承担连带债务。

【小贴士】如果债权人与债务人另有约定的话，约定内容对债权人产生约束力，即债权人可以与债务人约定，分立后的债权债务可由分立后的单一法人或其他组织独自享有债权并独自承担责任。

【经典模拟题】

【多选题】2018年3月1日，甲向乙借款500万元，约定2019年3月1日偿还，为此丙作为保证人，但与乙约定只对其承担保证责任。2018 年 9 月 10 日，乙将对甲的债权转让给丁，并于 2019 年 9 月 12 日通知甲，但未告知丙。根据合同法律制度的规定，下列各项中，正确的有（　　）。

A. 2019 年 9 月 10 日债权转让在乙、丁之间生效

B. 2019 年 9 月 12 日债权转让对甲生效

C. 2019 年 9 月 10 日债权转让对丙生效

D. 2019 年 9 月 10 日之后的保证债务无效

【答案】ABD

【解析】（1）选项 A、B：债权人转让权利时，不需要经债务人同意，但应当通知债务人。未经通知，该转让对债务人不发生效力。（2）选项 C、D：保证人与债权人事先约定仅对特定的债权人承担保证责任或者禁止债权转让的，债权人将债权转让的，保证人不再承担保证责任。

【单选题】A 公司分立为 B 公司和 C 公司，分立时，A 公司的债权人 D 公司与 B 公司和 C 公司约定：A 公司以前的债务由 B 公司全部承担。后来，D 公司债权到期。根据合同法律制度的规定，应当承担债务的公司是（　　）。

A. A 公司

B. B 公司

C. C 公司

D. B 公司与 C 公司承担连带责任

【答案】B

【解析】如果债权人与债务人另有约定的话，约定内容对债权人产生约束力，即债权人可以与债务人约定，分立后的债权债务可由分立后的单一法人或其他组织独自享有债权并独自承担责任。

重难点 12：合同的解除★★★

1. 合意解除

（1）在订立合同时，如果事先约定了当事人一方解除合同的条件，一旦该条件成就，解除权人就可以通过行使解除权而终止合同。

（2）合同订立后，经当事人协商一致可以解除合同。

2. 法定解除

（1）因不可抗力致使不能实现合同目的。双方当事人均享有解除权，同时不适用定金罚则。

（2）在履行期限届满之前，当事人一方明确表示或者以自己的行为表明不履行主要债务。

（3）当事人一方迟延履行主要债务，经催告后在合理期限内仍未履行。

（4）当事人一方迟延履行债务或者有其他违约行为致使不能实现合同目的。此种情况下的解除权行使条件必须是“不能实现合同目的”，所以不强调是主要债务，也不需要催告程序。

（5）不安抗辩权。中止履行后，如果对方在合理期限内未恢复履行能力并且未提供适当担保的，当事人可以解除合同。

3. 随时解除

（1）在承揽合同中，定作人可以随时解除承揽合同，造成承揽人损失的，应当赔偿损失。

（2）在货运合同中，在承运人将货物交付收货人之前，托运人可以要求承运人中止运

输、返还货物、变更到达地或者将货物交给其他收货人，但应当赔偿承运人因此所受的损失。

（3）在委托合同中，委托人或者受托人均可以随时解除委托合同，因解除合同给对方造成损失的，除不可归责于该当事人的事由以外，应当赔偿损失。

（4）在不定期租赁合同中，出租人或者承租人均可以随时解除合同，但出租人解除合同应当在合理期限之前通知承租人。

（5）租赁物危及承租人的安全或者健康的，即使承租人订立合同时明知该租赁物质量不合格，承租人仍然可以随时解除合同。

4. 情势变更

合同成立以后，如果客观情况发生了当事人在订立合同时无法预见的、非不可抗力造成的不属于商业风险的重大变化，继续履行合同对于一方当事人明显不公平或者不能实现合同目的，当事人请求法院变更或者解除的，人民法院应根据公平原则，并结合案件的实际情况确定是否变更或者解除。

5. 合同解除的程序

当事人一方主张解除合同时，应当通知对方，合同自通知到达对方时解除。对方有异议的，可以请求人民法院或者仲裁机构确认解除合同的效力。

（1）在约定的异议期限届满后才提出异议并向人民法院起诉的，人民法院不予支持。

（2）如果没有约定异议期间，在解除合同通知到达之日起 3 个月以后才向人民法院起诉的，人民法院不予支持。

6. 合同解除的效力

（1）尚未履行的，终止履行。

（2）已经履行的，根据履行情况和合同性质，当事人可以要求恢复原状、采取其他补救措施，并有权要求赔偿损失。

（3）合同的解除不影响合同中结算条款、清理条款以及解决争议方法条款的效力。

【经典模拟题】

【多选题】根据合同法律制度的规定，下列情形中，买受人可以取得合同解除权的有（　　）。

A. 因意外事件导致标的物在交付前灭失，且标的物为不可替代物

B. 因不可抗力导致标的物在交付前灭失，且标的物为不可替代物

C. 出卖人在履行期限届满前明确表示不履行全部债务

D. 出卖人在履行期限届满后迟延履行债务导致合同目的无法实现

【答案】ABCD

【解析】上述各选项均属于法定解除权行使的法定事由。

重难点 13：抵销★★★

1. 约定抵销

当事人互负到期债务，标的物种类、品质不相同的，经双方协商一致，可以抵销。

【小贴士】合同标的物分为四类：（1）有形财产；（2）无形财产；（3）劳务（如运输合同中的运输行为）；（4）工作成果（如建设工程合同中由承包人完成的建设项目）。

2. 法定抵销

（1）当事人互负到期债务，债务标的物种类、品质相同的，任何一方均可主张抵销，但依照法律规定或者按照合同性质不得抵销的除外。

（2）不得抵销的债务。

①法律规定不得抵销的债务（如因故意侵权产生的债务）；

②根据合同性质不能抵销的债务（如提供劳务的债务、不作为的债务）；

③当事人约定不得抵销的债务。

（3）一方债务已经到期，另一方债务尚未到期，则未到期的债务人可以主张抵销。

（4）效力不完全的债权不能作为主动债权而主张抵销，如诉讼时效届满后的债权，该债权人不得主张抵销；但作为被动债权，对方以其债权主张抵销的，应当允许。

（5）法定抵销中的抵销权在性质上属于形成权，当事人主张抵销的，应当通知对方。抵销不得附条件或者附期限。通知为非要式（可以是口头形式），通知自到达对方时生效。抵销的意思表示溯及于得为抵销之时。

【经典真题】

【单选题·2017】根据合同法律制度的规定，下列关于法定抵销权性质的表述中，正确的是（　　）。

A. 支配权　　B. 请求权　　C. 抗辩权　　D. 形成权

【答案】D

【解析】法定抵销中的抵销权在性质上属于形成权。

【单选题·2017】根据合同法律制度的规定，下列关于法定抵销的表述中，正确的是（　　）。

A. 抵销通知为要式

B. 抵销的意思表示溯及于得为抵销之时

C. 抵销的通知自发出时生效

D. 抵销可以附条件或者附期限

【答案】B

【解析】（1）选项A：抵消通知为“非要式”；（2）选项C：抵销通知自“到达”对方时生效；（3）选项D：抵销不得附条件或者附期限。

重难点14：提存★★★

1. 债务人可以将标的物提存的情形

（1）债权人没有正当理由拒绝受领；

（2）债权人下落不明；

（3）债权人死亡未确定继承人或者丧失民事行为能力未确定监护人；

（4）法律规定的其他情形。

2. 通知义务

除债权人下落不明的以外，债务人应当及时通知债权人或者债权人的继承人、监护人。

3. 提存的法律效力

（1）毁损、灭失的风险由债权人承担；

（2）标的物的孳息归债权人所有；

（3）提存费用由债权人负担。

【小贴士】债务人依法将标的物提存后，合同即告终止，债务人的债务消灭，一切风险、费用、孳息等均归债权人。

4. 期限

债权人领取提存物的权利，自提存之日起 5 年内不行使而消灭，提存物扣除提存费用后归国家所有。5 年期间为不变期间，不适用诉讼时效中止、中断或者延长的规定。

【经典模拟题】

【多选题】债务人甲因债权人乙下落不明，遂将作为合同标的物的高档别墅一套交当地公证机关提存。根据合同法律制度的规定，下列关于提存期间当事人之间权利义务的表述中，正确的有（　　）。

A. 提存物提存后，甲负有通知义务

B. 提存期间产生的保管费由乙承担

C. 如果提存物因不可抗力灭失，损失由甲承担

D. 如果自提存之日起 5 年后，乙仍没有领取，提存物的所有权归国家享有

【答案】BD

【解析】（1）选项 A：除债权人下落不明的以外，债务人应当及时通知债权人或者债权人的继承人、监护人，题中债权人乙下落不明，甲无须通知；（2）选项 C：标的物提存后，一切毁损、灭失的风险由债权人自行承担。

重难点 15：违约责任★★★

1. 继续履行

（1）金钱债务当事人一方未支付价款或者报酬的，对方可以要求其支付价款或者报酬。

（2）非金钱债务当事人一方不履行非金钱债务或者履行非金钱债务不符合约定的，对方可以要求履行，但有下列情形之一的除外：

①法律上或者事实上不能履行；

②债务的标的不适于强制履行或者履行费用过高；

③债权人在合理期限内未要求履行。

2. 补救措施

当事人履行合同义务，质量不符合约定的，应当按照当事人的约定承担违约责任。对违约责任没有约定或者约定不明确的，受损害方根据标的性质以及损失的大小，可以合理选择要求对方承担修理、更换、重作、退货、减少价款或者报酬等违约责任。

3. 损害赔偿

（1）当事人一方不履行合同义务或者履行合同义务不符合约定的，在履行义务或者采取补救措施后，对方还有其他损失的，应当赔偿损失。（2016 年案例分析题）

（2）损失赔偿额应当相当于因违约造成的损失，包括合同履行后可以获得的利益，但不得超过违反合同一方订立合同时预见到或者应当预见到的因违反合同可能造成的损失。

（3）当事人一方违约后，对方应当采取适当措施防止损失的扩大；没有采取适当措施致使损失扩大的，不得就扩大的损失要求赔偿。当事人因防止损失扩大而支出的合理费用由违约方承担。

（4）混合过错。买卖合同当事人一方违约造成对方损失，对方对损失的发生也有过错，违约方主张扣减相应的损失赔偿额的，人民法院应予支持。

（5）损益相抵。买卖合同当事人一方因对方违约而获有利益，违约方主张从损失赔偿额中扣除该部分利益的，人民法院应予支持。

4. 支付违约金

（1）约定的违约金低于造成的损失的当事人可以请求人民法院或者仲裁机构予以增加；约定的违约金过分高于造成的损失的当事人可以请求人民法院或者仲裁机构予以适当减少。当事人以约定的违约金过高为由请求减少的，应当以违约金超过造成的损失的 30% 为标准适当减少；当事人以约定的违约金低于造成的损失为由请求增加的，应当以违约造成的损失确定违约金数额。

（2）当事人就迟延履行约定违约金的，违约方支付违约金后，还应当继续履行债务。

5. 适用定金罚则

（1）当事人既约定违约金，又约定定金的，一方违约时，对方可以选择适用违约金或者定金条款，二者不能并用。

（2）买卖合同约定的定金不足以弥补违约方违约造成的损失，对方请求赔偿超过定金部分的损失的，人民法院可以并处，但定金和损失赔偿的数额总和不应高于因违约造成的损失。

6. 违约责任与侵权责任的竞合

因合同当事人一方的违约行为，侵害对方人身、财产权益的，受损害方有权选择依据《合同法》的规定要求其承担违约责任或者依照其他法律要求其承担侵权责任，二者不能并用。

7. 不可抗力

（1）因不可抗力不能履行合同的，根据不可抗力的影响，部分或者全部免除责任（金钱之债不适用该规则）。

（2）当事人迟延履行后发生不可抗力不能免除责任。

【小贴士】不可抗力是指不能预见、不能避免并不能克服的客观情况，包括但不限于：（1）自然灾害；（2）政府行为；（3）社会异常现象。

【经典模拟题】

【单选题】甲公司从乙农场购入 100 头种牛，乙农场违约，将部分带有传染病的种牛交付给甲公司，致使甲公司所饲养的其他种牛大量患病造成财产损失。根据合同法律制度的规定，甲公司要求乙农场承担责任的方式是（　　）。

A. 只能要求乙农场承担违约责任

B. 只能要求乙农场承担侵权责任

C. 要求乙农场既承担违约责任又承担侵权责任

D. 在违约责任或侵权责任中选择其一要求乙农场承担

【答案】D

【解析】因合同当事人一方的违约行为，侵害对方人身、财产权益的，受损害方有权选择依据《合同法》的规定要求其承担违约责任或者依照其他法律要求其承担侵权责任，二者不能并用。

【多选题】根据合同法律制度的规定，下列各项中，属于不可抗力的有（　　）。

A. 战争　　B. 地震　　C. 罢工　　D. 海啸

【答案】ABCD

重难点16：违约责任的相对性★★★

1. 概述

由于合同关系具有相对性，因此，违约责任也具有相对性，即违约责任只能在特定的具有合同关系的当事人之间发生。

2. 涉及第三人的合同

（1）当事人约定由债务人向第三人履行债务的，债务人未向第三人履行债务或者履行债务不符合约定，应当由债务人向债权人承担违约责任。

（2）当事人约定由第三人向债权人履行债务的，第三人不履行债务或者履行债务不符合约定，应当由债务人向债权人承担违约责任。这是因为第三人并非合同的当事人，根据合同的相对性原理，应当“由债务人向债权人”承担违约责任。

3. 当事人一方因第三人的原因造成违约的，应当向对方承担违约责任；当事人一方和第三人之间的纠纷，依照法律规定或者按照约定解决。

4. 转租

承租人经出租人同意，可以将租赁物转租给第三人，承租人与出租人的租赁合同继续有效，第三人对租赁物造成损失的，承租人应当向出租人赔偿损失。

5. 承揽合同

承揽人经定作人同意，将其承揽的主要工作交由第三人完成的，承揽人应当就该第三人完成的工作成果向定作人负责。

6. 合同相对性的例外

（1）债的保全措施。在保全措施（代位权和撤销权）中，突破了合同的相对性，使得债权人可以向合同关系以外的第三人提起诉讼，主张权利。

（2）买卖不破租赁。租赁物在租赁期间发生所有权变动的，不影响租赁合同的效力。租赁合同的承租人可以租赁合同对抗新的所有权人，突破了合同关系的相对性。

（3）建设工程合同。经发包人同意，总承包人可以将自己承包的部分工作交由第三人完成。第三人就其完成的工作成果与总承包人向发包人承担连带责任。

【经典模拟题】

【单选题】甲将一台冰箱无偿借给乙使用，期限为10个月。在借用期内，甲和丙订立了买卖该冰箱的合同，但未对冰箱的交付问题进行约定。下列有关该冰箱交付的表述中，正确的是（　　）。

A. 丙有权请求甲立即交付

B. 丙有权请求乙立即交付

C. 丙有权随时请求甲交付，但应当给甲必要的准备时间

D. 丙有权随时请求乙交付，但应当给乙必要的准备时间

【答案】C

【解析】（1）选项A、C：履行期限不明确的，债务人可以随时履行，债权人也可以随时要求履行，但应当给对方必要的准备时间；（2）选项B、D：买卖合同在甲丙之间成立，根据合同的相对性原理，丙只能要求合同相对人甲交付，无权请求第三人乙交付。

【单选题】甲公司与乙公司订立了一份高档皮包的买卖合同，并约定将货物运往丙公司，由丙公司验收合格后，甲公司支付货款。甲公司在发货前听说丙公司有转移财产的迹象，遂拒绝履行债务。根据合同法律制度的规定，下列各项中，正确的是（　　）。

A. 甲公司不承担违约责任

B. 甲公司应向丙公司承担违约责任

C. 甲公司应向乙公司承担违约责任

D. 甲公司分别向乙公司和丙公司承担违约责任

【答案】C

【解析】当事人约定由债务人向第三人履行债务的，债务人未向第三人履行债务或者履行债务不符合约定，应当由债务人向债权人承担违约责任。

重难点17：保证★★★

jj200403

1. 保证合同

（1）保证是保证人与债权人之间的合同关系。

（2）保证合同为单务合同、无偿合同、诺成合同、要式合同。

（3）第三人单方以书面形式向债权人出具担保书，债权人接受且未提出异议的，保证合同成立。

（4）保证人在债权人与被保证人签订的订有保证条款的主合同上，以保证人的身份签字或者盖章的，保证合同成立。

（5）主合同中虽然没有保证条款，但是，保证人在主合同上以保证人的身份签字或者盖章的，保证合同成立。（2014年案例分析题）

当事人在借据、收据、欠条等债权凭证或者借款合同上签字或者盖章，但未表明其保证人身份或者承担保证责任，或者通过其他事实不能推定其为保证人的，出借人不能要求当事人承担保证责任。

2. 保证人

（1）学校、医院、幼儿园等以公益为目的的事业单位、社会团体，不得作为保证人；但从事经营活动的事业单位、社会团体，可以担任保证人。

（2）企业法人的分支机构有法人书面授权的，可以在授权范围内提供保证。

（3）企业法人的职能部门不得担任保证人。

（4）即便不具有完全代偿能力的主体，只要以保证人身份订立保证合同后，就应当承担保证责任。

3. 保证方式

（1）一般保证。

一般保证人享有先诉抗辩权，即在主合同纠纷未经审判或者仲裁，并就债务人财产依法强制执行仍不能履行债务前，对债权人可以拒绝承担保证责任。

一般保证的债权人向债务人和保证人一并提起诉讼的，人民法院可以将债务人和保证人列为共同被告参加诉讼。但是，应当在判决书中明确在对债务人财产依法强制执行后仍不能履行债务时，才由保证人承担保证责任。

在民间借贷纠纷中，保证人为借款人（债务人）提供一般保证，出借人（债权人）仅起诉保证人的，人民法院应当追加借款人为共同被告；出借人仅起诉借款人的，人民法院可以不追加保证人为共同被告。

（2）连带保证。

当事人在保证合同中对保证方式没有约定或者约定不明确的，承担连带保证责任。连带责任保证的债权人可以将债务人或者保证人作为被告提起诉讼，也可以将债务人和保证人作为共同被告提起诉讼。

在民间借贷纠纷中，保证人为借款人（债务人）提供连带责任保证出借人（债权人）仅起诉借款人的，人民法院可以不追加保证人为共同被告；出借人仅起诉保证人的，人民法院可以追加借款人为共同被告。

4. 保证责任

（1）保证担保的范围。当事人对保证担保的范围可以进行约定；没有约定或者约定不明确的，保证人应当对全部债务（主债权及利息、违约金、损害赔偿金和实现债权的费用）承担责任。

（2）债权人转让债权。保证期间，债权人依法将主债权转让给第三人的，保证债权同时转让，保证人在原保证担保的范围内对受让人承担保证责任。但是，保证人与债权人事先约定仅对特定的债权人承担保证责任或者禁止债权转让的，保证人不再承担保证责任。

（3）债务人转让债务。保证期间，债权人许可主债务人转让债务的，应当取得保证人书面同意。保证人对未经其同意转让的债务，不再承担保证责任。

（4）主合同的变更。未经保证人同意的主合同变更，保证人的保证责任并不能解除：①如果减轻债务人的债务的，保证人仍应当对变更后的合同承担保证责任；②如果加重债务人的债务的，保证人对加重的部分不承担保证责任；③变更主合同履行期限的，保证期间为原合同约定的或者法律规定的期间。

【小贴士】（1）经保证人书面同意的，保证人按照变更后的合同内容承担保证责任；

（2）未经保证人书面同意的，避重就轻，不加重保证人的责任：100 万元变更为 80 万元的，按照 80 万元承担保证责任；100 万元变更为 180 万元的，按照 100 万元承担保证责任。

5. 保证期间

（1）根本未约定：保证期间为主债务履行期届满之日起 6 个月。

（2）约定不明：保证期间为主债务履行期届满之日起 2 年。

【小贴士】（1）保证合同约定“保证人承担保证责任直至主债务本息还清时为止”等类似内容的，视为约定不明。（2）保证合同约定的保证期间早于或者等于主债务履行期限的，视为未约定，即保证期间为主债务履行期届满之日起 6 个月。（3）如果主债务履行期限没有约定或者约定不明时，保证期间自债权人要求债务人履行债务的宽限期届满之次日计算。

6. 保证人不承担责任的情形

有下列情形之一的，保证人不承担保证责任：

（1）主合同当事人（债务人与债权人）双方串通，骗取保证人提供保证的；

（2）主合同债权人采取欺诈、胁迫等手段，使保证人在违背真实意思的情况下提供保证的；

（3）主合同债务人采取欺诈、胁迫等手段，使保证人在违背真实意思的情况下提供保证的，并且债权人知道或者应当知道欺诈、胁迫事实的。如果债务人与保证人共同欺骗债权人，订立主合同与保证合同的，债权人可以请求人民法院予以撤销。因此给债权人造成损失的，由保证人与债务人承担连带赔偿责任。

【经典真题】

【多选题·2017】保证合同是保证人与债权人订立的在主债务人不履行其债务时，由保证人按照约定履行债务或者承担责任的协议。根据合同法律制度的规定，下列关于保证合同性质的表述中，正确的有（　　）。

A. 单务合同　　　　B. 要式合同

C. 有偿合同　　　　D. 诺成合同

【答案】ABD

【解析】选项 C：保证合同中，保证人对债权人承担保证债务，债权人对此不提供相应对价，故为无偿合同。

【经典模拟题】

【单选题】甲、乙两公司签订一份买卖合同，约定甲公司向乙公司购买机床一台，价格为 300 万元。同时，丙公司向乙公司出具一份内容为“丙公司愿为甲公司应付乙公司 300 万元机床货款承担保证责任”的保函，并加盖了该公司公章。之后，由于市场变化，甲公司、乙公司双方协商同意将机床价格变更为 350 万元，但未通知丙公司。乙公司向甲公司交付机床后，甲公司无力按期支付货款，乙公司遂要求丙公司代为清偿。根据合同法律制度的规定，下列表述中，正确的是（　　）。

A. 丙公司出具保函是其单方行为，因此保证不成立

B. 丙公司应在 300 万元范围内承担保证责任

C. 在乙公司未就甲公司财产依法强制执行用于清偿债务之前，丙公司有权拒绝乙公司代为清偿的要求

D. 丙公司应承担保证责任，保证期间适用6个月的短期诉讼时效期间，自主债务履行期届满之日起计算

【答案】B

【解析】（1）选项A：第三人单方以书面形式向债权人出具担保书，债权人接受且未提出异议的，保证合同成立；（2）选项B：未经保证人同意的主合同的变更，如果加重债务人的债务的，保证人对加重的部分不承担保证责任；（3）选项C：乙公司和丙公司未对保证方式进行约定，丙公司应当承担连带保证责任，不享有先诉抗辩权；（4）选项D：保证期间与保证的诉讼时效是两回事儿，选项D的表述将二者混为一谈。

重难点18：定金★★★

（1）定金数额不得超过主合同标的额的20%。超过20%的，超过部分无效。

（2）定金合同从实际交付定金之日起生效。

【小贴士】保证合同、抵押合同、质押合同均自签订之日起生效，定金合同从实际交付定金之日起生效。

（3）给付定金的一方不履行合同的，无权要求返还定金；接受定金的一方不履行合同的，应当双倍返还定金。

（4）定金罚则的适用。

①因不可抗力、意外事件致使主合同不能履行的，不适用定金罚则。

②因合同关系以外的第三人的过错，致使主合同不能履行时，适用定金罚则。

③在迟延履行或者有其他违约行为时，并不能当然适用定金罚则。只有因当事人一方迟延履行或者有其他违约行为致使合同目的不能实现，才可以适用定金罚则，法律另有规定或者当事人另有约定的除外。

④当事人一方不完全履行合同的，应当按照未履行部分所占合同约定内容的比例适用定金罚则。

⑤当事人既约定违约金，又约定定金的，一方违约时，对方只能选择适用违约金或者定金条款，二者不能并用。

【经典真题】

【单选题·2015】根据合同法律制度的规定，下列关于定金的表述中，正确的是（　　）。

A. 收受定金一方不履行合同义务时，应当3倍返还定金

B. 收受定金一方履行合同义务时，定金所有权发生移转

C. 定金数额不得超过主合同标的额的20%

D. 既约定定金又约定违约金的，一方违约时，当事人有权要求同时适用

【答案】C

【解析】选项B：定金一旦交付，其所有权即发生转移。

重难点19：物保+物保★★

（1）主债务人以自己的财产设定抵押，抵押权人放弃该抵押权的，其他担保人在抵押权人丧失优先受偿权益的范围内免除担保责任，但其他担保人承诺仍然提供担保的除外。该条款是为了防止抵押权人通过放弃抵押权，将本应由“主债务人”自己承担的责任转嫁于其他担保人。

（2）主债务人以自己的财产出质，质权人放弃该质权的，其他担保人在质权人丧失优先受偿权益的范围内免除担保责任，但其他担保人承诺仍然提供担保的除外。

重难点20：人保+物保★★★（2015年案例分析题、2017年案例分析题）

物保由主债务人提供时，先主后次。当事人对承担担保责任的顺序没有约定或者约定不明确的，债权人应当首先执行主债务人提供的物保，保证人在物保不足清偿时承担补充清偿责任。物保由第三人提供时，没有先后顺序。

（1）当事人对承担担保责任的顺序没有约定或者约定不明确的，债权人可以执行第三人的物保，也可以首先要求保证人承担保证责任。

（2）在保证与第三人提供的物保并存的情况下，如果其中一人承担了担保责任，则只能向主债务人追偿，不能向另外一个担保人追偿。

重难点21：保证+保证★★

1. 按份共同保证

保证人与债权人约定按份额对主债务承担保证义务。

按份共同保证中的“按份”是指保证人与债权人在保证合同中约定的份额，该约定对债权人有约束力。

2. 连带共同保证

（1）连带共同保证是各保证人约定均对全部主债务承担担保义务或者保证人与债权人之间没有约定所承担保证份额的共同保证。

（2）连带共同保证的债务人在主合同规定的债务履行期届满没有履行债务的，债权人可以要求债务人履行债务，也可以要求任何一个保证人承担全部保证责任。连带共同保证的保证人承担保证责任后，向债务人不能追偿的部分，由各连带保证人按其内部约定的比例分担。没有约定的，平均分担。

【小贴士】保证方式包括一般保证和连带责任保证，共同保证包括按份共同保证和连带共同保证。连带责任保证与连带共同保证是不同的：连带责任保证是保证的一种方式，是保证人与债务人之间的连带；而连带共同保证是共同保证的一种形式，是两个保证人之间的连带。

重难点22：买卖合同★★★

1. 交付的法律效力

（1）所有权。买卖合同标的物的所有权自标的物交付时转移，但法律另有规定的除外。

其中，不动产的买卖，所有权自登记时转移；动产的买卖，所有权自交付时转移，但当事人约定了所有权保留条款的除外。

（2）孳息。标的物在交付之前产生的孳息归出卖人所有，交付之后产生的孳息归买受人所有。

（3）风险。标的物毁损、灭失的风险，在标的物交付之前由出卖人承担，交付之后由买受人承担，但法律另有规定或者当事人另有约定的除外。

【小贴士】除法律另有规定或者当事人另有约定以外，无论不动产还是动产，均自交付时转移风险。所有权转移与否不是确定风险负担转移的标准，交付才是风险负担转移的标准。

（4）先占有后订立买卖合同。标的物在订立合同之前已为买受人占有的，合同生效的时间为交付时间。

动产所有权、风险和孳息的转移均与“交付时间”有关，具体区分两种情况：（1）先订立买卖合同后交付设备的，以交付时间为准；（2）先占有设备后订立买卖合同，不用再交付了，以合同生效的时间为交付时间。

2. 标的物的风险负担

标的物的风险负担，是指由于不可归责于双方当事人的事由（如不可抗力）导致标的物发生毁损、灭失，应当由谁承担“不幸”。可归责于一方当事人的事由（如一方当事人的过错）导致标的物毁损、灭失，不属于风险负担，应当按照违约责任或者侵权责任处理。

（1）标的物毁损、灭失的风险，在标的物交付之前由出卖人承担，交付之后由买受人承担，但法律另有规定或者当事人另有约定的除外。

（2）因买受人的原因致使标的物不能按照约定的期限交付的，买受人应当自违反约定之日起承担标的物毁损、灭失的风险。

（3）出卖人按照约定将标的物置于交付地点，买受人违反约定没有收取的，标的物毁损、灭失的风险自违反约定之日起由买受人承担。

（4）出卖人将标的物提存后，毁损、灭失的风险由买受人承担。

（5）因标的物不符合质量要求，致使不能实现合同目的的，买受人可以拒绝接受标的物或者解除合同。买受人拒绝接受标的物或者解除合同的，标的物毁损、灭失的风险由出卖人承担。

（6）出卖人按照约定未交付有关标的物的单证和资料的，不影响标的物毁损、灭失风险的转移。

（7）违约责任与风险的独立性。标的物毁损、灭失的风险由买受人承担的，不影响因出卖人履行债务不符合约定，买受人要求其承担违约责任的权利。

（8）在途标的物。出卖人出卖交由承运人运输的在途标的物，除当事人另有约定的以外，毁损、灭失的风险自合同成立之时起由买受人承担。但是，如果出卖人出卖交由承运人运输的在途标的物，在合同成立时知道或者应当知道标的物已经毁损、灭失却没有告知买受人，买受人主张出卖人负担标的物毁损、灭失风险的，人民法院应予支持。

（9）未约定交付地点、出卖人不得托运。当事人没有约定交付地点或者约定不明确，标的物需要运输的，出卖人将标的物交付给第一承运人后，标的物毁损、灭失的风险由买受人承担。

【小贴士】买卖合同的当事人未约定交付地点或者约定不明确，双方可以协议补充，不能协议补充的，可以按照合同的有关条款或者交易习惯确定，仍不能确定的，标的物需要运输的，出卖人应当将标的物交付给第一承运人以运交给买受人。出卖人将标的物交付给第一承运人后（视为完成交付），标的物毁损、灭失的风险由买受人承担。根据《买卖合同司法解释》的规定，“标的物需要运输的”，是指标的物由出卖人负责办理托运，承运人系独立于买卖合同当事人之外的运输业者。

（10）出卖人依照约定代办托运。出卖人根据合同约定将标的物运送至买受人指定地点并交付给承运人后（出卖人依约代办托运），标的物毁损、灭失的风险由买受人承担，但当事人另有约定的除外。

3. 标的物的检验

（1）当事人约定检验期间的。买受人应当在检验期间内将标的物的数量或者质量不符合约定的情形通知出卖人；买受人怠于通知的，视为标的物的数量或者质量符合约定。

（2）当事人未约定检验期间的。买受人在合理期间内未通知或者自标的物收到之日起 2 年内未通知出卖人的，视为标的物的数量或者质量符合约定；但对标的物有质量保证期的，适用质量保证期，不适用 2 年的规定。

【小贴士】2 年是最长的合理期间，该期间为不变期间，不适用诉讼时效中止、中断或者延长的规定。在超过合理期间或者 2 年期间后，出卖人自愿承担违约责任后，又以上述期间经过为由反悔的，人民法院不予支持。

【小贴士】出卖人知道或者应当知道提供的标的物不符合约定的，不受上述时间的限制。

4. 买卖合同的特别解除规则

（1）因标的物的主物不符合约定而解除合同的，解除合同的效力及于从物；标的物的从物因不符合约定被解除的，解除的效力不及于主物。

（2）标的物为数物，其中一物不符合约定的，买受人可以就该物解除合同，但该物与他物分离使标的物的价值明显受损害的，当事人可以就数物解除合同。

（3）分期付款的买受人未支付到期价款的金额达到全部价款 20% 的，出卖人可以要求买受人一并支付到期与未到期的全部价款或者解除合同。出卖人解除合同的，双方应当互相返还财产，出卖人可以向买受人要求支付该标的物的使用费。

【经典模拟题】

【多选题】2019 年 5 月 12 日，甲因农忙借用邻居乙的一台农用拖拉机，借用期限为三日。5 月 14 日，甲、乙两人又以 50 000 元价格达成购买该农用拖拉机的买卖合同，双方约定甲应在 5 月 31 日前付清价款。5 月 14 日晚，当地爆发海啸，导致拖拉机灭失。根据合同法律制度的规定，下列表述中，正确的有（　　）。

A. 甲在 5 月 12 日取得耕牛的所有权

B. 甲在 5 月 14 日取得耕牛的所有权

C. 耕牛灭失的损失由甲承担

D. 耕牛灭失的损失由乙承担

【答案】BC

【解析】标的物在订立合同之前已为买受人占有的，合同生效的时间为交付时间，即5月14日；标的物的所有权、孳息以及毁损、灭失的风险均自5月14日转移。

【多选题】根据合同法律制度的规定，下列情形中，买受人应当承担标的物灭失风险的有（　　）。

A. 买卖双方未约定交付地点，出卖人将标的物交由承运人运输，货物在运输途中意外灭失

B. 约定在出卖人营业地交货，买受人未按约定时间前往提货，后货物在地震中灭失

C. 出卖人依约为买受人代办托运，货交第一承运人后意外灭失

D. 买受人下落不明，出卖人将标的物提存后意外灭失

【答案】ABCD

重难点23：商品房买卖合同★★★

1. 销售广告的性质认定

商品房的销售广告和宣传资料为要约邀请；但是，出卖人就商品房开发规划范围内的房屋及相关设施所作的说明和允诺具体确定，并对合同的订立以及房屋价格的确定有重大影响的，视为要约；该说明和允诺即使未载入商品房买卖合同，仍属于合同的组成部分，当事人违反这些内容的，应当承担违约责任。

2. 商品房预售合同的效力

（1）商品房预售，属于法律规定的特许经营范围，因此出卖人必须申领商品房预售许可证明。出卖人未取得预售许可而与买受人订立预售合同的，合同无效，但是在起诉前取得预售许可的，合同有效。

（2）商品房预售合同应当办理登记备案手续，但该登记备案手续并非合同的生效条件，当事人另有约定的除外。

3. 法定解除条件

（1）因房屋主体结构质量不合格不能交付使用，或者房屋交付使用后，房屋主体结构质量经核验确属不合格；

（2）因房屋质量问题严重影响正常居住使用；

（3）房屋套内建筑面积或者建筑面积与合同约定的面积误差比绝对值超过3%的；

（4）出卖人迟延交付房屋或者买受人迟延支付购房款，经催告后在3个月的合理期限内仍未履行；

（5）约定或者法定的办理房屋所有权登记的期限届满后超过1年，因出卖人的原因导致买受人无法办理房屋所有权登记的。

4. 可以适用惩罚性赔偿金的情形

在下列情形下，买受人可以在解除合同并赔偿损失的前提下，还可以要求出卖人承担不超过已付房款1倍的惩罚性赔偿金：

（1）商品房买卖合同订立后，出卖人未告知买受人又将该房屋抵押给第三人；

（2）商品房买卖合同订立后，出卖人又将该房屋出卖给第三人；

（3）故意隐瞒没有取得商品房预售许可证明的事实或者提供虚假商品房预售许可证明；

（4）故意隐瞒所售房屋已经抵押的事实；

（5）故意隐瞒所售房屋已经出卖给第三人或者为拆迁补偿安置房屋的事实。

5. 商品房买卖合同与贷款合同的效力关系

（1）贷款合同未能订立，导致商品房买卖合同不能履行的当事人可以要求解除合同，并分析贷款合同未能订立的原因，在可归责于一方当事人的情况下，由该当事人赔偿损失。

（2）商品房买卖合同无效、被撤销或者被解除，则贷款合同也应相应解除，出卖人应当将收受的购房贷款和购房款的本金及利息分别返还给担保权人和买受人。

【经典模拟题】

【多选题】甲房地产开发公司在预售某住宅小区的广告中，宣称其"容积率不高于1.2""绿地面积超过50%"，引起购房者的热烈关注，所预售的商品房一售而空，价格也比周边小区高出20%。但是该小区商品房的预售合同中未对容积率和公共绿地面积问题作约定。甲公司交房时，购房者乙却发现小区的容积率超过2.0，绿地面积只有20%，并且在调查后得知，甲公司报经批准的规划就是如此。根据合同法律制度的规定，下列关于甲公司和乙之间的房屋预售合同的表述中，正确的有（　　）。

A. 合同无效

B. 乙有权请求人民法院或仲裁机构撤销合同并请求甲公司赔偿损失

C. 乙有权请求甲公司承担违约责任

D. 乙有权请求甲公司支付不超过已付房款1倍的惩罚性赔偿金

【答案】BC

【解析】（1）选项A、B：开发商的行为构成欺诈，该合同属于可撤销的合同；（2）选项C：该广告就商品房开发规划范围内的房屋及相关设施所作的说明和允诺具体确定，并对合同的订立以及房屋价格的确定有重大影响的，视为要约，该内容即使未载入合同，仍属于合同的组成部分，当事人违反这些内容的，应当承担违约责任；（3）选项D：甲公司的行为不属于"买受人可以要求出卖人承担不超过已付房款1倍的惩罚性赔偿金的法定情形"。

重难点24：租赁合同★★★

jj200405

1. 租赁合同的期限

租赁合同的期限超过20年的，超过部分无效。租赁期间届满，当事人可以续订租赁合同，但约定的租赁期限自续订之日起仍不得超过20年。

2. 不定期租赁

（1）租赁期限6个月以上的，合同应当采用书面形式。当事人未采用书面形式的视为不定期租赁。

（2）当事人对租赁期限没有约定或者约定不明确，依照《合同法》有关规定仍不能确定的，视为不定期租赁。

（3）租赁期届满，承租人继续使用租赁物，出租人没有提出异议的，原租赁合同继续有效，但租赁期限为不定期。

【小贴士】对于不定期租赁，出租人或者承租人均可以随时解除合同，但出租人解除合同应当在合理期限之前通知承租人。

【小贴士】租赁物危及承租人的安全或者健康的，即使承租人订立合同时明知该租赁物质量不合格，承租人仍然可以随时解除合同。

3. 租金的支付期限

对租金的支付期限没有约定或约定不明确，当事人可以协议补充，不能达成补充协议的，可以根据合同的有关条款或者交易习惯确定。仍不能确定的，适用以下规则：

（1）租赁期限不满 1 年的，应当在租赁期限届满时支付；

（2）租赁期限 1 年以上的，应当在每届满 1 年时支付，剩余期间不满 1 年的，应当在租赁期限届满时支付。

4. 维修义务

（1）出租人应当履行租赁物的维修义务，但当事人另有约定的除外。

（2）承租人在租赁物需要维修时可以要求出租人在合理期限内维修。出租人未履行维修义务的，承租人可以自行维修，维修费用由出租人负担。因维修租赁物影响承租人使用的，应当相应减少租金或者延长租期。

5. 增设他物

承租人经出租人同意，可以对租赁物进行改善或者增设他物，如未经出租人同意，出租人可以要求承租人恢复原状或者赔偿损失。

6. 租赁物受损

承租人未按照约定的方法或者租赁物的性质使用租赁物，致使租赁物受到损失的，出租人可以解除合同并要求赔偿损失。

7. 风险的承担

因不可归责于承租人的事由，致使租赁物部分或者全部毁损、灭失的，承租人可以要求减少租金或者不支付租金；因租赁物部分或者全部毁损、灭失，致使不能实现合同目的的，承租人可以解除合同。

8. 转租

（1）承租人经出租人同意，可以将租赁物转租给第三人，承租人与出租人的租赁合同继续有效，第三人对租赁物造成损失的，承租人应当向出租人赔偿损失。

（2）承租人未经出租人同意转租的，出租人可以解除合同。

9. 买卖不破租赁

（1）租赁物在租赁期间发生所有权变动的，不影响租赁合同的效力，即“买卖不破租赁”。

【小贴士】所有的所有权让与均不破租赁，并非局限于买卖。

（2）出租人出卖租赁房屋的，应当在出卖之前的合理期限内通知承租人，承租人享有在同等条件下优先购买的权利。

【小贴士】只有在房屋租赁中承租人才享有优先购买权，对于其他标的物的租赁，不适用优先购买权。

【经典真题】

【单选题·2016】乙承租甲的房屋，约定租赁期间为2015年1月1日至2016年12月31日。经甲同意，乙将该房屋转租给丙，租赁期间为2015年6月1日至2016年5月31日。根据合同法律制度的规定，下列表述中，正确的是（　　）。

A. 甲有权直接向丙收取租金

B. 甲和乙之间的租赁合同在转租期内失效

C. 甲有权解除乙和丙之间的转租合同

D. 若丙对房屋造成损害，甲有权向乙主张赔偿

【答案】D

【解析】（1）选项A、C：转租合同在乙、丙之间发生效力，根据合同相对性原理，甲无权解除乙丙之间的租赁合同，也无权直接向丙收取租金；如果承租人乙未经出租人甲转租的，出租人甲可解除的是甲乙之间的租赁合同，而不是乙丙之间的租赁合同。（2）选项B、D：承租人经出租人同意，可以将租赁物转租给第三人，承租人与出租人之间的原租赁合同继续有效；第三人丙对租赁物造成损失的，承租人乙应当向甲赔偿损失。

重难点25：房屋租赁合同★★★

1. 登记备案

当事人以房屋租赁合同未按照法律、行政法规规定办理登记备案手续为由，请求确认合同无效的，人民法院不予支持。

2. 承租人的优先购买权

（1）出租人出卖租赁房屋的，应当在出卖之前的合理期限内通知承租人，承租人享有以同等条件优先购买的权利。

（2）只有在房屋租赁中承租人才享有优先购买权，对于其他标的物的租赁，并不适用优先购买权。

（3）出租人出卖租赁房屋未在合理期限内通知承租人或者存在其他侵害承租人优先购买权的情形，承租人请求出租人承担赔偿责任的，人民法院应予支持；但请求确认出租人与第三人签订的房屋买卖合同无效的，人民法院不予支持。

（4）出租人委托拍卖人拍卖租赁房屋应当在拍卖5日前通知承租人。承租人未参加拍卖的，人民法院应当认定承租人放弃优先购买权。

3. 承租人不享有优先权的情形

具有下列情形之一，承租人主张优先购买房屋的，人民法院不予支持：

（1）房屋共有人行使优先购买权的；

（2）出租人将房屋出卖给近亲属的；

（3）出租人履行通知义务后，承租人在15日内未明确表示购买的；

（4）第三人善意购买租赁房屋并已经办理登记手续的。

4. 房屋租赁中同住人的权利

（1）承租人在房屋租赁期间死亡的，与其生前共同居住的人可以按照原租赁合同租赁该

房屋。

（2）承租人租赁房屋用于以个体工商户或者个人合伙方式从事经营活动，承租人在租赁期间死亡、被宣告失踪或者被宣告死亡，其共同经营人或者其他合伙人请求按照原租赁合同租赁该房屋的，人民法院应当支持。

【经典模拟题】

【多选题】甲承租乙的住房，租期未满，乙有意将该住房出售。根据合同法律制度的规定，下列表述中，正确的有（　　）。

A. 乙应在出售之前的合理期限内通知甲，甲在同等条件下享有优先购买权

B. 如果乙对甲隐瞒情况，将房屋出售给丙，甲可以主张乙、丙之间的房屋买卖合同无效

C. 如果甲放弃优先购买权，当丙购得该住房成为新所有人后，即使租期未满，也有权要求甲立即迁出该住房

D. 如果乙的哥哥丁想要购买该住房，则甲不得主张优先购买权

【答案】AD

【解析】（1）选项B：出租人出卖租赁房屋未在合理期限内通知承租人，承租人请求确认出租人与第三人签订的房屋买卖合同无效的，人民法院不予支持；（2）选项C：租赁物在租赁期间发生所有权变动的，不影响租赁合同的效力；（3）选项D：出租人将房屋出卖给其近亲属（包括但不限于兄弟姐妹），承租人主张优先购买房屋的，人民法院不予支持。

重难点26：融资租赁合同★★★

1. 融资租赁合同的概念

融资租赁合同是出租人根据承租人对出卖人、租赁物的选择，向出卖人购买租赁物，提供给承租人使用，承租人支付租金的合同。

【小贴士】融资租赁关系：（1）三方当事人：出租人、承租人、出卖人；（2）两个合同：融资租赁合同、买卖合同。

2. 售后回租

承租人将其自有物出卖给出租人，再通过融资租赁合同将租赁物从出租人处租回的，人民法院不应仅以“承租人和出卖人系同一人”为由认定不构成融资租赁法律关系。

3. 合同当事人的权利和义务

（1）维修义务。承租人应当履行占有租赁物期间的维修义务。

【小贴士】在租赁合同中，由出租人承担租赁物的维修义务，但当事人另有约定的除外。

（2）风险承担。承租人占有租赁物期间，租赁物毁损、灭失的风险由承租人承担；出租人要求承租人继续支付租金的，人民法院应予支持。但当事人另有约定或者法律另有规定的除外。

承租人占有租赁物期间，租赁物造成第三人的人身伤害或者财产损害的，出租人不承担责任。

租赁物不符合约定或者不符合使用目的的，出租人不承担责任，但承租人依赖出租人的

技能确定租赁物或者出租人干预选择租赁物的除外。

4. 合同解除

有下列情形之一，出租人请求解除融资租赁合同的，人民法院应予支持：

（1）承租人未经出租人同意，将租赁物转让、转租、抵押、质押、投资入股或者以其他方式处分租赁物的；

（2）承租人未按照合同约定的期限和数额支付租金，符合合同约定的解除条件，经出租人催告后在合理期限内仍不支付的；

（3）合同对于欠付租金解除合同的情形没有明确约定，但承租人欠付租金达到 2 期以上或者数额达到全部租金 15% 以上，经出租人催告后在合理期限内仍不支付的；

（4）承租人违反合同约定，致使合同目的不能实现的其他情形。

5. 行政许可

根据法律、行政法规的规定，承租人对于租赁物的经营使用应当取得行政许可的，人民法院不应仅以“出租人未取得行政许可”为由认定融资租赁合同无效。

【小贴士】对于特定的租赁物，比如医疗设备，因涉及人民群众的生命健康，有关行政部门就其经营许可作出限制是非常必要的。只要承租人取得行政许可，就可以达到监管目的，不应以“出租人未取得行政许可”为由认定该融资租赁合同无效。

【经典模拟题】

【多选题】甲公司欲购买乙公司的车床，因资金短缺，由丙公司提供融资租赁。由于车床存在质量问题，造成使用工人李某工伤致死。甲公司被迫停产进行维修。根据合同法律制度的规定，下列各项中，正确的是（　　）。

A. 李某的赔偿责任由丙公司承担

B. 甲公司无权请求丙公司负担维修费用

C. 丙公司应当向甲公司承担违约责任

D. 甲公司不得以产品质量问题拒绝支付租金

【答案】BD

【解析】（1）选项 A：承租人占有租赁物期间，租赁物造成第三人的人身伤害或者财产损害的，出租人不承担责任；（2）选项 B：承租人应当履行占有租赁物期间的维修义务；（3）选项 C、D：租赁物不符合约定或者不符合使用目的的，出租人不承担责任，但承租人依赖出租人的技能确定租赁物或者出租人干预选择租赁物的除外。

重难点 27：金融机构的贷款合同★★★

1. 合同性质

金融机构的贷款合同为诺成合同，自双方意思表示一致时成立。

2. 擅自改变借款用途

借款人未按照约定的借款用途使用借款的，贷款人可以（1）停止发放借款；（2）提前收回借款；（3）解除合同。

3. 利息

（1）我国全面开放金融机构贷款利率管制，除个人住房贷款利率浮动区间暂不调整外，金融机构其他贷款利率不再设上下限。（2017 年案例分析题）

（2）在借款合同中，借款的利息不得预先在本金中扣除。利息预先在本金中扣除的应当按照实际借款数额返还借款并计算利息。（2017 年案例分析题）

（3）对支付利息的期限没有约定或者约定不明确，依照《合同法》的有关规定仍不能确定的，借款期限不满 1 年的，应当在返还借款时一并支付；借款期限 1 年以上的，应当在每届满 1 年时支付，剩余期间不满 1 年的，应当在返还借款时一并支付。

（4）借款人提前偿还借款的，除当事人另有约定的以外，应当按照实际借款的期间计算利息。

【经典模拟题】

【多选题】甲公司向乙银行借款 100 万元，甲公司未按照约定的借款用途使用款项。根据合同法律制度的规定，乙银行可以采取的措施有（　　）。

A. 停止发放借款　　B. 解除借款合同

C. 提前收回借款　　D. 增加借款利息

【答案】ABC

【解析】选项 D 不是法律规定的措施。

重难点 28：民间借贷合同★★★

1. 民间借贷的范围

民间借贷是指自然人、法人、其他组织之间及其相互之间进行资金融通的行为。经金融监管部门批准设立的从事贷款业务的金融机构及其分支机构，因发放贷款等相关金融业务引发的纠纷，不属于民间借贷。

2. 是否支付利息

（1）未约定。借贷双方没有约定利息，出借人不得主张支付借期内的利息。

（2）约定不明。除自然人之间借贷外，借贷双方对借贷利息约定不明，出借人主张利息的，应当结合民间借贷合同的内容，并根据当地或者当事人的交易方式、交易习惯、市场利率等因素确定利息。

【小贴士】自然人之间的借款合同对支付利息“没有约定或者约定不明确”的，视为不支付利息。但是，自然人之间的借款合同有约定偿还期限而借款人不按期偿还，或者未约定偿还期限但经出借人催告后，借款人仍不偿还的，出借人可以要求借款人偿付逾期利息。

3. 民间借贷的利率（2018 年案例分析）

（1）借贷双方约定的利率未超过年利率 24%，出借人请求借款人按照约定的利率支付利息的，人民法院应予支持。

（2）借贷双方约定的利率超过年利率 36%，超过部分的利息约定无效。借款人请求出借人返还已支付的超过年利率 36% 部分的利息的，人民法院应予支持。

4. 逾期利率

（1）借贷双方对逾期利率有约定的，从其约定，但以不超过年利率 24% 为限。

（2）借贷双方未约定逾期利率或者约定不明的，区分不同情况处理：

①既未约定借期内的利率，也未约定逾期利率，出借人主张借款人自逾期还款之日起按照年利率 6% 支付资金占用期间利息的，人民法院应予支持。

②约定了借期内的利率但未约定逾期利率，出借人主张借款人自逾期还款之日起按照借期内的利率支付资金占用期间利息的，人民法院应予支持。

（3）逾期利率与其他违约责任。出借人与借款人既约定了逾期利率，又约定了违约金或者其他费用，出借人可以选择主张逾期利息、违约金或者其他费用，也可以一并主张，但总计超过年利率 24% 的部分，人民法院不予支持。

5. 利滚利

（1）借贷双方对前期借款本息结算后将利息计入后期借款本金并重新出具债权凭证，如果前期利率没有超过年利率 24%，重新出具的债权凭证载明的金额可认定为后期借款本金；超过部分的利息不能计入后期借款本金。约定的利率超过年利率 24%，当事人主张超过部分的利息不能计入后期借款本金的，人民法院应予支持。

（2）借款人在借款期间届满后应当支付的本息之和，不能超过最初借款本金与以最初借款本金为基数，以年利率 24% 计算的整个借款期间的利息之和。出借人请求借款人支付超过部分的，人民法院不予支持。

6. 民间借贷与买卖合同混合时的处理规则

（1）当事人以签订买卖合同作为民间借贷合同的担保，借款到期后借款人不能还款，出借人请求履行买卖合同的，人民法院应当按照“民间借贷”法律关系审理，并向当事人释明变更诉讼请求。当事人拒绝变更的，人民法院裁定驳回起诉。

（2）按照民间借贷法律关系审理作出的判决生效后，借款人不履行生效判决确定的金钱债务，出借人可以申请拍卖买卖合同标的物，以偿还债务。就拍卖所得的价款与应偿还借款本息之间的差额，借款人或者出借人有权主张返还或者补偿。

7. 民间借贷合同的效力

法人之间、其他组织之间以及它们相互之间为生产、经营需要订立的民间借贷合同，原则上有效，除非存在如下情形之一：

（1）存在《合同法》第五十二条规定的无效情形；

（2）套取金融机构信贷资金又高利转贷给借款人，且借款人事先知道或者应当知道的；

（3）以向其他企业借贷或者向本单位职工集资取得的资金又转贷给借款人牟利，且借款人事先知道或者应当知道的；

（4）出借人事先知道或者应当知道借款人借款用于违法犯罪活动仍然提供借款的；

（5）违背社会公序良俗的。

8. 法定代表人在民间借贷合同中的责任

（1）企业法定代表人（或者负责人）以企业名义与出借人签订民间借贷合同，出借人、企业或者其股东能够证明所借款项用于企业法定代表人（或者负责人）个人使用，出借人可以要求将企业法定代表人（或者负责人）列为共同被告或者第三人。

（2）企业法定代表人（或者负责人）以个人名义与出借人签订民间借贷合同，所借款项用于企业生产经营，出借人可以请求企业与个人共同承担责任。

9. 互联网借贷平台的法律责任

（1）借贷双方通过网络贷款平台形成借贷关系，网络贷款平台的提供者仅提供媒介服务，不承担担保责任。

（2）网络贷款平台的提供者通过网页、广告或者其他媒介明示或者有其他证据证明其为借贷提供担保的，网络贷款平台的提供者应当承担担保责任。

10. 民间借贷案件的管辖

（1）民间借贷属于合同纠纷，由被告住所地或者合同履行地人民法院管辖。

（2）如果借贷双方就合同履行地未约定或者约定不明确，事后未达成补充协议，按照合同有关条款或者交易习惯仍不能确定的，以接受货币一方所在地为合同履行地。

11. 自然人之间的借款合同为实践合同，自出借人提供借款时生效。

一般认为，具有下列情形之一的，可以认为满足了“出借人提供借款”的要件，合同生效：

（1）以现金支付的，自借款人收到借款时；

（2）以银行转账、网上电子汇款或者通过网络贷款平台等形式支付的，自资金到达借款人账户时；

（3）以票据交付的，自借款人依法取得票据权利时；

（4）出借人将特定资金账户支配权授权给借款人的，自借款人取得对该账户实际支配权时；

（5）出借人以与借款人约定的其他方式提供借款并实际履行完成时。

【经典真题】

【单选题·2016】甲公司通过乙互联网借贷平台向丙公司借款30万元，用于生产经营，年利率28%。乙互联网借贷平台在主页上标明“通过本平台签订的借款合同，本公司保障出借人的本金安全”字样。根据合同法律制度的规定，下列表述中，正确的是（　　）。

A. 甲、丙公司属法人间借贷，借款合同无效

B. 借款利率高于法定最高利率，借款合同无效

C. 借款利率高于24%的法定最高利率，超出部分利息约定无效

D. 乙互联网借贷平台应当对借款本金承担担保责任

【答案】D

【解析】（1）选项A：法人之间为生产经营需要订立的民间借贷合同，原则上有效；（2）选项B、C：即使借贷双方约定的利率超过年利率36%，只是超过部分的利息约定无效，但并不导致借款合同无效；（3）选项D：网络贷款平台的提供者通过网页、广告或者其他媒介明示或者有其他证据证明其为借贷提供担保的，网络贷款平台的提供者应当承担担保责任。

重难点29：赠与合同★★★

1. 赠与合同的性质

（1）赠与合同属于单务、无偿、诺成合同。

（2）赠与合同是诺成合同，当事人双方达成意思表示一致时合同成立。

（3）赠与合同属于单务合同，但订立赠与合同属于双方民事法律行为。

2. 赠与人的义务

（1）因赠与人故意或者重大过失，致使赠与的财产毁损、灭失的，赠与人应承担损害赔偿责任。

（2）赠与的财产有瑕疵的，赠与人不承担责任；附义务的赠与，赠与的财产有瑕疵的，赠与人在附义务的限度内承担与出卖人相同的责任。

（3）赠与人故意不告知赠与的财产有瑕疵或者保证赠与的财产无瑕疵，造成受赠人损失的，赠与人应承担损害赔偿责任。

（4）赠与人的经济状况显著恶化，严重影响其生产经营或者家庭生活的，可以不再履行赠与义务。

3. 赠与合同的任意撤销

赠与人在赠与财产的权利转移之前可以撤销赠与，但具有救灾、扶贫等社会公益、道德义务性质的赠与合同或者经过公证的赠与合同，不得撤销。

4. 赠与合同的法定撤销

受赠人有忘恩行为时，无论赠与财产的权利是否转移，赠与是否具有救灾、扶贫等社会公益、道德义务性质或者经过公证，赠与人或者赠与人的继承人、法定代理人可以撤销该赠与。

（1）赠与人的撤销权。受赠人有下列情形之一的，赠与人可以行使撤销权：

①严重侵害赠与人或其近亲属；

②对赠与人有扶养义务而不履行；

③不履行赠与合同约定的义务。

【小贴士】扶养义务主要是指平辈之间的相互扶养，例如夫妻之间、兄弟姐妹之间。近亲属包括配偶、父母、子女、兄弟姐妹、祖父母、外祖父母、孙子女和外孙子女。

（2）赠与人的继承人、法定代理人的撤销权。因受赠人的违法行为致使赠与人死亡或者丧失民事行为能力的，赠与人的继承人或者法定代理人可以撤销赠与。

（3）赠与人本人的撤销权，自知道或者应当知道撤销原因之日起1年内行使。赠与人的继承人或者法定代理人的撤销权，应当自知道或者应当知道撤销原因之日起6个月内行使。

【经典真题】

【多选题·2016】甲为庆祝好友乙60岁生日，拟赠与其古董瓷瓶一只，乙欣然同意。但双方约定，瓷瓶交付后，甲可以随时借用该瓷瓶。根据合同法律制度的规定，下列表述中，正确的是（　　）。

A. 瓷瓶交付乙前，如果甲故意将瓷瓶摔碎，甲应当向乙承担损害赔偿责任

B. 瓷瓶交付乙前，如果甲因重大过失致使瓷瓶摔碎，甲应当向乙承担损害赔偿责任

C. 瓷瓶交付乙前，如果甲的经济状况显著恶化，严重影响其家庭生活的，可不再履行赠与义务

D. 瓷瓶交付乙后，如果甲请求借用时被乙拒绝，甲可以撤销赠与

【答案】ABCD

【解析】（1）选项 A、B：因赠与人故意或者重大过失，致使赠与的财产毁损、灭失的，赠与人承担损害赔偿责任；（2）选项 C：赠与人的经济状况显著恶化，严重影响其生产经营或者家庭生活的，可以不再履行赠与义务；（3）选项 D：受赠人不履行赠与合同约定的义务时，无论赠与财产的权利是否转移，赠与是否具有救灾、扶贫等社会公益、道德义务性质或者经过公证，赠与人均可以撤销该赠与。

【多选题·2017】赠与合同履行后，受赠人有特定忘恩行为时，赠与人有权撤销赠与合同。根据合同法律制度的规定，下列各项中，属于此类忘恩行为的有（　　）。

A. 受赠人严重侵害赠与人的近亲属

B. 受赠人严重侵害赠与人

C. 受赠人不履行赠与合同约定的义务

D. 受赠人对赠与人有扶养义务而不履行

【答案】ABCD

重难点 30：建设工程合同★★★

1. 阴阳合同

当事人就同一建设工程另行订立的建设工程施工合同与经过备案的中标合同实质性内容不一致的，应当以备案的中标合同作为结算工程价款的依据。

2. 建设工程合同的无效

（1）无效合同的界定。

①承包人未取得建筑施工企业资质或者超越资质等级的；

②没有资质的实际施工人借用有资质的建筑施工企业名义的；

③建设工程必须进行招标而未招标或者中标无效的。

【小贴士】承包人超越资质等级许可的业务范围签订建设工程施工合同，在建设工程竣工前取得相应资质等级的不按无效合同处理。（2018 年案例分析题）

（2）无效合同的处理

①合同无效，但建设工程经竣工验收合格的，承包人可以请求“参照”合同约定支付工程价款。

②合同无效，且建设工程经竣工验收不合格的，修复后的建设工程经竣工验收合格，发包人可以请求承包人承担修复费用；修复后的建设工程经竣工验收不合格，承包人无权请求支付工程价款。

3. 分包、转包

（1）经发包人同意，总承包人可以将自己承包的部分工作交由第三人完成；第三人就其完成的工作成果与总承包人向发包人承担连带责任。

（2）建设工程主体结构的施工必须由总承包人自行完成。

（3）总承包人不得将其承包的建设工程全部转包给第三人或者将其承包的全部建设工程肢解后以分包的名义分别转包给第三人。

（4）禁止分包人将其承包的工程再分包。

4. 承包人垫资

（1）当事人对垫资没有约定的，按照工程欠款处理；当事人对垫资利息没有约定的，承包人无权请求支付利息。

（2）当事人对垫资和垫资利息有约定，承包人可以请求按照约定返还垫资及利息，但是约定的利息计算标准高于同期同类贷款利率的部分除外。

5. 竣工日期

当事人对建设工程实际竣工日期有争议的，按照以下情形分别处理：

（1）建设工程经竣工验收合格的，以竣工验收合格之日为竣工日期；

（2）承包人已经提交竣工验收报告，发包人拖延验收的，以承包人提交验收报告之日为竣工日期；

（3）建设工程未经竣工验收，发包人擅自使用的，以转移占有建设工程之日为竣工日期。

6. 付款时间

当事人对付款时间没有约定或者约定不明的，下列时间视为应付款时间：

（1）建设工程已实际交付的，为交付之日；

（2）建设工程没有交付的，为提交竣工结算文件之日；

（3）建设工程未交付，工程价款也未结算的，为当事人起诉之日。

7. 承包人的优先受偿权（2018 年案例分析题）

（1）发包人未按照约定支付工程价款的，承包人可以催告发包人在合理期限内支付价款。发包人逾期不支付的，除按照建设工程的性质不宜折价、拍卖的以外，承包人可以与发包人协议将工程折价，也可以申请人民法院将该工程依法拍卖，建设工程的价款就该工程折价或者拍卖的价款优先受偿。

（2）建筑工程价款包括承包人为建筑工程应当支付的工作人员报酬、材料款等实际支出的费用，不包括承包人因发包人违约所造成的损失。

（3）承包人的优先受偿权优于抵押权和其他债权。

【小贴士】（2020 年教材新变化）新增如下部分：发包人与承包人约定放弃或者限制建设工程价款优先受偿权，损害工人利益，发包人根据该约定主张承包人不享有建设工程价款优先受偿权的，人民法院不予支持。

（4）建设工程承包人行使优先受偿权的期限为 6 个月，自建设工程竣工之日或者建设工程合同约定的竣工之日起计算。

（5）消费者支付购买商品房的全部或者大部分款项后，承包人就该商品房享有的工程价款优先受偿权不得对抗买受人。

【经典真题】

【单选题 · 2016】根据合同法律制度的规定，建设工程当事人对工程实际竣工日期有争议时，下列处理规则中，正确的是（　　）。

A. 工程竣工验收合格的，以工程转移占有之日为竣工日期

B. 工程未经竣工验收，发包人擅自使用的，以开始使用之日为竣工日期

C. 工程未经竣工验收，发包人擅自使用的，以工程封顶之日为竣工日期

D. 承包人已提交竣工验收报告，发包人拖延验收的，以承包人提交验收报告之日为竣工日期

【答案】D

【解析】（1）选项A：建设工程经竣工验收合格的，以竣工验收合格之日为竣工日期；（2）选项B、C：建设工程未经竣工验收，发包人擅自使用的，以转移占有建设工程之日为竣工日期。

重难点31：委托合同★★

1. 基本概念

（1）委托合同是指委托人和受托人约定，由受托人处理委托人事务的合同。

（2）委托人可以特别委托受托人处理一项或者数项事务，也可以概括委托受托人处理一切事务。

（3）具有人身属性的事项，如结婚、离婚、收养子女等，不适用委托合同。

2. 费用与报酬

（1）受托人为处理委托事务垫付的必要费用，委托人应当偿还该费用及其利息。

（2）委托合同可以是有偿合同，也可以是无偿合同。

（3）因不可归责于受托人的事由，委托合同解除或者委托事务不能完成的，委托人应当向受托人支付相应的报酬。当事人另有约定的，从其约定。

3. 损失赔偿

（1）有偿的委托合同，因受托人的过错给委托人造成损失的，委托人可以要求赔偿损失。

（2）无偿的委托合同，因受托人的故意或重大过失给委托人造成损失的，委托人可以要求赔偿损失。

4. 随时解除

委托人或者受托人可以随时解除委托合同，因解除合同给对方造成损失的，除不可归责于该当事人的事由以外，应当赔偿损失。

5. 转委托

（1）经委托人同意，受托人可以转委托。转委托经同意的，委托人可以就委托事务直接指示第三人，受托人仅就第三人的选任及其对第三人的指示承担责任。

（2）转委托未经同意的，受托人应当对第三人的行为承担责任，但在紧急情况下受托人为维护委托人的利益需要转委托的除外。

6. 连带责任

两个以上的受托人共同处理委托事务的，对委托人承担连带责任。

7. 隐名代理

受托人以自己的名义，在委托人的授权范围内与第三人订立的合同：

（1）第三人在订立合同时知道受托人与委托人之间的代理关系的：该合同直接约束委托人和第三人，但有确切证据证明该合同只约束受托人和第三人的除外。

（2）第三人在订立合同时不知道受托人与委托之间的代理关系的：披露义务。

①受托人因第三人的原因对委托人不履行义务，受托人应当向委托人披露第三人，委托人因此可以行使受托人对第三人的权利，但第三人如果知道该委托人存在，就不会与受托人订立合同的除外。

②受托人因委托人的原因对第三人不履行义务，受托人应当向第三人披露委托人，第三人因此可以选择受托人或者委托人作为相对人主张其权利，但第三人不得变更选定的相对人。

【经典真题】

【单选题·2015】根据合同法律制度的规定，下列关于委托合同的表述中，正确的是（　　）。

A. 无偿的委托合同，因受托人的一般过失给委托人造成损失的，委托人可以要求赔偿损失

B. 原则上受托人有权转委托，不必征得委托人的同意

C. 有偿的委托合同，因不可归责于受托人的事由，委托事务不能完成的，委托人有权拒绝支付报酬

D. 两个以上的受托人共同处理委托事务的，对委托人承担连带责任

【答案】D

【解析】（1）选项A：无偿的委托合同，因受托人的故意或重大过失给委托人造成损失的，委托人可以要求赔偿损失，所以不包括一般过失；（2）选项B：原则上，经委托人同意，受托人可以转委托；（3）选项C：因不可归责于受托人的事由，委托合同解除或者委托事务不能完成的，委托人应当向受托人支付相应的报酬。当事人另有约定的，从其约定。

重难点32：运输合同★★★

1. 客运合同

（1）承运人擅自变更运输工具而降低服务标准的，应当根据旅客的要求退票或者减少票款；提高服务标准的，不应当加收票款。

（2）承运人应当对运输过程中旅客的伤亡承担损害赔偿责任，但伤亡是旅客自身健康原因造成的或者承运人证明伤亡是旅客故意、重大过失造成的除外。

2. 货运合同

（1）收货人在约定的期限或者合理期限内对货物的数量、毁损等未提出异议的，视为承运人已经按照运输单证的记载交付货物的初步证据。但以后如收货人有证据证明货物的毁损、灭失发生在运输过程中，仍可向承运人索赔。

（2）承运人对运输过程中货物的毁损、灭失承担损害赔偿责任。但是承运人证明货物的毁损、灭失因不可抗力、货物本事的自然性质或者合理损耗以及托运人、收货人的过错造成的，不承担损害赔偿责任。

（3）货物在运输过程中因不可抗力灭失，未收取运费的，承运人不得要求支付运费；已经收取运费的，托运人可以要求返还。

【经典模拟题】

【多选题】甲委托乙将一车货物运往某地，不料途中遭遇泥石流，货物全部毁损。甲委托乙运输时并未交付运费。根据合同法律制度的规定，下列关于货物毁损和运费承担的表述中，正确的是（　　）。

A. 甲自行承担货物毁损的全部损失

B. 乙应当对甲货物的损失予以赔偿

C. 乙有权向甲主张支付运费

D. 乙无权向甲主张支付运费

【答案】AD

【解析】（1）选项A、B：承运人证明货物的毁损、灭失因不可抗力造成的，不承担损害赔偿责任；（3）选项C、D：货物在运输过程中因不可抗力灭失，未收取运费的，承运人不得要求支付运费。

五、进阶练习

（一）单选题

1. 2020年4月30日，甲以手机微信形式向乙发出购买一双运动鞋的要约，希望乙当日作出回复。但由于乙外出一直没有网络，于5月3日才收到甲的微信并立即答复。而甲因个人原因于5月8日才阅读乙的信息内容，后于9日回复乙"收到"。根据合同法律制度的规定，甲乙之间买卖合同的成立时间是（　　）。

A. 2020年4月30日　　B. 2020年5月3日

C. 2020年5月8日　　D. 2020年5月9日

2. 甲公司于2020年3月2日向乙公司发出要约，欲购置一批生产资料，要求乙公司在1个月内作出答复，该要约于3月3日到达乙公司。后由于市场行情变化，甲公司反悔欲撤销该要约，故于3月20日向乙公司作出撤销要约的通知，此时乙公司尚未作出承诺。根据合同法律制度的规定，下列表述中，正确的是（　　）。

A. 甲公司不能撤销该要约，因为要约只允许撤回不允许撤销

B. 甲公司不能撤销该要约，因为要约确定了承诺期限

C. 甲公司可以撤销该要约，因为撤销通知在乙公司作出承诺之前发出

D. 甲公司可以撤销该要约，因为撤销通知在承诺期限届满前发出即可

3. 甲、乙两公司的住所地分别位于吉林和三亚，甲公司向乙公司购买一批榴莲，3个月后交货，但合同对于履行地点以及价款均无明确约定，双方也未能就有关内容达成补充协议，依照合同其他条款及交易习惯也无法确定。根据合同法律制度的规定，下列关于合同履行价格的表述中，正确的是（　　）。

A. 按合同订立时三亚的市场价格履行

B. 按合同履行时三亚的市场价格履行

C. 按合同履行时吉林的市场价格履行

D. 按合同订立时吉林的市场价格履行

4. 甲、乙双方签订一份煤炭买卖合同，约定甲向乙购买煤炭 1 000 吨，甲于 4 月 1 日向乙支付全部煤款，乙于收到煤款半个月后装车发煤。3 月 31 日，甲调查发现，乙的煤炭经营许可证将于 4 月 15 日到期，目前煤炭库存仅剩 700 余吨，且正加紧将库存煤炭发往别处。甲遂决定暂不向乙付款，并于 4 月 1 日将暂不付款的决定及理由通知了乙。根据合同法律制度的规定，下列表述中，正确的是（　　）。

A. 甲无权暂不付款，因为在乙的履行期届至之前，无法确知乙将来是否会违约

B. 甲无权暂不付款，因为甲若怀疑乙届时不能履行合同义务，应先通知乙提供担保，只有在乙不能提供担保时，甲方可中止履行合同

C. 甲有权暂不付款，因为甲享有先履行抗辩权

D. 甲有权暂不付款，因为甲享有不安抗辩权

5. 2019 年 3 月 8 日，自然人甲向自然人乙借用笔记本电脑一台。3 月 15 日，乙向甲借用名牌手表一块。5 月 10 日，甲要求乙返还手表，乙以甲尚未归还电脑为由，拒绝返还手表。根据合同法律制度和物权法律制度的规定，下列表述中，正确的是（　　）。

A. 乙是在行使同时履行抗辩权，可以暂不返还手表

B. 乙是在行使不安抗辩权，可以暂不返还手表

C. 乙是在行使留置权，可以暂不返还手表

D. 乙应当返还手表

6. 债权人李某认为债务人宗某怠于行使其债权给自己造成损害，欲提起代位权诉讼。根据合同法律制度的规定，下列各项债权中，可以提起代位权诉讼的是（　　）。

A. 人身伤害赔偿请求权　　B. 劳动报酬请求权

C. 因合同产生的财产给付请求权　　D. 退休金给付请求权

7. 陈某向张某购买一百箱奶粉，价款为 5 万元。合同履行前，张某未经陈某的同意，将价款债权转让给万某，并通知陈某直接向万某付款。陈某与张某未约定合同权利不得转让。下列关于张某的转让行为效力的表述中，符合合同法律制度规定的是（　　）。

A. 张某的转让行为无效，因为未经陈某同意

B. 张某的转让行为有效，因为无须征得陈某同意，通知即可

C. 张某的转让行为效力待定，取决于陈某是否表示同意

D. 陈某仍然可向张某付款，且发生清偿效力

8. 甲与乙签订一份买卖合同，约定甲将其收藏的古董花瓶以 50 万元卖给乙。其后，甲将其 50 万元的债权转让给了丙并通知了乙。但在甲交付花瓶前，因不可抗力灭失。根据合同法律制度的规定，下列表述中，正确的是（　　）。

A. 乙对甲可以主张解除合同，并拒绝丙的给付请求

B. 乙对甲可以主张解除合同，但不得拒绝丙的给付请求

C. 乙不得对甲主张解除合同，但可以拒绝丙的给付请求

D. 乙不得对甲主张解除合同，也不得拒绝丙的给付请求

9. 2019 年 7 月，甲物业公司与乙制衣厂签订了一份服装定制合同，约定乙制衣厂为甲物业公司加工一批工装，加工期为 3 个月。合同签订后，乙制衣厂为履行合同做了充分的准备工作。2019 年 8 月，甲物业公司通知乙制衣厂，因领导班子变动，不能履行原合同。根据合同法律制度的规定，下列关于乙制衣厂的权利表述中，正确的是（　　）。

A. 乙制衣厂有权主张合同无效，要求甲公司承担缔约过失责任

B. 乙制衣厂有权主张合同效力待定，取决于新领导的追认

C. 乙制衣厂有权撤销合同，要求甲公司承担违约责任

D. 乙制衣厂有权解除合同，要求甲公司赔偿损失

10. 顾某租住季某的房屋，租期是 2019 年 1 月 1 日到 2019 年 12 月 31 日。2019 年 11 月，季某向顾某借款 1 万元约定年底清偿。2019 年 12 月 31 日，季某未清偿借款，但要求收回房屋并请求顾某支付拖欠的租金 1 万元。根据合同法律制度的规定，下列表述中，正确的是（　　）。

A. 顾某可以留置该房屋并作为担保

B. 顾某可以出售房屋并优先受偿

C. 顾某可以主张 1 万元的抵销权

D. 顾某可以行使同时履行抗辩权

11. 根据合同法律制度的规定，下列关于提存的法律效果的表述中，正确的是（　　）。

A. 标的物提存后，毁损、灭失的风险由债务人承担

B. 提存费用由债权人负担

C. 债权人提取提存物的权利，自提存之日起 2 年内不行使则消灭

D. 提存期间，标的物孳息归债务人所有

12. 甲、乙签订一份买卖合同，约定违约方向守约方支付 18 万元的违约金。后甲违约，给乙造成实际损失 15 万元。根据合同法律制度的规定，下列表述中正确的是（　　）。

A. 甲应向乙支付违约金 18 万元，无须再赔偿 15 万元的损失

B. 甲应向乙赔偿损失 15 万元，无须再支付 18 万元的违约金

C. 甲应向乙赔偿损失 15 万元并支付违约金 18 万元，共计 33 万元

D. 甲无须向乙赔偿损失 15 万元，也无须支付 18 万元的违约金

13. 甲公司与乙公司签订买卖合同，合同约定，甲公司须在 1 个月内向乙公司提供 200 台电视机，总价款 100 万元。合同签订后，乙公司按约定向甲公司交付了定金 20 万元。甲公司依约分两批发运电视机，不料，第一批 100 台电视机在运输过程中遭遇泥石流，致使电视机全部毁损；第二批 100 台电视机在运输过程中被甲公司的债权人丙强行扣押、变卖，最终，乙公司未能收到电视机，欲向甲公司主张定金责任。根据担保法律制度的规定，下列关于甲公司定金责任承担的表述中，正确的是（　　）。

A. 甲公司无须承担定金责任，因为没有交付电视机是不可抗力和第三人原因导致的，甲公司没有过错

B. 甲公司须承担全部定金责任，因为甲公司违反合同约定，未将电视机交付给乙公司

C. 甲公司只需承担一半定金责任，因为不可抗力导致的第一批 100 台电视机未能交付，不适用定金罚则

D. 甲公司只需承担一半定金责任，因为第三人原因造成的第二批 100 台电视机未能交付，不适用定金罚则

14. 甲向乙借款 200 万元，丙作为保证人，借款期间为 2017 年 1 月 1 日起至 2019 年 12 月 31 日止。2019 年年初，甲向乙追加借款 100 万元，双方约定全部借款于 2020 年 12 月 31 日清偿。丙对甲向乙追加借款与首期借款期限延长之事不知情。根据合同法律制度的规定，下列关于丙的保证责任的表述中，正确的是（　　）。

A. 保证责任范围是 200 万元，期限至 2020 年 12 月 31 日

B. 保证责任范围是 200 万元，期限至 2019 年 12 月 31 日

C. 保证责任范围是 300 万元，期限至 2019 年 12 月 31 日

D. 保证责任范围是 300 万元，期限至 2020 年 12 月 31 日

15. 甲公司向乙银行贷款 500 万元，丙公司和丁公司为共同保证人。丙公司、丁公司在与乙银行签订保证合同时，约定保证方式为连带责任保证，但未约定各自的保证份额。丙公司、丁公司之间有内部约定：丙公司承担 60% 的保证责任，丁公司承担 40% 的保证责任。根据合同法律制度的规定，下列表述中，正确的是（　　）。

A. 当甲公司不能清偿债务时，乙银行可以直接要求两个保证人承担保证责任

B. 当甲公司不能清偿债务时，乙银行只能按照两个保证人之间的内部约定主张保证责任

C. 当甲公司不能清偿债务时，乙银行可以向丙公司主张全部保证责任，但丙公司可以以内部协议对抗乙银行

D. 如果丙公司承担了全部保证责任，则只能向主债务人甲公司追偿，不得向丁公司追偿

16. 2019 年 4 月 20 日，甲向乙发出函件称："本人欲以每吨 5 000 元的价格出售钢筋 100 吨。如欲购买，请于 5 月 10 日前让本人知悉。"乙于 4 月 27 日收到甲的函件，并于次日回函表示愿意购买。但由于投递错误，乙的回函于 5 月 11 日方到达甲处。因已超过 5 月 10 日的最后期限，甲未再理会乙，而将钢筋售与他人。乙要求甲履行钢材买卖合同。根据合同法律制度的规定，下列表述中，正确的是（　　）。

A. 甲、乙之间的合同未成立，甲对乙不承担任何责任

B. 甲、乙之间的合同未成立，但乙有权要求甲赔偿信赖利益损失

C. 甲、乙之间的合同成立但未生效，甲有权以承诺超过期限为由撤销要约

D. 甲、乙之间的合同成立且已生效，乙有权要求甲履行合同

（二）多选题

1. 根据合同法律制度的规定，合同中的下列格式条款中，正确的有（　　）。

A. 提供格式条款的一方免除其责任、加重对方责任、排除对方主要权利的，该格式条款无效

B. 对格式条款的理解发生争议的，应当按照字面含义及通常理解予以解释

C. 对格式条款有两种以上解释的，应当作出不利于提供格式条款一方的解释

D. 格式条款与非格式条款不一致的，应当采用格式条款

2. 甲对乙享有 50 000 元债权，已到清偿期限，但乙一直宣称无能力清偿欠款。甲经调查发现，乙对丁享有 3 个月后到期的 7 000 元债权，戊因赌博欠乙 8 000 元；另外，乙在半年前发生交通事故，因事故中的人身伤害对丙享有 10 000 元债权，因事故中的财产损失对丙

享有 5 000 元债权。乙无其他可供执行的财产，乙对其享有的债权都怠于行使。根据合同法律制度的规定，下列各项中，甲不可以代位行使的债权有（　　）。

A. 乙对丁的 7 000 元债权　　B. 乙对戊的 8 000 元债权

C. 乙对丙的 10 000 元债权　　D. 乙对丙的 5 000 元债权

3. 根据合同法律制度的规定，下列关于债权转让的表述中，正确的有（　　）。

A. 债权转让无须债务人同意

B. 债务人可以与债权人约定债权不得转让

C. 债权转让应当通知债务人

D. 债权转让后，受让人不得取得债权的从权利

4. 根据合同法律制度的规定，下列情形中，买受人可以取得合同解除权的有（　　）。

A. 出卖人在履行期限届满前以自己的行为表明不履行主要债务

B. 出卖人延迟履行，在催告后的合理期限内仍未履行

C. 出卖人的某种违约行为导致合同目的无法实现

D. 出卖人在履行期限届满后明确表示拒绝交付标的物

5. 甲、乙双方签订一份同，约定甲向乙购买水泥 10 吨。乙按约定日期向甲交货，但甲因躲避他人债务不知去向。乙无奈，将水泥提存。提存当晚，突降特大暴雨，库房坍塌，水泥被水浸泡，全部毁损。1 个月后，甲躲债归来，请求乙交付水泥。乙拒绝，并要求甲支付水泥价款和提存费用。根据合同法律制度的规定，下列表述中，正确的有（　　）。

A. 乙的合同义务已履行完毕，有权拒绝甲交付水泥的请求

B. 水泥毁损的损失应由甲承担

C. 乙有权要求甲支付水泥价款

D. 乙无权要求甲支付提存费用

6. 甲餐厅承接乙的婚宴。双方约定：婚宴共办酒席 20 桌，每桌 2 000 元；乙先行向甲餐厅支付定金 1 万元；任何一方违约，均应向对方支付违约金 5 000 元。合同订立后，乙依约向甲支付定金。婚宴前一天，乙因故通知甲取消婚宴。甲要求乙依约支付 5 000 元违约金，同时对定金不予以返还。根据合同法律制度的规定，下列表述中，正确的有（　　）。

A. 甲餐厅应在 1 万元定金与 5 000 元违约金之间择一向乙主张，因为定金与违约金不能同时适用

B. 甲餐厅仅有权请求乙支付 8 000 元定金，因为定金不得超过合同标的额的 20%

C. 因为乙已实际交付定金，定金条款生效

D. 甲餐厅无权请求乙支付定金，因为定金数额超过合同标的额的 20%，定金条款无效

7. 甲公司向乙银行贷款 300 万元，并以自己的机器设备设定抵押，同时丙公司以其厂房设定抵押对乙银行提供担保。贷款到期后，甲公司未履行债务。根据合同法律制度的规定，下列说法中，正确的有（　　）。

A. 乙银行应该先将机器设备变卖，如果不足以清偿全部债务，则可以对厂房行使抵押权

B. 乙银行应该先将厂房变卖，如果不足以清偿全部债务，则可以对机器设备行使抵押权

C. 乙银行如果放弃了甲公司提供的抵押，则有权向丙公司主张全部债权

D. 乙银行如果放弃了甲公司提供的抵押，则在其放弃的权利范围内免除丙公司的担保责任

8. 甲公司向渤海银行贷款 800 万元，乙公司以其办公楼设定抵押作为物权担保，丙公司以保证人的身份提供担保。对于乙公司和丙公司的责任承担顺序未作约定。根据合同法律制度的规定，下列说法中，正确的有（　　）。

A. 如果甲公司不能履行清偿债务，渤海银行只能先向乙公司主张抵押权，再向保证人丙公司主张权利

B. 当甲公司不履行清偿义务时，如果保证人丙公司承担了全部保证责任后，只能向甲公司追偿

C. 如果甲公司不能履行清偿债务，渤海银行既可以向乙公司主张抵押权，也可以向保证人丙公司主张权利

D. 当甲公司不履行清偿义务时，如果保证人丙公司承担了全部保证责任后，则既能向甲公司追偿，也能向乙公司追偿

9. 根据合同法律制度的规定，下列情形中，买受人应当承担标的物灭失风险的有（　　）。

A. 买卖双方未约定交付地点，出卖人将标的物交由承运人运输，货物在运输途中意外灭失

B. 约定在出卖人营业地交货，买受人未按约定时间前往提货，后货物在地震中灭失

C. 出卖人依约为买受人代办托运，货交第一承运人后意外灭失

D. 买受人下落不明，出卖人将标的物提存后意外灭失

10. 甲公司将其设备租赁给乙公司使用。租赁期间，甲公司将该设备卖给丙公司。根据合同法律制度的规定，下列表述中，正确的是（　　）。

A. 甲公司在租赁期间可以出卖出租设备

B. 买卖合同有效，原租赁合同继续有效

C. 买卖合同有效，原租赁合同自买卖合同生效之日起终止

D. 买卖合同有效，原租赁合同须经丙公司同意后方继续有效

11. 甲曾经搭救过乙的性命，乙遂将一枚祖传宝珠装在一个精美木匣中，前往甲家相赠，以示感谢。甲同意留下木匣，但请乙将宝珠带回。甲后来有些后悔，又向乙表示愿意接受宝珠。下列表述中，正确的是（　　）。

A. 甲已经取得宝珠的所有权，有权请求乙返还宝珠

B. 甲尚未取得宝珠的所有权，但有权请求乙转移宝珠的所有权

C. 甲、乙之间的赠与合同成立，但乙有权撤销该合同并拒绝交付

D. 甲无权请求乙转移宝珠的所有权

12. 甲委托乙销售一批木材，乙以自己的名义与丙签订了买卖合同，且丙知道甲与乙之间的代理关系。根据合同法律制度的规定，下列表述中，正确的是（　　）。

A. 乙、丙签订的买卖合同有效

B. 乙、丙签订的买卖合同无效

C. 乙、丙签订的买卖合同直接约束甲和丙

D. 乙、丙签订的买卖合同只能约束乙和丙

（三）案例分析题

1.（2018年真题）2015年4月，甲公司与乙建筑公司签订写字楼建筑工程总承包合同，约定：工程造价4 000万元，工期1年。合同签订后，甲公司依约先行支付2 000万元工程款，剩余2 000万元拟在工程竣工验收合格后一次付清。

2015年5月，乙公司从丙融资租赁公司租赁塔吊一台。双方约定：租金共计48万元，从当年6月开始，按月分12期支付，每期4万元。双方未就乙公司拖欠租金时如何处理以及塔吊在租赁期满后的归属作出约定。

2015年8月，因遭受强台风袭击，塔吊损坏。乙公司为修复塔吊花去维修费3万元。乙公司要求丙公司承担维修费，丙公司拒绝。为此，乙公司从2015年9月开始停止支付租金。

2016年1月，丙公司通知乙公司：由于欠交4个月租金，乙公司须在2016年2月的租金支付日支付全部剩余租金，否则解除合同。乙公司无奈，在2016年2月将剩余租金一次性全部交清。

租赁期满后，丙公司要求乙公司返还塔吊，乙公司拒绝。

2015年10月，甲公司以在建写字楼抵押向A银行借款3亿元，借期1年。双方办理了抵押登记。2016年4月，甲公司从丁公司借款5 000万元，借期1个月，月利率3%。甲公司仍以在建写字楼为抵押，并为丁公司办理第二顺位抵押登记。

2016年4月，乙公司如期完成工程建设，要求甲公司验收，并支付剩余2 000万元工程款。甲公司验收合格，但拒绝支付剩余工程款，理由是：根据相关规定，承接该工程需具备一级总承包资质，但乙公司在签订建设工程总承包合同时仅有二级资质，一级资质直到2016年1月才取得，故合同无效。

2016年5月，甲公司无力偿还丁公司借款。丁公司诉至人民法院，请求拍卖甲公司写字楼，偿还所欠其借款本金5 000万元及利息150万元。2016年6月，写字楼拍得价款3.5亿元。乙公司要求首先清偿其工程款债权2 000万元，A银行要求提存3亿元及利息以确保其债权到期后能获清偿。

根据上述内容，回答下列问题：

（1）甲公司关于乙公司签订建设工程总承包合同时仅有二级资质，合同因而无效的主张是否成立？并说明理由。

（2）丙公司是否有权拒绝承担塔吊的维修费用？并说明理由。

（3）丙公司是否有权要求乙公司在2016年2月支付全部剩余租金？并说明理由。

（4）租赁期满后，塔吊应归属于谁？并说明理由。

（5）对于丁公司向甲公司主张的150万元利息，人民法院应支持多少金额？并说明理由。

（6）乙公司关于写字楼拍得价款首先清偿其工程款债权的主张是否成立？并说明理由。

（7）A银行要求提存3亿元及利息以确保其债权到期后能获清偿的主张是否成立？并说明理由。

2.（2017年真题）2016年4月4日，甲公司从乙银行借款80万元，用于购置A型号自行车1 000辆，借款期限自2016年4月4日至2016年6月4日，并以价值90万元的自有房

屋一套为乙银行设定抵押。同时，乙银行与丙公司签订书面保证合同，约定丙公司为甲公司的借款承担连带保证责任。

因自行车价格上调，甲公司于4月5日，又向乙银行追加借款20万元，借款期限自2016年4月5日至2016年6月4日。

4月7日，甲公司与自行车生产商丁公司正式签署买卖合同。合同约定："丁公司为甲公司提供A型号自行车1 000辆，总价100万元，甲公司应于4月9日、4月20日分别支付价款50万元，丁公司应于4月16日、4月27日分别交付A型号自行车500辆。"双方未就自行车质量问题作出约定。

4月9日，甲公司向丁公司支付第一期自行车价款50万元。4月16日，丁公司交付A型号自行车500辆。甲公司在验货时发现该批自行车存在严重质量瑕疵，非经维修无法符合使用要求。4月18日，甲公司表示同意收货，但要求丁公司减少价款，被丁公司拒绝。理由是：第一，双方未就自行车的质量要求作出约定；第二，即使自行车存在质量问题，甲公司也只能就质量问题导致的损失要求赔偿。

4月20日，丁公司请求甲公司支付第二期自行车价款50万元。甲公司调查发现，丁公司经营状况严重恶化，可能没有能力履行合同，遂告知丁暂不履行合同并要求丁在15天内提供具有足够履约能力的保证。丁公司未予理会。

5月6日，丁公司发函告知甲公司：如果再不付款，将向人民法院起诉甲公司违约。甲公司收到函件后，了解到丁公司经营状况继续恶化，便通知丁公司解除未交付的500辆自行车买卖合同。

5月20日，甲公司隐瞒已受领的500辆自行车的质量瑕疵，将该批自行车以30万元卖与戊公司，约定6月30日付款交货。5月25日，庚公司告知甲公司，愿以35万元购买上述500辆自行车。5月30日，甲公司以自己隐瞒质量瑕疵为由，主张撤销与戊公司之间的买卖合同。

6月4日，甲公司无力偿还乙银行两笔贷款。乙银行考虑到拍卖抵押房屋比较烦琐，遂直接要求丙公司还贷，被丙公司拒绝。

根据上述内容，分别回答下列问题：

（1）甲公司是否取得已受领自行车的所有权？并说明理由。

（2）甲公司是否有权要求减少价款？并说明理由。

（3）甲公司中止履行向丁公司支付第二期自行车价款的义务，是否构成违约？并说明理由。

（4）甲公司是否有权就未交付的自行车解除合同？并说明理由。

（5）甲公司是否有权撤销与戊公司的买卖合同？并说明理由。

（6）乙银行是否有权要求丙公司偿还第一笔贷款？并说明理由。

（7）乙银行是否有权要求丙公司偿还第二笔贷款？并说明理由。

3. 2016年6月6日，甲与乙签订委托合同，委托乙出租自有房屋一套并代收租金，委托期间为2016年6月6日至2018年7月31日。2016年7月4日，甲向乙出具了授权委托书，载明乙有权代理甲处理房屋出租及租金收取事宜，代理权期间为2016年7月4日至2018年7月31日。2016年8月1日，乙以甲的名义与丙签订书面房屋租赁合同，租期为

2016 年 8 月 1 日至 2018 年 7 月 31 日，租金每月 2 万元。2017 年 6 月，该房屋卫生间管道严重漏水，丙请求甲维修，甲以租赁合同中未约定由其承担维修义务为由拒绝，丙自行维修，花费 2 000 元。

2018 年 2 月，甲欲出售该房屋，遂通知丙解除租赁合同，丙以甲无权任意解除合同为由拒绝。2018 年 3 月 5 日，甲在未告知丙的情况下，与丁签订买卖合同，以 800 万元的价格将房屋出售给丁。为支付房款，2018 年 3 月 11 日，丁与戊、庚签订借款合同，分别向戊、庚借款 500 万元和 300 万元，借款期限均为 3 个月。同时，丁还分别与戊、庚约定以房屋作为借款抵押。次日，丁向甲支付了房款。2018 年 3 月 20 日，甲和丁办理了房屋过户登记。随后，丁为戊、庚办理了顺位相同的房屋抵押登记。

2018 年 4 月 2 日，丁以其为房屋所有权人为由，要求丙搬离，丙拒绝，并以承租人享有优先购买权为由，主张甲与丁的买卖合同无效。

因丁无力偿还戊、庚的借款，2018 年 7 月 12 日，戊、庚主张实现抵押权。房屋拍卖所得价款为 720 万元，戊、庚均要求就拍卖所得价款全额实现自己的债权。

根据上述内容，分别回答下列问题：

（1）甲与乙的委托合同何时生效？乙何时取得代理权？并分别说明理由。

（2）卫生间管道严重漏水的维修费用 2 000 元应当由谁承担？并说明理由。

（3）甲是否有权解除与丙的租赁合同？并说明理由。

（4）丁是否有权要求丙搬离？并说明理由。

（5）丙是否有权主张甲与丁的买卖合同无效？并说明理由。

（6）戊和庚应如何就房屋拍卖所得价款实现各自的抵押权？并说明理由。

4. 甲将其位于某住宅楼顶层的一套住房出租给乙，租期 2 年，月租金 9 000 元，但未约定租金支付方式。书面租赁合同签订当日，乙向甲支付了 1 年的租金。租期第 2 个月，房屋天花板严重漏雨。乙通知甲维修，甲以合同未约定维修条款为由拒绝。乙只好自己找人维修，花去维修费 8 000 元，维修期间房屋无法居住，乙全家住酒店 10 天，住宿费用 3 000 元。租期第 5 个月，乙全家出国半年。行前乙经甲同意将房屋转租给丙，租期半年。丙租住期间，因使用不当，将甲的洗衣机损坏。乙回国后，甲要求乙赔偿洗衣机损坏的损失，乙提出洗衣机系由丙损坏，甲应向丙索赔。

租期第 13 个月，甲要求乙支付第二年租金，乙拒绝。同时，乙要求甲支付天花板维修费 8 000 元，并减免维修期间相当于酒店住宿费用的租金 3 000 元，甲拒绝。租期第 14 个月，乙在未告知甲的情况下，在客厅造了一个壁炉。甲知悉后，要求其拆除壁炉。租期第 16 个月，甲在未通知乙的情况下将房屋出卖给自己的姐姐丁并于 3 天后办理房屋转让登记。乙以优先购买权受到侵害为由，要求甲承担赔偿责任，丁则通知乙 1 个月内搬出。

根据上述内容，分别回答下列问题：

（1）甲是否有义务维修房屋天花板？乙是否有权要求甲支付天花板维修费用并减免维修期间相当于酒店住宿费用的租金？并分别说明理由。

（2）甲是否有权要求乙赔偿洗衣机损坏的损失？并说明理由。

（3）租期第 13 个月时，乙是否有权拒绝甲关于支付第二年租金的要求？并说明理由。

（4）甲是否有权要求乙拆除壁炉？并说明理由。

（5）丁是否取得了房屋所有权？并说理由。

（6）乙关于其优先购买权受到侵害的主张是否成立？并说明理由。

（7）丁是否有权要求乙1个月内搬出？并说明理由。

六、进阶练习答案及解析

（一）单选题

1.【答案】B

【解析】承诺于5月3日到达对方时生效；承诺生效、合同成立。

2.【答案】B

【解析】要约人确定了承诺期限的，要约不得撤销。

3.【答案】A

【解析】（1）履行地点约定不明确，给付货币的，在接受货币一方所在地履行（乙公司作为接受货币一方，履行地点为三亚）；（2）价款约定不明确的，按照订立合同时履行地（三亚）的市场价格履行。

4.【答案】D

【解析】双务合同中应当先履行债务的当事人，有确切证据证明对方有转移财产、抽逃资金，以逃避债务情况的，可以行使不安抗辩权。

5.【答案】D

【解析】（1）选项A、B：抗辩权的行使限于同一双务合同，甲向乙借用电脑和乙向甲借用名牌手表属于两个合同。（2）选项C：债权人留置的动产与债权应当属于同一法律关系，企业之间留置的除外。在本题中，甲向乙借用电脑和乙向甲借用手表属于两个法律关系。甲、乙均为自然人，乙不享有留置权。

6.【答案】C

【解析】选项A、B、D：均属于专属于债务人自身的债权，对以上债权不得行使代位权诉讼。

7.【答案】B

【解析】（1）选项A、B、C：债权转让无须征得债务人的同意，通知即可；（2）选项D：由于债权人的变更，债务人应向新债权人付款，才能发生清偿效力。

8.【答案】A

【解析】因不可抗力致使不能实现合同目的的，当事人可以解除合同，债务人乙对让与人甲的抗辩，可以向受让人丙主张。

9.【答案】D

【解析】在履行期限届满之前，当事人一方明确表示或者以自己的行为表明不履行主要债务的，视为预期违约，对方当事人有权解除合同并请求赔偿损失。

10.【答案】C

【解析】（1）选项A：留置权的行使限于动产，而非不动产；（2）选项B：房屋不是担保物，没有优先受偿权；（3）选项C：符合抵销权行使条件，“房屋租赁”和“借款”的标的物均为有形财产，均到期，任何一方均可主张抵销权；（4）选项 D：同时履行抗辩权限于同一双务合同，题中是两个不同的合同。

11.【答案】B

【解析】（1）选项 A：标的物提存后，毁损、灭失的风险由债权人承担；（2）选项 C：债权人提取提存物的权利，自提存之日起 5 年内不行使则消灭；（3）选项 D：提存期间，标的物孳息归债权人所有。

12.【答案】A

【解析】尽管约定的违约金（18 万元）高于实际损失（15 万元），但并未超过实际损失的 30%，甲不能请求人民法院或者仲裁机构予以减少，甲应当按照合同约定向乙支付 18 万元的违约金。甲向乙支付 18 万元的违约金之后（已经覆盖了 15 万元的损失）无须再赔偿 15 万元的损失。

13.【答案】C

【解析】（1）因不可抗力（泥石流）致使主合同不能履行的，不适用定金罚则；（2）因合同关系以外的第三人（丙）的过错，致使主合同不能履行的，适用定金罚则。

14.【答案】B

【解析】未经保证人书面同意，加重债务人的债务的，保证人对加重的部分不承担保证责任；变更主合同履行期限的，保证期间为原合同约定的或者法律规定的期间。

15.【答案】A

【解析】（1）选项 B、C：保证人之间的内部约定对债权人没有约束力，债权人可以任意选择一个或两个承担全部保证责任；（2）选项 D：连带共同保证的保证人承担保证责任后，向债务人不能追偿的部分，由各连带保证人按其内部约定的比例分担。

16.【答案】D

【解析】此种情形属于承诺的迟到。承诺的迟到是受要约人在承诺期限内发出承诺，按照通常情况能够及时到达要约人，但因其他原因致使承诺到达要约人时超过承诺期限的，为迟到承诺，除要约人及时通知受要约人因承诺超过期限不接受该承诺以外，迟到承诺为有效承诺。由于甲未及时通知乙“承诺已经超过期限且不接受”，因此该承诺于 5 月 11 日已经生效，甲、乙之间的合同已经成立且生效，乙有权要求甲履行合同。

（二）多选题

1.【答案】ABC

【解析】格式条款与非格式条款不一致的，应当采用非格式条款。

2.【答案】ABC

【解析】（1）选项 A：如果债务人对第三人的债权未到期的，债权人不能行使代位权；（2）选项 B：债务人对第三人享有合债权，债权人才能行使代位权，赌博不属于合法债权；（3）选项 C：专属于债务人自身的债权（如人身伤害赔偿请求权），债权人不得行使代位权。

3.【答案】ABC

【解析】债权人转让债权的，受让人同时取得与主债权有关的从权利，但该从权利专属于债权人自身的除外。

4.【答案】ABCD

【解析】法定解除的事由中包括以下几项：在履行期限届满之前，当事人一方明确表示或者以自己的行为表明不履行主要债务；当事人一方迟延履行主要债务，经催告后在合理期限内仍未履行；当事人一方迟延履行债务或者有其他违约行为致使不能实现合同目的。

5. 【答案】ABC

【解析】提存费用由债权人负担。

6. 【答案】AC

【解析】（1）选项A、C：定金合同从实际交付定金之日起生效，乙已向甲支付定金，定金合同生效，甲有权要求乙承担定金责任。另外，当事人既约定违约金，又约定定金的，一方违约时，对方可以选择适用违约金或者定金条款，二者不能并用。（2）选项B、D：定金数额超过合同标的额20%的，只是超过部分无效，而非整个定金条款无效。

7. 【答案】AD

【解析】（1）选项A、B：债权人应先就主债务人的担保物行使抵押权，不足部分由次债务人补偿；（2）选项C、D：主债务人以自己的财产设定抵押，抵押权人放弃该抵押权的，其他担保人在抵押权人丧失优先受偿权益的范围内免除担保责任，但其他担保人承诺仍然提供担保的除外。

8. 【答案】BC

【解析】（1）选项A、C：当事人对承担担保责任的顺序没有约定或者约定不明确的，债权人可以执行第三人的物保，也可以首先要求保证人承担保证责任；（2）选项B、D：在保证人与第三人提供的物保并存的情况下，如果其中一人承担了担保责任，则只能向主债务人追偿，不能向另外一个担保人追偿。

9. 【答案】ABCD

【解析】（1）选项A：当事人没有约定交付地点，标的物需要运输的，出卖人将标的物交付给第一承运人后，标的物毁损、灭失的风险由买受人承担；（2）选项B：出卖人按照约定将标的物置于交付地点，买受人违反约定没有收取的，标的物毁损、灭失的风险自违反约定之日起由买受人承担；（3）选项C：出卖人根据合同约定将标的物运送至买受人指定地点并交付给承运人后，标的物毁损、灭失的风险由买受人承担，但当事人另有约定的除外；（4）选项D：出卖人将标的物依法提存后，毁损、灭失的风险由买受人承担。

10. 【答案】AB

【解析】租赁物在租赁期间发生所有权变动的，不影响租赁合同的效力。

11. 【答案】D

【解析】（1）选项A：宝珠并未完成交付，其所有权未发生转移。（2）选项B、C、D：赠与合同是诺成合同，当事人双方达成意思表示一致时合同成立。在本案中，甲当时并未同意受赠宝珠，赠与合同仅在木匣上成立，甲无权要求乙转移宝珠的所有权。

12. 【答案】AC

【解析】（1）选项A、B：受托人可以以自己的名义，在委托人的授权范围内与第三人订立合同；（2）选项C、D：第三人在订立合同时知道受托人与委托人之间的代理关系的，该合同直接约束委托人和第三人，但有确切证据证明该合同只约束受托人和第三人的除外。

（三）案例分析题

1.（1）甲公司的主张不成立。根据合同法律制度的规定，承包人超越资质等级许可的业务范围签订建设工程施工合同，在建设工程竣工前取得相应资质等级，不按照无效合同处理。

（2）丙公司有权拒绝承担塔吊的维修费用。根据合同法律制度的规定，融资租赁期间，承租人应承担租赁物的维修义务。

（3）丙公司有权要求乙公司在 2016 年 2 月支付全部剩余租金。根据合同法律制度的规定，承租人经催告后在合理期限内仍不支付租金的，出租人可以要求支付全部租金。

（4）租赁期满后，塔吊应归属于丙公司。根据合同法律制度的规定，当事人对于租赁物的归属没有约定（也不能依照《合同法》有关规定确定的），租赁期满后，租赁物的所有权归出租人。

（5）对于丁公司向甲公司主张的 150 万元利息，人民法院应支持 100 万元。根据合同法律制度的规定，民间借贷双方约定的年利率超过 24%（月利率 2%）的，超过部分法院不予支持。

（6）乙公司就写字楼拍得价款首先清偿其工程款债权的主张成立。根据合同法律制度的规定，承包人有权主张建设工程价款就该工程拍卖所得价款优先受偿，并且该优先受偿权优于抵押权。

（7）A 银行要求提存 3 亿元及利息以确保其债权到期后能获清偿的主张成立。根据物权法律制度的规定，顺位在后的抵押权所担保的债权先到期、抵押权人主张实现抵押权时，抵押物拍卖后，须从所得价款中剔除顺位在先抵押权所担保的债权额，予以提存，剩余部分方可供顺位在后的抵押权优先受偿。

2.（1）甲公司取得已受领自行车的所有权。丁公司将其自行车交付与甲公司，甲公司受领，双方具有移转所有权的合意，根据物权法律制度的规定，甲公司取得所有权。

（2）甲公司有权要求减少价款。根据合同法律制度的规定，当事人对质量未作约定的，按照国家标准、行业标准履行，没有国家或行业标准的，按照通常标准或者符合合同目的的特定标准履行；甲公司与丁公司虽未就自行车质量作出约定，但自行车瑕疵严重到非经维修无法符合使用要求的程度，可以认定丁公司构成违约。又根据合同法律制度的规定，交付的标的物质量不合格时，在未约定违约责任如何承担的情况下，当事人有权选择减少价款作为对方承担违约责任的方式。

（3）甲公司中止履行向丁公司支付第二期自行车价款的义务，不构成违约。根据合同法律制度的规定，双务合同中负有先履行义务的一方当事人，有确切证据表明相对人经营状况严重恶化，可能丧失履约能力时，有暂时中止履行合同的权利，即享有不安抗辩权。

（4）甲公司有权就未交付的自行车解除合同。根据合同法律制度的规定，当事人行使不安抗辩权中止履行的，应当及时通知对方。中止履行后，对方在合理期限内既未恢复履行能力又未提供履约担保的，中止履行的一方可以解除合同。在甲公司告知丁暂不履行合同并要求丁在 15 日内提供具有足够履约能力的保证后，丁公司未予理会且经营状况继续恶化，故甲公司有权解除合同。

（5）甲公司无权撤销与戊公司的买卖合同。根据民事法律制度的规定，一方以欺诈的方式与对方订立合同的，受损害方才有权撤销合同。

（6）乙银行无权要求丙公司偿还第一笔贷款。根据物权法律制度的规定，债权既有物的担保又有人的担保的，如果对担保物权与保证的实现次序没有约定或者约定不明确的，债务人自己提供物的担保的，债权人应当先就该物的担保实现债权。因此，在实现对甲公司房屋的抵押权之前，乙银行无权要求丙公司偿还第一笔贷款。

（7）乙银行无权要求丙公司偿还第二笔贷款。根据担保法律制度的规定，保证期间，债权人与债务人协议变更主合同的，应当取得保证人书面同意。未经保证人同意的主合同变更，如果加重债务人的债务，保证人对加重的部分不承担保证责任。甲公司追加的第二笔贷款，未经丙公司同意，丙公司对此不承担保证责任。

3.（1）①委托合同于2016年6月6日生效。根据规定，委托合同属于诺成合同，自双方当事人意思表示一致时成立并生效。②乙于2016年7月4日取得代理权。根据规定，授权行为属于单方民事法律行为，自授权人甲完成授权意思表示时成立并生效。

（2）维修费用应当由甲承担。根据规定，出租人应当履行租赁物的维修义务，但当事人另有约定的除外。承租人在租赁物需要维修时可以要求出租人在合理期限内维修。出租人未履行维修义务的，承租人可以自行维修，维修费用由出租人（甲）负担。

（3）甲无权解除合同。根据规定，依法成立的合同，对双方当事人均具有法律约束力，一方当事人不得擅自变更或者解除合同。

（4）丁无权要求丙搬离。根据规定，租赁物在租赁期间发生所有权变动的，不影响租赁合同的效力。

（5）丙无权主张甲与丁的买卖合同无效。根据规定，出租人出卖租赁房屋未在合理期限内通知承租人，承租人请求确认出租人与第三人签订的房屋买卖合同无效的，人民法院不予支持。

（6）按债权比例清偿。根据规定，抵押权已登记的，按照登记的先后顺序，清偿顺序相同的，按照债权比例清偿。

4.（1）①甲有义务维修天花板。根据规定，出租人（甲）应当履行租赁物的维修义务，但当事人另有约定的除外。②乙有权要求甲支付天花板维修费用并减免维修期间相当于酒店住宿费用的租金。根据规定，出租人未履行维修义务的，承租人可以自行维修，维修费用由出租人负担。因维修租赁物影响承租人使用的应当相应减少租金或者延长租期。

（2）甲有权要求乙赔偿洗衣机损坏的损失。根据规定，承租人经出租人同意，可以将租赁物转租给第三人，承租人与出租人的租赁合同继续有效，第三人（丙）对租赁物造成损坏的，承租人（乙）应当承担赔偿责任。

（3）乙有权拒绝甲关于支付第二年租金的要求。根据规定，对租金的支付期限未约定或者约定不明确的，当事人可以协议补充，不能达成补充协议的，可以根据合同的有关条款或者交易习惯确定，仍不能确定的，租赁期限1年以上的，应当在每届满1年时支付，剩余期间不满1年的，应当在租赁期限届满时支付。

（4）甲有权要求乙拆除壁炉。根据规定，承租人未经出租人同意，对租赁物进行改善或者增设他物的，出租人可以要求承租人恢复原状或者赔偿损失。

（5）丁取得了房屋所有权。根据规定，不动产物权的设立、变更、转让和消灭，经依法登记，发生效力。在本题中，甲与丁已经办理了房屋变更登记手续，丁取得了房屋所有权。

(6) 乙关于其优先购买权受到侵害的主张不成立。根据规定，出租人将房屋出卖给其近亲属（包括配偶、父母、子女、兄弟姐妹、祖父母、外祖父母、孙子女、外孙子女），承租人主张优先购买房屋的，人民法院不予支持。

(7) 丁无权要求乙1个月内搬出。根据规定，租赁物在租赁期间发生所有权变动的，不影响租赁合同的效力。在本题中，甲与乙签订的租赁合同在房屋所有权转移至丁后继续有效，在原租赁合同有效期限内，丁无权要求乙搬出。

第五章　合伙法律制度

一、2020 年教材本章主要变化

2020 年教材中出现了 4 处主要变化，分别是：（1）对第一节的内容进行了结构调整，改动幅度较大，但与考点内容无关，考生自行了解即可；（2）补充明确了“合伙人的连带责任”的适用规则；（3）将“法定退伙”更名为“强制退伙”；（4）将“有限合伙企业的特征”作为独立问题进行阐述。以上变化将在重难点解析部分详细说明。

二、本章近 5 年考情统计分析

本章考题以单项选择题或多项选择题形式出现，属次重要考试章节，复习难度不大，最近 5 年平均考试分值为 6.8 分。

（一）近 5 年考试分值分布

题型	2015 年	2016 年	2017 年	2018 年	2019 年
单选题	4	3	4	4	4
多选题	3	3	3	3	3
合计	7	6	7	7	7

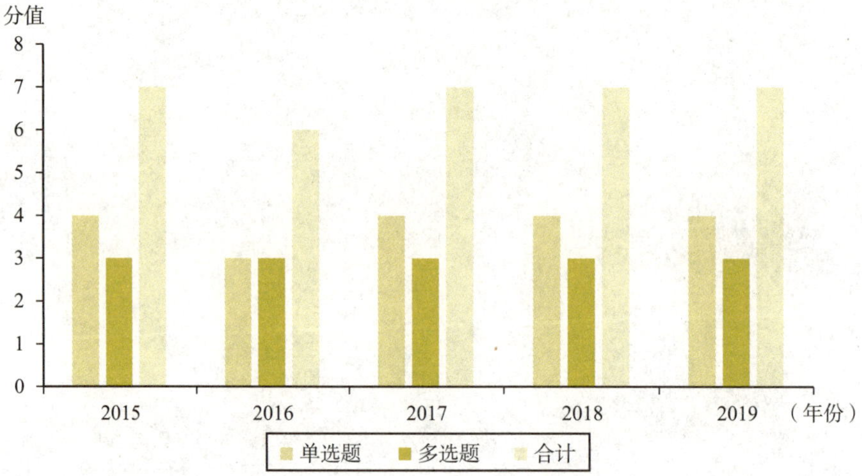

（二）近 5 年考试考点分布

高频考点内容	年度及题型分布
普通合伙企业的设立	2016 年单选题、2017 年单选题
合伙人的出资	2019 年单选题
合伙企业的财产	2016 年单选题、2017 年单选题、2018 年多选题

续表

高频考点内容	年度及题型分布
合伙企业重大事情的决议办法	2016 年单选题
合伙企业的损益分配原则	2015 年单选题、2018 年单选题、2019 年单选题
普通合伙企业的债务清偿	2015 年单选题
合伙人的债务清偿	2017 年单选题、2018 年多选题
合伙份额转让	2019 年单选题
合伙企业事务执行（含有限合伙）	2015 年单选题、2016 年单选题、2019 年单选题、2019 年多选题
合伙事务执行的决议办法	2015 年单选题
财产继承	2017 年单选题
特殊的普通合伙企业	2016 年多选题
有限合伙企业的设立	2018 年单选题
普通合伙人的入伙与退伙	2015 年单选题、2015 年多选题、2016 年多选题、2017 年单选题、2017 年多选题、2018 年单选题、2018 年多选题、2019 年多选题
出质	2016 年单选题
外国企业或者个人在中国境内设立合伙企业	2017 年单选题
依法纳税	2018 年单选题
合伙企业的清算与清算	2016 年单选题、2019 年单选题

三、本章思维导图

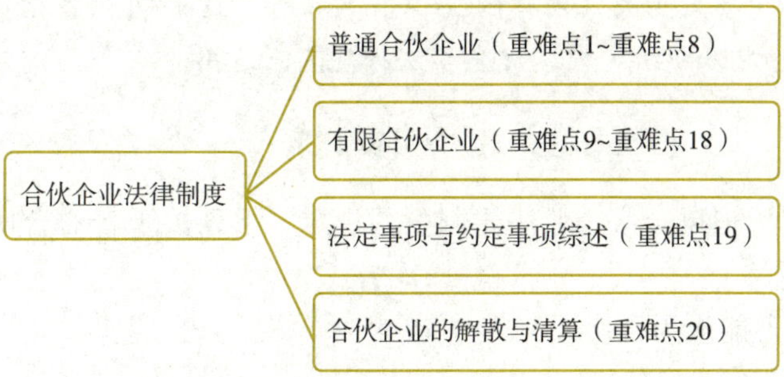

四、重难点解析

本章内容为合伙法律制度，属次重要的章节，主要包括普通合伙企业、有限合伙企业等理论知识。

重难点1：普通合伙企业的设立★★★

1. 合伙人

（1）合伙人至少为2人以上，对于普通合伙企业合伙人数的最高限额，《合伙企业法》未作规定。

（2）合伙人可以是自然人，也可以是法人或者其他组织（如个人独资企业、合伙企业）。

（3）合伙人为自然人的，应当具有完全民事行为能力，无民事行为能力人和限制民事行为能力人不得成为普通合伙人。

（4）国有独资公司、国有企业、上市公司以及公益性的事业单位、社会团体不得成为普通合伙人，但可以成为有限合伙人。

2. 出资

（1）合伙人可以用货币、实物、知识产权、土地使用权或者其他财产权利出资，普通合伙人也可以用劳务出资。

（2）合伙人以实物、知识产权、土地使用权或者其他财产权利出资，需要评估作价的，可以由全体合伙人协商确定，也可以由全体合伙人委托法定评估机构评估。

（3）合伙人以劳务出资的，其评估办法由全体合伙人协商确定，并在合伙协议中载明。

3. 企业名称

（1）普通合伙企业应当在名称中标明“普通合伙”字样。

（2）特殊的普通合伙企业应当在名称中标明“特殊普通合伙”字样。

（3）有限合伙企业名称中应当标明“有限合伙”字样。

4. 合伙协议

（1）合伙协议经全体合伙人签名、盖章后生效。

（2）修改或者补充合伙协议，应当经全体合伙人一致同意；但是，合伙协议另有约定的除外。

【小贴士】本章中要尤为关注法律的“但书”字样，这表明在法律规定之外，允许合伙人对有关事项进行约定，即约定内容优先于法律规定而适用。

【经典真题】

【单选题·2017】根据合伙企业法律制度的规定，下列关于普通合伙企业合伙人的表述中，正确的是（　　）。

A. 非法人组织不能成为合伙人

B. 国有企业不能成为合伙人

C. 限制民事行为能力的自然人可以成为合伙人

D. 公益性社会团体可以成为合伙人

【答案】B

【解析】（1）选项A：合伙人可以是自然人，也可以是法人或者其他组织；（2）选项C：无民事行为能力人和限制民事行为能力人不能成为普通合伙人；（3）选项B、D：国有独资公司、国有企业、上市公司以及公益性的事业单位、社会团体不得成为普通合伙人。

【单选题·2016】根据合伙企业法律制度的规定，下列出资形式中，只能由全体合伙人协商确定其评估办法的是（　　）。

A. 实物　　B. 土地使用权

C. 知识产权　　D. 劳务

【答案】D

【解析】（1）选项A、B、C：协商或评估确定；（2）选项D：只能协商确定。

重难点2：合伙企业的财产★★★

1. 合伙企业财产的构成

（1）合伙人的出资。合伙人的出资形成合伙企业的原始财产，合伙企业的原始财产是全体合伙人认缴的出资，而非各合伙人实际缴纳的财产。

（2）以合伙企业名义取得的收益。以合伙企业名义取得的收益，主要包括合伙企业的公共积累资金、未分配的盈余、合伙企业债权、合伙企业取得的工业产权和非专利技术等财产权利。

（3）依法取得的其他财产。合伙企业根据法律、行政法规的规定合法取得的其他财产，如合法接受的赠与财产等。

2. 合伙企业财产的性质

（1）独立性。合伙企业的财产独立于合伙人，合伙出资以后，一般说来，便丧失了对其作为出资部分的财产的所有权，合伙企业的财产所有权主体是合伙企业，而不是单独的每一个合伙人。

（2）完整性。合伙企业的财产作为一个完整的统一体而存在，合伙人对合伙企业财产权益的表现形式，仅是依照合伙协议所确定的财产收益份额或者比例。

（3）合伙人在合伙企业清算前私自转移或者处分合伙企业财产的，合伙企业不得以此对抗善意第三人。

3. 财产份额的转让

（1）对内转让。普通合伙人之间转让在合伙企业中的全部或者部分财产份额时，应当通知其他合伙人。

（2）对外转让。

①除合伙协议另有约定外，普通合伙人向合伙人以外的人转让其在合伙企业中的全部或者部分财产份额时，须经其他合伙人一致同意。

【小贴士】对外转让财产份额时，先约定后法定：先看合伙协议是否另有约定；合伙协议未约定的，才看法定（必须经其他合伙人一致同意）。

②普通合伙人向合伙人以外的人转让其在合伙企业中的财产份额的，在同等条件下其他合伙人有优先购买权；但是，合伙协议另有约定的除外。

【小贴士】其他合伙人是否享有优先购买权？先约定后法定：先看合伙协议是否另有约定；合伙协议未约定的，才看法定（在同等条件下其他合伙人才有优先购买权）。

4. 财产份额的出质

普通合伙人以其在合伙企业中的财产份额出质的，须经其他合伙人一致同意；未经其他合伙人一致同意，其行为无效，由此给善意第三人造成损失的，由行为人依法承担赔偿责任。普通合伙人以其财产份额出质的，必须经其他合伙人一致同意，这是法律的强制性规定，合伙协议不得任意约定。

【经典模拟题】

【多选题】根据合伙企业法律制度的规定，下列各项中，属于合伙企业财产的有（　　）。

A. 合伙人缴纳的实物出资　　B. 合伙企业对某公司的债权

C. 合伙企业合法接受的赠与财产　　D. 合伙企业未分配的盈余

【答案】ABCD

【解析】上述各项均属于合伙企业的财产。

【单选题】某普通合伙企业的一名合伙人拟将其合伙财产份额转让给合伙企业以外的人，合伙协议对该事项的决定规则未作约定。根据合伙企业法律制度的规定，下列关于该事项决定规则的表述中，正确的是（　　）。

A. 须其他合伙人半数以上同意　　B. 须其他合伙人一致同意

C. 须其他合伙人 2/3 以上同意　　D. 须其他合伙人过半数同意

【答案】B

【解析】除合伙协议另有约定外，普通合伙人向合伙人以外的人转让其在合伙企业中的全部或者部分财产份额时，须经其他合伙人一致同意。

【单选题】某普通合伙企业合伙人甲，在未告知其他合伙人的情况下，以其在合伙企业中的财产份额出质，其他合伙人知悉后表示反对。根据合伙企业法律制度的规定，下列关于该出质行为效力的表述中正确的是（　　）。

A. 有效　　B. 可撤销　　C. 效力未定　　D. 无效

【答案】D

【解析】普通合伙人以其在合伙企业中的财产份额出质的，须经其他合伙人一致同意；未经其他合伙人一致同意，其行为无效。

重难点3：合伙企业的事务执行★★★

1. 合伙事务执行的形式

（1）普通合伙人无论其出资多少，都对企业债务承担无限连带责任。因此，各合伙人无论其出资多少，都有权平等享有执行合伙企业事务的权利。

（2）一般情况下，由全体合伙人共同执行合伙事务。按照合伙协议的约定或者经全体合伙人决定，也可以委托一个或者数个合伙人执行合伙事务，其他合伙人不再执行合伙事务。由一个或者数个合伙人执行合伙事务的，执行事务的合伙人应当定期向其他合伙人报告事务执行情况以及合伙企业的经营和财务状况。

2. 由一个或者数个合伙人执行合伙事务的

（1）对外代表权。委托一个或者数个合伙人执行合伙事务的，执行合伙事务的合伙人对外代表合伙企业，其他合伙人不得对外代表合伙企业。

（2）监督权。委托一个或者数个合伙人执行合伙事务的，其他合伙人不再执行合伙事务，但不执行合伙事务的合伙人有权监督执行事务合伙人执行合伙事务的情况。

（3）查阅账簿权。合伙人有权查阅合伙企业会计账簿等财务资料。

（4）撤销委托权。受委托执行合伙事务的合伙人不按照合伙协议或者全体合伙人的决定执行事务的，其他合伙人可以决定撤销该委托。

（5）异议权。合伙人分别执行合伙事务的，执行事务合伙人可以对其他合伙人执行的事务提出异议。提出异议时，应当暂停该项事务的执行。如果发生争议，按照合伙协议约定的表决办法办理，合伙协议未约定或者约定不明确的，实行合伙人一人一票并经全体合伙人过半数通过的表决办法。

3. 重大事项的决议办法

除合伙协议另有约定外，合伙企业的下列事项应当经全体合伙人一致同意。

（1）改变合伙企业的名称；

（2）改变合伙企业的经营范围、主要经营场所的地点；

（3）处分合伙企业的不动产（不包括动产）；

（4）转让或者处分合伙企业的知识产权和其他财产权利；

（5）以合伙企业名义为他人提供担保；

（6）聘任合伙人以外的人担任合伙企业的经营管理人员。

【小贴士】重大事项的决议办法，先约定后法定：先看合伙协议是否另有约定，合伙协议没有约定的，才看法定（经全体合伙人一致同意）。

4. 非合伙人参与经营管理

（1）除合伙协议另有约定外，经全体合伙人一致同意，可以聘任合伙人以外的人担任合伙企业的经营管理人员。

（2）合伙人以外的经营管理人员属于非合伙人，无须对企业债务承担无限连带责任。

（3）被聘任的合伙企业的经营管理人员，超越合伙企业授权范围履行职务，或者在履行职务过程中因故意或者重大过失给合伙企业造成损失的，依法承担赔偿责任。

5. 合伙企业的损益分配

（1）合伙企业的利润分配、亏损分担按照合伙协议的约定办理。

（2）合伙协议未约定或者约定不明确的，由合伙人协商决定；协商不成的，由合伙人按照实缴出资比例分配、分担；无法确定出资比例的，由合伙人平均分配、分担。

（3）合伙协议不得约定将全部利润分配给部分合伙人或者由部分合伙人承担全部亏损。

【小贴士】合伙企业损益分配原则：约定→协商→实缴出资比例→平均。同时，普通合伙企业的合伙协议绝对不得约定将全部利润分配给部分合伙人或者由部分合伙人承担全部亏损。

【经典真题】

【单选题·2016】某普通合伙企业拟变更企业名称，但合伙协议对该事项的决议规则未作约定。下列表述中，符合合伙企业法律制度规定的是（　　）。

A. 该事项经全体合伙人一致同意方可通过

B. 该事项经半数以上合伙人同意即可通过

C. 该事项经2/3以上合伙人同意即可通过

D. 该事项经出资占比2/3以上的合伙人同意即可通过

【答案】A

【解析】修改合伙企业名称的，除合伙协议另有约定外，应当经全体合伙人一致同意。

【单选题·2015】根据合伙企业法律制度的规定，合伙企业利润分配的首要依据是(　　)。

A. 合伙协议约定的比例　　B. 合伙人均等的比例

C. 合伙人实缴出资的比例　　D. 合伙人认缴出资的比例

【答案】A

【解析】合伙企业的利润分配、亏损分担按照合伙协议的约定办理，合伙协议未约定或者约定不明确的，由合伙人协商决定；协商不成的，由合伙人按照实缴出资比例分配、分担；无法确定出资比例的，由合伙人平均分配、分担。

重难点4：合伙企业与第三人的关系★★★

jj200502

1. 对外代表权的效力

合伙企业对合伙人执行合伙事务以及对外代表合伙企业权利的限制，不得对抗善意第三人。

2. 企业的债务清偿

(1) 先企业后个人。合伙企业对其债务，应先以其全部财产进行清偿。合伙企业不能清偿到期债务的，普通合伙人承担无限连带责任。

(2) 无限连带责任。"无限责任"是指当合伙企业的全部财产不足以偿付到期债务时，各个合伙人应当以其自有财产来清偿合伙企业的债务。"连带责任"是指当合伙企业的全部财产不足以偿付到期债务时，合伙企业的债权人有权就合伙企业所负债务向任何一个合伙人主张，该合伙人不得以其出资的份额大小、合伙协议有特别约定、合伙企业债务另有担保人或者自己已经偿付所承担的份额等理由来拒绝。

【小贴士】(2020年教材新变化) 合伙人的无限责任和连带责任，均已合伙企业财产不足以清偿到期债务为发生前提。根据《最高人民法院公报》的案件判决可知：合伙企业债务的承担分为两个层次：第一顺序的债务承担人是合伙企业；第二顺序的债务承担人是全体合伙人。合伙企业法中"连带责任"是指合伙人在第二顺序的责任承担中相互之间所负的连带责任，而非合伙人与合伙企业之间的连带责任。

合伙人之间的分担比例对债权人没有约束力。债权人可以根据自己的清偿利益，请求全体合伙人中的一人或者数人承担全部清偿责任，也可以按照自己确定的比例向各合伙人分别追索。

(3) 内部追偿。如果某一合伙人实际支付的清偿数额超过其依照既定比例所应承担的数额，该合伙人有权就超过部分向其他未支付或者未足额支付应承担数额的合伙人追偿。

【小贴士】普通合伙人对外承担连带责任，对内承担按份责任。

【经典真题】

【单选题·2015】根据合伙企业法律制度的规定，下列关于普通合伙企业债务清偿的表述中，正确的是（　　）。

A. 债权人应当首先向合伙企业求偿

B. 债权人应当首先向合伙人求偿

C. 债权人应当同时向合伙企业及其合伙人求偿

D. 债权人可以选择向合伙企业或其合伙人求偿

【答案】A

【解析】合伙企业对其债务，应先以其全部财产进行清偿。合伙企业不能清偿到期债务的，普通合伙人承担无限连带责任。

【单选题·2017】某普通合伙企业合伙人甲享有合伙财产份额价值为10万元，因个人车辆修理而欠乙修理费5万元，到期无力清偿。同时乙欠合伙企业5万元未清偿；合伙企业未向甲支付上一年度应分配利润10万元。债权人乙提出的下列主张中，符合合伙企业法律制度规定的是（　　）。

A. 以甲欠乙的修理费抵销乙欠合伙企业的货款

B. 请求人民法院强制执行甲在合伙企业中的财产份额，以清偿修理费

C. 代位行使甲对合伙企业上一年度全部可分配利润的请求权

D. 直接取得甲在合伙企业中价值5万元的财产份额

【答案】B

【解析】（1）选项A、C：合伙人发生与合伙企业无关的债务，相关债权人不得以其债权抵销其对合伙企业的债务，也不得代位行使合伙人在合伙企业中的权利；（2）选项B、D：合伙人的自有财产不足清偿其与合伙企业无关的债务的，该合伙人可以以其从合伙企业中分取的收益用于清偿；债权人也可以依法请求人民法院强制执行该合伙人在合伙企业中的财产份额用于清偿。

jj200503

重难点5：入伙★

（1）新合伙人入伙，除合伙协议另有约定外，应当经全体合伙人一致同意，并依法订立书面入伙协议。

（2）入伙的新合伙人与原合伙人享有同等权利，承担同等责任。入伙协议另有约定的，从其约定。

（3）新合伙人对入伙前合伙企业的债务承担无限连带责任。

重难点6：退伙★★★

1. 协议退伙

合伙协议约定合伙期限的，在合伙企业存续期间，有下列情形之一的，合伙人可以退伙：

（1）合伙协议约定的退伙事由出现；

（2）经全体合伙人一致同意；

（3）发生合伙人难以继续参加合伙的事由；

（4）其他合伙人严重违反合伙协议约定的义务。

【小贴士】协议退伙与通知退伙的主要区别是：合伙协议是否约定了合伙期限。合伙协议是全体合伙人协商一致的结果，如果合伙协议约定了合伙期限，也就表示每一个合伙人都承诺将与其他合伙人合作到该期限届满。合伙期限届满前，合伙人提出退伙意味着对自己承诺的违反，同时影响了其他合伙人的合理预期，可能给合伙企业或者其他合伙人造成损失。因此，如果合伙协议约定了合伙期限，合伙人的退伙应当受到一定的限制，只有符合上述法定条件时，才可以选择协议退伙。

2. 通知退伙

合伙协议未约定合伙期限的，合伙人在不给合伙企业事务执行造成不利影响的情况下，可以退伙，但应当提前 3 日通知其他合伙人。

3. 当然退伙

（1）作为合伙人的自然人死亡或者被依法宣告死亡；

（2）个人丧失偿债能力；

（3）作为合伙人的法人或者其他组织依法被吊销营业执照、责令关闭、撤销，或者被宣告破产；

（4）法律规定或者合伙协议约定合伙人必须具有相关资格而丧失该资格；

（5）合伙人在合伙企业中的全部财产份额被人民法院强制执行。

退伙事由实际发生之日为退伙生效日。

【小贴士】（1）普通合伙人丧失偿债能力的，当然退伙；（2）有限合伙人丧失偿债能力的，不退伙；（3）普通合伙人被依法认定为无民事行为能力人或者限制民事行为能力人的，经其他合伙人一致同意，可以依法转为有限合伙人，普通合伙企业依法转为有限合伙企业；其他合伙人未能一致同意的，该无民事行为能力或者限制民事行为能力的合伙人当然退伙；（4）作为有限合伙人的自然人在有限合伙企业存续期间丧失民事行为能力的，其他合伙人不得因此要求其退伙。

4. 除名退伙

合伙人有下列情形之一的，经其他合伙人一致同意，可以决议将其除名：

（1）未履行出资义务；

（2）因故意或者重大过失给合伙企业造成损失；

（3）执行合伙事务时有不正当行为；

（4）发生合伙协议约定的事由。

对合伙人的除名决议应当书面通知被除名人。被除名人接到除名通知之日，除名生效，被除名人退伙。被除名人对除名决议有异议的，可以自接到除名通知之日起 30 日内，向人民法院起诉。

【小贴士】（2020 年教材新变化）将“除名”表述为“除名退伙”，同时当然退伙与除名退伙一同构成“强制退伙”（原为“法定退伙”）。强制退伙不以合伙人同意为条件。

【经典真题】

【单选题·2015】某合伙企业的合伙人甲因执行合伙事务有不正当行为，经合伙人会议决议将其除名，甲接到除名通知后不服诉至人民法院。根据合伙企业法律制度的规定，该合伙企业对甲除名的生效日期为（　　）。

A. 甲的不正当行为作出之日　　B. 除名决议作出之日

C. 甲接到除名通知之日　　D. 甲的诉讼请求被人民法院驳回之日

【答案】C

【解析】被除名人接到除名通知之日，除名生效，被除名人退伙。

【多选题·2015】根据合伙企业法律制度的规定，下列各项中，属于普通合伙企业的合伙人当然退伙情形的有（　　）。

A. 个人丧失偿债能力

B. 经全体合伙人一致同意

C. 合伙人在合伙企业中的全部财产份额被人民法院强制执行

D. 发生合伙人难以继续参加合伙的事由

【答案】AC

【解析】选项 B、D：属于协议退伙的情形。

【多选题·2016】根据合伙企业法律制度的规定，在合伙协议无特别约定的情况下，合伙人发生的下列情形中，属于经其他合伙人一致同意即可除名的有（　　）。

A. 未履行出资义务

B. 因故意或者重大过失给合伙企业造成损失

C. 执行合伙事务时有不正当行为

D. 被依法宣告死亡

【答案】ABC

【解析】选项 D：属于当然退伙的情形。

【单选题·2017】根据合伙企业法律制度的规定，下列各项中，构成有限合伙人当然退伙情形的是（　　）。

A. 作为有限合伙人的法人被宣告破产

B. 作为有限合伙人的自然人故意给合伙企业造成损失

C. 作为有限合伙人的自然人被宣告失踪

D. 作为有限合伙人的自然人丧失民事行为能力

【答案】A

【解析】（1）选项 B：作为有限合伙人的自然人故意给合伙企业造成损失，经其他合伙人一致同意，可以决议将其除名，而非当然退伙；（2）选项 C：作为有限合伙人的自然人死亡或者被依法宣告死亡的当然退伙，不包括被宣告失踪；（3）选项 D：作为有限合伙人的自然人，在有限合伙企业存续期间丧失民事行为能力的，其他合伙人不得因此要求其退伙。

重难点7：财产继承★★★

1. 如果继承人不愿意成为合伙人或者不能成为合伙人的，合伙企业应当向其退还被继承合伙人的财产份额。

2. 能否成为合伙人

（1）有限合伙人。作为有限合伙人的自然人死亡、被依法宣告死亡或者作为有限合伙人的法人及其他组织终止时，其继承人或者权利承受人可以依法取得该有限合伙人在有限合伙企业中的资格。

【小贴士】有限合伙人不执行合伙事务，无须对企业债务承担无限连带责任，因此，有限合伙人死亡后，无论其继承人是否具备完全民事行为能力，都可以依法取得该有限合伙人在有限合伙企业中的资格，无须经全体合伙人一致同意。

（2）普通合伙人。

①继承人具备完全民事行为能力的，按照合伙协议的约定或者经全体合伙人一致同意，可以取得普通合伙人资格。

②继承人为无民事行为能力人或者限制民事行为能力人的，经全体合伙人一致同意，可以依法成为有限合伙人，普通合伙企业依法转为有限合伙企业。全体合伙人未能一致同意的，合伙企业应当将被继承合伙人的财产份额退还该继承人。

【小贴士】普通合伙人应具备承担无限连带责任的能力：（1）如果其继承人为无民事行为能力人或者限制民事行为能力人的，不可能成为普通合伙人，但有机会成为有限合伙人。经全体合伙人一致同意，可以依法成为有限合伙人（而非自动取得有限合伙人的资格），此时普通合伙企业依法转为有限合伙企业。（2）如果其继承人具备完全民事行为能力，有机会成为普通合伙人，而非自动取得普通合伙人的资格。先看合伙协议对普通合伙人的资格继承问题有没有约定，有约定按照约定处理。如果合伙协议对此没有约定，经全体合伙人一致同意，才能取得普通合伙人的资格；如果不能取得一致同意，合伙企业应当向其退还被继承合伙人的财产份额。此时，该继承人能否成为有限合伙人法律并未明确规定。

【经典真题】

【单选题·2017】某普通合伙企业合伙人甲死亡，其未成年子女乙、丙是其全部合法继承人。根据合伙企业法律制度的规定，下列表述中正确的是（　　）。

A. 乙、丙可以继承甲的财产份额，但不能成为合伙人

B. 乙、丙因继承甲的财产份额而自动取得合伙人资格

C. 经全体合伙人一致同意，乙、丙可以成为有限合伙人

D. 应解散合伙企业，清算后，向乙、丙退还甲的财产份额

【答案】C

【解析】普通合伙人的继承人乙、丙为无民事行为能力人或者限制民事行为能力人的，经全体合伙人一致同意，可以依法成为有限合伙人，普通合伙企业依法转为有限。合伙企业全体合伙人未能一致同意的，合伙企业应当将被继承合伙人的财产份额退还该继承人。

重难点 8：特殊的普通合伙企业★★★

特殊的普通合伙企业（如会计师事务所、律师事务所）适用普通合伙企业的一般规定，其特殊性主要体现在“债务责任的承担”上。

1. 普通债务

合伙人在执业活动中非因故意或者重大过失造成的合伙企业债务以及合伙企业的其他债务，由全体合伙人承担无限连带责任。

2. 特定债务

（1）对外。一个合伙人或者数个合伙人在执业活动中因故意或者重大过失造成合伙企业债务的，应当承担无限责任或者无限连带责任，其他合伙人以其在合伙企业中的财产份额为限承担责任。

（2）对内。合伙人在执业活动中因故意或者重大过失造成的合伙企业债务，以合伙企业财产对外承担责任后，该合伙人应当按照合伙协议的约定对给合伙企业造成的损失承担赔偿责任。

3. 执业风险防范

（1）特殊的普通合伙企业应当建立执业风险基金，同时办理职业保险（职业责任保险）。

（2）执业风险基金，主要是指为了化解经营风险，特殊的普通合伙企业从其经营收益中提取相应比例的资金留存或者根据规定上缴至指定机构所形成的资金。

（3）执业风险基金用于偿付合伙人执业活动造成的债务。

（4）执业风险基金应当单独立户管理。

【经典真题】

【多选题·2016】根据合伙企业法律制度的规定，下列关于特殊的普通合伙企业职业风险防范措施的表述中，正确的有（　　）。

A. 企业可以选择建立执业风险基金或者办理执业保险

B. 执业风险基金用于偿付合伙人执业活动造成的债务

C. 执业风险基金应当单独立户管理

D. 企业应当从其经营收益中提取相应比例资金，作为执业风险基金

【答案】BCD

【解析】选项 A：特殊的普通合伙企业应当建立执业风险基金或者办理执业保险。

重难点 9：有限合伙企业的设立★★★

（1）有限合伙企业由 2 个以上 50 个以下合伙人设立；但是，法律另有规定的除外。

（2）有限合伙企业至少应当有 1 个普通合伙人和 1 个有限合伙人。有限合伙企业仅剩有限合伙人的，应当解散；有限合伙企业仅剩普通合伙人的，应当转为普通合伙企业。

（3）国有独资公司、国有企业、上市公司以及公益性的事业单位、社会团体不得成为普通合伙人，可以成为有限合伙人。

（4）有限合伙人可以用货币、实物、知识产权、土地使用权或者其他财产权利作价出资；有限合伙人不得以劳务出资。

（5）有限合伙企业名称中应当标明“有限合伙”字样。

（6）有限合伙企业登记事项中应当载明有限合伙人的姓名或者名称及认缴的出资数额。

（7）有限合伙人应当按照合伙协议的约定按期足额缴纳出资，未按期足额缴纳的，应当承担补缴义务，并对其他合伙人承担违约责任。

【经典真题】

【单选题·2015】甲国有独资公司、乙上市公司、丙外商独资企业、丁民营投资有限公司，拟成立一家有限合伙企业。根据合伙企业法律制度的规定，上述投资主体中，可以担任普通合伙人的是（　　）。

A. 甲和丙　　B. 乙和丙

C. 丙和丁　　D. 甲和丁

【答案】C

【解析】国有独资公司、国有企业、上市公司以及公益性的事业单位、社会团体不得成为普通合伙人，可以成为有限合伙人。

重难点10：有限合伙企业的事务执行★★★

（1）有限合伙企业由普通合伙人执行合伙事务，有限合伙人不执行合伙事务，不得对外代表有限合伙企业。

（2）有限合伙人的下列行为，不视为执行合伙事务：

①参与决定普通合伙人入伙、退伙；

②对企业的经营管理提出建议；

③参与选择承办有限合伙企业审计业务的会计师事务所；

④获取经审计的有限合伙企业财务会计报告；

⑤对涉及自身利益的情况，查阅有限合伙企业财务会计账簿等财务资料；

⑥在有限合伙企业中的利益受到侵害时，向有责任的合伙人主张权利或者提起诉讼；

⑦执行事务合伙人怠于行使权利时，督促其行使权利或者为了本企业的利益以自己的名义提起诉讼；

⑧依法为本企业提供担保。

【经典真题】

【单选题·2015】根据合伙企业法律制度的规定，下列行为中，禁止由有限合伙人实施的是（　　）。

A. 为本合伙企业提供担保

B. 参与决定普通合伙人入伙

C. 以合伙企业的名义对外签订买卖合同

D. 对涉及自身利益的情况，查阅合伙企业的财务会计账簿

【答案】C

【解析】有限合伙企业由普通合伙人执行合伙事务，有限合伙人不执行合伙事务，不得对外代表有限合伙企业，所以不能以合伙企业的名义对外签订买卖合同。

【多选题·2017】根据合伙企业法律制度的规定，下列有限合伙人的行为中，视为执行合伙事务的有（　　）。

A. 参与决定转让合伙企业的知识产权

B. 参与决定普通合伙人退伙

C. 参与决定合伙企业为第三人提供担保

D. 对合伙企业的经营管理提出建议

【答案】AC

【解析】（1）选项B、D：不视为执行合伙事务；（2）选项A、C：对于普通合伙企业，除合伙协议另有约定外，应当经全体合伙人一致同意；对于有限合伙企业，无须有限合伙人参与决定，否则视为执行合伙事务。

【多选题·2017】根据合伙企业法律制度的规定，下列有限合伙人的行为中，视为执行合伙事务的有（　　）。

A. 参与决定普通合伙人退伙

B. 参与决定合伙企业为第三人提供担保

C. 参与决定出售合伙企业房产

D. 为合伙企业提供担保

【答案】BC

【解析】（1）选项A、D：不视为执行合伙事务；（2）选项B、C：对于普通合伙企业，除合伙协议另有约定外，应当经全体合伙人一致同意；对于有限合伙企业，无须有限合伙人参与决定，否则视为执行合伙事务。

重难点11：利润分配★★★

（1）有限合伙企业不得将全部利润分配给部分合伙人；但是，合伙协议另有约定的除外。

（2）普通合伙企业的合伙协议不得约定将全部利润分配给部分合伙人或者由部分合伙人承担全部亏损。

【小贴士】（1）普通合伙企业：合伙协议绝对“不得约定”将全部利润分配给部分合伙人，这是法律的强制性规定；（2）有限合伙企业（先约定后法定）：合伙协议“可以约定”在一定时期内将全部利润分配给部分合伙人，如果合伙协议没有特别约定的，有限合伙企业不得将全部利润分配给部分合伙人。

重难点12：交易★★★

（1）有限合伙人可以同本有限合伙企业进行交易；但是，合伙协议另有约定的除外。

（2）除合伙协议另有约定或者经全体合伙人一致同意外，普通合伙人不得同本合伙企业进行交易。

【小贴士】（1）普通合伙人：先看合伙协议的约定，合伙协议没有约定的，经全体合伙人一致同意才能同本合伙企业进行交易，否则，普通合伙人不得同本合伙企业进行交易；（2）有限合伙人：先看合伙协议的约定，合伙协议没有约定的，有限合伙人可以同本合伙企业进行交易。

【经典模拟题】

【多选题】甲、乙、丙、丁四人拟共同出资设立一个有限合伙企业，其中甲、乙为普通合伙人，丙、丁为有限合伙人。在其订立合伙协议时约定的下列事项中，符合合伙企业法律制度规定的有（　　）。

A. 甲、乙、丙、丁均可以同本合伙企业进行交易

B. 甲、乙、丙、丁均不得同本合伙企业进行交易

C. 甲、乙可以同本合伙企业进行交易，丙、丁不得同本合伙企业进行交易

D. 甲、乙不得同本合伙企业进行交易，丙、丁可以同本合伙企业进行交易

【答案】ABCD

【解析】无论是普通合伙人还是有限伙人，能否同本企业进行交易，均先看合伙协议的约定。

重难点13：竞争★★★

（1）有限合伙人可以自营或者同他人合作经营与本有限合伙企业相竞争的业务；但是，合伙协议另有约定的除外。

（2）普通合伙人不得自营或者同他人合作经营与本合伙企业相竞争的业务。

【小贴士】（1）普通合伙人：绝对不能从事同本合伙企业相竞争的业务，这是法律的强制性规定，合伙协议不能“越雷池半步”；（2）有限合伙人：先看合伙协议的约定，合伙协议没有约定的，有限合伙人可以自营或者同他人合作经营与本合伙企业相竞争的业务。

重难点14：出质★★★

（1）有限合伙人可以将其在有限合伙企业中的财产份额出质；但是，合伙协议另有约定的除外。

（2）普通合伙人以其在合伙企业中的财产份额出质的，须经其他合伙人一致同意；未经其他合伙人一致同意，其行为无效，由此给善意第三人造成损失的，由行为人依法承担赔偿责任。

【小贴士】（1）普通合伙人：必须经其他合伙人一致同意，这是法律的强制性规定，合伙协议不能“越雷池半步”；（2）有限合伙人：先看合伙协议的约定，合伙协议没有约定的，有限合伙人可以出质。

【经典模拟题】

【多选题】甲、乙、丙、丁四人共同出资设立一个有限合伙企业，其中甲、乙为普通合伙人，丙、丁为有限合伙人。下列有关合伙人以财产份额出质的表述中，符合合伙企业法律制度规定的有（　　）。

A. 经乙、丙、丁同意，甲可以在合伙企业中的财产份额出质

B. 如果合伙协议没有约定，即使甲、乙均不同意，丁也可以其在合伙企业中的财产份

额出质

C. 合伙协议可以约定，经两个以上合伙人同意，乙可以其在合伙企业中的财产份额出质

D. 合伙协议可以约定，未经两个以上合伙人同意，丙不得以其在合伙企业中的财产份额出质

【答案】ABD

【解析】（1）选项A、C：普通合伙人以其财产份额出质的，必须经其他合伙人一致同意，这是法律的强制性规定，合伙协议不得约定；（2）选项B、D：有限合伙人以其财产份额出质的先看合伙协议的约定，合伙协议没有约定的，有限合伙人可以出质。

重难点15：入伙★★★

（1）新入伙的有限合伙人对入伙前有限合伙企业的债务，以其认缴的出资额为限承担责任。

（2）新入伙的普通合伙人对入伙前合伙企业的债务承担无限连带责任。

【经典模拟题】

【单选题】某有限合伙企业在经营期间吸收甲为有限合伙人。关于甲对入伙前有限合伙企业的债务承担的表述中，符合合伙企业法律制度规定的是（　　）。

A. 甲不承担责任

B. 甲承担无限连带责任

C. 甲以其认缴的出资额为限承担责任

D. 甲以其实缴的出资额为限承担责任

【答案】C

【解析】新入伙的有限合伙人对入伙前有限合伙企业的债务，以其认缴的出资额为限承担责任。

重难点16：退伙★★★

（1）普通合伙人退伙后，对基于其退伙前的原因发生的合伙企业债务，承担无限连带责任。

普通合伙人只是对基于退伙前的原因发生的企业债务承担无限连带责任，退伙后的企业债务与其无关。

（2）有限合伙人退伙后，对基于其退伙前的原因发生的有限合伙企业债务，以其退伙时从有限合伙企业中取回的财产承担责任。如：①有限合伙人甲以100万元的货币出资，退伙时从合伙企业取回20万元，则甲以20万元为限对基于其退伙前的原因发生的企业债务承担责任；②有限合伙人乙以100万元的货币出资，退伙时从合伙企业取回200万元，则乙以200万元为限对基于其退伙前的原因发生的企业债务承担责任。

【经典真题】

【多选题·2016】某普通合伙企业经营期间，吸收甲入伙。甲入伙前，合伙企业已负债20万元。甲入伙一年后退伙，在此期间合伙企业新增负债10万元。甲退伙后半年，合伙企

业解散，以企业全部财产清偿债务后，尚有 80 万元债务不能清偿。根据合伙企业法律制度的规定，下列关于甲承担清偿责任的表述中，正确的有（　　）。

A. 甲对入伙前合伙企业的 20 万元债务承担无限连带责任

B. 甲对入伙后至合伙企业解散时，新增的 60 万元债务承担无限连带责任

C. 甲对合伙企业解散后尚未清偿的全部 80 万元债务承担无限连带责任

D. 甲对担任合伙人期间合伙企业新增的 10 万元债务承担无限连带责任

【答案】AD

【解析】（1）选项 A：新入伙的普通合伙人对入伙前合伙企业的债务承担无限连带责任；（2）选项 D：退伙的普通合伙人对基于其退伙前的原因发生的合伙企业债务承担无限连带责任；（3）选项 B、C：退伙的普通合伙人对其退伙后的合伙企业债务不承担责任。

【多选题·2017】甲、乙、丙设立某普通合伙企业，从事餐饮服务。2017 年 6 月 5 日甲退伙。6 月 10 日，丁入伙。6 月 9 日，合伙企业经营的餐厅发生卡式燃气炉灼伤顾客戊的事件，需要支付医疗费用等总计 45 万元。经查该批燃气炉是当年 4 月合伙人共同决定购买，其质量不符合相关国家标准。该合伙企业支付 30 万元赔偿后已无赔偿能力。现戊请求合伙人承担剩余 15 万元赔偿责任。根据合伙企业法律制度的规定，应承担赔偿责任的合伙人有（　　）。

A. 甲　　B. 乙　　C. 丙　　D. 丁

【答案】ABCD

【解析】（1）乙、丙作为普通合伙人，应当对合伙企业不能清偿的债务承担无限连带责任；（2）普通合伙人甲退伙后，对基于其退伙前的原因发生的合伙企业债务承担无限连带责任；（3）新入伙的普通合伙人丁应当对入伙前合伙企业的债务承担无限连带责任。

重难点 17：合伙人的性质转变★★★

（1）有限合伙人转变为普通合伙人的，对其作为有限合伙人期间有限合伙企业发生的债务承担无限连带责任。

（2）普通合伙人转变为有限合伙人的，对其作为普通合伙人期间合伙企业发生的债务承担无限连带责任。

【经典模拟题】

【多选题】甲、乙分别为某有限合伙企业的普通合伙人和有限合伙人，后甲变更为有限合伙人，乙变更为普通合伙人。下列关于甲、乙对其合伙人性质互换前的企业债务承担的表述中，符合合伙企业法律制度规定的有（　　）。

A. 甲对其作为普通合伙人期间的企业债务承担无限连带责任

B. 甲对其作为普通合伙人期间的企业债务承担有限责任

C. 乙对其作为有限合伙人期间的企业债务承担无限连带责任

D. 乙对其作为有限合伙人期间的企业债务承担有限责任

【答案】AC

【解析】有限合伙人转变为普通合伙人的，对其作为有限合伙人期间有限合伙企业发生

的债务承担无限连带责任；普通合伙人转变为有限合伙人的，对其作为普通合伙人期间合伙企业发生的债务承担无限连带责任。

重难点18：合伙企业不能清偿到期债务的处理★★★

（1）合伙企业不能清偿到期债务的，债权人可以依法向人民法院提出破产清算申请也可以要求普通合伙人清偿。

（2）合伙企业依法被宣告破产的，普通合伙人对合伙企业债务仍应承担无限连带责任。

【经典模拟题】

【单选题】甲、乙、丙、丁成立有限合伙企业，其中，甲、乙为普通合伙人，丙、丁为有限合伙人。5年后甲转为有限合伙人，丙转为普通合伙人。此前，合伙企业欠银行50万元，该债务直至合伙企业被宣告破产仍未偿还。下列有关对该50万元债务清偿责任的表述中，符合合伙企业法律制度规定的是（　　）。

A. 甲、乙承担无限连带责任，丙、丁以其出资额为限承担责任

B. 乙、丙承担无限连带责任，甲、丁以其出资额为限承担责任

C. 甲、乙、丙承担无限连带责任，丁以其出资额为限承担责任

D. 乙承担无限连带责任，甲、丙、丁以其出资额为限承担责任

【答案】C

【解析】（1）乙、丁：合伙企业依法被宣告破产的，普通合伙人乙对合伙企业债务仍应承担无限连带责任，与有限合伙人丁无关；（2）甲：普通合伙人转变为有限合伙人的，对其作为普通合伙人期间合伙企业发生的债务承担无限连带责任；（3）丙：有限合伙人转变为普通合伙人的，对其作为有限合伙人期间有限合伙企业发生的债务承担无限连带责任。

重难点19：法定事项与约定事项综述★★★

1. 法定事项

某些事项法律有明确规定的，合伙协议的约定不得与法律规定相抵触，其中包括但不限于：

（1）普通合伙人以其财产份额出质的，必须经其他合伙人一致同意。

（2）普通合伙人绝对不得从事同本企业相竞争的业务。

（3）普通合伙企业的合伙协议绝对不得约定将全部利润分配给部分合伙人或者由部分合伙人承担全部亏损。

（4）国有独资公司、国有企业、上市公司以及公益性的事业单位、社会团体不得成为普通合伙人。

（5）有限合伙人不得以劳务出资。

（6）有限合伙企业由普通合伙人执行合伙事务，有限合伙人不执行合伙事务，不得对外代表有限合伙企业。

2. 先约定后法定

（1）除合伙协议另有约定外，合伙企业的下列事项应当经全体合伙人一致同意：

①改变合伙企业的名称；

②改变合伙企业的经营范围、主要经营场所的地点；

③处分合伙企业的不动产；

④转让或者处分合伙企业的知识产权和其他财产权利；

⑤以合伙企业名义为他人提供担保；

⑥聘任合伙人以外的人担任合伙企业的经营管理人员。

（2）合伙协议未约定的，法律规定必须经全体合伙人一致同意的事项还包括：

①除合伙协议另有约定外，修改或者补充合伙协议，应当经全体合伙人一致同意。

②新合伙人入伙，除合伙协议另有约定外，应当经全体合伙人一致同意。

③除合伙协议另有约定外，普通合伙人转变为有限合伙人，或者有限合伙人转变为普通合伙人，应当经全体合伙人一致同意。

④除合伙协议另有约定外，普通合伙人向合伙人以外的人转让其在合伙企业中的全部或者部分财产份额时，须经其他合伙人一致同意。

（3）有限合伙人可以同本有限合伙企业进行交易，但是，合伙协议另有约定的除外。

（4）有限合伙人可以自营或者同他人合作经营与本有限合伙企业相竞争的业务，但是，合伙协议另有约定的除外。

（5）有限合伙人可以将其在有限合伙企业中的财产份额出质，但是，合伙协议另有约定的除外。

（6）有限合伙企业不得将全部利润分配给部分合伙人，但是，合伙协议另有约定的除外。

3. 兜底条款

合伙协议未约定或者约定不明确、法律也没有特别规定时，实行合伙人一人一票并经全体合伙人过半数通过的表决办法。如，分别执行合伙事务的，执行事务合伙人可以对其他合伙人执行的事务提出异议。提出异议时，应当暂停该项事务的执行。如果发生争议，按照合伙协议约定的表决办法办理，合伙协议未约定或者约定不明确的，实行合伙人一人一票并经全体合伙人过半数通过的表决办法。

【小贴士】区分以下三种情况：

（1）如果普通合伙人以其财产份额出质，必须经其他合伙人一致同意，这是法律的强制性规定，合伙协议不得“越雷池半步”；

（2）如果要改变合伙企业的名称，先看合伙协议有没有约定，合伙协议未约定的，应当经全体合伙人一致同意；

（3）如果执行合伙事务的两个合伙人发生争议，先看合伙协议有没有约定，合伙协议未约定的，由于法律对此也没有特别规定，实行合伙人一人一票并经全体合伙人过半数通过的表决办法。

【经典真题】

【单选题·2015】某合伙企业举行合伙人会议表决对外投资事项，但合伙协议对该事项的表决办法未作约定。根据合伙企业法律制度的规定，下列关于合伙企业表决办法的表述中，正确的是（　　）。

A. 须经持有过半数财产份额的合伙人同意

B. 须经全体合伙人一致同意

C. 须经过半数合伙人同意

D. 须经 2/3 以上合伙人同意

【答案】C

【解析】对于合伙企业的对外投资事项，由于合伙协议未作约定、法律也没有特别规定，因此实行合伙人一人一票并经全体合伙人过半数通过的表决办法。

【单选题·2015】甲、乙、丙拟设立一个有限合伙企业。甲为普通合伙人，乙、丙为有限合伙人。下列合伙协议内容中，符合合伙企业法律制度规定的是（　　）。

A. 乙以劳务作价 20 万元出资

B. 甲以其出资金额的两倍为限对合伙企业债务承担责任

C. 丙不得将其在合伙企业中的财产份额出质

D. 丙为合伙事务执行人

【答案】C

【解析】（1）选项 A：有限合伙人不得以劳务出资，这是法律的强制性规定，合伙协议不能约定；（2）选项 B：普通合伙人甲应当对合伙企业债务承担无限连带责任，这是法律的强制性规定，合伙协议不能约定；（3）选项 C：有限合伙人丙以其财产份额出质的，先看合伙协议的约定；（4）选项 D：有限合伙人丙不得执行合伙事务，这是法律的强制性规定，合伙协议不能约定。

【单选题·2016】甲、乙、丙、丁拟共同投资设立一有限合伙企业。甲、乙为普通合伙人，丙、丁为有限合伙人，4 人草拟了一份合伙协议，该合伙协议的下列内容中，符合合伙企业法律制度规定的是（　　）。

A. 丙任执行事务合伙人

B. 甲以房屋作价 30 万元出资，乙以专利技术作价 15 万元出资，丙以劳务作价 20 万元出资，丁以现金 50 万元出资

C. 丙、丁可以将其在合伙企业中的财产份额出质

D. 合伙企业名称为“环宇商贸有限公司”

【答案】C

【解析】（1）选项 A：有限合伙人丙不得执行合伙事务，这是法律的强制性规定，合伙协议不能约定；（2）选项 B：有限合伙人丙不得以劳务出资，这是法律的强制性规定，合伙协议不能约定；（3）选项 C：有限合伙人丙、丁以其财产份额出质的，先看合伙协议的约定；（4）选项 D：有限合伙企业名称中必须标明“有限合伙”字样，这是法律的强制性规定，合伙协议不能约定。

重难点 20：合伙企业的解散与清算★★

1. 解散事由

（1）合伙期限届满，合伙人决定不再经营；

（2）合伙协议约定的解散事由出现；

（3）全体合伙人决定解散；

（4）合伙人已不具备法定人数满 30 天；

（5）合伙协议约定的合伙目的已经实现或者无法实现；

（6）依法被吊销营业执照、责令关闭或者被撤销；

（7）法律、行政法规规定的其他原因。

2. 清算人

（1）清算人由全体合伙人担任。

（2）经全体合伙人过半数同意，可以自合伙企业解散事由出现后 15 日内指定一个或者数个合伙人，或者委托第三人担任清算人。

（3）自合伙企业解散事由出现之日起 15 日内未确定清算人的，合伙人或者其他利害关系人可以申请人民法院指定清算人。

3. 债权申报期限

（1）清算人自被确定之日起 10 日内将合伙企业解散事项通知债权人，并于 60 日内在报纸上公告。

（2）债权人应当自接到通知书之日起 30 日内，未接到通知书的自公告之日起 45 日内，向清算人申报债权。

4. 财产清偿顺序

合伙企业的财产在支付清算费用后，清偿顺序依次为：职工工资、社会保险费用和法定补偿金；缴纳所欠税款；清偿债务。

5. 民事赔偿优先执行

违反《合伙企业法》的规定，应当承担民事赔偿责任和缴纳罚款、罚金，其财产不足以同时支付的，首先承担民事赔偿责任。

【经典真题】

【单选题·2016】根据合伙企业法律制度的规定，合伙企业解散清算时，企业财产首先应当清偿或者支付的是（　　）。

A. 所欠税款　　B. 所欠银行借款

C. 所欠职工工资　　D. 清算费用

【答案】D

【解析】合伙企业的财产在支付清算费用后，清偿顺序依次为：职工工资、社会保险费用和法定补偿金；缴纳所欠税款；清偿债务。

【单选题·2017】境外甲私募基金与境内乙有限责任公司拟合作设立丙有限合伙企业，在境内经营共享充电宝项目。其中甲为有限合伙人，乙为普通合伙人。根据合伙企业法律制度的规定，下列关于设立丙有限合伙企业须遵守的相关规定的表述中，正确的是（　　）。

A. 应当由乙负责办理审批手续

B. 甲出资的货币应当是人民币

C. 应当领取《外商投资合伙企业营业执照》

D. 应当向商务主管部门申请设立登记

【答案】C

【解析】（1）选项 A、C、D：外国企业或者个人在中国境内设立合伙企业，应当由全体合伙人指定的代表或者共同委托的代理人向国务院工商行政管理部门授权的地方工商行政管理部门申请设立登记，领取《外商投资合伙企业营业执照》后方可从事经营活动；（2）选项 B：外国企业或者个人用于出资的货币应当是可自由兑换的外币，也可以是依法获得的人民币。

五、进阶练习

（一）单选题

1. 根据合伙企业法律制度的规定，在普通合伙企业中，除合伙协议另有约定外，无须经全体合伙人一致同意的是（　　）。

A. 合伙人之间转让其在合伙企业中的财产份额

B. 以合伙企业名义为他人提供担保

C. 改变合伙企业名称

D. 处分合伙企业的不动产

2. 某普通合伙企业拟补充企业协议，但合伙协议对该事项的决议规则未作约定。下列表述中，符合合伙企业法律制度规定的是（　　）。

A. 该事项经全体合伙人一致同意方可通过

B. 该事项经半数以上合伙人同意即可通过

C. 该事项经 2/3 以上合伙人同意即可通过

D. 该事项经出资占比 2/3 以上的合伙人同意即可通过

3. 某普通合伙企业合伙人钱某拟对外转让其持有的合伙企业财产份额，合伙协议对于转让程序无特别约定。根据合伙企业法律制度的规定，下列关于该转让的表述中，正确的是（　　）。

A. 须经全体合伙人 2/3 以上同意

B. 须经甲以外的其他合伙人 2/3 以上同意

C. 须经全体合伙人 1/2 以上同意

D. 须经甲以外的其他合伙人一致同意

4. 某普通合伙企业合伙人甲因个人借款，拟将其合伙财产份额质押给债权人乙。根据合伙企业法律制度的规定，为使该质押行为有效，同意质押的合伙人人数应当是（　　）。

A. 超过全体合伙人的 1/2

B. 超过全体合伙人的 2/3

C. 超过全体合伙人的 3/4

D. 全体合伙人

5. 甲为普通合伙企业的执行合伙事务的合伙人。甲为清偿其个人对乙所负担的债务 20 万元，私自将合伙企业的一台工程机械以 25 万元的市价卖给善意第三人丙并交付。甲用所获价款中的 20 万元清偿了对乙的债务，剩余 5 万元被其挥霍一空。根据合伙企业法律制度的规定，下列表述中，正确的是（　　）。

A. 合伙企业有权从丙处取回工程机械

B. 乙应将 20 万元款项直接返还给合伙企业

C. 甲与丙的工程机械买卖合同不成立

D. 合伙企业有权就企业所受损失向甲追偿

6. 甲、乙、丙为普通合伙企业的合伙人。该合伙企业向丁借款 60 万元，三人约定，如果到期合伙企业无力偿还借款，三人各自负责偿还 20 万元。借款到期时，该合伙企业没有财产向丁清偿。根据合伙企业法律制度的规定，下列关于债务清偿的表述中，正确的是（　　）。

A. 丁只能按照三人约定分别清偿各自的 20 万元债务

B. 因合伙企业没有财产，丁的债权无法实现

C. 丁无权向甲或者乙主张全部 60 万元的债务

D. 丁可以根据各合伙人的实际财产状况，确定各自的清偿数额

7. 2018 年 6 月，自然人甲、乙、丙设立某合伙企业。合伙协议约定：甲、乙各出资 30 万元，丙出资 90 万元，均应于合伙企业成立之日起 2 年内缴清；合伙协议未约定利润分配事项。2019 年 6 月，合伙企业拟分配利润，此时甲、乙已完全履行出资义务，丙已向合伙企业出资 60 万元，在甲、乙、丙未能就此次利润分配方案达成一致意见的情形下，下列关于此次利润应如何分配的表述中，正确的是（　　）。

A. 甲、乙、丙应按 1∶1∶2 的比例分配

B. 甲、乙、丙应按 1∶1∶3 的比例分配

C. 甲、乙、丙应按 1∶1∶1 的比例分配

D. 甲、乙、丙应按各自对合伙企业的贡献度分配

8. 某合伙企业欠甲到期借款 3 万元，该合伙企业的合伙人乙也欠甲到期债务 2 万元。甲从该合伙企业购买了一批产品应付货款 5 万元，下列表述中符合合伙企业法律制度规定的是（　　）。

A. 甲可将其所欠合伙企业 5 万元货款与该合伙企业所欠其 3 万元到期借款以及合伙人乙所欠其 2 万元到期借款相抵销，甲无须再向合伙企业偿付货款

B. 甲只能将其所欠合伙企业 5 万元货款与该合伙企业所欠其 3 万元到期借款进行抵销，因此甲仍应向该合伙企业偿付 2 万元

C. 甲只能将其所欠合伙企业 5 万元货款与乙所欠其 2 万元到期借款进行抵销，因此甲仍应向该合伙企业偿付 3 万元

D. 甲所欠合伙企业之债务与该合伙企业及乙所欠其债务之间均不能抵销

9. 某普通合伙企业的合伙人包括有限责任公司甲、乙，自然人丙、丁。根据合伙企业法律制度的规定，下列情形中属于当然退伙事由的是（　　）。

A. 甲被债权人申请破产　　B. 乙被吊销营业执照

C. 丙被依法宣告失踪　　D. 丁因打架被公安机关拘留

10. 甲、乙、丙三个注册会计师各出资 100 万元，设立某会计师事务所（特殊的普通合伙企业），三人各占 1/3 的财产份额。在企业存续期间，甲因重大过失出具了虚假的审计报

告，致使合伙企业应当赔偿丁的损失900万元，此时合伙企业全部财产只有600万元。根据合伙企业法律制度的规定，下列表述中，正确的是（　　）。

A. 甲、乙、丙以其个人全部财产对900万元的债务承担无限连带责任

B. 由甲一人承担900万元的债务

C. 先由合伙企业承担其中600万元的债务，剩余300万元的债务由甲承担

D. 乙、丙仅以出资额为限承担其中的200万元债务，甲承担剩余的700万元

11. 甲上市公司、乙普通合伙企业、丙全民所有制企业和丁公立大学拟共同设立一有限合伙企业。根据合伙企业法律制度的规定，甲、乙、丙、丁中可以成为普通合伙人的是（　　）。

A. 甲　　B. 乙　　C. 丙　　D. 丁

12. 甲、乙、丙、丁、戊共同出资设立一个有限合伙企业，甲、乙、丙为普通合伙人，丁、戊为有限合伙人。执行事务合伙人甲提议接收庚为新合伙人，乙、丙反对，丁、戊同意。合伙协议对新合伙人入伙的表决方法未作约定。根据合伙企业法律制度的规定，下列表述中正确的是（　　）。

A. 庚可以入伙，因甲作为执行事务合伙人有权自行决定接收新合伙人

B. 庚可以入伙，因全体合伙人过半数同意

C. 庚不得入伙，因丁、戊作为有限合伙人无表决权，而反对庚入伙的普通合伙人占全体普通合伙人的2/3

D. 庚不得入伙，因未得到全体合伙人一致同意

13. 某普通合伙企业在经营期间吸收甲入伙。甲入伙前合伙企业对乙负债10万元。甲入伙后，该合伙企业继续亏损，甲要求退伙，获得其他合伙人一致同意。在此期间该合伙企业欠丙货款20万元。甲退伙后，合伙企业又向丁借款20万元。后合伙企业解散，上述债务均未清偿。下列表述中，符合合伙企业法律制度规定的有（　　）。

A. 合伙企业对乙、丙的债务，甲应承担无限连带责任

B. 合伙企业对丙、丁的债务，甲应承担无限连带责任

C. 合伙企业对乙、丁的债务，甲应承担无限连带责任

D. 合伙企业对乙、丙、丁的债务，甲均承担无限连带责任

14. 根据合伙企业法律制度的规定，下列关于有限合伙企业的表述中，正确的是（　　）。

A. 上市公司可以成为有限合伙企业的普通合伙人

B. 有限合伙人可以用土地使用权和劳务出资

C. 自然人作为有限合伙人可以执行合伙事务，对外代表有限合伙企业

D. 如果合伙协议没有约定，有限合伙人可以经营与本有限合伙企业相竞争的业务

（二）多选题

1. 赵某、钱某、孙某、李某设立一家普通合伙企业。经全体合伙人决定，委托赵某、钱某执行合伙事务，对外代表合伙企业。根据合伙企业法律制度的规定，下列表述中，正确的有（　　）。

A. 孙某、李某有权监督赵某、钱某执行合伙事务的情况

B. 如赵某单独执行某一合伙事务，钱某可以对赵某执行的事务提出异议

C. 如赵某单独执行某一合伙事务，孙某可以对赵某执行的事务提出异议

D. 如赵某执行事务违反合伙协议，孙某、李某、钱某有权决定撤销对赵某的委托

2. 根据合伙企业法律制度的规定，除合伙协议另有约定外，下列事项中，需全体合伙人一致同意的有（　　）。

A. 改变合伙企业的名称

B. 处分合伙企业的不动产

C. 以合伙企业名义为他人提供担保

D. 聘任合伙人以外的人担任合伙企业的经营管理人员

3. 根据合伙企业法律制度的规定，普通合伙企业出现亏损时，须由合伙人分担责任。下列有关亏损分担的表述中，正确的有（　　）。

A. 合伙协议有约定比例的，按约定比例分担

B. 合伙协议没有约定比例的，由各合伙人平均分担

C. 合伙协议没有约定比例的，由各合伙人协商确定

D. 合伙协议可以约定由执行合伙事务的合伙人承担全部亏损

4. 甲、乙、丙为普通合伙企业的合伙人。该合伙企业向丁借款150万元，甲、乙、丙之间约定，如果到期合伙企业无力偿还该借款，甲、乙、丙各自负责偿还50万元。借款到期时，该合伙企业没有财产向丁清偿。根据合伙企业法律制度的规定，下列表述中，正确的有（　　）。

A. 丁有权直接向甲要求偿还150万元

B. 只有在甲、乙确实无力清偿的情况下，丁才有权要求丙偿还150万元

C. 乙仅负有向丁偿还50万元的义务

D. 丁可以根据各合伙人的实际财产情况，要求甲偿还100万元，乙偿还30万元，丙偿还20万元

5. 赵某、钱某、孙某和李某共同出资设立一个普通合伙企业，钱某被委托单独执行合伙企业事务。钱某因重大过失给合伙企业造成了较大的损失，但自己并未牟取私利。为此，赵某、孙某和李某一致同意将钱某除名，并作出除名决议，书面通知钱某本人。对于该除名决议的下列表述中，正确的有（　　）。

A. 赵某、孙某和李某可以决议将钱某除名

B. 如果钱某对除名决议没有异议，该除名决议自作出之日起生效

C. 如果钱某对除名决议有异议，可以在接到除名通知之日起30日内，向人民法院起诉

D. 如果钱某对除名决议有异议，可以在接到除名通知之日起30日内，请求工商行政管理机关作出裁决

6. 甲死亡，乙对甲在某普通合伙企业中的财产份额享有合法继承权。下列有关乙与合伙企业关系的表述中，符合合伙企业法律制度规定的有（　　）。

A. 如果乙不愿意成为合伙企业的合伙人，则该合伙企业可以不必向乙退还甲的财产份额

B. 如果乙未能取得合伙人资格，则该合伙企业可以不必向乙退还甲的财产份额

C. 如果乙为无民事行为能力人，全体合伙人未能一致同意乙入伙，则该合伙企业应当

将甲的财产份额退还乙

D. 如果乙为无民事行为能力人，经全体合伙人一致同意，乙可以成为有限合伙人但该合伙企业应转为有限合伙企业

7. 注册会计师甲、乙、丙共同出资设立一特殊的普通合伙制会计师事务所。因甲、乙在某次审计业务中故意出具不实审计报告，人民法院判决会计师事务所赔偿当事人 200 万元。根据合伙企业法律制度的规定，下列关于该赔偿责任承担的表述中，正确的有（　　）。

A. 甲、乙、丙均承担无限连带责任

B. 甲、乙、丙均以其在会计师事务所中的财产份额为限承担责任

C. 应先以该会计师事务所的全部财产承担责任

D. 甲、乙承担无限连带责任，丙以其在会计师事务所中的财产份额为限承担责任

8. 根据合伙企业法律制度的规定，下列各项中，有限合伙人可用作合伙企业出资的有（　　）。

A. 债权　　B. 社会关系

C. 土地使用权　　D. 劳务

9. 根据合伙企业法律制度的规定，有限合伙人的下列行为中，不视为执行合伙事务的有（　　）。

A. 参与决定普通合伙人退伙

B. 对企业的经营管理提出意见

C. 参与选择承办企业审计业务的会计师事务所

D. 依法为本企业提供担保

10. 某产业投资基金的组织形式为有限合伙企业，其有限合伙人的下列行为中，符合合伙企业法律制度规定的有（　　）。

A. 参与选择承办该基金审计业务的会计师事务所

B. 依法为该基金提供担保

C. 对该基金的经营管理提出建议

D. 担任该基金总经理

11. 甲、乙、丙、丁 4 人共同出资设立一个有限合伙企业，其中，甲、乙为普通合伙人，丙、丁为有限合伙人。在订立合伙协议时约定的下列事项中，符合合伙企业法律制度规定的有（　　）。

A. 甲、乙、丙、丁均可以自营与本合伙企业相竞争的业务

B. 甲、乙、丙、丁均不得自营与本合伙企业相竞争的业务

C. 甲、乙可以自营与本合伙企业相竞争的业务，丙、丁不得自营与本合伙企业相竞争的业务

D. 甲、乙不得自营与本合伙企业相竞争的业务，丙、丁可以自营与本合伙企业相竞争的业务

12. 甲、乙、丙、丁四人共同出资设立一个有限合伙企业，其中，甲、乙为普通合伙人，丙、丁为有限合伙人。在合伙协议约定的下列事项中，符合合伙企业法律制度规定的有（　　）。

A. 经其他合伙人过半数同意，甲可以在合伙企业中的财产份额出质

B. 经其他合伙人一致同意，乙可以其在合伙企业中的财产份额出质

C. 经其他合伙人一致同意，丙可以其在合伙企业中的财产份额出质

D. 丁不得以其在合伙企业中的财产份额出质

13. 根据合伙企业法律制度的规定，普通合伙企业的下列人员中，应对合伙企业债务承担无限连带责任的有（　　）。

A. 合伙企业的全体合伙人

B. 合伙企业债务发生后办理入伙的新合伙人

C. 合伙企业债务发生后办理退伙的退伙人

D. 合伙企业聘用的合伙人以外的经营管理人员

14. 甲、乙分别为某有限合伙企业的普通合伙人和有限合伙人，后甲变更为有限合伙人，乙变更为普通合伙人。下列关于甲、乙对其合伙人性质互换前的企业债务承担的表述中，符合合伙企业法律制度规定的有（　　）。

A. 甲对其作为普通合伙人期间的企业债务承担无限连带责任

B. 甲对其作为普通合伙人期间的企业债务承担有限责任

C. 乙对其作为有限合伙人期间的企业债务承担无限连带责任

D. 乙对其作为有限合伙人期间的企业债务承担有限责任

15. 某合伙企业由甲、乙、丙、丁 4 个合伙人组成。根据合伙企业法律制度的规定，下列关于企业清算人的确定的表述中，正确的有（　　）。

A. 清算人可以由 4 人共同担任

B. 甲是合伙事务执行人，只能由其担任清算人

C. 可以在 4 人中推选一人担任清算人

D. 可以聘请一名注册会计师担任清算人

六、进阶练习答案及解析

（一）单选题

1. 【答案】A

【解析】合伙人之间转让其在合伙企业中的财产份额时，应当通知其他合伙人，无须征得全体合伙人的一致同意。

2. 【答案】A

【解析】修改或者补充合伙协议，应当经全体合伙人一致同意；但是，合伙协议另有约定的除外。

3. 【答案】D

【解析】除合伙协议另有约定外，普通合伙人向合伙人以外的人转让其在合伙企业中的全部或者部分财产份额时，须经其他合伙人一致同意。

4. 【答案】D

【解析】普通合伙人以其在合伙企业中的财产份额出质的，须经其他合伙人一致同意。

5. 【答案】D

【解析】(1) 选项 A、D：合伙人在合伙企业清算前私自转移或者处分合伙企业财产的，合伙企业不得以此对抗善意第三人，合伙企业无权从丙处取回工程机械，合伙企业的损失只能向甲进行追偿；(2) 选项 C：甲的行为构成无权处分，但买卖合同有效；(3) 选项 B：乙接受甲的清偿合法有效，不必返还。

6. 【答案】D

【解析】选项 D：合伙人之间的分担比例对债权人没有约束力。债权人可以根据自己的清偿利益，请求全体合伙人中的一人或者数人承担全部清偿责任，也可以按照自己确定的比例向各合伙人分别追索。

7. 【答案】A

【解析】合伙企业的利润（亏损）分担按照合伙协议的约定办理，合伙协议未约定或者约定不明确的，由合伙人协商决定；协商不成的，由合伙人按照实缴出资比例分配、分担。

8. 【答案】B

【解析】甲与该合伙企业相互之间的债权债务可以抵销，但甲不得以其对乙的债权去抵销甲欠该合伙企业的债务。

9. 【答案】B

【解析】(1) 选项 A：甲只是被申请破产，是否被宣告破产并不确定，不属于当然退伙事由；(2) 选项 C、D：作为合伙人的自然人死亡或者被依法宣告死亡时，当然退伙，不包括被宣告失踪和被拘留。

10. 【答案】C

【解析】(1) 选项 A、B：甲以会计师事务所的名义出具的审计报告，产生的债务属于合伙企业的债务，应当先以合伙企业的全部财产予以清偿；(2) 选项 C、D：先以合伙企业的财产 600 万元予以清偿后，乙、丙的清偿义务已经履行完毕，两人分别按财产份额比例清偿了 200 万元，而不是以出资额为限，由于损失因甲的重大过失造成，所以只有甲对剩余 300 万元的债务承担无限责任。

11. 【答案】B

【解析】国有独资公司、国有企业、上市公司以及公益性的事业单位、社会团体不得成为普通合伙人，可以成为有限合伙人。

12. 【答案】D

【解析】(1) 选项 A、B、D：新合伙人入伙除合伙协议另有约定外，应当经全体合伙人一致同意；(2) 选项 C：有限合伙人参与决定普通合伙人入伙、退伙的，不视为执行合伙事务。

13. 【答案】A

【解析】新入伙的普通合伙人对入伙前合伙企业的债务（对于乙的债务）承担无限连带责任；退伙的普通合伙人对基于其退伙前的原因发生的合伙企业债务（对于丙的债务）承担无限连带责任；退伙的普通合伙人对退伙后的债务（对于丁的债务）不承担责任。

14. 【答案】D

【解析】(1) 选项 A：上市公司只能作为有限合伙人；(2) 选项 B：有限合伙人不能以

劳务出资；(3) 选项C：有限合伙人不执行合伙事务，对外不代表合伙企业。

(二) 多选题

1. 【答案】ABD

【解析】(1) 选项A、C、D：不执行合伙事务的合伙人（孙某、李某）有监督权、撤销委托权、查阅账簿权，但无异议权；(2) 选项B：当两个以上的合伙人分别执行合伙事务的，执行事务合伙人（钱某）可以对其他合伙人（赵某）执行的事务提出异议。

2. 【答案】ABCD

【解析】上述各选项均属于合伙协议另有约定外，应当经全体合伙人一致同意的事项。

3. 【答案】AC

【解析】合伙协议未约定或者约定不明确的，由合伙人协商决定；协商不成的，由合伙人按照实缴出资比例分配、分担；无法确定出资比例的，由合伙人平均分配、分担。

4. 【答案】AD

【解析】(1) 选项B、C：合伙人之间的分担比例对债权人没有约束力；(2) 债权人可以根据自己的清偿利益，请求全体合伙人中的一人或者数人承担全部清偿责任（选项A），也可以按照自己确定的比例向各合伙人分别追索（选项D）。

5. 【答案】AC

【解析】(1) 选项A：合伙人因故意或者重大过失给合伙企业造成损失的，经其他合伙人一致同意，可以决议将其除名；(2) 选项B：被除名人自接到除名通知之日起，除名生效；(3) 选项C、D：被除名人对除名决议有异议的，可以自接到除名通知之日起30日内，向人民法院起诉。

6. 【答案】CD

【解析】选项A、B：合伙企业应当向乙退还甲在合伙企业中的财产份额。

7. 【答案】CD

【解析】以合伙企业名义实施行为给第三人造成损失的，先由合伙企业财产予以清偿，不足部分按照如下规则清偿：一个合伙人或者数个合伙人在执业活动中因故意或者重大过失造成合伙企业债务的，应当承担无限责任或者无限连带责任，其他合伙人以其在合伙企业中的财产份额为限承担责任。

8. 【答案】AC

【解析】(1) 选项B：无法评估作价，不得用于出资；(2) 选项D：有限合伙人不得用劳务出资。

9. 【答案】ABCD

10. 【答案】ABC

【解析】(1) 选项D：有限合伙人不得执行合伙事务，所以不得担任该基金总经理；(2) 选项A、B、C：不视为执行企业事务。

11. 【答案】BD

【解析】有限合伙人可以自营或者同他人合作经营与本有限合伙企业相竞争的业务；但是，合伙协议另有约定的除外；而普通合伙人不得自营或者同他人合作经营与本合伙企业相竞争的业务，这是法定义务，不得以合伙协议的方式约定。所以，合伙协议可以约定甲、乙、丙、丁均不得自营与本合伙企业相竞争的业务，但不得约定甲、乙、丙、丁均可以自营与本合伙企业相竞争的业务。

12.【答案】BCD

【解析】（1）选项 A、B：普通合伙人以其财产份额出质的，必须经其他合伙人一致同意，这是法律的强制性规定，合伙协议不得约定；（2）选项 C、D：有限合伙人以其财产份额出质的先看合伙协议的约定，合伙协议没有约定的有限合伙人可以出质。

13.【答案】ABC

【解析】选项 D：合伙人以外的经营管理人员属于“非合伙人”，无须对合伙企业债务承担无限连带责任。

14.【答案】AC

【解析】有限合伙人转变为普通合伙人的，对其作为有限合伙人期间有限合伙企业发生的债务承担无限连带责任；普通合伙人转变为有限合伙人的，对其作为普通合伙人期间合伙企业发生的债务承担无限连带责任。

15.【答案】ACD

【解析】清算人可以由全体合伙人担任；也可以经全体合伙人过半数同意，自合伙企业解散事由出现后 15 日内指定一个或者数个合伙人，或者委托第三人担任清算人。

第六章　公司法律制度

一、2020 年教材本章主要变化

2020 年教材中出现了 10 处主要变化，分别是：（1）公司设立登记程序中删除了“申请名称预先核准”；（2）对“股权出资”进行了详细的阐述，增加了司法解释的相关规定；（3）对“股东的增资优先认缴权的行使和救济”进行了几点说明；（4）新增了“如何确定公司实施利润分配决议的时间”的司法解释规定；（5）对“股东滥用权利”进行详细阐述，并结合司法解释对审判中的适用问题进行详细阐释；（6）结合司法解释对“公司董事的解任”问题进行了补充规定；（7）将股份有限公司中的“股份回购”作为独立的知识点加以阐述；（8）对“利润分配规则”的内容进行较大幅度的调整，详细区分了“利润分配的财务规则”和“公积金规则”；（9）明确了“回购股东的股份后，公司减少注册资本”的法律依据；（10）在公司解散诉讼案件中，《公司法解释五》具体列举了当事人协商一致解决分歧的六种情形。以上变化将在重难点解析部分详细说明。

二、本章近 5 年考情统计分析

本章是比较重要的考试章节，经常与证券法律制度相结合并以案例分析题的方式进行考查，本章考点较多，复习时有一定的难度，需要考生准确理解与运用。最近 5 年平均考试分值为 11.5 分。

（一）近 5 年考试分值分布

题型	2015 年	2016 年	2017 年	2018 年	2019 年
单选题	4	4	4	4	4
多选题	1.5	4.5	1.5	3	3
案例分析题	9	9	6	—	—
合计	14.5	17.5	11.5	7	7

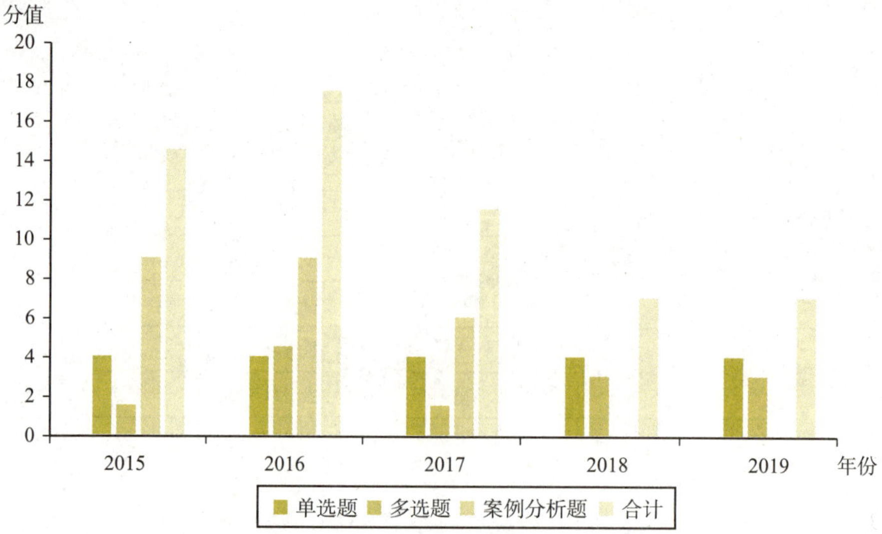

（二）近 5 年考试考点分布

高频考点内容	年度及题型分布
股东的出资形式及司法解释	2017 年单选题、2018 年单选题
股东违反出资义务的责任	2017 年案例分析题、2019 年多选题
名义股东和实际出资人	2017 年单选题
公司设立阶段的合同之债	2016 年多选题、2017 年单选题、2017 年案例题、2019 年单选题
查阅权	2016 年多选题、2019 年多选题
分红权	2015 年单选题、2018 年单选题
优先权	2019 年多选题
异议股东的回购请求权	2015 年案例题、2016 年单选题、2018 年案例分析题
股东诉讼	2015 年案例分析题、2016 年案例分析题、2017 年案例分析题、2018 年单选题
解散诉讼	2016 年单选题
有限责任公司的股权转移	2018 年单选题、2019 年单选题
董事、监事和公司高级管理人员	2015 年单选题、2017 年案例分析题
公司的财务会计	2015 年单选题、2015 年多选题
公积金	2016 年单选题、2017 年单选题、2019 年案例分析题
股东会、董事会和监事会的职权	2015 年单选题、2017 年多选题、2019 年单选题
股东会的会议制度	2016 年多选题
小公司组织机构的特别规定	2015 年单选题
一人有限责任公司	2016 年单选题
国有独资公司	2015 年单选题
上市公司组织机构特别规定	2019 年单选题
上市公司股东大会的会议制度	2015 年多选题
上市公司股东大会的决议方式	2015 年案例分析题
上市公司的对外担保	2018 年多选题
上市公司董事会	2016 年案例分析题
股东会、股东大会、董事会决议制度	2016 年单选题
公司决议的效力	2018 年案例分析题、2019 年多选题、2019 年单选题
上市公司独立董事制度	2018 年单选题
股份有限公司股份转让的限制	2016 年单选题、2018 年单选题
公司分立	2019 年单选题
公司合并	2018 年案例分析题
公司减资	2018 年单选题
公司清算	2017 年多选题

三、本章思维导图

- 公司法律制度
  - 公司设立（重难点1~重难点6）
  - 股东权利及相关诉讼（重难点7~重难点9）
  - 股权转让（重难点10~重难点15）
  - 公司的经营管理（重难点16~重难点20）
  - 有限公司的组织机构（重难点21~重难点25）
  - 上市公司的组织机构（重难点26~重难点30）
  - 上市公司的独立董事制度（重难点31~重难点33）
  - 公司的重大变化（重难点34~重难点37）

四、重难点解析

本章内容为公司法律制度，属于比较重要的章节，主要包括公司的设立、股东权利、有限责任公司的组织机构及股权转移、上市公司的组织机构、上市公司独立董事制度、股份有限公司的股权转让、公司的经营管理、公司的重大变更等理论知识。

重难点1：有限责任公司的设立★

（1）有限责任公司由50个以下股东出资设立，允许设立一人有限责任公司。

（2）有限责任公司的注册资本为在公司登记机关登记的全体股东认缴的出资额。

（3）公司章程。

①设立有限责任公司必须由股东共同依法制定公司章程，股东应当在公司章程上签名、盖章。

②公司章程对公司、股东、董事、监事和高级管理人员均有约束力。

③高级管理人员是指公司的经理、副经理、财务负责人、上市公司董事会秘书和公司章程规定的其他人员。

（4）设立有限责任公司，应当由全体股东指定的代表或者共同委托的代理人向公司登记机关申请设立登记。

（5）登记事项。公司的登记事项包括：

①公司名称；②住所；③法定代表人姓名；④注册资本；⑤公司类型；⑥经营范围；⑦营业期限；⑧有限责任公司股东或者股份有限公司发起人的姓名或者名称。

（6）登记主管机关核准登记后，应当发布公司登记公告。公告后，公司设立程序即为完成。

（7）公司营业执照签发日期为公司成立日期。有限责任公司成立后，应当向股东签发出资证明书。

（8）有限责任公司应当置备股东名册。记载于股东名册的股东，可以依股东名册主张行使股东权利。

【小贴士】（2020 年教材新变化）在设立登记中，删除了“设立公司应当首先申请名称预先核准；预先核准的公司名称保留期为 6 个月；预先核准的公司名称在保留期内，不得用于从事经营活动，不得转让”的规定。

【经典模拟题】

【单选题】根据公司企业法律制度的规定，下列关于有限责任公司设立条件的表述中，正确的是（　　）。

A. 有限责任公司的股东人数必须是两人以上

B. 公司章程对公司、股东、董事、监事和高级管理人员均有约束力

C. 有限责任公司的注册资本为在公司登记机关登记的全体股东实缴的出资额

D. 登记主管机关核准登记后，公司正式成立

【答案】B

【解析】（1）选项 A：有限责任公司由 50 个以下股东出资设立，允许设立一人有限责任公司；（2）选项 C：有限责任公司的注册资本为在公司登记机关登记的全体股东认缴的出资额；（3）选项 D：公司营业执照签发日期为公司成立日期。

重难点 2：股份有限公司的设立★★

1. 发起人

股份有限公司的发起人为 2 人以上 200 人以下，其中须有半数以上的发起人在中国境内有住所。

2. 发起设立

股份有限公司采取发起设立方式设立的，注册资本为在公司登记机关登记的全体发起人认购的股本总额。

3. 募集设立

（1）股份有限公司采取募集方式设立的，注册资本为在公司登记机关登记的实收股本总额。

（2）股份有限公司采取募集方式设立的，发起人认购的股份不得少于公司股份总数的 35%；但法律、行政法规另有规定的从其规定。

（3）发起人、认股人缴纳股款或者交付抵作股款的出资后，除未按期募足股份、发起人未按期（30 日）召开创立大会或者创立大会决议不设立公司的情形外，不得抽回其股本。

【小贴士】投资人可以抽回出资的情形：未按期募足股份；未按期（30 日）召开创立大会；创立大会决议不设立公司。

4. 组织条件

组织条件包括公司名称、住所、章程以及依法建立的组织机构等。股份有限公司的设立需要有相应的名称、住所，必须在名称中标明股份有限公司或者股份公司字样。同时，需要建立相应的组织机构，且股份发行、筹办事项符合法律规定等。

5. 公司章程

公司章程是由设立公司的股东共同制定，对公司、股东、董事、监事、高级管理人员具有约束力的调整公司内部关系和经营行为的公司规范性文件。公司章程是公司设立的必备条件之一，也是一个体现公司自治规则和自治手段的文件；公司法中任意性的规定，主要授权由公司章程规定；此外，公司章程是一个公开性的文件，其记载的内容都是公开的，股东、债权人以及有关人士可通过不同的途径进行查阅。

（1）公司章程的制定和修改。根据我国《公司法》的规定，股份有限公司的发起人应当制定公司章程，采用募集方式设立的须经创立大会通过。公司章程的修改必须经过股东大会，并且应当经过出席会议的代表2/3以上表决权的股东通过。

（2）公司章程的内容。公司章程记载内容分为三类，即绝对必要记载事项、相对必要记载事项、选择性记载事项或任意记载事项。

【经典模拟题】

【多选题】根据公司法律制度的规定，股份有限公司采取募集方式设立的，认股人缴纳出资后，有权要求返还出资的情形有（　　）。

A. 未按期募足股份

B. 创立大会决议不设立公司

C. 公司发起人抽逃出资、情节严重

D. 发起人未按期召开创立大会

【答案】ABD

【解析】投资人可以抽回出资的情形：未按期募足股份；未按期（30日）召开创立大会；创立大会决议不设立公司。

重难点3：股东的出资形式★★★

1. 股东的义务

（1）出资义务；

（2）善意行使股权的义务；

【小贴士】（2020年教材新变化）股东善意行使股权的义务是指股东不得滥用其权利，这是《公司法》第二十条的规定，但这只是一般规定。实践中，股东滥用权利的一个突出现象是，控股股东利用其与公司的关联关系损害公司利益。因此《公司法》第二十一条特别规定：公司的控股股东不得利用其与公司关联关系损害公司利益；如违反该规定给公司造成损失，控股股东应当承担赔偿责任。这一规则同样适用于公司的实际控制人、董事、监事和高级管理人员。关联关系是指公司控股股东、实际控制人、董事、监事、高级管理人员与其直接或者间接控制的企业之间的关系，以及可能导致公司利益转移的其他关系；但是，国家控股的企业之间不能因为同受国家控股而具有关联关系。

《公司法解释五》对《公司法》第二十一条在审判中的适用又做了进一步解释。相关内容可见教材。

（3）公司出现解散事由后，股东有组织清算的义务。

2. 股东的出资形式

（1）股东可以用货币出资，也可以用实物、知识产权、土地使用权等可以用货币估价并可以依法转让的非货币财产作价出资。

（2）股东不得以劳务、信用、自然人姓名、商誉、特许经营权或者设定担保的财产等作价出资。

3. 事后贬值的

出资人以符合法定条件的非货币财产出资后，因市场变化或者其他客观因素导致出资财产贬值，公司、其他股东或者公司债权人请求该出资人承担补足出资责任的，人民法院不予支持；当事人另有约定的除外。

4. 土地使用权

出资人以划拨的土地使用权或者设定权利负担（如设定了抵押担保）的土地使用权出资，公司、其他股东或者公司债权人主张认定该出资人未履行出资义务的，人民法院应当责令当事人在指定的合理期间内办理土地变更手续或者解除权利负担；逾期未办理或者未解除的，人民法院应当认定出资人未依法全面履行出资义务。

5. 无权处分

出资人以其不享有处分权的财产出资，当事人之间对于出资行为的效力产生争议的，人民法院可以参照善意取得制度的规定予以认定。

【小贴士】只要公司取得该财产符合善意取得条件，该财产可以最终为公司所有；公司如果不符合善意取得条件，所有权人有权取回该财产，此时视为出资人未履行出资义务。

6. 以债权出资

债权人可以将其依法享有的对在中国境内设立的公司的债权，转为公司股权。也就是说，债权出资目前仅限于债权人对债务人实施“债转股”。转为公司股权的债权应当符合下列情形之一：

（1）债权人已经履行债权所对应的合同义务，且不违反法律、行政法规、国务院决定或者公司章程的禁止性规定；

（2）经人民法院生效裁判或者仲裁机构裁决确认；

（3）公司破产重整或者和解期间，列入经人民法院批准的重整计划或者裁定认可的和解协议。

7. 以股权出资

股东或者发起人可以以其持有的在中国境内设立的公司股权出资。以股权出资的，该股权应当权属清楚、权能完整、依法可以转让。

【小贴士】（2020 年教材新变化）根据《公司法解释三》，出资人以其他公司股权出资，符合下列条件的，人民法院应当认定出资人已履行出资义务：（1）出资的股权由出资人合法持有并依法可以转让；（2）出资的股权无权利瑕疵或者权利负担；（3）出资人已履行关于股权转让的法定手续；（4）出资的股权已依法进行了价值评估。股权出资如果不符合前三项的规定，公司、其他股东或者公司债权人请求认定出资人未履行出资义务的，人民法院应当责令该出资人在指定的合理期间内采取补正措施，以符合上述条件；逾期未补正的，人民法院应该认定其未依法全面履行出资义务。出资的股权如果没有依法进行价值评估，公司、其他股东或者公司债权人请求认定出资人未履行出资义务的，人民法院应当按照《公司法解释三》关于非货币出资未依法评估作价的相关规定处理。

【经典真题】

【单选题·2017】甲有限责任公司成立于2017年1月5日。公司章程规定，股东乙以其名下的一套房产出资。乙于1月7日将房产交付公司，但未办理权属变更手续。5月9日，股东丙诉至人民法院，要求乙履行出资义务。5月31日，人民法院责令乙于10日内办理权属变更手续。6月6日，乙完成办理权属变更手续。根据公司法律制度的规定，乙享有股东权利的起始日期是（　　）。

A. 1月7日　　B. 1月5日

C. 6月6日　　D. 5月31日

【答案】A

【解析】出资人主张自其实际交付财产给公司使用时享有相应股东权利的，人民法院应予支持。

重难点4：股东违反出资义务的责任★★★

1. 股东违反出资义务的行为，包括未履行或未能全面履行出资义务的行为，可能表现为：

（1）股东未按章程规定缴纳出资（例如迟延缴纳、实际价额不足等）；

（2）公司设立时股东以非货币财产出资，公司成立后发现其出资的实际价额低于章程所定价额；

（3）公司成立后，以非货币财产向公司增资的股东，其出资的实际价额低于章程所定价额等；

（4）抽逃出资也属于股东违反出资义务，只是抽逃出资行为的发生时间通常在公司成立之后。

2. 公司成立后，如果在增资过程中出现股东违反出资义务的情形，相关董事、高级管理人员可能承担相应责任。

分述如下：

（1）股东未履行或者未全面履行出资义务，公司或者其他股东请求其向公司依法全面履行出资义务的，人民法院应予支持。

（2）违反出资义务的股东可能对履行出资义务的股东承担违约责任。

（3）股东违反出资义务而公司又无力偿还债务的，公司债权人有权请求该股东在一定范围内承担清偿责任。

（4）公司成立后，如在增资过程中出现股东违反出资义务的情形，相关董事、高级管理人员可能承担相应责任。

（5）有限责任公司的股东未履行或者未全面履行出资义务即转让股权，受让人对此知道或者应当知道，公司请求该股东履行出资义务、受让人对此承担连带责任的，人民法院应予支持。

（6）名义股东与实际出资人不符的，名义股东不得以其为名义股东为由对抗公司债权人。

（7）抽逃出资的责任。为了保证公司资产的稳定性，股东出资在公司成立后不得撤回。

（8）违反出资义务的股东，公司有权依法限制其股东权利乃至解除其股东资格。

（9）股东承担以上违反出资义务的民事责任，不适用诉讼时效抗辩。

3. 抽逃出资的界定

公司成立后，股东存在下列情形且损害公司权益的，可以被认定为抽逃出资：

（1）通过虚构债权债务关系将其出资转出；

（2）制作虚假财务会计报表虚增利润进行分配；

（3）利用关联交易将出资转出；

（4）其他未经法定程序将出资抽回的行为。

4. 股东权利

股东未履行或者未全面履行出资义务或者抽逃出资，公司根据公司章程或者股东会决议对其利润分配请求权、新股优先认购权、剩余财产分配请求权等股东权利作出相应的合理限制，该股东请求认定该限制无效的，人民法院不予支持。

5. 股东资格

有限责任公司的股东未履行出资义务或者抽逃全部出资，经公司催告，在合理期间内仍未缴纳或者返还出资，公司以股东会决议解除该股东的股东资格，该股东请求确认该解除行为无效的，人民法院不予支持。

6. 公司债权人

（1）未尽出资义务。

①公司债权人请求未履行或者未全面履行出资义务的股东在未出资本息范围内对公司债务不能清偿的部分承担补充赔偿责任的，人民法院应予支持。未履行或者未全面履行出资义务的股东已经承担上述责任，其他债权人提出相同请求的，人民法院不予支持。

②股东在公司设立时未履行或者未全面履行出资义务，发起人与被告股东承担连带责任。但是，公司的发起人承担责任后，可以向被告股东追偿。

（2）抽逃出资（2017 年案例分析题）。公司债权人请求抽逃出资的股东在抽逃出资本息范围内对公司债务不能清偿的部分承担补充赔偿责任，协助抽逃出资的其他股东、董事、高级管理人员或者实际控制人对此承担连带责任的，人民法院应予支持；抽逃出资的股东已经承担上述责任，其他债权人提出相同请求的，人民法院不予支持。

7. 股东未尽出资义务时的股权转让

有限责任公司的股东未履行或者未全面履行出资义务即转让股权，受让人对此知道或者应当知道，公司请求该股东履行出资义务，受让人对此承担连带责任的，人民法院予以支持。受让人对外承担连带责任后，向该未履行或者未全面履行出资义务的股东追偿的，人民法院应予以支持。但是当事人另有约定的除外。

【经典真题】

【多选题·2019】甲公司股东吴某抽逃出资。根据公司法律制度的规定，下列各项中，有资格对吴某提起向公司返还出资之诉的有（　　）。

A. 甲公司　　B. 甲公司其他股东
C. 甲公司董事会　　D. 甲公司监事会

【答案】AB

【解析】股东抽逃出资，公司或者其他股东请求其向公司返还出资本息，协助抽逃出资的其他股东、董事、高级管理人员或者实际控制人对此承担连带责任的，人民法院予以支持。

重难点5：名义股东与实际出资人★★★

1. 名义股东与实际出资人之间的内部约定有效吗？

（1）实际出资人与名义出资人订立合同，约定由实际出资人出资并享有投资权益，以名义出资人为名义股东，实际出资人与名义股东对该合同效力发生争议的，如无《合同法》第五十二条规定的无效情形，人民法院应当认定该合同有效，实际出资人可依照合同约定向名义股东主张相关权益。

（2）在实际出资人与名义股东就出资约定合法的情况下，二者因投资权益的归属发生争议，实际出资人以其实际履行了出资义务为由向名义股东主张权利的，人民法院应予支持。名义股东以公司股东名册记载、公司登记机关登记为由否认实际出资人权利的，人民法院不予支持。

2. 实际出资人想“转正”怎么办？

如果实际出资人未经公司其他股东半数以上同意，请求公司变更股东、签发出资证明书、记载于股东名册、记载于公司章程并办理公司登记机关登记的，人民法院不予支持。

3. 名义股东“犯坏”怎么办？

名义股东将登记于其名下的股权转让、质押或者以其他方式处分，实际出资人以其对于股权享有实际权利为由，请求认定处分股权行为无效的，人民法院可以参照《物权法》第一百零六条（善意取得制度）的规定处理。只要受让方构成善意取得，交易的股权可以最终为其所有。但是，名义股东处分股权造成实际出资人损失，实际出资人请求名义股东承担赔偿责任的，人民法院应予支持。

4. 如何面对公司的债权人？

如果公司债权人以登记于公司登记机关的股东未履行出资义务为由，请求其对公司债务不能清偿的部分在未出资本息范围内承担补充赔偿责任，股东以其仅为名义股东而非实际出资人为由进行抗辩的，人民法院不予支持。但是，名义股东在承担相应的赔偿责任后，向实际出资人追偿的，人民法院应予支持。

5. “被股东”了怎么办？

如果冒用他人名义出资并将该他人作为股东在公司登记机关登记的，冒名登记行为人应当承担相应责任；公司、其他股东或者公司债权人以未履行出资义务为由，请求被冒名登记的股东承担补足出资责任或者对公司债务不能清偿部分的赔偿责任的，人民法院不予支持。

【经典真题】

【单选题·2017】甲盗用乙的身份证以乙的名义向丙公司出资。乙被记载于丙公司股东名册，并进行了工商登记，但直至出资期限届满仍未履行出资义务。根据公司法律制度的规定，下列关于出资责任承担的表述中，正确的是（　　）。

A. 乙承担出资责任

B. 甲承担出资责任

C. 乙首先承担出资责任，不足部分再由甲补足

D. 甲、乙对出资承担连带责任

【答案】B

【解析】如果冒用他人名义出资并将该他人作为股东在公司登记机关登记的，冒名登记行为人应当承担相应责任。

【经典模拟题】

【多选题】甲、乙双方订立协议，由甲作为名义股东，代为持有乙在丙有限责任公司的股权，但投资收益由实际投资人乙享有。协议并无其他违法情形。后甲未经乙同意，将其代持的部分股权，以合理价格转让给丙公司的股东丁，丁对甲只是名义股东的事实并不知情。根据公司法律制度的规定，下列表述中，正确的有（　　）。

A. 甲、乙之间的股权代持协议无效

B. 甲、乙之间的股权代持协议有效

C. 若乙反对甲、丁之间的股权转让，则丁不能取得甲所转让的股权

D. 即使乙反对甲、丁之间的股权转让，丁亦合法取得甲所转让的股权

【答案】BD

【解析】（1）选项A、B：实际出资人乙与名义股东甲之间的股权代持协议，如无《合同法》第五十二条规定的无效情形，人民法院应当认定该协议有效；（2）选项C、D：名义股东甲将登记于其名下的股权转让或者质押，只要受让方丁构成善意取得，交易的股权可以最终为其所有，即使乙反对甲、丁之间的股份转让，丁亦合法取得该项股权。

重难点6：公司设立阶段的债务★★★

1. 合同之债（2019年重大调整）

（1）以发起人的名义订立合同。发起人为设立公司以自己的名义与他人订立合同，根据《民法总则》的规定，合同相对人有权选择请求该发起人或者成立后的公司承担合同义务。

（2）以公司的名义订立合同。发起人为设立公司以设立中公司的名义与他人订立合同，根据《民法总则》的规定，公司成立后自动承担该合同义务。公司未成立，则单一发起人独自承担设立所产生的债务；发起人为数人的，连带承担债务。

2. 侵权之债

（1）公司成立的。发起人因履行公司设立职责造成他人损害，公司成立后，受害人请求公司承担侵权赔偿责任的，人民法院应予支持。

（2）公司未成立。发起人因履行公司设立职责造成他人损害，公司未成立，受害人请求全体发起人承担连带赔偿责任的，人民法院应予支持。

（3）公司或者无过错的发起人承担赔偿责任后，可以向有过错的发起人追偿。

3. 公司设立失败的责任承担

（1）公司不能成立时，发起人对设立行为所产生的债务和费用负连带责任。部分发起人承担责任后，请求其他发起人分担的，人民法院应当判令其他发起人按照约定的责任承担比例分担责任；没有约定责任承担比例的，按照约定的出资比例分担责任；没有约定出资比例的，按照均等份额分担责任。

（2）因部分发起人的过错导致公司未成立，其他发起人主张其承担设立行为所产生的费用和债务的，人民法院应当根据过错情况，确定过错一方的责任范围。

【经典真题】

【单选题·2017】甲、乙、丙三人拟设立一有限责任公司。在公司设立过程中，甲在搬运为公司购买的办公家具时，不慎将丁撞伤。根据公司法律制度的规定，下列关于对丁的侵权责任承担的表述中，正确的是（　　）。

A. 若公司未成立，丁仅能请求甲承担该侵权责任

B. 若公司未成立，丁应先向甲请求赔偿，不足部分再由乙、丙承担

C. 若公司成立，则由公司自动承受该侵权责任

D. 无论公司是否成立，该侵权责任应由甲、乙、丙共同承担

【答案】C

【解析】公司设立过程中的侵权之债遵循如下规则：发起人因履行公司设立职责造成他人损害，公司成立后，受害人请求公司承担侵权赔偿责任的，人民法院应予支持；发起人因履行公司设立职责造成他人损害，公司未成立，受害人请求全体发起人承担连带赔偿责任的，人民法院应予支持。

【单选题·2019】甲、乙共同投资设立丙公司，约定由乙担任法定代表人。在公司设立过程中，甲以丙公司名义与丁公司签订房屋租赁合同作为丙公司的办公场地，租金20万元，后丙公司设立失败，租金未付。对此，下列说法正确的是（　　）。

A. 由甲承担全部责任

B. 由甲、乙承担连带责任

C. 由乙承担全部责任

D. 由甲、乙依出资比例按份承担责任

【答案】B

【解析】根据规定，发起人以设立中的公司名义订立合同，公司成立后自动承担合同义务，但是，如果公司未成立，单一发起人独自承担设立所产生的债务，发起人为数人的，承担连带责任。

重难点7：股东权利★★★

此重难点未对股东全部权利进行阐述，而是选取重要权利进行分析。

1. 表决权

（1）有限责任公司的股东按照出资比例行使表决权，但公司章程另有规定的除外。

（2）股份有限公司的股东按照持股比例行使表决权。

2. 新股优先认购权

（1）有限责任公司新增资本时，股东有权优先按照实缴的出资比例认缴出资；但是，全体股东可以事先约定不按照出资比例优先认缴出资。

（2）股份有限公司的股东没有新股优先认购权，除非股东大会在发行新股时通过向原股东配售新股的决议。

【小贴士】（2020 年教材新变化）教材中又将此权利称为“增资优先认缴权”，是指公司新增资本或发行新股时，原有股东在同等条件下优先于外部投资者认缴出资或者认购新股的权利。依据法律规定，有限公司股东的优先认缴权是法定权利，认购数额以其实缴出资比例为准，除非全体股东约定其他认购比例。《公司法》第三十四条规定，有限责任公司新增资本时，股东有权优先于股东以外的人，按照实缴的出资比例认缴出资。但是，全体股东约定不按照出资比例优先认缴出资的除外。《公司法》第一百三十三条则规定，股份有限公司发行新股，股东大会应当对“向原有股东发行新股的种类及数额”作出决议。这说明，在股份有限公司中，股东并不当然享有新股优选认购权，除非股东大会在发行新股时作出向原股东优先配售新股的决议。而在有限责任公司中，股东当然享有增资优先认缴权，除非全体股东约定放弃或者限制。

我国《公司法》对增资优先认缴权的规定非常简略。基于法律体系的要求和审判实践的发展，对其行使和救济作出以下几点说明：

（1）增资优先认缴权的行使条件是，公司决定接受外部投资者认缴出资而新增注册资本，因此公司吸收合并导致其注册资本增加的情况下，原有股东不享有增资优先认缴权；

（2）在具备行使该项权利的条件的前提下，股东应当在公司形成增资决议的过程中，向公司作出明确且合格的行使增资优先认缴权的意思表示；

（3）增资优先认缴权性质上属于形成权，股东作出意思表示后即与公司形成认缴出资的合意；

（4）股东可以放弃行使自己的增资优先认缴权，其放弃的认缴份额并不当然成为其他股东行使增资优先认缴权的对象；

（5）增资优先认缴权可以在公司原股东之间自由转让，但不得转让给股东以外的人；

（6）针对侵害增资优先认缴权的不同行为，股东可提起的诉讼请求包括：请求人民法院否定相关决议；责令公司恢复原状；行使增资优先认缴权或责令公司继续履行增资认缴协议；损害赔偿等。

3. 分红权

（1）有限责任公司的股东按照实缴的出资比例分取红利；但是，全体股东可以事先约定不按照出资比例分取红利。

（2）股份有限公司按照股东持有的股份比例分配利润，但股份有限公司章程规定不按持股比例分配的除外。

（3）股东起诉请求公司分配利润案件，应当列公司为被告。

（4）股东提交载明具体分配方案的股东会或者股东大会的有效决议，请求公司分配利润，公司拒绝分配利润且其关于无法执行决议的抗辩理由不成立的，人民法院应当判决公司按照决议载明的具体分配方案向股东分配利润。

（5）股东未提交载明具体分配方案的股东会或者股东大会决议，请求公司分配利润的，人民法院应当驳回其诉讼请求，但违反法律规定滥用股东权利导致公司不分配利润，给其他股东造成损失的除外。

4. 查阅权（知情权）

有限责任公司：

（1）股东有权查阅、复制公司章程、股东会会议记录、董事会会议决议、监事会会议决议和财务会计报告。

（2）股东可以要求查阅（不包括复制）公司会计账簿。股东要求查阅公司会计账簿的，应当向公司提出书面请求，说明目的。公司有合理根据认为股东查阅会计账簿有不正当目的，可能损害公司合法利益的，可以拒绝提供查阅，并应当自股东提出书面请求之日起15日内书面答复股东并说明理由。

（3）有证据证明股东存在下列情形之一的，人民法院应当认定股东“有不正当目的”：

①股东自营或者为他人经营与公司主营业务有实质性竞争关系业务的，但公司章程另有规定或者全体股东另有约定的除外；

②股东为了向他人通报有关信息查阅公司会计账簿，可能损害公司合法利益的；

③股东在向公司提出查阅请求之日前的年内，曾通过查阅公司会计账簿，向他人通报有关信息损害公司合法利益的；

④股东有不正当目的的其他情形。

股份有限公司：

股东有权查阅（不包括复制）公司章程、股东大会会议记录、董事会会议决议、监事会会议决议、财务会计报告、股东名册和公司债券存根。

【小贴士】对两类公司股东享有的“查阅权”需要注意以下几点：

（1）有限责任公司与股份有限公司股东知情权的范围不同，后者增加了“股东名册和公司债券存根”；

（2）股东有权查阅股东会、股东大会的“会议记录”，但只能查阅董事会和监事会的“会议决议”；

（3）只有有限责任公司的股东查阅“会计账簿”时需要提出书面请求，其他查阅事项，可以其他方式请求；

（4）有限责任公司的股东有权查阅“会计账簿”，而股份有限公司的股东没有该项权利。

5. 异议股东的回购请求权

第一，有限责任公司。

有限责任公司出现下列情形之一的，对股东会决议投反对票的股东，可以请求公司按照合理价格收购其股权：

（1）公司连续5年不向股东分配利润，而公司该5年连续盈利，并且符合法律规定的分配利润条件的；

（2）公司合并、分立、转让主要财产的；

（3）公司章程规定的营业期限届满或者章程规定的其他解散事由出现，股东会会议通过决议修改章程使公司存续的。

自股东会会议决议通过之日起60日内，股东与公司不能达成股权收购协议的，股东可以自股东会会议决议通过之日起90日内向人民法院提起诉讼，要求公司回购股权。

第二，股份有限公司。

股份有限公司异议股东的股份回购请求权仅限于对股东大会作出的“公司合并、分立决议”持有异议的情形。（2015年案例分析题、2018年案例分析题）

6. 股权分配请求权

股东对公司的资产收益权主要体现为有权取得并保有公司分配的权利。公司是否分配利润、以何种行使分配、分配多少等事项的最终决定权由股东会或者股东大会掌握。

有限责任公司的股东按照实缴的出资比例分配红利，但全体股东约定不按照出资比例分取红利的除外。股份有限公司分配利润，按照股东持有的股份比例分配，但股东公司章程规定不按照持股比例分配的除外。

【小贴士】（2020年教材新变化）关于如何确定公司实施利润分配决议的时间，《公司法解释五》规定：分配利润的股东会或者股东大会决议作出后，公司应当在决议载明的时间内完成利润分配。决议没有载明时间的，以公司章程规定的时间为准。决议、章程中均未规定时间或者时间超过一年的，公司应当自决议作出之日起一年内完成利润分配。决议中载明的利润分配完成时间如果超过公司章程规定的时间，股东可以依据《公司法》第二十二条第二款的规定，请求人民法院撤销决议中关于该时间的规定。

【经典真题】

【单选题·2015】甲、乙成立有限责任公司，甲认购出资4万元，乙认购2万元。1年后公司利润为9万元，甲实缴1万元，乙缴足出资，设立公司时未约定利润分配方式。根据公司法律制度的规定，甲应分配的利润是（　　）。

A. 6万元　　B. 3万元

C. 4.5万元　　D. 9.5万元

【答案】B

【解析】由于股东未事先约定利润分配方式，应按股东实缴的出资比例进行分配，甲可以分得 $1/3 \times 9 = 3$（万元）。

【单选题·2016】根据公司法律制度的规定，股份有限公司的下列文件中，股东有权查阅的有（　　）。

A. 公司债券存根　　B. 股东名册

C. 董事会会议决议　　D. 公司会计账簿

【答案】ABC

【解析】有限责任公司的股东有要求查阅公司会计账簿的权利，但是股份有限公司的股东并没有该项权利。

【单选题·2018】根据公司法律制度的规定，在股东起诉请求公司分配利润的案件中，应当列为被告的是（　　）。

A. 公司　　B. 反对分配利润的董事

C. 反对分配利润的股东　　D. 公司及反对分配利润的股东

【答案】A

【解析】这属于异议股东的异议回购请求权的行使，自股东会会议决议通过之日起 60 日内，股东与公司不能达成股权收购协议的，股东可以自股东会会议决议通过之日起 90 日内向人民法院提起诉讼，要求公司回购股权，所以被告是公司。

重难点 8：股东代表诉讼★★★

1. 董事、高级管理人员侵犯公司利益：找监事会

股东（有限责任公司的股东、股份有限公司连续 180 日以上单独或者合计持有公司 1% 以上股份的股东）可以书面请求监事会（或者不设监事会的有限责任公司的监事）向人民法院提起诉讼。如果监事会（或者不设监事会的有限责任公司的监事）收到股东的书面请求后拒绝提起诉讼，或者自收到请求之日起 30 日内未提起诉讼，或者情况紧急、不立即提起诉讼将会使公司利益受到难以弥补的损害的，股东有权为了公司的利益以自己的名义直接向人民法院提起诉讼。

2. 监事侵犯公司利益：找董事会

股东（有限责任公司的股东、股份有限公司连续 180 日以上单独或者合计持有公司 1% 以上股份的股东）可以书面请求董事会（或者不设董事会的有限责任公司的执行董事）向人民法院提起诉讼。如果董事会（或者不设董事会的有限责任公司的执行董事）收到股东的书面请求后拒绝提起诉讼，或者自收到请求之日起 30 日内未提起诉讼，或者情况紧急、不立即提起诉讼将会使公司利益受到难以弥补的损害的，股东有权为了公司的利益以自己的名义直接向人民法院提起诉讼。

3. 公司董事、监事、高级管理人员以外的他人侵犯公司利益：找董事会或者监事会

股东（有限责任公司的股东、股份有限公司连续 180 日以上单独或者合计持有公司 1% 以上股份的股东）可以书面请求董事会或者监事会向人民法院提起诉讼。如果董事会、监事会收到股东的书面请求后拒绝提起诉讼，或者自收到请求之日起 30 日内未提起诉讼，或者情况紧急、不立即提起诉讼将会使公司利益受到难以弥补的损害的，股东有权为了公司的利益以自己的名义直接向人民法院提起诉讼。

【经典模拟题】

【单选题】朱某为甲有限责任公司的经理，利用职务之便为其妻吴某经营的乙公司谋取本来属于甲公司的商业机会，致甲公司损失 50 万元。甲公司小股东袁某欲通过诉讼维护公司利益。甲公司设立了董事会、监事会，根据公司法律制度的规定，关于袁某的做法，下列表述中，正确的是（　　）。

A. 必须先书面请求甲公司董事会对朱某提起诉讼

B. 必须先书面请求甲公司监事会对朱某提起诉讼

C. 只有在董事会拒绝起诉的情况下，才能请求监事会对朱某提起诉讼

D. 只有在其股权达到 1% 时，才能请求甲公司有关部门对朱某提起诉讼

【答案】B

【解析】(1) 选项 A、B、C:“董事、高级管理人员”损害公司利益时，先找“监事会”;(2) 选项 D：有限责任公司的任何一个股东均有权代表公司提起诉讼，不受所持股权比例的限制。

重难点 9：解散诉讼★★★

1. 人民法院应当受理的情形

单独或者合计持有公司全部股东表决权 10% 以上的股东，有下列事由之一，公司继续存续会使股东利益受到重大损失，通过其他途径不能解决，提起解散公司诉讼，人民法院应当受理:

(1) 公司持续 2 年以上无法召开股东会或者股东大会，公司经营管理发生严重困难的;

(2) 股东表决时无法达到法定或者公司章程规定的比例，持续 2 年以上不能作出有效的股东会或者股东大会决议，公司经营管理发生严重困难的;

(3) 公司董事长期冲突，并且无法通过股东会或者股东大会解决，公司经营管理发生严重困难的;

(4) 经营管理发生其他严重困难，公司继续存续会使股东利益受到重大损失的情形。

2. 人民法院不予受理的情形

股东以知情权、利润分配请求权等权益受到损害，或者公司亏损、财产不足以偿还全部债务，以及公司被吊销企业法人营业执照未进行清算等为由，提起解散公司诉讼的，人民法院不予受理。

3. 解散诉讼程序

(1) 股东提起解散公司诉讼，应当以公司为被告。

(2) 人民法院审理解散公司诉讼案件，应当注重调解。当事人协商同意由公司或者股东收购股份，或者以减资等方式使公司存续，且不违反法律、行政法规强制性规定的，人民法院应予支持。当事人不能协商一致使公司存续的，人民法院应当及时判决。经人民法院调解公司收购原告股份的，公司应当自调解书生效之日起 6 个月内将股份转让或者注销。股份转让或者注销之前，原告不得以公司收购其股份为由对抗公司债权人。

【小贴士】(2020 年教材新变化) 人民法院审理解散公司诉讼案件，应当注重调解。根据《公司法解释二》和《公司法解释五》的规定，当事人协商一致以下列方式解决分歧，且不违反法律、行政法规的强制性规定的，人民法院应予支持：(1) 公司回购部分股东股份;(2) 其他股东受让部分股东股份;(3) 他人受让部分股东股权;(4) 公司减资;(5) 公司分立;(6) 其他能够解决分歧，恢复公司正常经营，避免公司解散的方式。

(3) 人民法院关于解散公司诉讼作出的判决，对公司全体股东具有法律约束力。

(4) 人民法院判决驳回解散公司诉讼请求后，提起该诉讼的股东或者其他股东又以同一事实和理由提起解散公司诉讼的，人民法院不予受理。

【经典真题】

【单选题·2016】某有限责任公司有甲、乙、丙三名股东，甲、乙各持 8% 的股权，丙持 84% 的股权。丙任执行董事，乙任监事。甲发现丙将公司资产以极低价格转让给其妻开办的公司，严重损害了本公司利益，遂书面请求乙对丙提起诉讼。乙碍于情面予以拒绝。根据公司法律制度的规定，下列表述中，正确的是（　　）。

A. 甲可以提议召开临时股东会，要求丙对相关事项作出说明

B. 甲可以以自己的名义对丙提起诉讼，要求其赔偿公司损失

C. 甲可以以公司内部监督机制失灵、公司和股东利益严重受损为由，请求人民法院判决解散公司

D. 甲可以请求公司以合理价格收购其股权，从而退出公司

【答案】B

【解析】（1）选项 A：有限责任公司代表 10% 以上表决权的股东，才有权提议召开临时股东会，而甲的股权比例仅为 8%，无权提议召开临时股东会议。（2）选项 C：公司经营管理发生严重困难，继续存续会使股东利益受到重大损失，通过其他途径不能解决的，单独或者合计持有公司全部股东表决权 10% 以上的股东，可以请求人民法院解散公司。本题所述情形（丙的行为严重损害了本公司利益，但不意味着公司经营管理发生严重困难）不具备请求人民法院解散公司的法定条件。（3）选项 D：本题所述情形不具备有限责任公司的股东可以请求公司以合理价格回购其股权的法定条件。

【单选题 · 2016】根据公司法律制度的规定，下列情形中，构成股东要求司法解散公司的正当理由的是（　　）。

A. 公司最近 3 年未开股东会，无法形成股东会决议，经营管理严重困难，继续存续会使股东利益严重受损，且无其他途径解决

B. 公司连续 3 年亏损，累计亏损达到实收股本总额的 1/2

C. 公司连续 5 年盈利，并符合法律规定的利润分配条件，但不分红

D. 公司无故拒绝股东查询公司会计账簿

【答案】A

【解析】（1）选项 A：公司持续 2 年以上无法召开股东会或者股东大会，公司经营管理发生严重困难的，单独或者合计持有公司全部股东表决权 10% 以上的股东，可向人民法院提起解散公司诉讼；（2）选项 B、D：股东以知情权、利润分配请求权等权益受到损害，或者公司亏损、财产不足以偿还全部债务，以及公司被吊销企业法人营业执照未进行清算等为由，提起解散公司诉讼的，人民法院不予受理；（3）选项 C：公司连续 5 年不向股东分配利润，而公司该 5 年连续盈利，并且符合法律规定的分配利润条件的，对股东会决议投反对票的股东可以请求公司按照合理的价格收购其股权，而非解散公司。

重难点 10：有限责任公司股东资格的继承★★★

（1）在公司章程没有另外规定的情况下，自然人股东死亡后，其合法继承人（无论是否具备完全民事行为能力）可以直接继承股东资格。

（2）有限责任公司的自然人股东因继承发生变化时，其他股东主张同等条件下行使优先购买权的，人民法院不予支持，但公司章程另有规定或者全体股东另有约定的除外。

【经典真题】

【单选题·2018】某有限责任公司的自然人股东甲死亡，公司章程对于股权继承无特别规定。根据公司法律制度的规定，甲的合法继承人享有的权利是（　　）。

A. 继承甲的股东资格，并享有全部股东权利

B. 继承甲的股东资格，但表决权受一定限制

C. 继承甲所持股权的财产利益，但不得继承股东资格

D. 继承甲所持股权的财产利益，但继承股东资格须经其他股东过半数通过

【答案】A

【解析】在公司章程没有另外规定的情况下，自然人股东死亡后，其合法继承人（无论是否具备完全民事行为能力）可以直接继承股东资格，享有全部股东权利。

重难点11：有限责任公司股权的自愿转让★★★

1. 对内转让

有限责任公司的股东之间可以相互转让全部或者部分股权。《公司法》对此未设任何限制。

2. 对外转让

（1）有限责任公司的股东向股东以外的人转让股权，应当经其他股东（人数）过半数（>1/2）同意。

（2）有限责任公司的股东向股东以外的人转让股权，应就其股权转让事项以书面或者其他能够确认收悉的合理方式通知其他股东征求同意。其他股东自接到通知之日起满30日未答复的，视为同意转让。

（3）其他股东半数以上不同意转让，不同意的股东不购买的，人民法院应当认定视为同意转让。

【小贴士】公司章程对股权转让另有规定的，从其规定。有限责任公司的股东对外转让股权时，先看公司章程的规定，公司章程没有规定的，才适用《公司法》的规定（经其他股东过半数同意）。

3. 优先购买权

（1）有限责任公司的股东向股东以外的人转让股权，在同等条件下，其他股东有优先购买权。

（2）两个以上股东主张行使优先购买权的，协商确定各自的购买比例；协商不成的，按照转让时各自的出资比例行使优先购买权。

（3）经股东同意转让的股权，其他股东主张转让股东应当向其以书面或者其他能够确认收悉的合理方式通知转让股权的同等条件的，人民法院应当予以支持。

（4）有限责任公司的股东主张优先购买转让股权的，应当在收到通知后，在公司章程规定的行使期间内提出购买请求。公司章程没有规定行使期间或者规定不明确的，以通知确定的期间为准，通知确定的期间短于30日或者未明确行使期间的，行使期间为30日。

（5）人民法院在判断是否属于“同等条件”时，应当考虑转让股权的数量、价格、支

付方式及期限等因素。

4. 转让程序

有限责任公司的股东向股东以外的人转让股权后，公司应当注销原股东的出资证明书，向新股东签发出资证明书，并相应修改公司章程和股东名册中有关股东及其出资额的记载。对公司章程的该项修改无须再由股东会表决。

5. 股东放弃转让

（1）有限责任公司的转让股东，在其他股东主张优先购买后又不同意转让股权的，对其他股东优先购买的主张，人民法院不予支持，但公司章程另有规定或者全体股东另有约定的除外。

（2）其他股东主张转让股东赔偿其损失合理的，人民法院应当予以支持。

6. 损害救济

（1）有限责任公司的股东向股东以外的人转让股权，未就其股权转让事项征求其他股东意见，或者以欺诈、恶意串通等手段，损害其他股东优先购买权，其他股东主张按照同等条件购买该转让股权的，人民法院应当予以支持，但其他股东自知道或者应当知道行使优先购买权的同等条件之日起 30 日内没有主张，或者自股权变更登记之日起超过 1 年的除外。

（2）如果其他股东仅提出确认股权转让合同及股权变动效力等请求，未同时主张按照同等条件购买转让股权的，人民法院不予支持，但其他股东非因自身原因导致无法行使优先购买权，请求损害赔偿的除外。

（3）股东以外的股权受让人，因股东行使优先购买权而不能实现合同目的的，可以依法请求转让股东承担相应民事责任。

【经典模拟题】

【单选题】根据公司法律制度的规定，有限责任公司的股东转让股权后，公司无须办理的事项是（　　）。

A. 注销原股东的出资证明书

B. 向新股东签发出资证明书

C. 申请变更工商登记

D. 召开股东会作出修改章程中有关股东及其出资额记载的决议

【答案】D

【解析】有限责任公司的股东向股东以外的人转让股权后，公司应当注销原股东的出资证明书，向新股东签发出资证明书，并相应修改公司章程和股东名册中有关股东及其出资额的记载。

重难点 12：有限责任公司股权的强制移转★★★

（1）人民法院依照强制执行程序转让股东的股权时，应当通知公司及全体股东，其他股东在同等条件下有优先购买权。

（2）其他股东自人民法院通知之日起满 20 日不行使优先购买权的，视为放弃优先购买权。

【经典模拟题】

【单选题】某有限责任公司共有甲、乙、丙三名股东，因甲无法偿还个人到期债务，人民法院拟依照强制执行程序变卖其股权偿债。根据公司法律制度的规定，下列表述中，正确的是（　　）。

A. 人民法院应当征得乙、丙同意，乙丙在同等条件下有优先购买权

B. 人民法院应当征得公司及乙、丙同意，乙、丙在同等条件下有优先购买权

C. 人民法院应当通知乙、丙，乙、丙在同等条件下有优先购买权

D. 人民法院应当通知公司及全体股东，乙、丙在同等条件下有优先购买权

【答案】D

【解析】人民法院依照强制执行程序转让股东的股权时，应当通知公司及全体股东，其他股东在同等条件下有优先购买权。

重难点 13：有限责任公司的一股二卖★

（1）股权转让后尚未向公司登记机关办理变更登记，原股东将仍登记于其名下的股权转让、质押或者以其他方式处分的，受让股东以其对于股权享有实际权利为由，请求认定处分股权行为无效的，人民法院可以参照善意取得制度的规定处理。第三人在受让原股东处分的股权时如果构成善意取得，则最终获得该股权。

（2）如果原股东处分股权造成受让股东损失，受让股东有权请求原股东承担赔偿责任。同时，受让股东还可以要求对于未及时办理变更登记有过错的董事、高级管理人员或者实际控制人承担相应责任。但是，受让股东对于未及时办理变更登记也有过错的，可以适当减轻上述董事、高级管理人员或者实际控制人的责任。

重难点 14：股份转让的限制★★★

1. 转让场所的限制

股东转让其股份，应当在依法设立的证券交易所进行或者按照国务院规定的其他方式进行。

2. 发起人

发起人持有的本公司股份，自公司成立之日起 1 年内不得转让；因司法强制执行、继承、遗赠、依法分割财产等导致股份变动的除外。

3. 非公开发行的股份

公司公开发行股份前已发行的股份，自公司股票在证券交易所上市交易之日起 1 年内不得转让；因司法强制执行、继承、遗赠、依法分割财产等导致股份变动的除外。

4. 董事、监事、高级管理人员

（1）董事、监事、高级管理人员所持本公司股份，自公司股票上市交易之日起 1 年内不得转让。

（2）董事、监事、高级管理人员在任职期间每年转让的股份不得超过其所持有本公司股份总数的 25%（≤25%）。上市公司董事、监事和高级管理人员所持股份不超过 1 000

股（≤1 000 股）的，自公司股票上市交易之日起 1 年后可以一次性全部转让，不受 25% 的限制。

（3）董事、监事、高级管理人员离职后 6 个月内，不得转让其所持有的本公司股份。

（4）上市公司董事、监事和高级管理人员在下列期间不得买卖本公司股票：

①上市公司定期报告公告前 30 日内；

②上市公司业绩预告、业绩快报公告前 10 日内；

③自可能对本公司股票交易价格产生重大影响的重大事项发生之日或者在决策过程中，至依法披露后 2 个交易日内。

【经典真题】

【单选题 · 2016】某股份有限公司于 2019 年 3 月 7 日首次公开发行股份并在上海证券交易所上市交易。2019 年 4 月 8 日，该公司召开股东大会，拟审议的有关董事、高级管理人员持股事项的议案中包含下列内容，其中，符合公司法律制度规定的是（　　）。

A. 董事、高管离职后半年内，不得转让其所持有的本公司股份

B. 董事、高管持有的本公司股份，自决议通过之日起 6 个月后可以对外自由转让

C. 董事、高管持有的本公司股份，自决议通过之日起 3 个月后可以内部自由转让

D. 董事、高管在任职期间每年转让的股份不得超过其所持有的本公司股份总数的 50%

【答案】A

【解析】（1）选项 B、C：董事、监事、高级管理人员所持本公司股份，自公司股票上市交易之日起 1 年内不得转让；（2）选项 D：董事、监事、高级管理人员在任职期间每年转让的股份不得超过其所持有本公司股份总数的 25% 。

重难点 15：股份回购★★★

公司不得收购本公司股份。

【小贴士】（2020 年教材新变化）公司回购自己的股份，对本公司股东和债权人均有影响，从股东角度看，公司回购股份的行为可能触动股东之间的利益分配；从公司的债权人角度看，公司回购股份导致公司资产流向或回流股东，与公司分配利润或者分配剩余资产效果类似，可能危及公司的债务偿付能力。所以我国《公司法》原则上禁止，例外情形允许，同时没有对股份回购设置与利润分配的财务规则一致的规则。

根据《公司法》的规定，有下列情形之一，可以进行股份回购：

（1）减少公司注册资本；

（2）与持有本公司股份的其他公司合并；

（3）股东因对股东大会作出的公司合并、分立决议持异议，要求公司收购其股份；

（4）将股份用于员工持股计划或者股权激励；

（5）将股份用于转换上市公司发行的可转换为股票的公司债券；

（6）上市公司为维护公司价值及股东权益所必需的。

同时，为防止公司变相违规收购本公司股份，《公司法》规定，公司不得接受本公司的股票作为质押权的标的。

【经典模拟题】

【单选题】甲股份有限公司于2010年12月1日成立，于2015年7月21日在深圳证券交易挂牌上市交易。2015年12月20日，公司发布公告说明的下列事项中，符合公司法律制度规定的是（　　）。

A. 公司董事在首次公开发行股份前持有的本公司股份自2015年12月21日起可以转让，但每年不得超过其所持股份总数的25%

B. 公司监事在首次公开发行股份前持有的本公司股份自2015年12月21日起可以转让，但每年不得超过其所持股份总数的25%

C. 股东大会通过决议，同意接受债务人乙以其持有的本公司股份作为担保其债务履行的质押权标的

D. 股东大会通过决议，同意公司视股价情况收购本公司已发行股份的3%用于未来1年内奖励本公司职工

【答案】D

【解析】（1）选项A、B：董事、监事、高级管理人员所持本公司股份，自公司股票上市交易之日起1年内不得转让；在任职期间每年转让的股份不得超过其所持有本公司股份总数的25%；（2）选项C：公司不得接受本公司的股票作为质押权的标的。

重难点16：公司经营管理的基本规定★★★

（1）公司法定代表人依照公司章程的规定，由董事长、执行董事或者经理担任。

（2）公司章程对公司、股东、董事、监事和高级管理人员均有约束力。

（3）董事、高级管理人员不得兼任监事。

【经典模拟题】

【单选题】下列有关公司董事、监事以及高级管理人员兼任的表述中，符合公司法律规定制度的是（　　）。

A. 公司董事可以兼任公司经理

B. 公司董事可以兼任公司监事

C. 公司经理可以兼任公司监事

D. 公司董事会秘书可以兼任公司监事

【答案】A

【解析】董事、高级管理人员不得兼任监事，公司经理、董事会秘书均属于高级管理人员。

重难点17：董事、监事和高级管理人员★★

1. 任职资格

有下列情形之一的，不得担任公司的董事、监事、高级管理人员：

（1）无民事行为能力或者限制民事行为能力；

（2）因贪污、贿赂、侵占财产、挪用财产或者破坏社会主义市场经济秩序，被判处刑

罚，执行期满未逾5年，或者因犯罪被剥夺政治权利，执行期满未逾5年；

（3）担任破产清算的公司、企业的董事或者厂长、经理，对该公司、企业的破产负有个人责任的，自该公司、企业破产清算完结之日起未逾3年；

（4）担任因违法被吊销营业执照、责令关闭的公司、企业的法定代表人，并负有个人责任的，自该公司、企业被吊销营业执照之日起未逾3年；

（5）个人所负数额较大的债务到期未清偿。

2. 忠实义务

董事、高级管理人员不得有下列行为：

（1）挪用公司资金；

（2）将公司资金以其个人名义或者以其他个人名义开立账户存储；

（3）违反公司章程的规定，未经股东（大）会或者董事会同意，将公司资金借贷给他人或者以公司财产为他人提供担保；

（4）违反公司章程的规定或者未经股东（大）会同意，与本公司订立合同或者进行交易；

（5）未经股东（大）会同意，利用职务便利为自己或者他人谋取属于公司的商业机会，自营或者为他人经营与所任职公司同类的业务；

（6）接受他人与公司交易的佣金归为己有；

（7）擅自披露公司秘密；

（8）违反对公司忠实义务的其他行为。

3. 勤勉义务（2017年案例分析题）

《公司法》对董事、监事和高级管理人员的勤勉义务只是提出了原则性要求，并没有具体规定。

4. 股份有限公司不得直接或者通过子公司向董事、监事、高级管理人员提供借款。（2017年案例分析题）

【经典真题】

【单选题·2015】根据公司法律制度的规定，公司董事的下列行为中，涉嫌违反勤勉义务的是（　　）。

A. 擅自披露公司商业秘密

B. 将公司资金以个人名义开立账户存储

C. 无正当理由长期不出席董事会会议

D. 篡夺公司商业机会

【答案】C

【解析】选项A、B、D：属于违反“忠实义务”的行为。

【单选题·2015】李某为甲股份有限公司的董事长，赵某为乙股份有限公司的董事长。甲公司持有乙公司60%的股份。甲、乙公司的下列行为中，公司法律制度不予禁止的是（　　）。

A. 甲公司向赵某提供200万元购房借款

B. 甲公司向李某提供200万元购房借款

C. 乙公司向赵某提供200万元购房借款

D. 甲公司通过乙公司向李某提供200万元购房借款

【答案】A

【解析】(1) 选项B：甲公司不得直接向其董监高提供借款；(2) 选项C：乙公司不得直接向其董监高提供借款；(3) 选项D：甲公司不得通过子公司（乙公司）向其董监高提供借款。

重难点18：对外担保★★★

1. 对外担保的规模

公司章程对担保总额及单项担保的数额有限额规定的，不得超过规定的限额。

2. 对外担保的决议

(1) 公司为他人提供担保的，按照公司章程的规定由董事会或者股东（大）会决议。

(2) 公司为股东或者实际控制人提供担保的，必须经股东（大）会决议。接受担保的股东或者受实际控制人支配的股东不得参加表决，该项表决由出席会议的其他股东所持表决权的过半数（>1/2）通过。

【经典模拟题】

【单选题】某有限责任公司的股东会拟对公司为股东甲提供担保事项进行表决。下列有关该事项表决通过的表述中，符合公司法律制度规定的是（　　）。

A. 该项表决由公司全体股东所持表决权的过半数通过

B. 该项表决由出席会议的股东所持表决权的过半数通过

C. 该项表决由除甲以外的股东所持表决权的过半数通过

D. 该项表决由出席会议的除甲以外的股东所持表决权的过半数通过

【答案】D

【解析】公司为股东或者实际控制人提供担保的，必须经股东（大）会决议，该项表决由出席会议的其他股东（不含接受担保的股东）所持表决权的过半数通过。

重难点19：公司的财务会计★★

1. 股份有限公司的财务会计报告应当在召开股东大会年会的20日前置备于本公司，供股东查阅。

2. 利润分配规则

【小贴士】(2020年教材新变化) 我国《公司法》的利润分配财务规则是通过将分配对象限定于"税后利润"，并以提取盈余公积金和弥补亏损为分配利润的先决条件，试图达到防止股东抽回或者将利润分光，从而维护并巩固公司偿付能力的目的。

利润分配规则有以下几个要点：

(1) 公司只能向股东分配"税后利润"；

(2) 分配"当年税后利润"之前，必须提取税后利润的10%列入法定公积金，法定公积金累计额为注册资本的50%以上时，可以不再提取；

（3）公司的法定公积金不足以弥补以前年度亏损的，在依照上述规定提取法定公积金之前，应当先用当年利润弥补亏损；

（4）公司可以自愿从税后利润中提取“任意公积金”，但须由股东会或者股东大会作出决议；

（5）“弥补亏损和提取公积金后所余税后利润”，通常应按股东持股比例分配。

公司分配利润必须依赖企业财务会计规范进行。

依照现行规则，公司违法分配利润可能引发以下几种法律责任：

（1）股东承担违规分配利润的返还责任。即在弥补亏损和提取法定公积金之前分配利润，首先要承担民事责任的是接受分红的股东负有向公司返还违规分配的利润的责任。

（2）董事承担对公司的损害赔偿责任。即作出违法分配决议或实施违法分配的董事会成员或者执行董事，可能因其违法行为给公司造成损失而承担赔偿责任。

（3）股东如果借利润分配之名“抽回出资”，则构成“抽逃出资”。抽逃出资的股东，除了必须退还抽回的资金外，还可能在抽逃出资范围内承担公司债务。

（4）公司可能因未提取法定公积金而遭行政处罚。

【经典真题】

【单选题·2015】根据公司法律制度的规定，股份有限公司召开股东大会年会时应当提前将财务会计报告置备于本公司，该提前的日期是（　　）。

A. 10日　　B. 20日　　C. 30日　　D. 50日

【答案】B

【解析】股份有限公司的财务会计报告应当在召开股东大会年会的20日前置备于本公司，供股东查阅。

重难点20：公积金规则★★★

1. 盈余公积金

盈余公积金分为法定公积金和任意公积金，也称“法定盈余公积金”和“任意盈余公积金”，都来源于公司盈余。

2. 资本公积金

资本公积金是直接由资本原因形成的公积金，属于资本的储备，股份有限公司以超过股票票面金额的发行价格发行股份所得的溢价款以及国务院财政部门规定列入资本公积金的其他收入，应当列为公司资本公积金。

【小贴士】（2020年教材新变化）公积金的用途如下：

（1）弥补公司亏损。公司的亏损按照国家税法规定可以用缴纳所得税前的利润弥补，超过用所得税前利润弥补期限仍未补足的亏损，可以用公司税后利润弥补；发生特大亏损，税后利润仍不足弥补的，可以用公司的公积金弥补。但是，资本公积金不得用于弥补公司亏损。

（2）扩大公司生产经营。

（3）转增公司资本。用任意公积金转增资本的，法律没有限制，但用法定公积金转增资本时，转增后留存的法定公积金不得少于转增前注册资本的25%。

【经典真题】

【多选题·2015】根据公司法律制度的规定，下列各项中，应当在提取法定公积金之前实施的有（　　）。

A. 向股东分配利润　　B. 缴纳企业所得税

C. 提取任意公积金　　D. 弥补以前年度亏损

【答案】BD

【单选题·2016】甲公司注册资本为700万元，公司当年税后利润300万元，法定公积金累计额310万元，公司无亏损。根据公司法律制度的规定，甲公司当年应提取的法定公积金是（　　）。

A. 30万元　　B. 40万元

C. 50万元　　D. 60万元

【答案】A

【解析】法定公积金按照税后利润（300万元）的10%提取，当法定公积金累计额为注册资本的50%（350万元）以上时可以不再提取。

重难点21：有限责任公司股东会、董事会和监事会的职权★★★

1. 股东会的职权

（1）决定公司的经营方针和投资计划；

（2）选举和更换由非职工代表担任的董事、监事，决定有关董事、监事的报酬事项；

（3）审议批准董事会或者执行董事的报告；

（4）审议批准监事会或者监事的报告；

（5）审议批准公司的年度财务预算方案、决算方案；

（6）审议批准公司的利润分配方案和弥补亏损方案；

（7）对公司增加或者减少注册资本作出决议；

（8）对发行公司债券作出决议；

（9）对公司合并、分立、解散、清算或者变更公司形式作出决议；

（10）修改公司章程。

2. 董事会（或者不设董事会的执行董事）的职权

董事会的一般职权是“制订方案”，提交股东会表决通过。董事会有权“决定”的事项包括但不限于：

（1）决定公司的经营计划和投资方案；

（2）决定公司内部管理机构的设置；

（3）决定聘任或者解聘公司经理及其报酬事项；根据经理的提名，聘任或者解聘公司副经理、财务负责人，并决定其报酬事项。

3. 监事会（或者不设监事会的监事）的职权

（1）检查公司财务；

（2）对董事、高级管理人员执行公司职务的行为进行监督，对违反法律、行政法规、公司章程或者股东会决议的董事、高级管理人员提出罢免的建议；

（3）当董事、高级管理人员的行为损害公司的利益时，要求董事、高级管理人员予以纠正；

（4）对董事、高级管理人员提起诉讼；

（5）提议召开临时股东会会议，在董事会不履行召集和主持股东会会议职责时召集和主持股东会会议；

（6）向股东会会议提出提案；

（7）监事可以列席董事会会议，并对董事会决议事项提出质询或者建议；

（8）发现公司经营情况异常，可以进行调查。

【经典真题】

【单选题·2015】根据公司法律制度的规定，下列各项中，属于董事会职权的是（　　）。

A. 决定有关董事的报酬事项　　B. 修改公司章程

C. 决定公司内部管理机构的设置　　D. 决定发行公司债券

【答案】C

【解析】选项A、B、D：属于股东（大）会的职权。

【单选题·2019】根据公司法律制度的规定，下列各项中有权制订公司年度财务预算、决算方案的是（　　）。

A. 总经理　　B. 股东大会

C. 董事会　　D. 监事会

【答案】C

【解析】董事会是制订公司的年度财务预算方案、决算方案的；股东会或股东大会是审议批准公司的年度财务预算方案、决算方案的。

重难点22：股东会的会议制度★★★

1. 法定事项

（1）首次股东会会议由出资最多的股东召集和主持。

（2）以后的股东会会议。

①有限责任公司设立董事会的，由董事会召集，董事长主持；董事长不能履行职务或者不履行职务的，由副董事长主持；副董事长不能履行职务或者不履行职务的，由半数以上（≥1/2）董事共同推举一名董事主持。有限责任公司不设董事会的，股东会会议由执行董事召集和主持。

②董事会或者执行董事不能履行或者不履行召集股东会会议职责的，由监事会或者不设监事会的公司的监事召集和主持。

③监事会或者监事不召集和主持的，代表 10% 以上表决权的股东可以自行召集和主持。

（3）临时股东会的召开条件。

①代表 10% 以上表决权的股东提议召开；

②1/3 以上的董事提议召开；

③监事会（或者不设监事会的公司监事）提议召开。

（4）股东会的下列决议必须经代表 2/3 以上表决权的股东通过：

①修改公司章程；

②增加或者减少注册资本；

③公司合并、分立、解散；

④变更公司形式（有限责任公司变更为股份有限公司）。

2. 先约定后法定

（1）会议通知召开股东会会议，应当于会议召开 15 日以前通知全体股东，但公司章程另有规定或者全体股东另有约定的除外。

（2）表决权。股东会会议由股东按照出资比例行使表决权，但公司章程另有规定的除外。

【经典真题】

【多选题·2016】根据公司法律制度的规定，有限责任公司股东会会议的下列决议中，须经代表 2/3 以上表决权的股东通过的有（　　）。

A. 修改公司章程　　B. 决定利润分配方案

C. 对外提供担保　　D. 增加注册资本

【答案】AD

【解析】选项 B、C 属于一般决议事项。

【经典模拟题】

【多选题】甲、乙、丙三人共同出资 500 万元设立了一个有限责任公司，其中甲和乙各出资 40%，丙出资 20%。该公司章程约定的下列条款中，符合公司法律制度规定的有（　　）。

A. 股东会表决时，甲、乙、丙按照出资比例行使表决权

B. 召开股东会会议时，应提前 20 日通知全体股东

C. 公司分配利润时，丙有优先分配权；公司当年利润不足 10 万元的，仅分配给丙，超过 10 万元的，甲、乙、丙按照出资比例分配

D. 公司解散清算后，如有剩余财产，甲、乙、丙按照出资比例分配

【答案】ABCD

【解析】（1）选项 A：有限责任公司股东的表决权，先看公司章程的约定；（2）选项 B：股东会会议通知的时间，先看公司章程或者全体股东是否另有约定；（3）选项 C：有限责任公司股东的分红权，先看公司章程的约定；（4）选项 D：公司解散清算后，如有剩余财产，有限责任公司按照股东的出资比例分配。

重难点23：董事会、监事会的组成★★★

1. 董事会的组成

（1）有限责任公司董事会由3~13人组成。

（2）董事会设董事长1人，可以（而非必须）设副董事长。

（3）有限责任公司董事长、副董事长的产生办法由公司章程规定。

2. 董事长的产生办法

（1）股份有限公司的董事长和副董事长由董事会全体董事过半数选举产生；

（2）国有独资公司的董事长和副董事长由国有资产监督管理机构从董事会成员中指定。

3. 监事会主席的产生办法

（1）有限责任公司和股份有限公司的监事会主席由全体监事过半数选举产生；

（2）国有独资公司的监事会主席由国资委从监事会成员中指定。

4. 董事、监事的任期

董事任期由公司章程规定，只要不超过3年即可，连选可以连任；监事任期为法定，必须是3年，连选可以连任。

董事、监事任期届满未及时改选，或者董事、监事在任期内辞职导致董事会、监事会成员低于法定人数的，在该选出的董事、监事就任前，原董事、监事人应当依照法律、行政法规和公司章程的规定履行职务。

5. 董事的解任

【小贴士】（2020年教材新变化）股东会或者股东大会是董事的产生机构，有权在董事任期届满前解除其职务。《公司法》不要求股东会或者股东大会解除董事时须提供法定理由。根据《公司法解释五》的规定，董事任期届满前被股东会或者股东大会有效决议解除职务的，该董事如向人民法院起诉主张解除不发生法律效力，则人民法院不予支持。不过，董事职务被解除后，因补偿与公司发生纠纷提起诉讼的，人民法院应当依据法律、行政法规、公司章程的规定或者合同的约定，综合考虑解除的原因、剩余任期、董事薪酬等因素，确定是否补偿以及补偿的合理数额。

6. 小公司的特别规定

（1）股东人数较少或者规模较小的有限责任公司，可以不设立董事会，只设1名执行董事，执行董事可以兼任公司经理。

（2）股东人数较少或者规模较小的有限责任公司，可以不设立监事会，只设1~2名监事。

【经典模拟题】

【多选题】甲、乙、丙三人共同出资100万元设立了一家有限责任公司，其中，甲出资60万元，乙出资25万元，丙出资15万元。2019年4月公司成立后，召开了第一次股东会会议。有关这次会议的下列情况中，符合公司法律制度规定的有（　　）。

A. 会议由甲召集和主持

B. 会议决定不设董事会，由甲担任执行董事，甲为公司的法定代表人

C. 会议决定设1名监事，由乙担任，任期3年

D. 会议决定了公司的经营方针和投资计划

【答案】ABCD

【解析】(1) 选项A：有限责任公司首次股东会由出资最多的股东召集和主持；(2) 选项B：股东人数较少或者规模较小的有限责任公司，可以不设董事会，只设1名执行董事，执行董事可以为公司的法定代表人；(3) 选项C：股东人数较少或者规模较小的有限责任公司，可以不设监事会，只设1~2名监事，监事任期为3年；(4) 选项D：决定公司的经营方针和投资计划属于股东会的职权。

重难点24：一人有限责任公司的特别规定★★★

1. 一个自然人只能投资设立1个一人有限责任公司，该一人有限责任公司不能再投资设立新的一人有限责任公司。

【小贴士】一个自然人只能投资设立1个一人公司（"独生子女"政策），该一人公司不能再投资设立新的一人公司；但该政策不适用于法人。

2. 公示

一人有限责任公司应当在公司登记时注明自然人独资或者法人独资，并在营业执照中载明。

3. 公司章程

一人有限责任公司的公司章程由股东制定。

4. 组织机构

(1) 一人有限责任公司不设股东会，股东作出决议时，应当采用书面形式，并由股东签字后置备于公司。

(2) 一人有限责任公司可以设1名执行董事、不设立董事会，执行董事可以兼任公司经理。

(3) 一人有限责任公司可以设1~2名监事，不设立监事会。

5. 财务监督

一人有限责任公司应当在每一个会计年度结束时编制财务会计报告，并经会计师事务所审计。

但并非所有公司的财务会计报告都需要年度审计。

6. 法人的人格否定原则

一人有限责任公司的股东不能证明公司财产独立于股东自己财产的，应当对公司债务承担连带责任。

一人公司属于法人，一般情况下股东只承担有限责任；只有当股东不能证明公司财产独立于股东自己的财产的，股东才应对公司债务承担连带责任。

【经典模拟题】

【单选题】秦某出资20万元设立了一个一人有限责任公司。公司存续期间，秦某的下列行为中，符合公司法律制度规定的是（　　）。

A. 决定由其本人担任公司经理和法定代表人

B. 决定用公司盈利再投资设立另一个一人有限责任公司

C. 决定不制定公司章程

D. 决定不编制财务会计报告

【答案】A

【解析】(1)选项A：由秦某担任公司经理和法定代表人没问题，但由秦某担任公司副经理和法定代表人就不行（因为法定代表人依照公司章程的规定，由“董事长、执行董事或者经理”担任）；(2)选项B：一个自然人只能投资设立1个一人有限责任公司，该一人有限责任公司不能再投资设立新的一人有限责任公司；(3)选项C：一人有限责任公司必须有公司章程；(4)选项D：一人有限责任公司必须在每一个会计年度结束时编制财务会计报告，并经会计师事务所审计。

重难点25：国有独资公司的特别规定★★★

国有独资公司是指国家单独出资、由国务院或者地方人民政府委托本级人民政府国有资产监督管理机构履行出资人职责的有限责任公司。

《公司法》对国有独资公司的设立和组织机构以专门一节作了特殊规定；特殊规定以外的问题，则适用对有限责任公司的一般规定。

组织机构的特别规定：

(1)国有独资公司不设股东会，由国有资产监督管理机构行使股东会职权。国有资产监督管理机构可以授权公司董事会行使股东会的部分职权，决定公司的重大事项，但公司的合并、分立、解散、增减注册资本和发行公司债券，必须由国有资产监督管理机构决定；其中，国务院有关规定确定的重要国有独资公司的合并、分立、解散、申请破产，应当由国有资产监督管理机构审核后，报本级人民政府批准。

(2)国有独资公司董事会的特别规定。国有独资公司设立董事会，依照法律规定的有限责任公司董事会的职权和国有资产监督管理机构的授权行使职权。董事每届任期不得超过3年。董事会成员中应当有公司职工代表。董事会成员由国有资产监督管理机构委派；但是，董事会成员中的职工代表由公司职工代表大会选举产生。董事会设董事长1人，可以设副董事长。董事长、副董事长由国有资产监督管理机构从董事会成员中指定。

(3)经营管理机关的特别规定。国有独资公司设经理，由董事会聘任或者解聘。国有独资公司经理的职权与普通有限责任公司相同。经国有资产监督管理机构同意，董事会成员可以兼任经理。

(4)国有独资公司的董事长、副董事长、董事、高级管理人员任职的特别规定。国有独资公司的上述人员，未经国有资产监督管理机构同意，不得在其他有限责任公司、股份有限公司或者其他经济组织兼职。

(5)国有独资公司监事会的特别规定。国有独资公司监事会成员不得少于5人，其中职工代表的比例不得低于13，具体比例由公司章程规定。监事会成员由国有资产监督管理机构委派；但是，监事会中的职工代表由公司职工代表大会选举产生。监事会主席由国有资产监督管理机构从监事会成员中指定。国有独资公司监事会的职权范围小于普通有限责任公司的监事会，包括：检查公司财务；对董事、高级管理人员执行公司职务的行为进行监督，对违反法律、行政法规、公司章程或者股东会决议的董事、高级管理人员提出罢免的建议；当董事、高级管理人员的行为损害公司的利益时，要求董事、高级管理人员予以纠正以及国务院规定的其他职权。

【经典模拟题】

【单选题】甲公司为国有独资公司，其董事会作出的下列决议中，符合公司法律制度规定的是（　　）。

A. 聘任张某为公司经理

B. 增选职工王某为公司董事

C. 批准董事林某兼任乙有限责任公司经理

D. 决定发行公司债券 500 万元

【答案】A

【解析】（1）选项 A：国有独资公司的经理由董事会聘任或者解聘；（2）选项 B：国有独资公司董事会中的职工代表由职工代表大会选举产生；（3）选项 C：国有独资公司的董事长、副董事长、董事、高级管理人员，未经国有资产监督管理机构（而非董事会）同意，不得在其他公司兼职；（4）选项 D：国有独资公司的“合并、分立、解散、增减注册资本和发行公司债券”，由国有资产监督管理机构（而非董事会）决定。

【单选题】甲、乙两个国有企业出资设立丙有限责任公司。下列关于丙有限责任公司组织机构的表述中，不符合公司法律制度规定的是（　　）。

A. 丙公司监事会成员中应当有公司职工代表

B. 丙公司董事会成员中应当有公司职工代表

C. 丙公司董事长须由国有资产监督管理机构从董事会成员中指定

D. 丙公司监事会主席由全体监事过半数选举产生

【答案】C

【解析】（1）选项 A：所有的监事会中必须包括职工代表；（2）选项 B：两个以上的国有企业投资设立的有限责任公司，董事会中必须包括职工代表；（3）选项 C：丙公司有两个股东，并非国有独资公司，谈不上由国有资产监督管理机构指定的问题；（4）选项 D：普通有限责任公司的监事会主席由全体监事过半数选举产生。

重难点 26：上市公司股东大会的会议制度★★★

1. 年会

上市公司的年度股东大会应当于上一会计年度结束后的 6 个月内举行。召开年度股东大会应当于会议召开 20 日前通知各股东。

2. 临时股东大会

有下列情形之一的，应当在 2 个月内召开临时股东大会：

（1）董事人数不足法定最低人数 5 人或者不足公司章程规定人数的 2/3 时；

（2）公司未弥补的亏损达实收股本总额的 1/3 时；

（3）单独或者合计持有公司10%以上股份的股东请求时；

（4）董事会认为必要时；

（5）监事会提议召开时。

3. 股东大会的召集和主持

（1）股东大会由董事会召集，董事长主持。董事长不能履行职务或者不履行职务的，由副董事长主持；副董事长不能履行职务或者不履行职务的，由半数以上（≥1/2）的董事共同推举一名董事主持。

（2）董事会不能履行或者不履行召集股东大会会议职责的，监事会应当及时召集和主持。

（3）监事会不召集和主持的，连续90日以上单独或者合计持有公司10%以上股份的股东可以自行召集和主持。

4. 股东的临时提案权

（1）单独或者合计持有公司3%以上股份的股东，可以在股东大会召开10日前提出临时提案并书面提交董事会。

（2）董事会应当在收到提案后2日内通知其他股东，并将该临时提案提交股东大会审议。

5. 股东大会不得对通知中未列明的事项作出决议。

6. 会议记录

股东大会的会议记录由主持人和出席会议的董事（而非股东）签名。

【经典真题】

【多选题·2015】根据公司法律制度的规定，下列各项中，有权提议召开临时股东大会的有（　　）。

A. 持有公司1/10股份的股东　　B. 董事长

C. 1/3的董事　　D. 监事会

【答案】AD

【经典模拟题】

【多选题】甲公司是一家以募集方式设立的股份有限公司，其注册资本为人民币6 000万元，董事会有8名成员，最大股东李某持有公司12%的股份。根据公司法律制度的规定，下列各项中，属于甲公司应当在2个月内召开临时股东大会的情形有（　　）。

A. 董事人数减至5人

B. 监事陈某提议召开

C. 最大股东李某请求召开

D. 公司未弥补亏损达人民币1 600万元

【答案】AC

【解析】（1）选项A：董事人数已经不足公司章程所规定人数的2/3，应当召开临时股东大会；（2）选项B：监事会（单个监事不行）有权提议召开临时股东大会；（3）选项C：李某持有的表决权在10%以上，有权提议召开临时股东大会；（4）选项D：公司未弥补的亏损未达到实收股本总额的1/3，无须召开临时股东大会。

重难点27：上市公司股东大会的决议方式★★★

1. 出席＞1/2

股东大会的一般决议（对解聘会计师事务所作出决议、选举和更换独立董事、审议批准变更募集资金用途事项、发行公司债券等），由出席股东大会的股东所持表决权的过半数（＞1/2）通过。

2. 回避＋出席＞1/2

股东大会在审议为股东、实际控制人及其关联方提供的担保议案时，该股东或者受该实际控制人支配的股东，不得参与该项表决，该项表决由出席股东大会的其他股东所持表决权的过半数（＞1/2）通过。

3. 出席≥2/3

上市公司的下列事项，应当经出席股东大会的股东所持表决权的2/3以上（≥2/3）通过：

（1）修改公司章程；

（2）增加或者减少注册资本；

（3）公司合并、分立、解散；

（4）变更公司形式；

（5）重大资产重组；

（6）上市公司在1年内购买、出售重大资产或者担保金额超过公司资产总额30%的。

【小贴士】普通股份有限公司股东大会的特别决议限于前4条。

4. 回避＋出席≥2/3

（1）上市公司重大资产重组事宜与本公司股东或者其关联人存在关联关系的，股东大会就重大资产重组事项进行表决时，关联股东应当回避表决，该事项由出席股东大会的其他股东所持表决权的2/3以上（≥2/3）通过。

（2）上市公司非公开发行股票，本次发行涉及关联股东的，应当回避表决，该事项由出席股东大会的其他股东所持表决权的2/3以上（≥2/3）通过。

（3）上市公司发行可转换公司债券的募集说明书约定转股价格向下修正条款的，转股价格修正方案须提交公司股东大会表决，且须经出席会议的股东所持表决权的2/3以上（≥2/3）同意；股东大会进行表决时，持有公司可转换债券的股东应当回避。

5. 分类表决：≥2/3＋≥2/3

对于发行优先股的上市公司，一般情况下，优先股股东不出席股东大会会议，所持股份没有表决权。但以下情形，除须经出席会议的普通股股东（含表决权恢复的优先股股东）所持表决权的2/3以上（≥2/3）通过之外，还须经出席会议的优先股股东（不含表决权恢复的优先股股东）所持表决权的2/3以上（≥2/3）通过：

（1）修改公司章程中与优先股相关的内容；

（2）一次或者累计减少公司注册资本超过10%；

（3）公司合并、分立、解散或者变更公司形式；

（4）发行优先股。

【经典真题】

【单选题·2019】根据公司法律制度的规定，上市公司在一年内出售重大资产超过公司资产总额一定比例的，应当由股东大会作出决议，并经出席会议的股东所持表决权的2/3以上通过，该比例是（　　）。

A. 30%　　B. 70%　　C. 50%　　D. 60%

【答案】A

【解析】上市公司在一年内购买、出售重大资产或者担保金额超过公司资产总额30%的，应当经出席股东大会的股东所持表决权的2/3以上通过。

【多选题·2019】根据公司法律制度的规定，在公司章程没有特别规定时，优先股股东可以出席股东大会会议并参与表决的事项有（　　）。

A. 公司合并　　B. 变更公司形式

C. 累计减少公司注册资本超过10%　　D. 公司解散

【答案】ABCD

重难点28：上市公司的对外担保★★★

1. 股东大会

（1）回避＋出席＞1/2。

上市公司为股东、实际控制人及其关联方提供的担保，必须由股东大会作出决议；股东大会在审议为股东、实际控制人及其关联方提供的担保议案时，该股东或受该实际控制人支配的股东，不得参与该项表决，该项表决由出席股东大会的其他股东所持表决权的过半数（＞1/2）通过。

（2）出席≥2/3。

上市公司在一年内购买、出售重大资产或者担保金额超过公司资产总额30%的，应当由股东大会作出决议，并经出席会议的股东所持表决权的2/3以上（≥2/3）通过。

（3）出席＞1/2。

上市公司为下列事项提供担保，应当经出席股东大会的股东所持表决权的过半数（＞1/2）通过。

①上市公司及其控股子公司的对外担保总额达到或者超过最近一期经审计净资产50%以后提供的任何担保。

②为资产负债率超过70%的担保对象提供的担保。

③单笔担保额超过最近一期经审计净资产10%的担保。

2. 董事会

应由董事会审批的对外担保，必须经出席董事会的2/3以上（≥2/3）董事审议同意并作出决议。

【经典真题】

【多选题·2018】根据公司法律制度的规定，下列各项中，应当由上市公司股东大会作出决议的有（　　）。

A. 公司对外担保总额超过最近一期经审计总资产的 30% 以后提供的担保

B. 为资产负债率超过 70% 的非关联方提供的担保

C. 公司对外担保总额达到最近一期经审计净资产的 50% 以后提供的担保

D. 为公司实际控制人及其关联方提供的担保

【答案】ABCD

重难点 29：股份有限公司的董事会★★★

1. 股份有限公司董事会的职权与有限责任公司相同。

2. 董事会的组成

（1）股份有限公司董事会成员为 5 ~ 19 人（可以是双数），董事会成员中可以（而非必须）有公司职工代表。

（2）董事会设董事长 1 人，可以（而非必须）设副董事长。

3. 董事会的会议制度

（1）董事会每年度至少召开 2 次会议，每次会议应当于会议召开 10 日前通知全体董事和监事。

（2）董事会会议应有过半数（ >1/2）的董事出席方可举行。(2016 年案例分析题)

（3）董事会会议由董事长召集和主持，董事长不能或者不履行职务的，由副董事长履行职务；副董事长不能或者不履行职务的，由半数以上（≥1/2）董事共同推举一名董事履行职务。

（4）董事因故不能出席会议的，可以书面委托其他董事（不能是非董事）代为出席，委托书中应载明授权范围。

（5）董事会的会议记录由出席会议的董事（不包括列席会议的监事）签名。

4. 临时董事会的召开条件（2016 年案例分析题）

（1）代表 10% 以上表决权的股东提议；

（2）1/3 以上董事提议；

（3）监事会提议。

5. 董事会的决议方式（2016 年案例分析题）

（1）全体 >1/2。

董事会作出决议（如选举董事长、更换高级管理人员）必须经全体董事的过半数（ >1/2）通过。

（2）出席≥2/3。

上市公司应由董事会审批的对外担保，必须经出席董事会的 2/3 以上董事审议同意并作出决议。

（3）回避 + 出席 >1/2。

上市公司董事与董事会会议决议事项所涉及的企业有关联关系的，不得对该项决议行使表决权，也不得代理其他董事行使表决权。该董事会会议由过半数的无关联关系董事出席即可举行，董事会会议所作决议须经无关联关系董事过半数通过。出席董事会的无关联关系董事人数不足 3 人（≤2 人）的，应将该事项提交上市公司股东大会审议。

6. 损失赔偿

董事会的决议违反法律、行政法规或者公司章程、股东大会决议，致使公司遭受严重损失的，参与决议的董事对公司负赔偿责任；但经证明在表决时曾表明异议并记载于会议记录的，该董事可以免除责任。

【经典模拟题】

【多选题】某上市公司董事会成员有 11 人，根据公司章程的规定对与其股东甲公司签订重要采购合同的事项召开临时董事会会议，其中董事李某是甲公司董事长，董事张某、刘某因故未出席本次会议，也未委托其他董事代为出席，表决时有 3 个董事不同意。根据公司法律制度的规定，下列关于本次会议的表述中，正确的有（　　）。

A. 该董事会会议由于过半数的无关联关系董事出席，因此可以举行

B. 该董事会会议决议经参加会议的无关联关系董事半数以上通过，该决议有效

C. 该董事会会议决议未经无关联关系董事过半数通过，该决议不能通过

D. 该董事会会议决议经全体董事过半数通过，该决议有效

【答案】AC

【解析】(1) 董事李某应当回避，无关联关系的董事人数为 10 人；(2) 董事张某、刘某未参加本次会议，出席会议的无关联关系董事人数为 8 人，超过了无关联关系董事人数的半数，符合会议召开条件；(3) 8 人参加表决，有 3 个董事不同意，赞成票为 5 票，未超过无关联关系董事人数的半数（赞成票至少应为 6 票），该决议不能通过。

重难点 30：公司决议的效力★★★

1. 决议不成立

股东（大）会、董事会决议存在下列情形之一，当事人主张决议不成立的，人民法院应当予以支持：

(1) 公司未召开会议的，但依据公司法或者公司章程规定可以不召开股东会或者股东大会而直接作出决定，并由全体股东在决定文件上签名、盖章的除外；

(2) 会议未对决议事项进行表决的；

(3) 出席会议的人数或者股东所持表决权不符合公司法或者公司章程规定的；

(4) 会议的表决结果未达到公司法或者公司章程规定的通过比例的；

(5) 导致决议不成立的其他情形。

2. 决议无效

股东（大）会、董事会的决议内容违反法律、行政法规的无效。

3. 决议的撤销

股东（大）会、董事会的会议召集程序、表决方式违反法律、行政法规或者公司章程，或者决议内容违反公司章程的，股东可以自决议作出之日起 60 日内，请求人民法院撤销。

4. 原告资格

(1) 公司股东、董事、监事等请求确认股东（大）会、董事会决议无效或者不成立的，

人民法院应当依法予以受理。

（2）请求撤销股东（大）会、董事会决议的原告，应当在起诉时具有公司股东资格。

5. 被告

原告请求确认股东（大）会、董事会决议不成立、无效或者撤销决议的案件，应当列公司为被告。对决议涉及的其他利害关系人，可以依法列为第三人。

6. 股东（大）会、董事会决议被人民法院判决确认无效或者撤销的，公司依据该决议与善意相对人形成的民事法律关系不受影响。

【经典真题】

【单选题·2016】某股份有限公司董事会有 9 名董事。该公司召开董事会会议，甲、乙、丙、丁、戊 5 名董事出席，其余 4 名董事缺席。会议表决前，丁因故提前退席，亦未委托他人代为表决。会议最终由 4 名董事一致作出一项决议。根据公司法律制度的规定，下列关于该决议法律效力的表述中，正确的是（　　）。

A. 有效　　B. 无效　　C. 可撤销　　D. 不成立

【答案】D

【解析】董事会作出决议必须经全体董事的过半数通过。在本题中，赞成票仅为 4 票，未达到法定要求，该决议不成立。

【单选题·2019】根据公司法律制度的规定，确认公司董事会决议效力无效，应当以（　　）为被告。

A. 公司　　B. 出席会议的董事

C. 董事会　　D. 对该决议投赞成票的董事

【答案】A

【解析】原告请求确认股东会或者股东大会、董事决议不成立、董事会决议不成立、无效或者撤销决议的案件应当列公司为被告。

重难点 31：独立董事的任职条件★★★

1. 担任独立董事应当符合的基本任职条件

（1）根据法律、行政法规及其他有关规定，具备担任上市公司董事的资格。

（2）具有 5 年以上法律、经济或者其他履行独立董事职责所必需的工作经验。

2. 下列人员不得担任独立董事

（1）在上市公司或者其附属企业任职的人员及其直系亲属（配偶、父母、子女等）和主要社会关系（兄弟姐妹、岳父母、儿媳女婿、兄弟姐妹的配偶、配偶的兄弟姐妹等）；

（2）直接或间接持有上市公司已发行股份 1% 以上或者是上市公司前 10 名股东中的自然人股东及其直系亲属；

（3）在直接或者间接持有上市公司已发行股份 5% 以上的股东单位或者在上市公司前 5 名股东单位任职的人员及其直系亲属；

（4）最近 1 年内曾经具有前三项所列举情形的人员；

（5）为上市公司或者其附属企业提供财务、法律、咨询等服务的人员；

（6）公司章程规定的其他人员；

（7）中国证监会认定的其他人员。

【经典模拟题】

【单选题】甲、乙、丙、丁拟任A上市公司独立董事。根据《上市公司独立董事制度》的规定，下列选项中，不影响当事人担任独立董事的情形的是（　　）。

A. 甲之妻半年前卸任A上市公司之附属企业B公司总经理之职

B. 乙于1年前卸任C公司副董事长之职，C公司持有A上市公司已发行股份的7%

C. 丙正在担任B公司的法律顾问

D. 丁是持有A上市公司已发行股份2%的自然人股东

【答案】B

【解析】（1）选项A：现在或者最近1年内曾经在上市公司或者其附属企业任职的人员及其直系亲属和主要社会关系，不得担任独立董事。在本题中，由于甲妻半年前刚刚卸任A上市公司之附属企业B公司总经理之职，因此甲夫妇二人均不得担任A上市公司的独立董事。（2）选项B：现在或者最近1年内曾经在直接或间接持有上市公司已发行股份5%以上的股东单位或者在上市公司前5名股东单位任职的人员及其直系亲属，不得担任独立董事。在本题中，尽管乙曾经在C公司（持有A上市公司已发行股份5%以上的股东单位）任职，但1年前已经卸任，不影响其担任A上市公司的独立董事。（3）选项C：为上市公司或者其附属企业提供财务、法律、咨询等服务的人员，不得担任上市公司的独立董事。（4）选项D：现在或者最近1年内曾经是直接或间接持有上市公司已发行股份1%以上或者是上市公司前10名股东中的自然人股东及其直系亲属，不得担任上市公司独立董事。

重难点32：独立董事的提名、任期和更换★★★

1. 独立董事的提名

上市公司董事会、监事会、单独或者合并持有上市公司已发行股份1%以上的股东可以提出独立董事候选人，并经股东大会选举决定。

【小贴士】在上市公司董事会、监事会的职权中，新增了“提名独立董事候选人”一项。

2. 人数要求

（1）上市公司董事会成员中应当至少1/3为独立董事。

（2）如果上市公司董事会下设薪酬、审计、提名等委员会的，独立董事应当在委员会成员中占有1/2以上的比例。

（3）专门委员会成员全部由董事组成，其中审计委员会、提名委员会、薪酬与考核委员会中独立董事应占多数并担任召集人，审计委员会中至少有1名独立董事是会计专业人员。

3. 下列人员不得担任独立董事

（1）在上市公司或者其附属企业任职的人员及其直系亲属和主要社会关系。

【小贴士】直系亲属主要是指配偶、父母、子女等；主要社会关系主要是指兄弟姐妹、岳父母、儿媳女婿、兄弟姐妹的配偶、配偶的兄弟姐妹等。

（2）直接或间接持有上市公司已发行股份1%以上或者是上市公司前10名股东中的自然

人股东及其直系亲属。

（3）在直接或者间接持有上市公司已发行股份 5% 以上的股东单位或者上市公司前 5 名股东单位任职的人员及其直系亲属。

（4）最近 1 年内曾经具有前三项所列举情形的人员。

（5）为上市公司或者其附属企业提供财务、法律、咨询服务的人员。

（6）公司章程规定的其他人员。

（7）中国证监会认定的其他人员。

4. 独立董事的任期

（1）独立董事每届任期与该上市公司其他董事任期相同，任期届满，连选可以连任，但是连任时间不得超过 6 年。

（2）独立董事如果连续 3 次未亲自出席董事会会议，应由董事会提请股东大会予以撤换。

（3）独立董事在任期届满前不得无故被免职。提前免职的，上市公司应将其作为特别披露事项予以披露，被免职的独立董事认为公司的免职理由不当的，可以作出公开的声明。

（4）独立董事在任期届满前可以提出辞职。如因独立董事辞职导致公司董事会中独立董事所占的比例低于规定的最低要求（≥1/3）时，该独立董事的辞职报告应当在下任独立董事填补其缺额后生效。

【经典模拟题】

【单选题】根据公司法律制度的规定，下列主体中，有资格提出上市公司独立董事候选人的是（　　）。

A. 持有上市公司已发行股份 1% 以上的股东

B. 上市公司的董事长

C. 上市公司的职工代表大会

D. 上市公司的监事会主席

【答案】A

【解析】上市公司董事会、监事会、单独或者合并持有上市公司已发行股份 1% 以上的股东可以提出独立董事候选人。

重难点 33：独立董事的职责★★★

1. 独立董事的特别职权

（1）重大关联交易（指上市公司拟与关联人达成的总额高于 300 万元或高于上市公司最近经审计净资产值的 5% 的关联交易）应由独立董事认可后，提交董事会讨论；独立董事作出判断前，可以聘请中介机构出具独立财务顾问报告，作为其判断的依据；

（2）向董事会提议聘用或解聘会计师事务所；

（3）向董事会提请召开临时股东大会；

（4）提议召开董事会；

（5）独立聘请外部审计机构和咨询机构；

（6）可以在股东大会召开前公开向股东征集投票权。

2. 应当发表独立意见的情形

独立董事应当对上市公司的以下重大事项向董事会或者股东大会发表独立意见：

（1）提名、任免董事；

（2）聘任或解聘高级管理人员；

（3）公司董事、高级管理人员的薪酬；

（4）上市公司的股东、实际控制人及其关联企业对上市公司现有或新发生的总额高于300万元或高于上市公司最近经审计净资产值的5%的借款或其他资金往来，以及公司是否采取有效措施回收欠款；

（5）独立董事认为可能损害中小股东权益的事项；

（6）公司章程规定的其他事项。

【经典模拟题】

【多选题】根据公司法律制度的规定，上市公司独立董事在经公司全体独立董事1/2以上同意后，可以行使的职权有（　　）。

A. 事先认可提交董事会讨论的总额高于300万元的关联交易事项

B. 向董事会提议聘用或者解聘会计师事务所

C. 在股东大会召开前向股东征集投票权

D. 提议召开董事会

【答案】ABCD

重难点34：公司合并★★★

1. 法定合并的三大便利

法定合并是指两个以上的公司依照法定程序，不需要经过清算程序，直接合并为一个公司的行为。

《公司法》规定的法定合并程序为交易提供了三大便利：

（1）被消灭公司的债务转移不需要经过债权人的同意，合并各方的债权债务，直接由合并后继续存续的公司或者新设立的公司承继。

（2）被消灭公司的法人人格在合并完成后可以直接消灭，不需要经过清算程序。因为清算程序需要清理公司的所有债权债务，整个过程复杂而且可能导致被合并公司以为债务的清偿资产大量流失，导致合并的目的不能实现。因此，《公司法》特别规定了合并程序，依照该程序进行的合并可以直接实现合并效果，在这个程序中消失的公司不再需要经过解散清算程序。

（3）合并是公司行为，只要股东（大）会依法通过即可，不需要征求每一个股东的意见。

【小贴士】法定合并的三大便利可能损害债权人和公司股东的利益，因此，《公司法》规定了严格的合并程序。

2. 法定合并程序

（1）签订合并协议。

（2）编制资产负债表及财产清单。

（3）合并决议。

①有限责任公司的股东会对公司合并作出决议时，必须经代表 2/3 以上表决权的股东通过。

②股份有限公司的股东大会对公司合并作出决议时，必须经出席会议的股东所持表决权的 2/3 以上通过。

【小贴士】法定合并不需要征得每一个股东的同意，如何保护小股东的利益？《公司法》给了在股东（大）会上投了反对票的小股东一个“逃生的机会”：投反对票的股东有权请求公司按照合理的价格收购其股权。

（4）通知债权人。公司应当自作出合并决议之日起 10 日内通知债权人，并于 30 日内在报纸上公告。债权人自接到通知书之日起 30 日内，未接到通知书的自公告之日起 45 日内，可以要求公司清偿债务或者提供相应的担保。（2018 年案例分析题）

【小贴士】参与合并的公司（无论其是否消灭）均应当履行通知、公告义务。被消灭公司的债务转移不需要经过债权人的同意，如何保护债权人的利益？《公司法》给了债权人一次“举手发言的机会”：无论其债权是否到期，均可以在法定期限内（30 日/45 日）要求公司清偿债务或者提供相应的担保。

（5）依法进行登记。

重难点 35：公司分立★★

1. 公司分立程序

公司分立的程序与公司合并基本一致，其特殊性主要体现在：

（1）当公司派生分立（A 公司分立为 A 公司和 B 公司）导致原公司资本减少时，原公司减资不需要经过法定的减资程序。

（2）在公司分立程序中，虽然也设置了债权人“通知程序”（公司应当自作出分立决议之日起 10 日内通知债权人，并于 30 日内在报纸上公告），但并没有赋予债权人“请求公司清偿债务或者提供相应担保”的权利。

2. 债务承担

公司分立前的债务由分立后的公司承担连带责任。但是，公司在分立前与债权人就债务清偿达成的书面协议另有约定的除外。

（1）企业分立时对原企业的债务承担有约定并经债权人认可的，按照当事人约定处理。

（2）企业分立时对原企业债务承担无约定或者约定不明，或者虽有约定但债权人不予认可的，分立后的企业应当承担连带责任。但是，分立的企业在承担连带责任后，各分立的企业间对原企业债务承担有约定的，按约定处理，没有约定或约定不明的，按分立时的资产比例分担。

【经典真题】

【单选题·2019】甲公司分立为乙公司和丙公司，根据分立协议，乙公司承继甲公司 20% 的净资产，丙公司承继甲公司 80% 的净资产以及所有负债。甲公司的到期债权人丁公司接到分立通知后，要求上述相关公司立即清偿债务。下列关于丁公司债务清偿请求的表述中，符合公司法律制度规定的是（　　）。

A. 丁公司仅能请求乙公司对该债务承担20%的责任

B. 丁公司仅能请求丙公司对该债务承担责任，不能请求乙公司对该债务承担责任

C. 丁公司可请求乙、丙公司对该债务承担连带责任

D. 丁公司仅能请求丙公司对该债务承担80%的责任

【答案】C

【解析】公司分立后的债务由分立后的公司承担连带责任，但是，公司在分立前与债权人就债务清偿达成的书面协议另有约定的除外。

重难点36：公司减资★★

1. 减资的概念

注册资本减少（减资），是指公司根据需要，依照法定条件和程序，减少公司的注册资本额。公司为避免资本闲置、向股东返还出资或者减免股东出资负担，可依照法定程序减少注册资本。当公司出现严重亏损时，也可以通过减资弥补亏损。

【小贴士】（2020年教材新变化）公司依照法律规定（例如《公司法》第一百四十二条）、公司章程（例如章程规定特定条件下应回购职工股）、合同约定（例如对赌协议中的股份回购条款）或者调解协议（例如公司为避免法院强制解散而回购异议股东股份），回购股东的股份后，如果将之注销，则公司必须减少注册资本。

公司可采取以下方式实施减资：

（1）返还出资或者股款；

（2）减免出资或者购股义务；

（3）缩减股权或者股份。

2. 减资程序

（1）股东（大）会作出减资的决议，并相应地修改公司章程。

（2）公司应当编制资产负债表及财产清单。

（3）通知、公告债权人公司应当自作出减少注册资本决议之日起10日内通知债权人，并于30日内在报纸上公告。债权人自接到通知书之日起30日内，未接到通知书的自公告之日起45日内，可以要求公司清偿债务或者提供相应的担保。

（4）实施减资。

（5）办理变更登记。

公司减少注册资本的，应当自公告之日起45日后申请变更登记，并应当提交公司在报纸上登载减少注册资本公告的有关证明和公司债务清偿或者债务担保情况的说明。

【经典模拟题】

【多选题】根据公司法律制度的规定，下列选项中，属于公司减少注册资本可以采取的方式有（　　）。

A. 向股东返还出资或者股款　　　　B. 减免股东的出资或者购股义务

C. 股东对外转让股权

D. 缩减股权或者股份

【答案】ABD

重难点37：公司清算★★

1. 申请指定清算组的情形

在下列情况下，债权人可以向人民法院申请指定清算组进行清算：

（1）公司解散逾期不成立清算组进行清算的；

（2）虽然成立清算组但故意拖延清算的；

（3）违法清算可能严重损害债权人或者股东利益的。

2. 清算组的职权

根据《公司法》的规定，清算组在清算期间行使下列职权：

（1）清理公司财产，分别编制资产负债表和财产清单；

（2）通知、公告债权人；

（3）处理与清算有关的公司未了结的业务；

（4）清缴所欠税款以及清算过程中产生的税款；

（5）清理债权、债务；

（6）处理公司清偿债务后的剩余财产；

（7）代表公司参与民事诉讼活动。

3. 清算程序

（1）通知债权人。清算组应当自成立之日起10日内将公司解散清算事宜书面通知全体已知债权人，并根据公司规模和营业地域范围，于60日内在全国或者公司注册登记地省级有影响的报纸上进行公告。

（2）债权申报和登记。债权人应当自接到通知书之日起30日内，未接到通知书的自公告之日起45日内，向清算组申报其债权。债权人申报债权，应当说明债权的有关事项，并提供证明材料。清算组应当对债权进行核定登记。在申报债权期间，清算组不得对债权人进行清偿。

【经典真题】

【多选题·2017】根据公司法律制度的规定，清算组在清算期间可以行使的职权有（　　）。

A. 清理公司财产，分别编制资产负债表和财产清单

B. 处理公司清偿债务后的剩余财产

C. 通知、公告债权人

D. 代表公司参与民事诉讼

【答案】ABCD

五、进阶练习

（一）单选题

1. 甲向乙借用一辆小货车。借用期间，未经乙同意，甲以所有权人的名义，以该货车作为出资与他人共同设立有限责任公司。公司其他股东对于甲并非车辆所有人的事实并不知情。乙发现上述情况后，要求返还车辆。根据公司法律制度的规定，下列表述中，正确的是（　　）。

A. 甲出资无效，不能取得股东资格，乙有权要求返还小货车

B. 甲出资无效，应以其他方式补足出资，乙有权要求返还小货车

C. 甲出资有效，乙无权要求返还，但甲应向乙承担赔偿责任

D. 甲出资有效，乙无权要求返还，但丙公司应向乙承担赔偿责任

2. 某有限责任公司的股东甲将其所持全部股权转让给该公司股东乙。乙受让该股权时，知悉甲尚有20%的出资款未按期缴付。下列关于甲不按规定出资责任的表述中，符合公司法律制度规定的是（　　）。

A. 甲继续向公司承担足额缴纳出资的义务，乙对此不承担责任

B. 甲继续向公司承担足额缴纳出资的义务，乙对此承担连带责任

C. 乙代替甲向公司承担足额缴纳出资的义务，甲对此不再承担责任

D. 乙代替甲向公司承担足额缴纳出资的义务，甲对此承担补充清偿责任

3. 某市房地产主管部门领导老王退休后，与其友张三、李四共同出资设立一家房地产中介公司。老王不想让自己的名字出现在公司股东名册上，在未告知其子小王的情况下，直接以小王的身份证等证件将小王登记为公司股东。根据公司法律制度的规定，下列表述中，正确的是（　　）。

A. 公司股东应是老王

B. 公司股东应是小王

C. 父子两人均为公司股东

D. 公司债权人有权请求小王对公司债务承担相应的责任

4. 甲、乙拟设立一家贸易公司，委派乙负责租赁仓库供贸易公司使用，乙以自己的名义与丙签订仓库租赁合同。贸易公司成立后，下列关于该仓库租赁合同责任承担的表述中，符合公司法律制度规定的是（　　）。

A. 丙只能请求乙承担合同义务

B. 丙只能请求贸易公司承担合同义务

C. 丙有权选择请求乙或者贸易公司承担合同义务

D. 丙有权选择请求乙或者甲承担合同义务

5. 甲是某有限责任公司的小股东，不参与公司的经营管理。根据公司法律制度的规定，下列文件中，甲无权复制的是（　　）。

A. 公司章程

B. 公司会计账簿

C. 财务会计报告

D. 股东会会议记录

6. 刘某是甲有限责任公司的董事。任职期间，多次利用职务之便将资金借贷给其妻子投资设立经营的乙公司。对此，持有公司股权0.5%的股东王某直接向人民法院对刘某提起股东代表诉讼。根据公司法律制度的规定，下列选项中，正确的是（　　）。

A. 王某持有公司股权不足1%，不具有提起股东代表诉讼的资格

B. 王某不能直接提起诉讼，必须先向监事会提出请求

C. 王某不能直接提起诉讼，必须先向董事会提起请求

D. 王某应以甲公司的名义提起股东代表诉讼

7. 根据公司法律制度的规定，当公司出现特定情形，继续存续会使股东利益受到重大损失，通过其他途径不能解决，持有公司全部股东表决权10%以上的股东提起解散公司诉讼的，人民法院应当受理。下列各项中，属于此类“特定情形”的是（　　）。

A. 甲公司连续2年严重亏损，已濒临破产

B. 乙公司由大股东控制，连续4年不分配利润

C. 丙公司股东之间发生矛盾，持续3年无法召开股东会，经营管理发生严重困难

D. 丁公司2年来一直拒绝小股东查询公司会计账簿的请求

8. 某有限责任公司关于股东资格解除与认定的下列做法中，符合公司法律制度规定的是（　　）。

A. 股东甲病故后，其妻作为合法继承人要求继承股东资格，因公司章程中没有相关规定，故召开股东会作出决议并予以拒绝

B. 股东乙抽逃部分出资，股东会通过决议解除其股东资格

C. 股东丙未依照章程规定缴纳出资，董事会通过决议解除其股东资格

D. 实际出资人丁请求公司解除名义股东戊的股东资格，并将自己登记为股东，因未获公司其他股东半数以上同意，公司予以拒绝

9. 甲有限责任公司章程规定，股东优先购买权的行使期间是收到书面转让通知之日起60日。股东赵某拟对外转让股权并书面通知其他股东：欲行使优先购买权者，请自收到通知之日起20日内提出。根据公司法律制度的规定，其他股东优先购买权的行使期间是（　　）。

A. 自收到赵某书面通知之日起20日内

B. 自收到赵某书面通知之日起80日内

C. 自收到赵某书面通知书之日起30日内

D. 自收到赵某书面通知书之日起60日内

10. 下列有关公司董事、监事以及高级管理人员兼任的表述中，符合公司法律制度规定的是（　　）。

A. 公司董事可以兼任公司经理

B. 公司董事可以兼任公司监事

C. 公司经理可以兼任公司监事

D. 公司董事会秘书可以兼任公司监事

11. 根据公司法律制度的规定，下列人员中，不得担任该公司董事的是（　　）。

A. 罗某，因破坏社会主义市场经济秩序被判处刑罚，执行期满已逾3年

B. 宋某，原系某有限责任公司董事长，因其个人责任导致该公司破产，清算完结已逾3年

C. 赵某，系某股份有限公司控股股东，为该公司股东会决策失误，导致公司负有300万元到期不能清偿的债务

D. 杨某，原系丁有限责任公司法定代表处人，因其个人责任导致该公司被吊销营业执照已逾3年

12. 某有限责任公司的董事李某打算将其所有的一套商品房以市场价格卖给其所属公司作为办公用房。根据公司法律制度的规定，下列表述中，正确的是（　　）。

A. 该交易在获得公司股东会批准后方可进行

B. 该交易在获得公司董事会批准后方可进行

C. 该交易在获得公司监事会批准后方可进行

D. 该交易在任何情况下均不得进行

13. 公司在经营活动中可以以自己的财产为他人提供担保。根据公司法律制度的规定，下列关于担保的表述中，正确的是（　　）。

A. 公司董事长可以决定为本公司的客户提供担保

B. 公司的股东会可以决定为本公司的股东提供担保

C. 公司的董事会可以决定为本公司的股东提供担保

D. 公司经理可以决定为本公司的客户提供担保

14. 根据公司法律制度的规定，用法定公积金转增股本后，留存的该项公积金不得少于转增前公司注册资本的一定比例。该比例是（　　）。

A. 10%　　B. 25%　　C. 30%　　D. 50%

15. 根据公司法律制度的规定，股份有限公司以超过股票票面金额的价格发行股份所得的溢价款，应当列为（　　）。

A. 盈余公积金　　B. 未分配利润

C. 法定公积金　　D. 资本公积金

16. 某公司注册资本为100万元。2018年，该公司提取的法定公积金累计额为60万元，提取的任意公积金累计额为40万元。当年，该公司拟用公积金转增公司资本50万元。下列有关公司拟用公积金转增资本的方案中，不符合公司法律制度规定的是（　　）。

A. 用法定公积金10万元、任意公积金40万元转增资本

B. 用法定公积金20万元、任意公积金30万元转增资本

C. 用法定公积金30万元、任意公积金20万元转增资本

D. 用法定公积金40万元、任意公积金10万元转增资本

17. 某有限责任公司未设董事会，股东甲为执行董事。根据公司法律制度的规定，在公司章程无特别规定的情形下，甲可以行使的职权是（　　）。

A. 决定公司的投资计划　　B. 决定公司的投资方案

C. 决定公司的利润分配方案　　D. 批准公司的年度决算方案

18. 某有限责任公司不设监事会，只设了一名监事甲。甲的下列做法中，符合公司法律制度规定的是（　　）。

A. 提议召开临时股东会会议

B. 制订公司的年度财务预算方案，提交股东会讨论

C. 制订公司分立的方案，提交股东会讨论

D. 决定聘任公司经理

19. 根据公司法律制度的规定，下列关于一人有限责任公司的表述中，正确的是（　　）。

A. 一个自然人只能投资设立一个一人公司，但该一人公司可以再投资设立新的一人公司

B. 一人公司应当在公司登记中注明自然人独资或者法人独资

C. 一人公司设立时，股东应当一次缴足公司章程规定的出资额

D. 一人公司的股东应当对公司债务承担连带清偿责任

20. 甲有限责任公司注册资本为210万元，股东人数为5人，董事会成员为5人，监事会成员为5人。股东一次缴清出资，该公司章程对股东表决权行使事项未作特别规定。根据公司法律制度的规定，该公司出现的下列情形中，属于应当召开临时股东会的是（　　）。

A. 任何股东均可以提议召开

B. 公司未弥补的亏损达到70万元

C. 2名董事提议召开

D. 2名监事提议召开

21. 根据公司法律制度的规定，下列选项中，应当由上市公司董事会作出决议的是（　　）。

A. 对减少注册资本作出决议

B. 为控股股东提供担保作出决议

C. 决定公司的经营计划和投资方案

D. 决定修改公司章程

22. 下列关于股份有限公司董事会的表述中，符合公司法律制度规定的是（　　）。

A. 董事会成员为5至19人，且人数须为单数

B. 董事会成员中应有一定比例的独立董事

C. 董事会会议应有过半数的董事出席方可举行

D. 董事会作出决议须经出席会议的董事过半数通过，董事会决议的表决实行一人一票

23. 某上市公司董事会成员共9名，监事会成员共3名。下列关于该公司董事会召开的情形中，符合公司法律制度规定的是（　　）。

A. 经2名董事提议可召开董事会临时会议

B. 公司董事长、副董事长不能履行职务时，可由4名董事共同推举1名董事履行职务

C. 经2名监事提议可召开董事会临时会议

D. 董事会每年召开2次会议，并在会议召开10日前通知全体董事和监事

24. 某股份有限公司于2018年3月7日首次公开发行股份并在上海证券交易所上市交易。2018年4月8日，该公司召开股东大会，拟审议的有关董事、高级管理人员持股事项的议案中包含下列内容，其中符合公司法律制度规定的是（　　）。

A. 董事、高级管理人员离职后半年内，不得转让其所持有的本公司股份

B. 董事、高级管理人员持有的本公司股份，自公司股票上市交易之日起半年内不得

转让

C. 董事、高级管理人员持有的本公司股份，自公司股票上市交易之日起 3 个月内不得转让

D. 董事、高级管理人员在任职期间每年转让的股份不得超过其所持有的本公司股份总数的 50%

25. 某上市公司拟聘任独立董事一名，甲为该公司财务总监的中学同学，乙为该公司中持股 10% 的某国有企业的负责人，丙曾任该公司财务部经理，半年前离职，丁为某大学法学教授，兼职担任该公司子公司的法律顾问。根据公司法律制度，可以担任该公司独立董事的是（　　）。

A. 甲　　B. 乙　　C. 丙　　D. 丁

26. 根据公司法律制度的规定，除有继承等特殊情况外，下列有关股份有限公司股份转让限制的表述中，错误的是（　　）。

A. 公司发起人持有的本公司股份自公司成立之日起 1 年内不得转让

B. 公司高级管理人员离职后 1 年内不得转让其所持有的本公司股份

C. 公司监事所持本公司股份自公司股票上市交易之日起 1 年内不得转让

D. 公司董事在任职期间每年转让的股份不得超过其所持有本公司股份总数的 25%

（二）多选题

1. 甲、乙、丙、丁、戊五家公司拟共同出资设立一注册资本为 500 万元的有限责任公司。其中，戊公司出资货币 100 万元，那么四家公司的下列非货币财产出资中，符合公司法律制度规定的有（　　）。

A. 甲公司以其土地使用权作价 200 万元出资

B. 乙公司以其特许经营权作价 50 万元出资

C. 丙公司以其非专利技术作价 30 万元出资

D. 丁公司以其设定了抵押担保的房屋作价 120 万元出资

2. 某有限责任公司关于股东资格解除与认定的下列做法中，符合公司法律制度规定的有（　　）。

A. 股东王某病故，其妻子作为法定继承人要求继承股东资格，公司依章程关于股东资格不得继承的规定予以拒绝

B. 股东刘某抽逃全部出资，股东会通过决议解除其股东资格

C. 股东孟某未按照公司章程的规定履行缴纳出资的义务，董事会通过决议解除其股东资格

D. 实际出资人徐某请求公司解除名义股东石某的股东资格，并将自己登记为股东，虽然其他股东全部同意，公司仍予以拒绝

3. 根据公司法律制度的规定，下列各项中，股份有限公司的所有股东均有权查阅的有（　　）。

A. 董事会会议记录　　B. 监事会会议记录

C. 股东名册　　D. 股东大会会议记录

4. 甲为持有某有限责任公司全部股东表决权 10% 以上的股东。根据公司法律制度的规

定，在某些事由下，若公司继续存续会使股东利益受到重大损失，且通过其他途径又不能解决的，甲提起解散公司诉讼时，人民法院应予受理。下列选项中属于上述“某些事由”的有（　　）。

A. 公司亏损、财产不足以偿还全部债务的

B. 公司被吊销营业执照未进行清算的

C. 公司持续 2 年以上无法召开股东会，且经营管理发生严重困难的

D. 公司董事长期冲突，且无法通过股东会解决，致使公司经营管理发生严重困难的

5. 某有限责任公司不设立监事会，只设立一名监事。根据公司法律制度的规定，该名监事的下列做法中正确的有（　　）。

A. 提议召开临时股东会会议

B. 向股东会提议罢免违反公司章程的董事的职务

C. 制订公司合并的方案

D. 制订公司的年度财务预算方案

6. 某有限责任公司股东甲、乙、丙、丁分别持有公司 5%、20%、35% 和 40% 的股权，该公司章程未对股东行使表决权及股东会决议方式作出规定。根据公司法律制度的规定，下列关于该公司股东会会议召开及决议作出的表述中，正确的有（　　）。

A. 甲可以提议召开股东会临时会议

B. 丁可以提议召开股东会临时会议

C. 只要丙和丁表示同意，股东会即可作出增加公司注册资本的决议

D. 只要乙和丁表示同意，股东会即可作出变更公司形式的决议

7. 甲、乙、丙共同出资设立某有限责任公司，根据公司法律制度的规定，下列关于该公司董事会的表述中，不正确的有（　　）。

A. 董事会成员中可以有职工代表，也可以没有职工代表

B. 公司章程可以规定董事的任期是 2 年

C. 公司必须设副董事长一名

D. 公司章程可以直接规定甲为公司董事长

8. 中国公民周某、郑某、冯某共同设立一家有限责任公司，根据公司法律制度的规定，该公司非必设的组织机构有（　　）。

A. 董事会　　B. 监事会

C. 股东会　　D. 职工代表大会

9. 根据公司法律制度的规定，有限责任公司发生的下列事项中，属于公司股东可以依法请求人民法院予以撤销的有（　　）。

A. 股东会的决议内容违反法律的

B. 股东会的决议内容违反公司章程的

C. 股东会的会议召集程序违反法律的

D. 股东会的会议表决方式违反公司章程的

10. 根据公司法律制度的规定，下列情形中，人民法院应当确认董事会决议不成立的有（　　）。

A. 公司未召开董事会会议作出该决议

B. 董事会会议表决结果未达到公司法或公司章程规定的通过比例

C. 公司召开了董事会会议，但未表决该决议事项

D. 公司召开董事会会议时，到会董事人数不符合公司法或公司章程规定

11. 根据公司法律制度的规定，下列选项中，属于上市公司监事会职权的有（　　）。

A. 检查公司财务

B. 提议召开临时股东大会

C. 提名独立董事候选人

D. 决定公司内部管理机构的设置

12. 2019 年 4 月，甲公司决定分立出乙公司单独经营。甲公司原有负债 5000 万元，债权人主要包括丙银行、供货商丁公司和其他一些小债权人。在分立协议中，甲、乙公司约定：原甲公司债务中，对丁公司的债务由分立出的乙公司承担，其余债务由甲公司承担。该债务分担安排经过了丁公司的认可，但未通知丙银行和其他小债权人。根据公司法律制度的规定，下列说法中，正确的有（　　）。

A. 丁公司有权要求甲、乙公司连带清偿其债务

B. 丙银行有权要求甲、乙公司连带清偿其债务

C. 小债权人有权要求甲、乙公司连带清偿其债务

D. 甲、乙公司不得对债务分担作出约定

13. 根据公司法律制度的规定，上市公司的下列事项中，独立董事应当发表独立意见的有（　　）。

A. 提名、任免董事

B. 聘任或解聘高级管理人员

C. 公司董事、高级管理人员的薪酬

D. 上市公司的股东、实际控制人及其关联企业对上市公司现有或新发生的总额高于 300 万元或高于上市公司最近经审计净资产值的 5% 的借款或其他资金往来，以及公司是否采取有效措施回收欠款

14. 胜利物流有限责任公司分立为胜达和万利两家有限责任公司，在与原债权人庄某的关系上，符合公司法律制度规定的有（　　）。

A. 庄某在接到分立通知书的 30 日内，有权要求分立前的公司清偿债务或者提供担保

B. 胜利物流有限责任公司应当在作出分立决议之日起 10 日内通知庄某

C. 庄某可以向分立后的两家公司主张连带清偿责任

D. 胜利物流有限责任公司分立前可与庄某达成债务清偿的书面协议

15. 根据公司法律制度的规定，下列关于公司清算程序的表述中，正确的有（　　）。

A. 公司解散逾期不成立清算组的，公司股东可以随时向人民法院申请指定清算组

B. 债权人在规定的期限内没有申报债权的，在公司清算程序终结前可以补充申报

C. 人民法院组织清算的，清算方案应当报人民法院确认后，清算组才能执行

D. 在申报债权期间，清算组可以对债权人进行清偿

六、进阶练习答案与解析

（一）单选题

1.【答案】C

【解析】出资人以其不享有处分权的财产出资，当事人之间对于出资行为的效力产生争议的，人民法院可以参照善意取得制度的规定予以认定。

2.【答案】B

【解析】有限责任公司的股东未履行或者未全面履行出资义务即转让股权，受让人对此知道或者应当知道，公司请求该股东履行出资义务，受让人对此承担连带责任的，人民法院予以支持。受让人对外承担连带责任后，向该未履行或者未全面履行出资义务的股东追偿的，人民法院应予以支持。但是当事人另有约定的除外。

3.【答案】A

【解析】如果冒用他人名义出资并将该他人作为股东在公司登记机关登记的，冒名登记行为人应当承担相应责任，所以被冒名人小王根本不是股东，也不属于“名义股东”，公司债权人无权请求小王对公司债务承担相应的责任。

4.【答案】C

【解析】发起人为设立公司以自己的名义与他人订立合同，根据《民法总则》的规定，合同相对人有权选择请求该发起人或者成立后的公司承担合同义务。

5.【答案】B

【解析】有限责任公司的股东可以查阅公司会计账簿，但无权复制。

6.【答案】B

【解析】（1）选项A：有限责任公司任何一个股东均有资格代表公司提起诉讼，不受1%的限制；（2）选项B、C：董事、高级管理人员侵犯公司利益，在非紧急情况下，王某必须先向监事会提出书面请求；（3）选项D：王某应以自己的名义提起诉讼。

7.【答案】C

【解析】股东以知情权（选项D）、利润分配请求权（选项B）等权益受到损害，或者公司亏损、财产不足以偿还全部债务（选项A）为由提起解散公司诉讼的，人民法院不予受理。

8.【答案】D

【解析】（1）选项A：在公司章程没有另外规定的情况下，自然人股东死亡后，其合法继承人可以直接继承股东资格；（2）选项B：股东乙只是抽逃部分出资，股东会通过决议解除其股东资格不合法；（3）选项C：有限责任公司的股东未履行出资义务，经公司催告，在合理期间内仍未缴纳的，股东会（而非董事会）可以作出决议解除该股东的股东资格；（4）选项D：如果实际出资人未经公司其他股东半数以上同意，请求公司变更股东、签发出资证明书、记载于股东名册、记载于公司章程并办理公司登记机关登记的，人民法院不予支持。

9.【答案】D

【解析】有限责任公司的股东主张优先购买转让股权的，应当在收到通知后，在公司章程规定的行使期间内提出购买请求。公司章程没有规定行使期间或者规定不明确的，以通知确定的期间为准。通知确定的期间少于30日或者未明确行使期间的，行使期间为30日。

10.【答案】A

【解析】董事、高级管理人员不得兼任监事，公司经理、董事会秘书均属于高级管理人员。

11.【答案】A

【解析】有下列情形之一的，不得担任公司的董事、监事、高级管理人员：(1) 无民事行为能力或者限制民事行为能力；(2) 因贪污、贿赂、侵占财产、挪用财产或者破坏社会主义市场经济秩序，被判处刑罚，执行期满未逾5年，或者因犯罪被剥夺政治权利，执行期满未逾5年；(3) 担任破产清算的公司、企业的董事或者厂长、经理，对该公司、企业的破产负有个人责任的，自该公司、企业破产清算完结之日起未逾3年；(4) 担任因违法被吊销营业执照、责令关闭的公司、企业的法定代表人，并负有个人责任的，自该公司、企业被吊销营业执照之日起未逾3年；(5) 个人所负数额较大的债务到期未清偿。

12.【答案】A

【解析】如果公司章程事项有规定，或者事先经股东会同意，董事、高级管理人员才可以同本公司进行交易。

13.【答案】B

【解析】(1) 公司为他人（客户）提供担保的，按照公司章程的规定由董事会或者股东（大）会决议，经理、董事长没有权力决定；(2) 公司为股东提供担保的，必须经股东（大）会决议，董事会没有权力决定。

14.【答案】B

【解析】用法定公积金转增资本时，转增后留存的法定公积金不得少于转增前注册资本的25%。

15.【答案】D

【解析】股份有限公司以超过股票票面金额的发行价格发行股份所得的溢价款，应当列为公司资本公积金。

16.【答案】D

【解析】(1) 法定公积金最多可以转增35万元（$60-100\times25\%$）；(2) 任意公积金不受25%的限制。

17.【答案】B

【解析】选项A、C、D：属于股东会的职权。

18.【答案】A

【解析】选项B、C、D：属于董事会的职权。

19.【答案】B

【解析】(1) 选项A：一个自然人只能投资设立1个一人有限责任公司，该一人有限责任公司不能再投资设立新的一人有限责任公司；(2) 选项C：目前法律未规定必须一次性缴足出资额；(3) 选项D：一人公司属于法人，一般情况下股东只承担有限责任；只有当股东不能证明公司财产独立于股东自己财产的，股东才应对公司债务承担连带责任。

20.【答案】C

【解析】（1）选项 A：代表 1/10 以上表决权的股东提议时，应当召开临时股东会；（2）选项 B：股份有限公司未弥补的亏损达到实收股本总额 1/3 时，应当召开临时股东大会，有限责任公司并没有该规定；（3）选项 C：1/3 以上的董事提议时，应当召开临时股东会；（4）选项 D：有限责任公司设立监事会的，由监事会提议召开临时股东会（部分监事不行）。

21. 【答案】C

【解析】选项 A、B、D：属于股东大会的职权。

22. 【答案】C

【解析】（1）选项 A：对单数和复数没有强制性规定；（2）选项 B：只有“上市公司”才要求董事会成员中必须包括独立董事；（3）选项 D：董事会作出决议须经全体董事的过半数通过，董事会决议的表决实行一人一票。

23. 【答案】D

【解析】（1）选项 A、C：经代表 1/10 以上表决权的股东、1/3 以上的董事（至少 3 名董事）或者监事会（2 名监事不行）提议，可以召开股份有限公司临时董事会；（2）选项 B：董事长、副董事长不能履行职务或者不履行职务的，由半数以上董事共同推举 1 名董事履行职务。在本题中，4 名董事不足董事会人数的半数。

24. 【答案】A

【解析】（1）选项 B、C：董事、监事、高级管理人员所持本公司股份，自公司股票上市交易之日起 1 年内不得转让；（2）选项 D：董事、监事、高级管理人员在任职期间每年转让的股份不得超过其所持有本公司股份总数的 25%（≤25%）。

25. 【答案】A

【解析】（1）选项 A：在上市公司或者其附属企业任职的人员及其直系亲属和主要社会关系不得担任独立董事，但选项中涉及的中学同学不在此列；（2）选项 B：在直接或者间接持有上市公司已发行股份 5% 以上的股东单位或者上市公司前 5 名股东单位任职的人员及其直系亲属不得担任独立董事；（3）选项 C：最近 1 年内在上市公司任职的人员不得担任独立董事；（4）选项 D：为上市公司或者其附属企业提供财务、法律、咨询服务的人员不得担任独立董事。

26. 【答案】B

【解析】董事、监事、高级管理人员离职后 6 个月内，不得转让其所持有的本公司股份。

（二）多选题

1. 【答案】AC

【解析】选项 B、D：股东不得以劳务、信用、自然人姓名、商誉、特许经营权或者设定担保的财产等作价出资。

2. 【答案】AB

【解析】选项 C：股东未按照公司章程的规定履行缴纳出资的义务，股东会通过决议可以解除该股东的股东资格，董事会没有此项权利；选项 D：实际出资人请求解除名义股东的股东资格，并将自己登记为股东，只要获得其他股东过半数同意，公司不应拒绝。

3. 【答案】CD

【解析】本题考查查阅权。股份有限公司的股东有权查阅公司章程、股东名册、公司债券存根、股东大会会议记录、董事会会议决议、监事会会议决议、财务会计报告，对公司的经营提出建议或者质询。

4.【答案】CD

【解析】单独或者合计持有公司全部股东表决权10%以上的股东，有下列事由之一，公司继续存续会使股东利益受到重大损失，通过其他途径不能解决，提起解散公司诉讼，人民法院应当受理：（1）公司持续2年以上无法召开股东会或者股东大会，公司经营管理发生严重困难的；（2）股东表决时无法达到法定或者公司章程规定的比例，持续2年以上不能作出有效的股东会或者股东大会决议，公司经营管理发生严重困难的；（3）公司董事长期冲突，并且无法通过股东会或者股东大会解决，公司经营管理发生严重困难的；（4）经营管理发生其他严重困难，公司继续存续会使股东利益受到重大损失的情形。

5.【答案】AB

【解析】选项C、D属于董事会的职权。

6.【答案】BC

【解析】（1）选项A、B：代表10%以上表决权的股东有权提议召开临时股东会。在本题中，甲无权提议召开股东会临时会议，而乙、丙、丁均有权提议召开股东会临时会议。（2）选项C、D：增加注册资本和变更公司形式均属于股东会的特别决议，必须经代表2/3以上表决权的股东通过。在本题中，乙和丁的表决权合计未达到2/3。

7.【答案】ABD

【解析】选项C：董事任期由公司章程规定，只要不超过3年即可。

8.【答案】AB

【解析】规模较小、人数较少的有限责任公司可以不设董事会和监事会，除一人有限责任公司和国有独资公司外，必须设立股东会，职工代表大会不是公司的组织机构。

9.【答案】BCD

【解析】选项A：决议内容违反法律、行政法规的，决议无效。

10.【答案】ABCD

11.【答案】ABC

【解析】选项D：属于董事会的职权。

12.【答案】BC

【解析】甲公司分立时，可以与乙公司就原公司的债务进行约定（选项D错误），该约定得到了债权人丁公司的认可，该约定对丁公司具有约束力（选项A错误），但该约定未通知丙银行和其他小债权人，因此甲公司和乙公司应对丙银行和其他小债权人承担连带责任（选项B、C正确）。

13.【答案】ABCD

【解析】以上选项均属于独立董事可发表的独立意见。

14.【答案】BCD

【解析】选项A：在分立程序中，债权人没有请求分立前的公司清偿债务或提供担保的权利。

15. 【答案】BC

【解析】(1) 选项 A：公司解散逾期不成立清算组进行清算的，债权人可以向人民法院申请指定清算组进行清算，只有当债权人不提起申请时，股东才能申请；(2) 选项 D：在申报债权期间，清算组不得对债权人进行清偿。

第七章　证券法律制度

一、2020 年教材本章主要变化

2019 年 12 月 28 日，十三届全国人大常委会第十五次会议表决通过了新修订的《中华人民共和国证券法》（以下简称《证券法》），该法自 2020 年 3 月 1 日起实行。本章内容的调整以该法规定为依据，主要包括：证券的定义；持续信息披露中的重大事件；注册制改革的内容；相关情形下的投资者保护和加大违法惩戒力度等方面的内容。

二、本章近 5 年考情统计分析

近 5 年本章考题基本上各种题型都有分布，且本章常与公司法律制度结合出题，属重要考试章节，复习难度较大，2016 年后考试分值明显增加。

（二）近 5 年考试分值分布

题型	2015 年	2016 年	2017 年	2018 年	2019 年
单选题	2	2	2	2	2
多选题	3	0	3	1. 5	1. 5
案例分析	9	9	12	18	17
合计	14	11	17	21. 5	21. 5

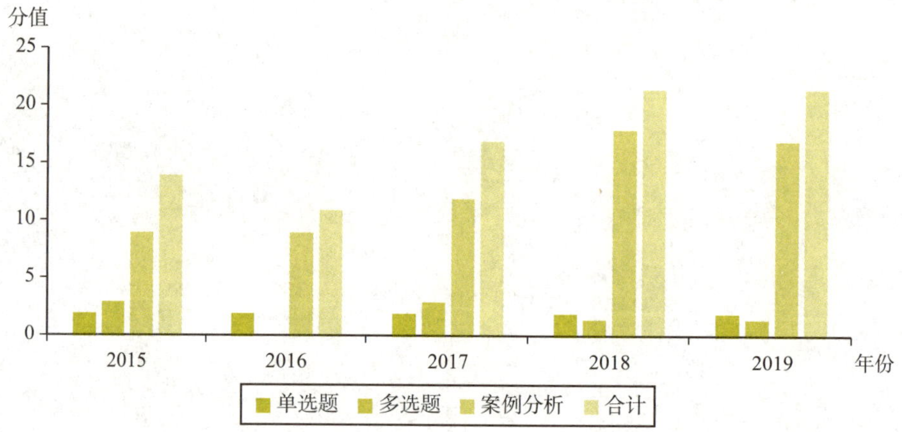

（二）近 5 年考试考点分布

近 5 年考试考点分布表

高频考点内容	年度及题型分布
招股说明书	2017 年单选题
股票上市程序	2019 年单选题
创业板首次公开发行股票	2019 年单选题
科创板首次公开发行股票	2019 年单选题

续表

高频考点内容	年度及题型分布
股票的发行类型	2019 年多选题
网上与网下同时发行机制	2018 年单选题
上市公司非公开发行股票	2018 年案例分析题
公司债券	2015 年案例分析题、2017 年单选题、2017 年多选题、2018 年多选题
优先股	2018 年多选题
上市公司收购	2015 年多选题、2015 年案例分析题、2016 年单选题、2016 年案例分析题、2018 年案例分析题、2019 年案例分析题
重大资产重组	2015 年案例分析题、2016 年单选题、2016 年多选题、2016 年案例分析题、2017 年多选题、2018 年案例分析题
强制信息披露制度	2016 年案例分析题、2017 年单选题、2017 年案例分析题
虚假陈述	2016 年单选题、2016 年案例分析题、2017 年案例分析题
内部信息	2019 年案例分析题
内幕交易	2015 年案例分析题、2016 年案例分析题、2018 年单选题、2018 年案例分析题、2019 年案例分析题
重大违法行为强制退市制度	2017 年案例分析题
操纵市场	2015 年单选题
非上市公众公司	2015 年多选题、2017 年单选题、2018 年单选题
股票的上市与交易	2019 年单选题、2019 年案例分析题
社会公众股东	2019 年案例分析题
上市公司增发股票	2019 年案例分析题
临时提案	2019 年案例分析题
证券的承销	2015 年多选题

三、本章思维导图

- 证券法律制度
  - 《证券法》的适用范围（重难点1）
  - 证券市场监管体制（重难点2）
  - 强制信息披露制度（重难点3）
  - 股票发行、上市与交易制度（重难点4~11，重难点16~17）
  - 公司债券发行与交易（重难点12~15）
  - 上市公司收购与重组（重难点18~24）
  - 证券欺诈的法律责任（重难点25~28）

四、重难点解析

本章属于重要考试章节，主要包括证券的定义、证券法的适用范围、证券市场监管体制、强制信息披露制度、股票发行上市与交易制度、公司债券的发行与交易制度、上市公司收购与重整制度以及证券欺诈的法律责任制度。

重难点1：股票发行的类型★★

根据证券法的规定，股票、公司债券、依托凭证和国务院依法认定的其他证券的发行和交易适用《证券法》。

政府债券、证券投资基金份额的上市交易适用《证券法》，其他法律行政法规另有规定的，适用其规定。可见，政府债券、证券投资基金份额只是当其上市时适用《证券法》。

因此，证券法中的证券目前主要可以分为股票、债券、混合型的可转换公司债券以及存托凭证。

【小贴士】

本部分内容为《证券法》修订后的内容，请考生注意！

【经典模拟题】

【多选题】我国《证券法》规定的证券主要包括（　　）。

A. 股票　　B. 债券

C. 混合型可转换公司债券　　D. 存托凭证

【答案】ABCD

重难点2：证券市场的监管体制★★

1. 政府的统一管理

国务院授权中国证券监督管理委员会（简称“中国证监会”）负责证券监督管理工作。

2. 行业自律管理

自律管理主要通过下列自律性机构来实施：

（1）中国证券业协会；

（2）证券交易场所。

证券交易场所包括证券交易所和国务院批准的其他全国性证券交易场所。证券交易所和国务院批准的其他全国性证券交易场所为证券集中交易提供场地和设施，组织和监督证券交易，实行自律管理，依法登记，取得法人资格。

①证券交易所。我国目前有上海和深圳两家证券交易所。证券交易所负责公开发行申请文件的审核以及审核证券上市交易，还可以决定暂停或者终止证券的上市交易。

②国务院批准的其他全国性证券交易场所。主要是全国中小企业股份转让系统。全国股转系统发挥自律管理作用，对在全国股转系统公开转让股票的公众公司及相关信息披露义务人披露信息进行监督，督促其依法及时准确地披露信息。

【小贴士】

本部分内容为根据《证券法》调整后的内容，请考生注意！

重难点3：强制信息披露制度★★★

1. 信息披露的内容：首次信息披露+持续信息披露

首次信息披露：招股说明书、债券募集说明书、上市公告书。

持续信息披露：定期公告、临时报告。

（1）发生可能对上市公司在国务院批准的其他全国性证券交易场所交易的公司的股票交易价格产生较大影响的重大事件，投资者尚未得知时，公司应当立即将有关该重大事件的情况向国务院证券监督管理机构和证券交易场所报送临时报告，并予以公告，说明事件的起因、目前的状态和可能产生的法律后果。

重大事件包括：①公司的经营方针和经营范围的重大变化；②公司的重大投资行为，公司在一年内购买、出售重大资产超过公司资产总额30%，或者公司营业用主要资产的抵押、质押、出售或者报废一次超过该资产的30%；③公司订立重要合同、提供重大担保或者从事关联交易，可能对公司的资产、负债、权益和经营成果产生重要影响；④公司发生重大债务和未能清偿到期重大债务的违约情况，或者发生大额赔偿责任；⑤公司发生重大亏损或者重大损失；⑥公司生产经营的外部条件发生的重大变化；⑦公司的董事、1/3以上监事或者经理发生变动，董事长或者经理无法履行职责；⑧持有公司5%以上股份的股东或者实际控制人，其持有股份或者控制公司的情况发生较大变化，公司的实际控制人及其控制的其他企业从事与公司相同或者相似业务的情况发生较大变化；⑨公司分配股利、增资的计划，公司股权结构的重要变化，公司减资、合并、分立、解散及申请破产的决定，或者依法进入破产程序、被责令关闭；⑩涉及公司的重大诉讼、仲裁，股东大会、董事会决议被依法撤销或者宣告无效；⑪公司涉嫌犯罪被依法立案调查，公司的控股股东、实际控制人、董事、监事、高级管理人员涉嫌犯罪被依法采取强制措施；⑫国务院证券监督管理机构规定的其他事项。

【小贴士】

“重大事项”为根据《证券法》调整后的内容，由2019年教材的21点改为了12点，请考生注意！

（2）发生可能对上市公司债券的交易价格产生较大影响的重大事件，投资者尚未得知时，公司应当立即将有关该重大事件的情况向国务院证券监督管理机构和证券交易场所报送临时报告，并予公告，说明事件的起因、目前的状态和可能产生的法律后果。

重大事件包括：①公司股权结构或者生产经营状况发生重大变化；②公司债券信用评级发生变化；③公司重大资产抵押、质押、出售、转让、报废；④公司发生未能清偿到期债务的情况；⑤公司新增借款或者对外提供担保超过上年末净资产的20%；⑥公司放弃债权或者财产超过上年末净资产的10%；⑦公司发生超过上年末净资产10%的重大损失；⑧公司分配股利，作出减资、合并、分立、解散、申请破产决定，或者依法进入破产程序、被责令关闭；⑨涉及公司的重大诉讼、仲裁；⑩公司涉嫌犯罪被依法立案调查，公司的控股股东、实际控制人、董事、监事、高级管理人员涉嫌犯罪被依法采取强制措施；⑪国务院证券监督管理机构规定的其他事项。

【小贴士】

“重大事项”为根据《证券法》增加的内容，请考生注意！

2. 信息披露的事务管理

（1）上市公司及其他信息披露义务人在信息披露工作中的职责。

信息披露义务人披露的信息应当同时向所有投资者披露，不得提前向任何单位和个人泄露。但是，法律、行政法规另有规定的除外。

除依法需要披露的信息之外，信息披露义务人可以自愿披露与投资者作出价值判断和投资决策有关的信息，但不得与依法披露的信息相冲突，不得误导投资者。发行人、控股股东、实际控制人，发行人的董事、监事、高级管理人员等作出公开承诺的，应当披露。不履行承诺给投资者造成损失的，应当依法承担赔偿责任。

【小贴士】

此部分内容为根据《证券法》修改的内容，请考生注意！

（2）上市公司的董事、监事、高级管理人员在信息披露工作中的职责。

发行人的董事、高级管理人员应当对证券发行文件和定期报告签署书面确认意见。发行人的监事会应当对董事会编制的证券发行文件和定期报告进行审核，并提出书面审核意见。监事应当签署书面确认意见。发行人的董事、监事和高级管理人员应当保证发行人及时公平地披露信息，董事监事和高级管理人员无法保证证券发行文件和定期报告内容的真实性、准确性、完整性或者有异议的，应当在书面确认意见中发表意见并陈述理由，发行人应当披露。发行人不予披露的，董事、监事和高级管理人员可以直接申请披露。

【小贴士】

此部分内容为根据《证券法》修改的内容，请考生注意！

（3）上市公司的股东、实际控制人在信息披露中的职责。

（4）保荐人、证券服务机构在信息披露中的职责。

重难点4：股票公开发行注册制★★

公开发行证券必须符合法律行政法规规定的条件，并依法报经国务院证券监督管理机构或者国务院授权的部门注册。未经依法注册，任何单位和个人不得公开发行证券。证券发行注册制的具体范围、实施步骤，由国务院规定。

按照《证券法》的规定，我国证券公开发行审核制度为注册制，这意味着在上海证券交易所主板、深圳证券交易所主板（含中小板）和创业板，以及证券交易所根据证券品种、行业特点、公司规模等因素所设立的其他层次的市场板块的首次公开发行及上市都将使用注册制。

【小贴士】

此部分为我国证券发行的注册制改革内容，请考生务必注意改革变化！

重难点5：股票发行的类型★★

发行股票是发行人公司以出售股权换得投资者出资的一种募资方式，投资者在出资后获得发行人公司的股权。依据发行主体、发行方式和发行的目的不同，《证券法》对下列类型的股票发行进行了区分：

（1）非公众公司非公开发行股票。这是指发行后发行人股东人数不超过200人，发行方式也没有采用公开发行方式的股票发行。此种股票发行不需要报经证监会的核准，发行人可以自行决定。

（2）非公众公司向特定对象发行股票，导致发行后股东超过200人的发行。这种股票发行构成了公开发行，必须符合法定条件，依法报经中国证监会的核准。

（3）非公众公司申请股票以公开方式向社会公众公开转让。本来股东转让股票并不构成股票发行行为，但为了防止有人利用股份转让规避公开发行监管，这种行为就构成了变相公开发行股票。因此，公司拟申请其股票以公开方式向社会公众公开转让的，需要报经中国证监会核准，核准后该公司被定性为非上市公众公司。

（4）非上市公众公司的定向发行。这种股票发行需要经过中国证监会的核准。

（5）非上市公众公司向不特定合格投资者的公开发行。

（6）首次公开发行股票并上市。当发行人向社会公众公开发行股票，并且在发行完毕后拟去证券交易所上市的，需要符合法定条件，依法履行法定的注册程序。

（7）上市公司发行新股。上市公司无论是公开发行新股还是非公开发行新股，都必须符合法定条件，依法履行法定的注册程序。

【经典真题】

【多选题·2019】根据证券法律制度的规定，下列股票发行行为中，应报证监会核准的有（　　）。

A. 非公众公司向特定对象发行股票，发行后股东人数为200人

B. 股份有限公司首次公开发行股票并上市

C. 上市公司发行新股

D. 非公众公司申请股票以公开方式向社会公众公开转让

【答案】BCD

【解析】本题考核股票发行的类型。选项A非公众公司向特定对象发行股票，发行人数没有超过200人，不用报证监会核准。

【小贴士】

由于《证券法》的注册制改革，本题官方公布的正确答案已然不符合法律的规定，请考生注意！

重难点6：非上市公众公司★★

根据《证券法》的规定，证券发行注册制的具体范围、实施步骤，由国务院规定。我国的公开发行审核制正处于由核准制向注册制改革的进程，目前在全国股转系统进行发行和交易的非上市公众公司的公开转让、定向发行和向不特定合格投资者的公开发行，仍然适用核准制，由中国证监会予以核准；是否采用注册制，还待国务院的进一步规定。

1. 非上市公众公司的概念

非上市公众公司是指有下列情形之一且其股票未在证券交易所上市交易的股份有限公

司：（1）股票向特定对象发行或者转让，导致股东累计超过 200 人；（2）股票公开转让。

2. 非上市公众公司的股票转让

中国证监会建立了全国股转系统，为公众公司提供股票发行和交易服务。公众公司公开转让股票应当在全国股转系统进行，公开转让的非上市公众公司股票应当在中国证券登记结算公司集中登记存管。

3. 非上市公众公司的定向发行

非上市公众公司定向发行，包括股份有限公司向特定对象发行股票导致股东累计超过 200 人，以及公众公司向特定对象发行股票两种情形。这两种情形都必须经过中国证监会的核准，而且发行对象必须只能是中国证监会规定的特定对象。发行过程中不得采取公开路演、询价等方式。

董事会、股东大会决议确定具体发行对象的，董事、股东参与认购或者与认购对象存在关联关系的，应当回避表决。出席董事会的无关联关系董事人数不足 3 人的，应将该事项提交公司股东大会审议。

公司应当按照中国证监会有关规定制作定向发行的申请文件，申请文件应当包括但不限于：定向发行说明书、律师事务所出具的法律意见书、符合《证券法》规定的会计师事务所出具的审计报告、证券公司出具的推荐文件。

向特定对象发行股票后股东累计超过 200 人的，公司应当持申请文件向中国证监会申请核准。股票公开转让的公众公司提交的申请文件，还应当包括全国股转系统的自律监管意见。

中国证监会受理申请文件后依法对公司治理和信息披露以及发行对象情况进行审核，在 20 个工作日内作出核准、中止审核、终止审核、不予核准的决定。

4. 非上市公众公司向不特定合格投资者的公开发行

股票在全国股转系统进行公开转让的公众公司可以向不特定合格投资者公开发行股票。不特定合格投资者应当符合投资者适当性管理规定。

公众公司申请公开发行，应当符合以下条件：（1）具备健全且运行良好的组织机构；（2）具有持续盈利能力，财务状况良好，最近 3 年财务会计文件无虚假记载；（3）依法规范经营，最近 3 年内，公司及其控股股东、实际控制人不存在贪污、贿赂、侵占财产、挪用财产或者破坏社会主义市场经济秩序的刑事犯罪，不存在欺诈发行、重大信息披露违法或者其他涉及国家安全、公共安全、生态安全、生产安全、公众健康安全等领域的重大违法行为，最近 12 个月内未受到中国证监会行政处罚。

公司董事会应当依法就本次股票发行的具体方案、本次募集资金使用的可行性及其他必须明确的事项作出决议，并提请股东大会批准。股东大会就公开发行股票事项作出决议，必须经出席会议的股东所持表决权的 2/3 以上通过。公司股东人数超过 200 人的，应当对出席会议的持股比例在 10% 以下的股东表决情况单独计票并予以披露。

公司应当持申请文件向中国证监会申请核准。中国证监会受理申请文件后，依法对公开发行条件、信息披露等进行审核，在 20 个工作日内作出核准、中止审核、终止审核、不予核准的决定。

公司通过网下询价方式确定股票发行价格和发行对象的，询价对象应当是经中国证券业协会注册的网下投资者。公司和主承销商可以根据全国股转系统和中国证券业协会相关自律规则的规定，设置网下投资者的具体条件，并在发行公告中预先披露。

5. 对非上市公众公司的监管

对非上市公众公司的监管要求主要有：股权明晰，合法规范经营，公司治理机制健全，履行信息披露义务。其中最重要的是履行信息披露义务。

公众公司应当制定信息披露事务管理制度，并指定具有相关专业知识的人员负责信息披露事务。

全国股转系统和中国证券业协会应当对非上市公众公司的股票发行和公开转让，发挥自律管理作用。

【小贴士】

此重难点均为根据新法调整后的内容，请考生注意！

重难点7：首次公开发行股票的条件★★★

公司首次公开发行新股，应当符合下列条件：（1）具备健全且运行良好的组织机构；（2）有持续经营能力；（3）最近3年财务会计报告被出具无保留意见审计报告；（4）发行人及其控股股东、实际控制人最近3年不存在贪污、贿赂、侵占财产、挪用财产或者破坏社会主义市场经济秩序的刑事犯罪；（5）经国务院批准的国务院证券监督管理机构规定的其他条件。

上市公司发行新股应当符合经国务院批准的国务院证券监督管理机构规定的条件，具体管理办法由国务院证券监督管理机构规定。公开发行存托凭证的，应当符合首次公开发行新股的条件以及国务院证券监督管理机构规定的其他条件。

1. 在主板和中小板上市的公司首次公开发行股票的条件

（1）发行人应当是依法设立且合法存续一定期限的股份有限公司；

（2）发行人已合法并真实取得注册资本项下载明的资产；

（3）发行人的生产经营符合法律、行政法规和公司章程的规定，符合国家产业政策；

（4）发行人最近3年内主营业务和董事、高级管理人员没有发生重大变化，实际控制人没有发生变更；

（5）发行人的股权清晰，控股股东和受控股股东、实际控制人支配的股东持有的发行人股份不存在重大权属纠纷；

（6）发行人具备健全且运行良好的组织机构；

（7）发行人具有持续盈利能力；

（8）发行人的财务状况良好；

（9）发行人不存在《首次公开发行股票并上市管理办法》（以下简称《首发管理办法》）规定的违法行为。

2. 在创业板上市的公司首次公开发行股票的条件

在创业板上市的公司首次公开发行股票，与在主板和中小板上市的公司相比较，其条件较低。其首次发行股票，应当满足如下条件：

（1）发行人是依法设立且持续经营3年以上的股份有限公司；有限责任公司按原账面净资

产值折股整体变更为股份有限公司的，持续经营时间可以从有限责任公司成立之日起计算；

（2）最近 2 年连续盈利，最近 2 年净利润累计不少于 1 000 万元；或者最近 1 年盈利，最近 1 年营业收入不少于 5 000 万元。净利润以扣除非经常性损益前后孰低者为计算依据；

（3）最近一期期末净资产不少于 2 000 万元，且不存在未弥补亏损；

（4）发行后股本总额不少于 3 000 万元；

（5）发行人的注册资本已足额缴纳，发起人或者股东用作出资的资产的财产权转移手续已办理完毕；发行人的主要资产不存在重大权属纠纷；

（6）发行人应当主要经营一种业务，其生产经营活动符合法律、行政法规和公司章程的规定，符合国家产业政策及环境保护政策；

（7）发行人最近 2 年内主营业务和董事、高级管理人员均没有发生重大变化，实际控制人没有发生变更；

（8）发行人的股权清晰，控股股东和受控股股东、实际控制人支配的股东所持发行人的股份不存在重大权属纠纷；

（9）发行人具有完善的公司治理结构，依法建立健全股东大会。董事会、监事会以及独立董事、董事会秘书、审计委员会制度，相关机构和人员能够依法履行职责。发行人应当建立健全股东投票计票制度，建立发行人与股东之间的多元化纠纷解决机制，切实保障投资者依法行使收益权、知情权、参与权、监督权等股东权利；

（10）发行人会计基础工作规范，财务报表的编制和披露符合企业会计准则和相关信息披露规则的规定，在所有重大方面公允地反映了发行人的财务状况、经营成果和现金流量，并由注册会计师出具无保留意见的审计报告；

（11）发行人内部控制制度健全且被有效执行，能够合理保证公司运行效率、合法合规和财务报告的可靠性，并由注册会计师出具无保留结论的内部控制鉴证报告；

（12）发行人的董事、监事和高级管理人员应当忠实、勤勉，具备法律、行政法规和规章规定的资格，且不存在下列情形：

①被中国证监会采取证券市场禁入措施尚在禁入期的；

②最近 3 年内受到中国证监会行政处罚，或者最近 1 年内受到证券交易所公开谴责的；

③因涉嫌犯罪被司法机关立案侦查或者涉嫌违法违规被中国证监会立案调查，尚未有明确结论意见的；

（13）发行人及其控股股东、实际控制人最近 3 年内不存在损害投资者合法权益和社会公共利益的重大违法行为；发行人及其控股股东、实际控制人最近 3 年内不存在未经法定机关核准，擅自公开或者变相公开发行证券，或者有关违法行为虽然发生在 3 年前，但目前仍处于持续状态的情形。

【经典真题】

【单选题 · 2019】根据证券法律制度的规定，公司申请在创业板公开发行股票并上市的，在不存在未弥补亏损的情况下，其最近一期期末净资产的最低金额应当是（　　）。

A. 1 000 万元　　B. 4 000 万元

C. 2 000 万元　　D. 3 000 万元

【答案】C

【解析】本题考核创业板首发条件。公司申请在创业板公开发行股票并上市的，最近一期期末净资产不少于2 000万元，且不存在未弥补亏损。

3. 在科创板上市的公司首次公开发行股票的条件

发行人申请首次公开发行股票并在科创板上市，应当符合科创板定位，面向世界科技前沿，面向经济主战场，面向国家重大需求。优先支持符合国家战略，拥有关键核心技术，科技创新能力突出，主要依靠核心技术开展生产经营，具有稳定的商业模式，市场认可度高，社会形象良好，具有较强成长性的企业。

首次公开发行股票并在科创板上市，应当符合发行条件、上市条件以及相关信息披露要求，依法经上海证券交易所发行上市审核并报经中国证监会履行发行注册程序。

发行人申请首次公开发行股票并在科创板上市，应符合以下条件：

（1）发行人是依法设立且持续经营3年以上的股份有限公司，具备健全且运行良好的组织机构，相关机构和人员能够依法履行职责。有限责任公司按原账面净资产值折股整体变更为股份有限公司的，持续经营时间可以从有限责任公司成立之日起计算；

（2）发行人会计基础工作规范，财务报表的编制和披露符合企业会计准则和相关信息披露规则的规定，在所有重大方面公允地反映了发行人的财务状况、经营成果和现金流量，并由注册会计师出具标准无保留意见的审计报告。发行人内部控制制度健全且被有效执行，能够合理保证公司运行效率、合法合规和财务报告的可靠性，并由注册会计师出具无保留结论的内部控制鉴证报告；

（3）发行人业务完整，具有直接面向市场独立持续经营的能力：

①资产完整，业务及人员、财务、机构独立，与控股股东、实际控制人及其控制的其他企业间不存在对发行人构成重大不利影响的同业竞争，不存在严重影响独立性或者显失公平的关联交易；

②发行人主营业务、控制权、管理团队和核心技术人员稳定，最近2年内主营业务和董事、高级管理人员及核心技术人员均没有发生重大不利变化；控股股东和受控股股东、实际控制人支配的股东所持发行人的股份权属清晰，最近2年实际控制人没有发生变更，不存在导致控制权可能变更的重大权属纠纷；

③发行人不存在主要资产、核心技术、商标等的重大权属纠纷，重大偿债风险，重大担保、诉讼、仲裁等或有事项，经营环境已经或者将要发生重大变化等对持续经营有重大不利影响的事项；

④发行人生产经营符合法律、行政法规的规定，符合国家产业政策。最近3年内，发行人及其控股股东、实际控制人不存在贪污、贿赂、侵占财产、挪用财产或者破坏社会主义市场经济秩序的刑事犯罪，不存在欺诈发行、重大信息披露违法或者其他涉及国家安全、公共安全、生态安全、生产安全、公众健康安全等领域的重大违法行为。董事、监事和高级管理人员不存在最近3年内受到中国证监会行政处罚，或者因涉嫌犯罪被司法机关立案侦查或者涉嫌违法违规被中国证监会立案调查，尚未有明确结论意见等情形。

【经典真题】

【单选题·2019】根据证券法律制度的规定，在科创板申请公开发行股票并上市的公司，作出同意或者不同意股票公开发行并上市的审核意见的是（　　）。

A. 保荐人　　B. 证券业协会

C. 证券交易所　　D. 证监会

【答案】C

【解析】本题考核科创板首发上市。首次公开发行股票并在科创板上市，依法经上海证券交易所发行上市审核并报经中国证券监督管理委员会履行发行注册程序。

重难点8：首次公开发行股票的注册程序和承销★★

1. 首次公开发行股票的注册程序

以科创板为例，首次公开发行股票的注册程序如下：

（1）发行人董事会应当依法就本次股票发行的具体方案、本次募集资金使用的可行性及其他必须明确的事项作出决议，并提请股东大会批准；

（2）发行人股东大会就本次发行股票作出决议；

（3）发行人申请首次公开发行股票并在科创板上市，应当按照中国证监会有关规定制作注册申请文件，由保荐人保荐并向交易所申报。交易所收到注册申请文件后5个工作日内作出是否受理的决定；

（4）交易所应当自受理注册申请文件之日起3个月内形成审核意见；

（5）中国证监会收到交易所报送的审核意见、发行人注册申请文件及相关审核资料后，履行发行注册程序；

（6）中国证监会同意注册的决定自作出之日起1年内有效，发行人应当在注册决定有效期内发行股票，发行时点由发行人自主选择；

（7）中国证监会作出注册决定后、发行人股票上市交易前，发行人应当及时更新信息披露文件内容，财务报表过期的，发行人应当补充财务会计报告等文件；保荐人及证券服务机构应当持续履行尽职调查职责；发生重大事项的，发行人、保荐人应当及时向交易所报告；

（8）交易所因不同意发行人股票公开发行并上市，作出终止发行上市审核决定，或者中国证监会作出不予注册决定的，自决定作出之日起6个月后，发行人可以再次提出公开发行股票并上市申请。

2. 强化发行人及其控股股东等责任主体的诚信义务

国务院证券监督管理机构或者国务院授权的部门对已经作出的证券发行注册的决定，发现不符合法定条件或者法定程序，尚未发行证券的，应当予以撤销，停止发行。已经发行尚未上市的，撤销发行注册决定，发行人应当按照发行价并加算银行同期存款利息返还证券持有人；发行人的控股股东、实际控制人以及保荐人，应当与发行人承担连带责任，但是能够证明自己没有过错的除外。股票的发行人在招股说明书等证券发行文件中隐瞒重要事实或者编造重大虚假内容，已经发行并上市的，国务院证券监督管理机构可以责令发行人回购证券，或者责令负有责任的控股股东、实际控制人买回证券。

【小贴士】

此部分内容为根据《证券法》新增加的内容，请考生注意！

3. 股票承销

股票承销是指证券公司依照协议包销或者代销发行人向社会公开发行股票的行为。股票承销分为代销和包销两种方式。证券公司在代销、包销期内，对所代销、包销的证券应当保证先行出售给认购人，证券公司不得为本公司预留所代销的证券和预先购入并留存所包销的证券。

重难点9：上市公司发行新股的条件★★

1. 上市公司发行新股的一般条件

是指上市公司采用不同方式发行新股都应当具备的条件，这些条件有：

（1）组织机构健全，运行良好。上市公司的公司章程合法有效，制度健全，公司内部控制制度健全，董事、监事和高级管理人员忠实勤勉。

（2）盈利能力应具有可持续性。上市公司最近3个会计年度连续盈利。现有主营业务或者投资方向能够可持续发展，人员稳定，不存在可能严重影响公司持续经营的担保、诉讼、仲裁或其他重大事项；最近24个月内曾公开发行证券的，不存在发行当年营业利润比上年下降50%以上的情形。

（3）财务状况良好。上市公司的会计基础工作规范，最近3年及1期财务报表未被注册会计师出具保留意见、否定意见或无法表达意见的审计报告。

（4）财务会计文件无虚假记载。

（5）募集资金的数额和使用符合规定。

（6）上市公司不存在下列行为：

①本次发行申请文件有虚假记载、误导性陈述或重大遗漏；

②擅自改变前次公开发行证券募集资金的用途而未作纠正；

③上市公司最近12个月内受到过证券交易所的公开谴责；

④上市公司及其控股股东或实际控制人最近12个月存在未履行向投资者作出的公开承诺的行为；

⑤上市公司或其现任董事、高级管理人员因涉嫌犯罪被司法机关立案侦查或涉嫌违法违规被证监会立案调查；

⑥严重损害投资者的合法权益和社会公共利益的其他情形。

2. 上市公司配股的条件

上市公司配股应当向股权登记日登记在册的股东配售，且配售比例应当相同。除此之外，还应当符合以下条件：

（1）拟配售股份数量不超过本次配售股份前股本总额的30%；

（2）控股股东应当在股东大会召开前公开承诺认配股份的数量；

（3）采用证券法规定的代销方式发行。

3. 上市公司增发的条件

增发除了符合前述一般条件之外，还应当符合下列条件：

（1）最近3个会计年度加权平均净资产收益率平均不低于6%；

（2）除金融类企业外，最近一期期末不存在持有金额较大的交易性金融资产和可供出售的金融资产、借予他人款项、委托理财等财务性投资的情形；

（3）发行价格应不低于公告招股意向书前20个交易日公司股票均价或前一个交易日的均价。

4. 上市公司非公开发行股票的条件

上市公司存在下列情形之一的，不得非公开发行股票：

（1）本次发行申请文件有虚假记载、误导性陈述或重大遗漏；

（2）上市公司的权益被控股股东和实际控制人严重损害且尚未消除；

（3）上市公司及其附属公司违规对外提供担保且尚未解除；

（4）现任董事、高级管理人员最近36个月内受到过证监会的行政处罚，或者最近12个月内受到过证券交易所公开谴责；

（5）上市公司或其现任董事、高级管理人员因涉嫌犯罪正被司法机关立案侦查或涉嫌违法违规正被证监会立案调查；

（6）最近1年及1期财务报表被注册会计师出具保留意见、否定意见或无法表示意见的审计报告；

（7）严重损害投资者合法权益和社会公共利益的其他情形。

重难点10：上市公司发行新股的程序★★

1. 一般程序

（1）董事会作出决议；（2）提请股东大会批准；（3）保荐人保荐；（4）证券交易所依照有关程序审核；（5）证监会依法履行发行注册程序；（6）发行股票；（7）承销。

2. 非公开发行股票的程序

（1）董事会决议；（2）股东大会决议；（3）向证券交易所提交发行申请，并经证券交易所审核；（4）证监会依法履行发行注册程序；（5）发行股票；（6）备案。

【经典真题】

【多选题·2011】上市公司发生下列情形时，属于证券法律制度禁止其公开增发股票的有（　　）。

A. 公司在3年前曾经公开发行过可转换公司债券

B. 公司现任董事在最近36个月内曾经受到过中国证监会的行政处罚

C. 公司在前年曾经严重亏损

D. 公司现任董事因涉嫌违法已被中国证监会立案调查

【答案】BCD

【解析】本题考核上市公司公开增发股票的一般条件。选项A公司在3年前曾经公开发行过可转换公司债券，不属于禁止条件。

重难点11：优先股的发行与交易★★

优先股是依据《公司法》，在一般规定的普通种类股份之外，另行规定的其他种类股份，其股份持有人优先于普通股股东分配公司利润和剩余财产，但参与公司决策管理等权利受到限制。

（1）发行人范围。在试点阶段，公开发行优先股的发行人限于证监会规定的上市公司，非公开发行优先股的发行人限于上市公司和非上市公众公司。除上市公司和非上市公众公司外，其他公司尚不能发行优先股。

（2）发行条件。公司已发行的优先股不得超过公司普通股股份总数的50%，且筹资金额不得超过发行前净资产的50%，已回购、转换的优先股不纳入计算。

（3）上市公司公开发行优先股时的特殊要求：

①采取固定股息率；

②在有可分配税后利润的情况下必须向优先股股东分配股息；

③未向优先股股东足额派发股息的差额部分必须累计到下一会计年度；

④优先股股东按照约定的股息率分配股息后，不再同普通股股东一起参加剩余利润分配。

（4）优先股的交易转让及登记存管。优先股应当在证券交易所、全国中小企业股份转让系统或者在国务院批准的其他证券交易场所交易或转让。优先股应当在中国证券登记结算公司集中登记存管。

（5）优先股发行时的信息披露。公司应当在发行文件中详尽说明优先股股东的权利义务，充分揭示风险。同时，应按规定真实、准确、完整、及时、公平地披露或者提供信息，不得有虚假记载、误导性陈述或重大遗漏。

（6）公司收购中的优先股。优先股可以作为并购重组支付手段。上市公司收购要约适用于被收购公司的所有股东，但可以针对优先股股东和普通股股东提出不同的收购条件。

【经典真题】

【多选题·2018】根据证券法律制度的规定，公开发行优先股的公司必须在公司章程中规定的事项有（　　）。

A. 在有可分配税后利润的情况下必须向优先股股东分配股息

B. 未向优先股股东足额派发股息的差额部分应当累计到下一个会计年度

C. 采取固定股息率

D. 优先股股东按照约定的股息率分配股息后，不再同普通股股东一起参加剩余利润分配

【答案】ABCD

【解析】本题考核优先股公开发行时的特殊要求。

重难点12：公司债券的发行★★

jj200703

1. 一般规定

（1）股东大会决议。

发行公司债券，发行人应当依照《公司法》或者公司章程规定对以下事项作出决议：发行债券的数量；发行方式；债券期限；募集资金的用途；决议的有效期；其他按照法律法规及公司章程规定需要明确的事项。

（2）发行方式。

公司债券可以公开发行，也可以非公开发行。

（3）公司债券的期限、面值和发行价格。

公司债券的期限为 1 年以上，每张面值 100 元，发行价格由发行人与保荐人通过市场询价确定。

2. 公司债券的公开发行

公开发行公司债券应当符合下列条件：

（1）具备健全且运行良好的组织机构；

（2）最近 3 年平均可分配利润足以支付公司债券 1 年的利息；

（3）国务院规定的其他条件。

公开发行公司债券筹集的资金必须按照公司债券募集办法所列资金用途使用；改变资金用途，必须经证券持有人会议作出决议。公开发行公司债券筹集的资金，不得用于弥补亏损和非生产性支出。

有下列情形之一的，不得再次公开发行公司债券：

（1）对已公开发行的公司债券或者其他债务有违约或者延迟支付本息的事实，仍处于继续状态；

（2）违反《证券法》规定，改变公开发行公司债券所募集资金的用途。

公开发行公司债券，应当委托具有从事证券服务业务资格的资信评级机构进行信用评级。

3. 公司债券的非公开发行

非公开发行的公司债券应当向合格投资者发行，不得采用广告、公开劝诱和变相公开方式，每次发行对象不得超过 200 人。

4. 公司债券发行与交易中的信息披露

公开发行公司债券的发行人应当按照规定及时披露债券募集说明书，并在债券存续期内披露中期报告和经具有从事证券服务业务资格的会计师事务所审计的年度报告。

非公开发行公司债券的发行人信息披露的时点、内容，应当按照募集说明书的约定履行，相关信息披露文件应当由受托管理人向中国证券业协会备案。

发行人全体董事、监事、高级管理人员应当在债券募集说明书上签字，承诺不存在虚假记载、误导性陈述或者重大遗漏，并承担相应的法律责任，但是能够证明自己没有过错的除外。

公司债券募集资金的用途应当在债券募集说明书中披露。

公开发行公司债券的发行人应当及时披露债券存续期内发生的可能影响其偿债能力或者证券价格的重大事项。

重难点 13：公司债券持有人的权益保护★★

为了有效地保护公司债券持有人的利益不受损害，《公司债券发行试点办法》规定了相应的保护措施。

1. 信用评级

公开发行公司债券，应当委托具有从事证券服务业务资格的资信评级机构进行信用评级。

2. 公司债券的受托管理

上市公司应该为债券持有人聘请债券受托管理人，并订立债券受托管理协议；债券受托管理人由本次发行的承销机构或其他经中国证监会认可的机构担任。为本次发行提供担保的机构不得担任本次债券发行的受托管理人。

债券受托管理人应当勤勉尽责，公正履行受托管理职责，不得损害债券持有人利益。

3. 债券持有人会议

发行公司债券，应当在债券募集说明书中约定债券持有人会议规则。存在下列情形的，债券受托管理人应当召集债券持有人会议：

（1）拟变更债券募集说明书的约定；

（2）拟修改债券持有人会议规则；

（3）拟变更债券受托管理人或者受托管理协议的主要内容；

（4）发行人不能按期支付本息；

（5）发行人减资、合并、分立、解散或者申请破产；

（6）保证人、担保物或者其他偿债保障措施发生重大变化；

（7）发行人、单独或者合计持有本期债券总额 10% 以上的债券持有人书面提议召开；

（8）发行人管理层不能正常履行职责，导致发行人债务清偿能力面临严重不确定性，需要依法采取行动的；

（9）发行人提出债务重组方案的；

（10）发生其他对债券持有人权益有重大影响的事项。

4. 公司债券的担保

发行人可采取内外部增信机制、偿债保障措施，提高偿债能力，控制公司债券风险。内外部增信机制、偿债保障措施包括但不限于下列方式：

（1）第三方担保；

（2）商业保险；

（3）资产抵押、质押担保；

（4）限制发行人债务及对外担保规模；

（5）限制发行人对外投资规模；

（6）限制发行人向第三方出售或者抵押主要资产；

（7）设置债券回售条款。

【经典真题】

【多选题 · 2017】根据证券法律制度的规定，下列各项中，属于债券受托管理人应当召集债券持有人会议的情形有（　　）。

A. 发行人不能按期支付本息　　B. 拟变更债券募集说明书的约定

C. 发行人拟增加注册资本　　D. 担保物发生重大变化

【答案】ABD

【解析】本题考核召开债券持有人会议的情形。选项 C 发行人拟增加注册资本，不会召开债券持有人会议。

重难点 14：可转换公司债券的发行★

上市公司发行可转换债债券，除了应当符合发行新股的一般条件之外，还应当符合以下条件：最近 3 个会计年度加权平均净资产收益率平均不低于 6%，其中，扣除非经常性损益后的净利润与扣除前的净利润相比，以低者作为加权平均净资产收益率的计算依据；最近 3 个会计年度实现的年均可分配利润不少于公司债券 1 年的利息。

可转换公司债券的期限最短为 1 年，最长为 6 年，每张面值 100 元。

公开发行可转换公司债券应当委托具有资格的资信评级机构进行信用评级和跟踪评级。资信评级机构每年至少公告一次跟踪评级报告。

公开发行的可转换公司债券应当约定保护债券持有人权利的办法，以及债券持有人会议的权利、程序和决议生效条件。

可转换公司债券自发行结束之日起 6 个月后方可转换为公司股票。

公开发行可转换公司债券的程序与公开发行新股的程序相同，不同的是股东大会作出发行可转换公司债券的决议事项不同。

公开发行可转换公司债券的信息披露的内容与公开发行新股的信息披露的内容基本相同，所不同的是募集说明书的相关内容。

重难点 15：公司债券的交易★

1. 公司债券上市交易

（1）公司债券上市交易的条件。

申请证券上市交易，应当向证券交易所提出申请，由证券交易所依法审核同意，并由双方签订上市协议，证券上市等公司债券的上市条件由证券交易所予以规定。

（2）公司债券的终止上市。

上市交易的证券不再符合上市条件的，或者有上市规则规定的其他情形的，由证券交易所按照业务规则终止其上市交易。证券交易所决定终止证券上市交易的，应当及时公告，并报国务院证券监督管理机构备案。

【小贴士】

以上内容的调整，体现了注册制改革，请考生注意！

2. 分离交易的可转换公司债券的交易

分离交易的可转换公司债券应当申请在上市公司股票上市的证券交易所上市交易。分离交易的可转换公司债券的期限最短为 1 年。分离交易的可转换公司债券募集说明书应当约定，上市公司改变公告的募集资金用途的，应赋予债券持有人一次回售的权利。

重难点 16：股票市场的结构★★

1. 交易所市场

目前中国的交易所市场及场内市场主要有两个交易所（上交所和深交所）、四个板块（主板、中小企业板、创业板、科创板）构成，在交易模式上主要区分为集中竞价的交易模式和大宗交易模式。

2. 全国股转系统

全国中小企业股份转让系统是经国务院批准，依法设立的全国性证券交易场所，是继上交所、深交所之后第三家全国性证券交易场所，俗称“新三板”。

全国股份转让系统的主要特征表现为：

（1）服务对象主要是中小微企业；

（2）投资者有资质要求；

（3）全国股转系统内部进一步分层，分为基础层、创新层和精选层；

（4）全国股转系统采用多元化交易机制，股票转让可以采取协议方式、做市方式、竞价方式或者其他证监会批准的转让方式。

3. 区域性股权市场

我国区域性股权市场主要表现为各地的产权交易场所。我国的区域性股权市场定位为主要服务于所在省级行政区域内中小微企业的私募股权市场。

【小贴士】

此部分为新修订内容，请考生注意！

重难点17：重大违法行为强制退市制度★★★

上市公司构成欺诈发行、重大信息披露违法或者其他涉及国家安全、公共安全、生态安全、生产安全和公众健康安全等领域的重大违法行为的，证券交易所应当严格依法作出暂停、终止公司股票上市交易的决定。

重大违法强制退市，包括下列情形：

1. 上市公司存在欺诈发行、重大信息披露违法或者其他严重损害证券市场秩序的重大违法行为，且严重影响上市地位，其股票应当被终止上市的情形：

（1）上市公司首次公开发行股票申请或者披露文件存在虚假记载、误导性陈述或者重大遗漏，被中国证监会依据《证券法》第一百八十九条作出行政处罚决定，或者被人民法院依据《刑法》第一百六十条作出有罪生效判决；

（2）上市公司发行股份购买资产并构成重组上市，申请或者披露文件存在虚假记载、误导性陈述或者重大遗漏，被中国证监会依据《证券法》第一百八十九条作出行政处罚决定，或者被人民法院依据《刑法》第一百六十条作出有罪生效判决；

（3）上市公司披露的年度报告存在虚假记载、误导性陈述或者重大遗漏，根据中国证监会行政处罚决定认定的事实，导致连续会计年度财务指标实际已触及《股票上市规则》① 规定的终止上市标准；

（4）交易所根据上市公司违法行为的事实、性质、情节及社会影响等因素认定的其他严重损害证券市场秩序的情形。

【注意】上市公司因存在前述第（1）、第（2）项欺诈发行情形，其股票被终止上市的，不得在交易所重新上市；上市公司因存在前述第（3）、第（4）项的重大违法等情形，其股

① 具体包括《深圳证券交易所上市规则》《深圳证券交易所创业板股票上市规则》《上海证券交易所股票上市规则》等。

票被终止上市的，自其股票进入全国中小企业股份转让系统挂牌转让之日起的5个完整会计年度内，交易所不受理其重新上市申请。

2. 上市公司存在涉及国家安全、公共安全、生态安全、生产安全和公众健康安全领域的违法行为，情节恶劣，严重损害国家利益、社会公共利益，或者严重影响上市地位，其股票应当被终止上市的情形：

（1）上市公司或其主要子公司被依法吊销营业执照、责令关闭或者被撤销；

（2）上市公司或其主要子公司被依法吊销主营业务生产经营许可证，或者存在丧失继续生产经营法律资格的其他情形；

（3）交易所根据上市公司重大违法行为损害国家利益、社会公共利益的严重程度，结合公司承担法律责任类型、对公司生产经营和上市地位的影响程度等情形，认为公司股票应当终止上市的。

【注意】上市公司因前述重大违法等情形，其股票被终止上市的，自其股票进入全国中小企业股份转让系统挂牌转让之日起的5个完整会计年度内，交易所不受理其重新上市申请。

3. 因不能满足交易标准要求的强制退市指标有：退市风险警示、终止上市。

【经典真题】

【单选题·2019】根据证券法律制度的规定，上市公司存在涉及生态安全领域的违法行为，情节恶劣，严重损害国家利益、社会公众利益，其股票被终止上市的，在5个完整会计年度内，交易所不受理其重新上市申请。该5个完整会计年度的起算日是（　　）。

A. 股票被标记为“ST”之日

B. 股票进入全国中小企业股份转让系统挂牌转让之日

C. 股票被交易所终止上市之日

D. 证监会的相关行政处罚公告之日

【答案】B

【解析】本题考核重大违法行为强制退市制度。上市公司存在涉及国家安全、公共安全、生态安全、生产安全和公众健康安全等领域的违法行为，情节恶劣，严重损害国家利益、社会公共利益，或者严重影响上市地位，其股票被终止上市的，自其股票进入全国中小企业股份转让系统挂牌转让之日起的5个完整会计年度内，交易所不受理其重新上市申请。

重难点18：上市公司收购★★

1. 上市公司收购人

上市公司收购人是指意图通过取得股份的方式成为一个上市公司的控股股东，或者通过投资关系、协议、其他安排的途径成为一个上市公司的实际控制人的投资者及其一致行动人。收购人包括投资者及与其一致行动的他人。

上市公司收购人应当具备一定的实力，具有良好的信誉。有下列情形之一的，不得收购上市公司：

（1）收购人负有数额较大的债务，到期未清偿，且处于持续状态；

（2）收购人最近 3 年有重大违法行为或者涉嫌有重大违法行为；

（3）收购人最近 3 年有严重的证券市场失信行为；

（4）收购人为自然人的，存在《公司法》规定的“不得担任公司董事、监事、高级管理人员的五种情形”；

（5）法律、法规规定以及中国证监会认定的不得收购上市公司的其他情形。

2. 上市公司收购人的义务

包括：报告义务；禁售义务；锁定义务。

3. 上市公司收购的支付方式

包括：现金、依法可以转让的证券及法律、行政法规规定的其他支付方式。

【经典真题】

【多选题 · 2015】根据证券法律制度的规定，下列情形中，构成对上市公司实际控制的有（　　）。

A. 投资者为上市公司持股 56% 的股东

B. 投资者可以实际支配上市公司股份表决权的 40%

C. 投资者通过实际支配上市公司股份表决权能够决定公司董事会 1/3 成员选任

D. 投资者依其可实际支配的上市公司股份表决权足以对公司股东大会的决议产生重大影响

【答案】ABD

【解析】本题考核上市公司收购人。选项 C：投资者通过实际支配上市公司股份表决权能够决定公司董事会半数以上人员选任，构成对上市公司实际控制，选项表述错误。

重难点 19：持股权益披露★

通过证券交易所的证券交易，投资者持有或者通过协议、其他安排与他人共同持有一个上市公司已发行的股份达到 5% 时，应当在该事实发生之日起 3 日内，向国务院证券监督管理机构、证券交易所作出书面报告，通知该上市公司，并予以公告；在上述期限内，不得再买卖该上市公司得股票。

投资者持有或者通过协议、其他安排与他人共同持有一个上市公司已发行的股份达到 5% 后，其所持该上市公司已发行的股份比例每增加或者减少 5%，应当依照前款规定进行报告和公告，在该事实发生之日起至公告后 3 日内，不得再行买卖该上市公司的股票。

投资者持有或者通过协议、其他安排与他人共同持有一个上市公司已发行的有表决权股份达到 5% 后，其所持该上市公司已发行的有表决权股份比例每增加或者减少 1%，应当在该事实发生的次日通知该上市公司，并予公告。

违反权益披露超比例持股的，超比例部分在买入后 36 个月内都不能行使表决权。

权益预警披露所作的公告，应当包括下列内容：

（1）持股人的名称、住所；（2）持有的股票的名称、数额；（3）持股达到法定比例或者持股增减变化达到法定比例的日期、增持股份的资金来源；（4）在上市公司中拥有有表决权的股份变动的时间及方式。

【小贴士】

此部分内容根据《证券法》的规定有所调整，请考生注意！

【经典真题】

【单选题·2016】甲持有某上市公司已发行股份的8%。2016年7月4日，投资者乙与甲签署股份转让协议，约定以6 000万元的价格受让甲持有的该上市公司全部股份。7月6日，乙将股份转让事项通知该上市公司。7月11日，双方办理了股份过户。7月18日，乙通知该上市公司股份过户已办理完毕。根据证券法律制度的规定，乙应当向中国证监会和证券交易所作出书面报告的日期是（　　）。

A. 2016年7月6日　　B. 2016年7月8日

C. 2016年7月13日　　D. 2016年7月20日

【答案】A

【解析】本题考核持股权益披露。在协议转让股权的情况下，如果协议中拟转让的股权达到或者超过5%，投资者应当在协议达成之日（7月4日）起3日内履行权益报告义务。

重难点20：要约收购★★★

（1）要约收购是收购人在证券交易所的集中竞价系统之外，直接向股东发出要购买其手中持有股票的一种收购方式。

（2）采用要约方式收购一个上市公司的股份，其预定收购的股份比例不得低于该上市公司已发行股份的5%。

（3）以要约方式收购上市公司股份的，收购人应当编制要约收购报告书，聘请财务顾问，通知被收购公司，同时对要约报告书摘要作出提示性公告。

（4）收购要约约定的收购期限不得少于30日，并不得超过60日。但出现竞争要约的除外。

（5）在收购要约确定的承诺期内，收购人不得撤销其收购要约。

（6）在收购要约确定的承诺期内，收购人需要变更收购要约的，必须及时公告，载明具体变更事项，并通知被收购公司。在收购要约期限届满前15日内，收购人不得变更收购要约，但出现竞争要约的除外。

（7）收购要约提出的各项收购条件，应当适用于被收购公司的所有股东，但可以针对优先股股东和普通股股东提出不同的收购条件。

（8）采取要约收购方式的，收购人在收购期限内，不得卖出被收购公司的股票，也不得采取要约规定以外的形式和超过要约的条件买入被收购公司的股票。

（9）被收购公司董事会应当对收购人的主体资格、资信情况及收购意图进行调查，对要约条件进行分析，对股东是否接受要约提出建议，并聘请独立财务顾问提出专业意见。

（10）同意接受收购要约的股东，在收购期内此种同意并不被视为承诺，而是被视为预受。预受要约的股票将被证券登记结算公司临时报告，在要约收购期间，如果该股东未撤回预受，则不得转让。

（11）收购期限届满，发出部分要约的收购人应当按照收购要约约定的条件购买被收购公司股东预受的股份，预受要约股份的数量超过预定收购数量时，收购人应当按照同等比例收购预受要约的股份；以终止被收购公司上市地位为目的的，收购人应当按照收购要求约定的条件购买被收购公司股东预受的全部股份；未取得中国证监会豁免而发出全面要约的收购人应当购买被收购公司股东预受的全部股份。

（12）收购期限届满后3个交易日内，接受委托的，证券公司应当向证券登记结算机构申请办理股份转让结算、过户登记手续，解除对超过预定收购比例的股票的临时保管；收购人应当公告本次要约收购的结果。

（13）收购期限届满后15日内，收购人应当向证券交易所提交关于收购情况的书面报告，并予以公告。

重难点21：强制要约制度★★

通过证券交易所的证券交易，投资者持有或者通过协议、其他安排与他人共同持有一个上市公司已发行的股份达到30%时，继续进行收购的，应当依法向该上市公司所有股东发出收购上市公司全部或者部分股份的要约。

投资者符合一定条件的，可以向中国证监会申请下列豁免：（1）免于以要约收购方式增持股份；（2）存在主体资格、股份种类限制或者法律、行政法规、中国证监会规定的特殊情形的，可以申请免于向被收购公司的所有股东发出收购要约。

投资者也可以在接到中国证监会不予豁免通知之日起30日内，将其和其控制的股东所持有的目标公司股份减持到30%或者30%以下，以避免触发强制要约义务。

重难点22：收购中的信息披露★

在收购过程中，收购人需要披露大量的信息，已让目标公司的中小股东判断是否接受收购要约，或者对公司未来的前景作出判断。目标公司的董事会也有一定的信息披露义务。

1. 要约收购报告书

当收购人主动采取要约收购方式或者未能获得豁免被强制采用要约收购方式时，其必须编制要约收购报告书。

2. 收购报告书

当收购人拟申请豁免强制要约收购义务的，其应编制上市公司收购报告书以及其他规定文件，委托财务顾问向中国证监会、证券交易所提出书面报告，并公告上市公司收购报告书摘要。

3. 被收购公司董事会报告

被收购公司董事会应当对收购人的主体资格、资信情况及收购意图进行调查，对要约条件进行分析，对股东是否接受要约提出建议，并聘请独立财务顾问提出专业意见。

重难点23：特殊类型收购★

1. 协议收购

协议收购是由收购人和被收购公司的控股股东之间通过协议转让股权的方式完成控制权转移。协议收购还有如下一些特点：

（1）过渡期安排。

以协议方式进行上市公司收购的，自签订收购协议起至相关股份完成过户的期间为上市公司收购过渡期。

（2）出让股份之控股股东的义务。

被收购公司控股股东向收购人协议转让其所持有的上市公司股份的，应当对收购人的主体资格、资信情况及收购意图进行调查，并在其权益变动报告中披露有关调查情况。

（3）股权过户。

协议收购的相关当事人应当向证券登记结算机构申请办理拟转让股份的临时保管手续，并可以将用于支付的现金存放于证券登记结算机构指定的银行。

收购报告书公告后，相关当事人应当按照证券交易所和证券登记结算机构的业务规则，在证券交易所就本次股份转让予以确认后，凭全部转让款项存放于双方认可的银行账户的证明，向证券登记结算机构申请解除拟协议转让股票的临时保管，并办理过户登记手续。

（4）管理层收购。

上市公司董事、监事、高级管理人员、员工或者其所控制或者委托的法人或者其他组织，拟对本公司进行收购或者通过间接收购取得本公司控制权的，该上市公司应当具备健全且运行良好的组织机构以及有效的内部控制制度，公司董事会成员中独立董事的比例应当达到或者超过1/2。公司应当聘请具有证券、期货从业资格的资产评估机构提供公司资产评估报告，本次收购应当经董事会非关联董事作出决议，且取得2/3以上的独立董事同意后，提交公司股东大会审议，经出席股东大会的非关联股东所持表决权过半数通过。

2. 间接收购

收购人虽不是上市公司的股东，但通过投资关系、协议、其他安排导致其拥有权益的股份达到或者超过一个上市公司已发行股份的5%，但未超过30%的，应当按照规定进行权益披露。

（1）间接收购同样应遵循关于强制要约收购的规定。

（2）收购人拥有权益的股份超过该公司已发行股份的30%的，应当向该公司所有股东发出全面要约；收购人预计无法在事实发生之日起30日内发出全面要约的，应当在前述30日内促使其控制的股东将所持有的上市公司股份减持至30%或者30%以下，并自减持之日起2个工作日内予以公告；其后收购人或者其控制的股东拟继续增持的，应当采取要约方式，除非根据规定申请豁免。

（3）上市公司实际控制人及受其支配的股东未履行报告、公告义务的，上市公司应当自知悉之日起立即作出报告和公告。

上市公司就实际控制人发生变化的情况予以公告后，实际控制人仍未披露的，上市公司董事会应当向实际控制人和受其支配的股东查询，必要时可以聘请财务顾问进行查询，并将查询情况向中国证监会、上市公司所在地的中国证监会派出机构和证券交易所报告；中国证监会依法对拒不履行报告、公告义务的实际控制人进行查处。

（4）上市公司知悉实际控制人发生较大变化而未能将有关实际控制人的变化情况及时予以报告和公告的，中国证监会责令改正，情节严重的，认定上市公司负有责任的董事为不适当人选。

重难点24：上市公司重大资产重组★★

重大资产重组行为是指上市公司及其控股或者控制的公司在日常经营活动之外购买、出售资产或者通过其他方式进行资产交易达到规定的比例，导致上市公司的主营业务、资产、收入发生重大变化的资产交易行为。

重大资产重组分为两种，其中特殊重大资产重组（借壳上市）须经中国证监会的核准。

1. 普通重大资产重组

上市公司及其控股或者控制的公司购买、出售资产达到下列标准之一的，构成重大资产重组：

（1）购买、出售的资产总额占上市公司最近一个会计年度经审计的合并财务会计报告期末资产总额的比例达到50%以上；

（2）购买、出售的资产在最近一个会计年度所产生的营业收入占上市公司同期经审计的合并财务会计报告营业收入的比例达到50%以上；

（3）购买、出售的资产净值占上市公司最近一个会计年度经审计的合并财务会计报告期末净资产额的比例达到50%以上，且不超过5 000万元人民币。

2. 特殊重大资产重组

上市公司自控制权发生变更之日起36个月内，向收购人及其关联人购买资产，导致上市公司发生以下根本变化情形之一的，构成重大资产重组，应当按照重组办法的规定报经中国证监会核准：

（1）购买的资产总额占上市公司控制权发生变更的前一个会计年度经审计的合并财务会计报告期末净资产总额的比例达到100%以上；

（2）购买的资产在最近一个会计年度所产生的营业收入占上市公司控制权发生变更的前一个会计年度经审计的合并财务会计报告营业收入的比例达到100%以上；

（3）购买的资产净额占上市公司控制权发生变更的前一个会计年度经审计的合并财务会计报告期末净资产额的比例达到100%以上；

（4）为购买资产发行的股份占上市公司首次向收购人及其关联人购买资产的董事会决议前一个交易日的股份的比例达到100%以上；

（5）上市公司向收购人及其关联人购买资产虽未达到前4项标准，但可能导致上市公司主营业务发生根本变化；

（6）中国证监会认定可能导致上市公司发生根本变化的其他情形。

3. 重大资产重组的行为要求

（1）符合国家产业政策和有关环境保护土地管理反垄断等法律和行政法规的规定；

（2）不会导致上市公司不符合股票上市条件；

（3）重大资产重组所涉及的资产定价公允，不存在损害上市公司和股东合法权益的情形；

（4）重大资产重组所涉及的资产权属清晰，资产过户或者转移，不存在法律障碍，相关债权债务处理合法；

（5）有利于上市公司增强持续经营能力，不存在可能导致上市公司重组后主要资产为现金或者无具体经营业务的情形；

（6）有利于上市公司在业务、资产、财务、人员、机构等方面与实际控制人及其关联人保持独立，符合中国证监会关于上市公司独立性的相关规定；

（7）有利于上市公司形成或者保持健全有效的法人治理结构。

4. 信息披露与公司决议

5. 证监会核准

重难点25：虚假陈述行为的法律责任★★★

虚假陈述是指对证券发行、交易及相关活动的事实、性质、前景、法律等事项作出不实、严重误导或者含有重大遗漏的、任何形式的虚假陈述或者诱导、致使投资者在不了解事实真相的情况下作出证券投资决定的行为，以及未按照规定披露信息的行为。

1. 行政责任

信息披露义务人未按照法律规定报送有关报告或者履行信息披露义务的，责令改正，给予警告，并处以50万元以上500万元以下的罚款；对直接负责的主管人员和其他直接责任人员给予警告，并处以20万元以上200万元以下的罚款。发行人的控股股东、实际控制人组织、指使从事上述违法行为或者隐瞒相关事项导致发生上述情形的，处以50万元以上500万元以下的罚款；对直接负责的主管人员和其他直接责任人员处以20万元以上200万元以下的罚款。

信息披露义务人报送的报告或者披露的信息有虚假记载、误导性陈述或者重大遗漏的，责令改正，给予警告，并处以100万元以上1 000万元以下的罚款；对直接负责的主管人员和其他直接责任人员给予警告，并处以50万元以上500万元以下的罚款。发行人的控股股东实际控制人组织指使从事上述违法行为或者隐瞒相关事项导致发生上述情形的，处以100万元以上1 000万元以下的罚款；对直接负责的主管人员和其他直接责任人员处以50万元以上500万元以下的罚款。

会计师事务所、律师事务所以及从事资产评估、资信评级、财务顾问、信息技术系统服务的机构违反法律规定，从事证券服务业务未报备案的，责令改正，可以处20万元以下的罚款。证券服务机构违反规定，未勤勉尽责，所制作出具的文件有虚假记载、误导性陈述或者重大遗漏的，责令改正，没收业务收入，并处以业务收入1倍以上10倍以下的罚款；没有业务收入或者业务收入不足50万元的，处以50万元以上500万元以下的罚款；情节严重的，并处暂停或者禁止从事证券服务业务。对直接负责的主管人员和其他直接责任人员给予警告，并处以20万元以上200万元以下的罚款。

2. 刑事责任

主要包括欺诈发行股票、债券罪；违规披露、不披露重要信息罪。

3. 民事责任

信息披露义务人未按照规定披露信息，或者公告的证券发行文件、定期报告、临时报告及其他信息披露资料存在虚假记载、误导性陈述或者重大遗漏，致使投资者在证券交易中遭受损失的，信息披露义务人应当承担赔偿责任；发行人的控股股东、实际控制人、董事、监事、高级管理人员和其他直接责任人员以及保荐人、承销的证券公司及其直接责任人员，应当与发行人承担连带赔偿责任，但是能够证明自己没有过错的除外。

证券服务机构为证券的发行、上市、交易等证券业务活动制作、出具审计报告及其他鉴证报告、资产评估报告、财务顾问报告、资信评级报告或者法律意见书等文件，应当勤勉尽责，对所制作、出具的文件的内容的真实性、准确性、完整性进行核查和验证。其制作、出具的文件有虚假记载、误导性陈述或者重大遗漏，给他人造成损失的，应当与发行人上市公司承担连带赔偿责任，但是能够证明自己没有过错的除外。

重难点 26：内幕交易行为★★★

内幕交易是指证券交易内幕信息的知情人员利用内幕信息进行证券交易的行为。

1. 内幕信息

证券交易活动中涉及发行人的经营，财务或者对该发行人证券的市场价格有重大影响的尚未公开的信息，为内幕信息。

2. 内幕交易行为的认定

在内幕信息敏感期内，内幕信息的知情人员和非法获取内幕信息的人，不得买卖该公司的证券，或者泄露内幕信息，或者建议他人买卖该证券，否则就构成了内幕交易。

证券交易的内幕信息知情人包括：

（1）发行人的董事、监事、高级管理人员；

（2）持有上市公司 5% 以上股份的股东及其董事、监事、高级管理人员，公司的实际控制人及其董事、监事、高级管理人员；

（3）发行人控股或者实际控制的公司及其董事、监事、高级管理人员；

（4）由于所任公司职务或者因与公司业务往来可以获取公司有关内幕信息的人员；

（5）上市公司收购人或者重大资产交易方及其控股股东、实际控制人、董事、监事和高级管理人员；

（6）因职务、工作可以获取内幕信息的证券交易所、证券登记结算机构、证券公司、证券服务机构的有关人员；

（7）因职责、工作可以获取内幕信息的证券监督管理机构工作人员；

（8）因法定职责对证券的发行、交易或者对上市公司及其收购、重大资产交易进行管理可以获取内幕信息的有关主管部门、监管机构的工作人员；

（9）可以获取内幕信息的其他人员。

只要监管机构提供的证据能够证明以下情形之一，就可以确认内幕交易行为成立：

（1）证券交易内幕信息知情人员，进行了与该内幕信息有关的证券交易活动；

（2）内幕信息知情人员的配偶、父母、子女以及其他有密切关系的人，其证券交易活动与该内幕信息基本吻合；

（3）因履行工作职责知悉上述内幕信息并进行了与该信息有关的证券交易活动；

（4）非法获取内幕信息，并进行了与该内幕信息有关的证券交易活动；

（5）内幕信息公开前与内幕信息知情人员或者知晓该内幕信息的人员联络、接触，其证券交易活动与内幕信息高度吻合。

具有下列情形之一的，不属于《刑法》上规定的内幕交易行为：

（1）持有或者通过协议、其他安排与他人共同持有上市公司 5% 以上股份的自然人、法人或者其他组织收购该上市公司股份的；

（2）按照事先订立的书面合同、指令、计划从事相关证券、期货交易的；

（3）依据已被他人披露的信息而交易的；

（4）交易具有其他正当理由或者正当信息来源的。

3. 短线交易

上市公司、股票在国务院批准的其他全国性证券交易场所交易的公司的董事、监事、高级管理人员持有或者通过协议、其他安排与他人共同持有该公司5%以上的股东，将其持有的该公司的股票或者其他具有股权性质的证券在买入后6个月内卖出，或者在卖出后6个月内又买入，由此所得收益归公司所有，公司董事会应当收回其所得收益。但是，证券公司因包销购入售后剩余股票而持有5%以上股份，以及有国务院证券监督管理机构规定的其他情形除外。

前款所称董事、监事、高级管理人员、自然人股东所持有的股票或者其他具有股权性质的证券，包括其配偶、父母、子女所持有及其及利用他人账户持有的股票或者其他具有股权性质的证券。

【经典真题】

【单选题·2018】甲为某上市公司董事。2018年1月8日和22日，甲通过其配偶的证券账户以20元/股和21元/股的价格，先后买入本公司股票2万股和4万股。同年7月9日，甲以22元/股的价格将6万股全部卖出。根据证券法律制度的规定，甲通过上述交易所得收益中，应当归入该上市公司的金额是（　　）万元。

A. 2　　B. 4　　C. 6　　D. 0

【答案】B

【解析】甲于2018年1月8日买入，7月9日卖出的2万股股票已经超过了6个月，不构成短线交易；于1月22日买入，7月9日卖出的4万股未超过6个月，构成短线交易，其收益=4万股×（22元－21元）=4（万元），应当归上市公司所有。

4. 利用未公开信息交易

禁止证券交易场所、证券公司、证券登记结算机构、证券服务机构和其他金融机构的从业人员，以及有关监管部门或者行业协会的工作人员，利用因职务便利获取的内幕信息以外的其他未公开的信息，违反规定，从事与该信息相关的证券交易活动，或者明示、暗示他人从事相关交易活动。

【经典真题】

【多选题·2012】根据证券法律制度的规定，下列各项中，属于证券交易内幕信息知情人员的有（　　）。

A. 负责发行人重大资产重组方案文印工作的秘书甲

B. 中国证监会负责审核发行人重大资产重组方案的官员乙

C. 为发行人重大资产重组进行审计的注册会计师丙

D. 通过公开发行报刊知悉发行人重大资产重组方案的律师丁

【答案】ABC

【解析】选项 D 中律师丁通过公开发行报刊知悉的信息已不再属于内幕信息。

重难点 27：操纵证券市场行为★★

《证券法》禁止任何人以下列手段操纵证券市场，影响或者意图影响证券交易价格或者证券交易量：

（1）单独或者通过合谋，集中资金优势、持股优势或者利用信息优势联合或者连续买卖，操纵证券交易价格或者证券交易量。

（2）与他人串通，以事先约定的时间、价格和方式相互进行证券交易，影响证券交易价格或者证券交易量。

（3）在自己实际控制的账户之间进行证券交易，影响证券交易价格或者证券交易量。

（4）不以成交为目的，频繁或大量申报并撤销申报。

（5）利用虚假或者不确定的重大信息，诱导投资者进行证券交易。

（6）对证券、发行人公开作出评价、预测或者投资建议，并进行反向证券交易。

（7）利用在其他相关市场的活动操纵证券市场。

（8）操纵证券市场的其他手段。

【小贴士】

上述第（4）~（7）项为新增加的内容，请考生注意！

【经典真题】

【单选题·2015】汪某为某知名证券投资咨询公司的负责人，该公司经常在重要媒体和互联网平台免费公开发布咨询报告，并向公众推荐股票，已经买入的股票在公司咨询报告中予以推荐，咨询报告发布会后将股票卖出。根据证券法律制度的规定，汪某的行为构成（　　）。

A. 内幕交易　　B. 虚假陈述

C. 操纵市场　　D. 欺诈客户

【答案】C

【解析】汪某的行为属于以其他手段操纵证券市场。

重难点 28：编造、传播虚假信息的行为★★★

禁止任何单位和个人编造、传播虚假信息或者诱导性信息，扰乱证券市场。禁止证券交易场所、证券公司、证券登记结算机构、证券服务机构及其从业人员，证券业协会、证券监督管理机构及其工作人员，在证券交易活动中作出虚假陈述或者信息误导。各种传播媒介传播证券市场信息必须真实、客观，禁止误导。传播媒介及其从事证券市场信息报道的工作人员不得从事与其工作职责发生利益冲突的证券买卖。编造、传播虚假信息或者误导性信息，给投资者造成损失的，行为人应当依法承担赔偿责任。

【小贴士】

本部分为新增加的内容，请考生注意！

【经典真题】

【案例分析题·2019】新银公司为 A 股上市公司，股本总额为 2 亿股。2015 年 5 月 22 日，新银公司召开临时股东大会，审议通过了《非公开发行股票议案》。该议案确定本次非公开发行对象为公司股东物灵公司、宝华公司与元基公司；股票发行数量不超过 5 000 万股；物灵公司认购 4 000 万股，宝华公司和元基公司共认购 1 000 万股，发行价格为 7.5 元/股。5 月 26 日，新银公司与三股东正式签订非公开发行股票认购协议。协议签订前，物灵公司持有新银公司的股份比例为 28%；宝华公司和元基公司签有一致行动人协议，合计持股比例 10%；新银公司董事、监事及高级管理人员及其一致行动人合计持股比例为 12%。宝华公司和元基公司承诺在此次非公开发行实施完毕前，不以任何形式增持新银公司股份。

自 2015 年 6 月起，宝华公司旗下管理的基金账户通过场内交易增持新银公司股份。截至 2015 年 12 月 8 日，宝华公司和元基公司合计持股比例达到 29%。物灵公司认为，宝华公司和元基公司不属于“社会公众股东”，在宝华公司通过场内交易增持后，新银公司如仍按《非公开发行股票议案》增资扩股，将导致新银公司的股份分布违反《证券法》的规定。董事会决定调整非公开发行方案。2015 年 12 月 16 日，新银公司发布公告称，证监会已同意公司暂停非公开发行股票的申请。

新银公司董事会经与物灵公司协商，形成如下意见：鉴于宝华公司和元基公司的失信行为，不再将其作为本次非公开发行的认购对象，调整后的股票发行数量为 3 000 万股，由物灵公司全额认购。物灵公司认购后，所持新银公司的股份比例将超过 30%，会触发强制要约收购义务，物灵公司认为，因其已承诺 3 年内不转让本次非公开发行的股票，所以只要新银公司股东大会的非关联股东豁免要约收购即可，无须向证监会申请豁免。根据以上意见，2016 年 2 月 1 日，新银公司董事会审议通过《关于调整非公开发行股票发行对象、发行数量及募集资金数额的议案》（以下简称“议案 1”）。次日，新银公司发布公告：公司将于 2 月 19 日召开临时股东大会审议该议案，物灵公司、宝华公司和元基公司应当对该议案表决予以回避。2016 年 2 月 5 日，宝华公司和元基公司向新银公司董事会提交《关于调整非公开发行股票方案的议案》（以下简称“议案 2”），提议宝华公司和元基公司全额认购拟非公开发行的 3 000 万股。同时，对上述关于回避表决的要求提出异议。

2016 年 2 月 19 日，宝华公司和元基公司参加临时股东大会并进行表决，对议案 1 投了反对票，对议案 2 投了赞成票。议案 2 获得出席股东大会的股东所持表决权过半数通过，议案 1 未获通过。物灵公司未参加此次股东大会表决，但在会后向董事会提出质疑：宝华公司和元基公司无权提出临时议案，更无权参与此次股东大会并对议案 1 和议案 2 进行表决。

物灵公司认为，关联股东未回避表决属于股东大会决议撤销之诉的事由，故而于 2016 年 4 月 29 日向法院提出诉讼，请求撤销 2 月 19 日新银公司临时股东大会对议案 2 的决议。

要求：根据上述内容，分别回答下列问题：

（1）物灵公司认为宝华公司和元基公司不属于“社会公众股东”，是否正确？并说明理由。

（2）物灵公司关于“在宝华公司通过场内交易增持后，新银公司如仍按《非公开发行股票议案》增资扩股，将导致新银公司的股份分布违反证券法的规定”的观点是否正确？并说明理由。

(3) 物灵公司关于“因其已承诺3年内不转让本次非公开发行的股票，所以只要新银公司股东大会非关联股东豁免要约收购即可，无须向证监会申请豁免”的观点，是否符合证券法律制度的规定？并说明理由。

(4) 宝华公司和元基公司参加新银公司临时股东大会并对议案1进行表决，是否符合证券法律制度的规定？并说明理由。

(5) 宝华公司和元基公司参加新银公司临时股东大会并对议案2进行表决，是否符合证券法律制度的规定？并说明理由。

(6) 物灵公司关于“宝华公司和元基公司无权提出临时提案”的观点，是否符合公司法律制度的规定？并说明理由。

(7) 物灵公司提起股东大会决议撤销之诉的日期是否符合公司法律制度的规定？并说明理由。

【参考答案】

(1) 该观点正确。根据规定，社会公众股东，是指不包括下列股东的上市公司其他股东：①持有上市公司10%以上股份的股东及其一致行动人；②上市公司的董事、监事、高级管理人员及其关联人。宝华公司和元基公司合计持有29%的股份且是一致行动人，不属于社会公众股东。

(2) 该观点正确。根据规定，上市条件中股权分布比例规定是：公开发行的股份达到公司股份总数的25%以上；公司股本总额超过人民币4亿元的，公开发行股份的比例为10%以上。题目中股份总数未超过4亿股，公开发行比例应当在25%以上。定向增发后，公司总股本2.5亿股，物灵公司持有2亿股的28% + 定增的4 000万股 = 0.56 + 0.4 = 0.96（亿股），宝华公司和元基公司持有2亿股的29% + 定增的1 000万股 = 0.58 + 0.1 = 0.68（亿股），董监高及一致行动人持有2亿股的12% = 0.24亿股，这些合计 = 0.96 + 0.68 + 0.24 = 1.88（亿股），那么公开发行的股份数是2.5 − 1.88 = 0.62（亿股），0.62 ÷ 2.5 × 100% = 24.8%，即公开发行比例不足25%，导致股份分布将不符合上市条件。

(3) 该观点符合规定。根据规定，经上市公司股东大会非关联股东批准，投资者取得上市公司向其发行的新股，导致其在该公司拥有权益的股份超过该公司已发行股份的30%，投资者承诺3年内不转让本次向其发行的新股，且公司股东大会同意投资者免于发出要约，则可以免于申请，可直接向证券交易所和证券登记结算机构申请办理股份转让和过户登记手续。题目中物灵公司承诺3年内不转让本次向其发行的新股，所以经股东大会非关联股东审议可以豁免。

(4) 符合规定。股东大会就发行事项作出决议，必须经出席会议的股东所持表决权的2/3以上通过。向本公司特定的股东及其关联人发行的，股东大会就发行方案进行表决时，关联股东应当回避。议案1是向原股东物灵公司发行，不涉及宝华公司、元基公司，所以宝华公司、元基公司参加表决符合规定。

(5) 不符合规定。股东大会就非公开发行股东作出的决定，涉及关联股东的，关联股东应当回避表决。关联股东是指董事会决议已确定为本次发行对象的股东及其关联人。议案2是向原股东宝华公司、元基公司发行，因此宝华公司、元基公司不能参与表决。

（6）该观点不符合规定。根据规定，单独或者合计持有公司3%以上股份的股东，可以在股东大会召开10日前提出临时提案并书面提交董事会；董事会应当在收到提案后2日内通知其他股东，并将该临时提案提交股东大会审议。

（7）不符合法定期间的要求。根据规定，股东会或者股东大会、董事会的会议召集程序、表决方式违反法律、行政法规或者公司章程，或者决议内容违反公司章程的，股东可以自决议作出之日起60日内，请求人民法院撤销。决议作出之日是2月19日，请求撤销之日是4月29日，超过了60天。

【案例分析题·2019】福明公司为A股上市公司。2018年1月25日，福明公司实际控制人、董事长李某根据公司2017年度业绩情况，向董事会秘书赵某提出在当期实施股票“高送转”的利润分配动议。赵某起草了《高送转预期利润分配预案》等文件提交董事会审议，但由于董事会对具体实施方案存在较大分歧、未能形成有效决议，该方案未予披露。

孙某为赵某好友，2018年1月底，孙某在一次商业宴会上向赵某打听福明公司2017年度业绩和利润分配情况，赵某告知孙某“业绩不错，可能会做‘高送转’，但董事会还没通过，具体还不好说”。得此答复后，孙某于2018年2月2日买入福明公司股票。

2018年2月5日，赵某根据董事会意见修改了利润分配方案。2018年2月26日（星期一），福明公司召开董事会通过了修改后的利润分配方案。根据该方案，以盈余公积金向全体股东每10股转增10股，并派发2元红利。3月1日公司告知董事会决议。

赵某将“高送转”信息告知妻子程某。随后，程某又将该信息转告福明公司股东王某。王某通过其控制的越野投资有限公司（简称“越野投资”）于2018年2月中旬多次买入福明公司股票。此前，王某已持有福明公司2%的股份，越野投资不持有福明公司股份。

2019年3月起，证监会对福明公司内幕交易案立案调查，孙某在内幕交易调查中抗辩：福明公司的“高送转”方案在2018年1月底时董事会尚未通过，赵某于2月5日才修改“高送转”方案；孙某在2月2日买入股票时内幕信息尚未形成，故意买入行为不构成内幕交易。调查期间，证监会认定王某与越野投资在2018年2月购入福明公司股票时，构成一致行动人，购入后二者合计持股比例为5.9%，未按规定履行重大持股信息披露义务，王某在内幕交易调查中未对自己的买入行为给出正当理由，但辩称：其于2018年2月的股票买入行为，属于相关司法解释中规定的“持有或通过协议、其他安排与他人共同持有上市公司5%以上股份的自然人、法人或者其他组织收购该上市公司股份”的情形，不构成内幕交易。

根据上述内容，分别回答下列问题：

（1）本案“高送转”的利润分配方案是否构成内幕信息？并说明理由。

（2）赵某告知孙某“可能会做‘高送转’”的行为是否构成内幕交易？并说明理由。

（3）福明公司以盈余公积金转增股本的做法是否符合公司法律制度的规定？并说明理由。

（4）福明公司于2018年3月1日公告董事会决议，是否符合证券法律制度的规定？并说明理由。

（5）孙某关于其在“在2月2日买入股票时内幕信息尚未形成”的抗辩是否成立？并说明理由。

（6）程某告知王某“福明公司可能将做‘高转送’”的行为是否构成内幕交易？并说明理由。

（7）王某称“其于2018年2月的股票买入行为属于收购，不构成内幕交易”的抗辩理由，是否成立？并说明理由。

【参考答案】

（1）该方案构成内幕信息。根据规定，公司分配股利或者增资的计划属于内幕信息。

（2）赵某的行为构成内幕交易。根据规定，在内幕信息敏感期内，内幕信息的知情人和非法获取内幕信息的人，不得买卖该公司的证券，或者泄露消息，或者建议他人买卖该证券。赵某属于内幕信息知情人，其在内幕信息敏感期内泄露信息，构成内幕交易行为。

（3）福明公司的做法符合规定。根据规定，公司的公积金可用于弥补公司的亏损、扩大公司生产经营或者转为增加公司资本。

（4）福明公司的做法不符合规定，根据规定，董事会就发行新股形成相关决议属于重大事件，上市公司应当在董事会形成决议的2个交易日内履行披露义务。题目中董事会于2月26日形成决议，至3月1日已经超过2个交易日。

（5）孙某的抗辩不成立。根据规定，影响内幕信息形成的动议、筹划、决策或者执行人员，其动议、筹划、决策或者执行初始时间，应当认定为内幕信息的形成之时。2018年1月25日，董事长李某向董事会秘书赵某提出在当期实施股票“高送转”的利润分配动议，这是动议初始时间，是内幕信息形成之时。

（6）程某的行为构成内幕交易。根据规定，内幕信息知情人员的近亲属，在内幕信息敏感期内，从事或者明示、暗示他人从事与该内幕信息有关的证券、期货交易，相关交易行为明显异常，且无正当理由或者正当信息来源的，属于内幕交易。

（7）王某的抗辩不成立。持有或通过协议、其他安排与他人共同持有上市公司5%以上股份的自然人、法人或者其他组织收购该上市公司股份的，不属于内幕交易行为。但王某在2月买入股票之前，持股只有2%，不属于“持股5%以上的股东”，不符合该要求。王某在内幕信息敏感期内买卖上市公司股票，属于内幕交易。

五、进阶练习

（一）单选题

1. 根据证券法律制度的规定，下列情形中属于免于提出豁免申请直接办理股份转让和过户的是（　　）。

A. 收购人与出让人能够证明本次转让未导致上市公司的实际控制人发生变化

B. 上市公司面临严重财务困难，收购人提出的挽救公司的重组方案取得该公司股东大会批准，且收购人承诺3年内不转让其在该公司中所拥有的权益

C. 因继承导致在一个上市公司中拥有权益的股份超过该公司已发行股份的30%

D. 因上市公司按照股东大会批准的确定价格向特定股东回购股份而减少股本，导致当事人在该公司中拥有权益的股份超过该公司已发行股份的30%

2. 信息披露义务人未按《证券法》规定报送有关报告或者履行信息披露义务的，责令改正，给予警告并处（　　）。

A. 20万元以上200万元以下的罚款

B. 30万元以上300万元以下的罚款

C. 40万元以上400万元以下的罚款

D. 50万元以上500万元以下的罚款

3. 下列不属于证券法中的证券的是（　　）。

A. 股票　　B. 债券

C. 存托凭证　　D. 证券投资基金份额

4. 我国《证券法》对证券的发行采用的是（　　）。

A. 核准制　　B. 备案制　　C. 注册制　　D. 审核制

5. 根据证券法律制度的规定，下列各项中不属于证券公开发行情形的是（　　）。

A. 向不特定对象发行证券

B. 向累计不超过200人的不特定对象发行证券

C. 向累计不超过200人的特定对象发行证券

D. 采用电视广告方式发行证券

6. 根据证券法律制度的规定，下列情形中无需经中国证监会核准的是（　　）。

A. 甲上市公司拟公开发行公司债券

B. 乙上市公司拟非公开发行公司债券

C. 丙上市公司拟公开发行优先股

D. 丁上市公司拟非公开发行优先股

7. 根据证券法律制度的规定，下列尚未公开的信息中不属于内幕信息的是（　　）。

A. 公司营业用主要资产的抵押一次达到该资产的20%

B. 公司董事长无法履行职责

C. 公司经理发生变动

D. 公司外部条件发生重大变化

8. 根据证券法律制度的规定，下列各项中不属于重大事件的是（　　）。

A. 上市公司30%的董事发生变动

B. 上市公司30%的监事发生变动

C. 上市公司董事长无法履行职责

D. 上市公司经理发生变动

9. 根据证券法的规定。甲上市公司发生的下列事项中不属于内幕信息的是（　　）。

A. 只有1%股份的股东王某增持股份达4%

B. 董事长张某病重无法履行职责

C. 总经理赖某辞职

D. 甲公司涉嫌违法经营被立案调查

10. 下列关于全国中小企业股份转让系统的表述中错误的是（　　）。

A. 公开发行的公司债券应当在全国中小企业股份转让系统转让

B. 非公开发行的公司债券可以申请在全国中小企业股份转让系统转让

C. 强制退市的上市公司股票应当统一在全国中小企业股份转让系统设立的专门层次挂牌转让

D. 非上市公众公司公开转让股票应当在全国中小企业股份转让系统进行

（二）多选题

1. 根据证券法律制度的规定，下列关于要约收购的表述中，正确的有（　　）。

A. 收购人在要约收购期内不得卖出被收购上市公司的股票

B. 在收购要约约定的承诺期限内，收购人不得撤销其收购要约

C. 期限届满前15日内，收购人不得变更收购要约，但是出现竞争要约的除外

D. 在要约收购期限届满前5个交易日内，预售股东不得撤回其对要约的接受

2. 某上市公司的下列事项中，属于证券交易内幕信息的有（　　）。

A. 增加注册资本的计划

B. 股权结构的重大变化

C. 财务总监发生变动

D. 监事会共5名监事，其中2名发生变动

3. 下列人员中属于证券交易内幕信息的知情人员的有（　　）。

A. 上市公司的总会计师

B. 持有上市公司3%股份的股东

C. 上市公司控股的公司的董事

D. 上市公司的监事

4. 李某为甲上市公司的董事。李某将其持有的甲公司股票在买入后的第5个月卖出，获利100万元。根据证券法律制度的规定，下列表述中正确的有（　　）。

A. 该收益应当全部归甲公司所有

B. 该收益应由甲公司董事会负责收回

C. 如果董事会不收回该收益的，股东有权要求董事会限期收回

D. 如果董事会未在规定期限内执行股东关于收回李某收益的要求的，股东有权以甲公司的名义直接向人民法院提起收回该收益的诉讼

5. 下列有关会计师事务所、律师事务所虚假陈述行为的法律责任的表述中正确的有（　　）。

A. 会计师事务所、律师事务所违反证券法规定从事证券业务，未报备案的，责令改正，可处20万元以下的罚款

B. 证券服务机构违反证券法规定未勤勉尽责，所制作出具的文件有虚假记载、误导性陈述或者重大遗漏的，责令改正，没收业务收入，并处以业务收入1倍以上10倍以下的罚款

C. 没有业务收入或者业务收入不足50万元的，处以50万元以上500万元以下的罚款；情节严重的，并处暂停或者禁止从事证券服务业务

D. 对直接负责的主管人员和其他直接责任人员给予警告，并处以20万元以上200万元以下的罚款

6. 相关人员在信息披露工作中应当履行相应的职责，下列有关相关人员职责的表述中，符合法律规定的有（　　）。

A. 发行人的董事应当对证券发行文件和定期报告签署书面确认意见

B. 发行人的高级管理人员应当对证券发行文件和定期报告签署书面确认意见

C. 发行人的监事会应当对证券发行文件和定期报告签署书面确认意见

D. 发行人的监事应当对证券发行文件和定期报告签署书面确认意见

7. 根据证券法规定，下列以要约方式收购非上市公众公司的表述中正确的有（　　）。

A. 在收购要约约定的承诺期限内，收购人不得撤销其收购要约

B. 收购要约期限届满前15日内，收购人不得变更收购要约；但是出现竞争要约的除外

C. 在要约收购期限届满前3日内，预售股东不得撤回其对要约的接受

D. 在要约收购期间，被收购公司董事不得辞职

8. 下列不属于证券法中的证券的有（　　）。

A. 股票　　B. 政府债券

C. 存托凭证　　D. 证券投资基金份额

9. 下列属于公司首次公开发行新股应当符合的条件有（　　）。

A. 具备健全且运行良好的组织机构

B. 有持续经营能力

C. 最近3年财务会计报告被出具无保留意见审计报告

D. 发行人及其控股股东、实际控制人最近3年不存在贪污、贿赂、侵占财产、挪用财产或者破坏社会主义市场经济秩序的刑事犯罪

10. 下列属于公开发行优先股的公司必须在章程中规定的事项的有（　　）。

A. 采取固定股息率

B. 在有可分配税后利润的情况下，必须向优先股股东分配股息

C. 未向优先股股东足额派发股息的差额部分应当积累到下一个会计年度

D. 优先股股东按照约定的股息率分配股息后，不再同普通股股东一起参加剩余利润分配

（三）案例分析题

1. 2017年4月，甲上市公司与乙有限责任公司达成合并意向。甲公司董事会初步拟定的合并及配套融资方案包括以下要点：

（1）甲公司吸收合并乙公司，合并完成后，甲公司存续、承接乙公司全部资产和负债，乙公司注销，乙公司原股东获得现金补偿。

（2）根据合并双方审计报告，截至2016年底，乙公司资产总额占甲公司同期经审计资产总额的比例超过50%，但该年度公司营业收入占甲公司同期经审计营业收入的比例低于50%，故本次合并不构成甲公司重大资产重组。

（3）出席股东大会并对合并方案投反对票的股东，享有异议股东股份回购请求权，有权要求甲公司以合理的价格回购其股票。

（4）为筹集实施合并所需资金，甲公司拟向本公司控股股东A公司非公开发行股票，发行价格不低于定价基准日前20个交易日公司股票均价的80%。具体发行价格由董事会决议确定，并经股东大会批准，A公司认购的股份自发行结束之日起12个月内不得转让。

甲公司董事会根据中介机构的意见，修订方案初稿后，予以公告。

2017年6月1日，甲公司临时股东大会通过合并决议和非公开发行股票融资决议。同日，乙公司临时股东会也通过了合并决议。6月15日，中国证监会批准了甲公司的合并与配套融资方案。

B银行对甲公司享有一笔2018年6月底到期的借款债权，接到甲公司合并通知后，B银行于6月20日向甲公司提出偿债请求，甲公司以债务未到期为由，予以拒绝。

2017 年 6 月 22 日，乙公司股东贾某以“股东会召集程序违反公司章程”为由提起诉讼，请求人民法院撤销乙公司股东会 6 月 1 日通过的合并决议。经查，乙公司章程规定，召开股东会应当以电子邮件方式通知股东，但乙公司并未向贾某发送电子邮件，而是以手机短信方式通知。贾某及其他股东均出席了 6 月 1 日的股东会会议并表决。人民法院认为乙公司股东会召集程序确有不符合公司章程之处，但仍然驳回了贾某的诉讼请求。甲公司股东周某反对甲、乙公司合并，于 2017 年 5 月底向甲公司董事会邮寄了书面反对意见，但周某并未出席甲公司 6 月 1 日召开的临时股东大会，也未委托他人表决。6 月 6 日，周某向甲公司提出行使异议股东股份回购请求权。遭甲公司拒绝，拒绝理由是：只有出席股东大会并对合并事项投反对票的股东，才享有异议股东股份回购请求权。

2017 年 10 月 7 日，中国证监会接到举报称，甲公司董事雷某涉嫌内幕交易。经查，雷某于 2017 年 2 月 1 日、2 月 10 日、3 月 2 日先后购入甲公司股票 10 万股、20 万股、40 万股，并于 2017 年 8 月 5 日 25 日全部卖出，获利 100 余万元。根据以上事实，中国证监会认定雷某的行为违反证券法律制度，构成短线交易。

要求：根据上述内容，分别回答下列问题：

（1）基于方案初稿所述情况，本次合并是否构成甲公司的重大资产重组？并说明理由。

（2）方案初稿中关于非公开发行股票的内容，是否符合证券法律制度的规定？并说明理由。

（3）甲公司拒绝 B 银行偿债请求的理由是否成立？说明理由。

（4）人民法院认为以公司股东会召集程序确有不符合公司章程之处，但仍然驳回甲某的诉讼请求，是否符合公司法律制度的规定？并说明理由。

（5）甲公司拒绝周某异议股东股份回购请求的理由是否成立？并说明理由。

（6）计算雷某因短线交易所获利润时，应当以多少股份数为基础？并说明理由。

（7）雷某短线交易所获利润应当归谁所有？并说明理由。

2. 林森木业是在正深圳证券交易所挂牌上市公司。林木集团系林森木业控股股东，持股比例为 45%。

2016 年 10 月 27 日，人民法院裁定受理林木集团的破产重整申请。2017 年 5 月，林木集团第一股东赵某与新民投资开始实质性磋商，由新民投资向林木集团注资的方式参与重整。2017 年 9 月 18 日，新民投资与赵某等林木集团股东签署重组框架协议。9 月 21 日，林森木业对该重组框架协议签订事宜予以公告。

2017 年 12 月 26 日，人民法院裁定批准林木集团的破产重整计划草案。根据该破产重整计划，新民投资项林木集团注资后，将持有重整后的林木集团 85% 的股权。

2018 年 2 月 12 日，新民投资公布要约收购报告书，向林森木业除林木集团以外的所有股东发出收购其所持全部无限售流通股的要约。新民投资发布的要约收购报告书摘要的提示性公告显示：此次要约收购有效期为 2018 年 2 月 14 日至 2018 年 4 月 10 日；预定收购股份数量为 6 亿股；收购价格为每股 9.77 元；提示性公告日前 6 个月内，新民投资未买入林森木业任何股票。2 月 12 日前 30 个交易日内，林森木业每日加权平均价格的算术平均值为每股 9.76 元。

2018 年 3 月，林森木业独立董事钱某因个人健康原因向董事会提出辞职。

2018 年 4 月 9 日，林森木业董事会发布《致全体股东报告书》，对股东是否接受新民投资的要约提出建议。

持有林森木业股票的孙某于 2018 年 3 月 30 日委托其开户的证券公司办理接受前述收购要约的预受手续。4 月 9 日，孙某反悔前述预受承诺，并委托证券公司撤回预受。

2018 年 5 月，中国证监会因新民投资副董事长李某涉嫌内幕交易对其立案调查。经查，李某于 2017 年 9 月 15 日以每股 7.8 元的价格买入林森木业 10 万股，并于要约收购有效期内接受了要约。李某辩称，其买入林森木业股票时，不仅重组框架协议尚未签署，林木集团重整计划草案能否获得通过，也不确定，故新民投资向林木集团注资一事尚未形成内幕信息。李某对其买入行为未给出其他理由。

要求：根据上述内容，分别回答下列问题；

（1）新民投资按照重整计划向林木集团注资，是否构成对林森木业的收购？并说明理由。

（2）新民投资按照重整计划向林木集团注资，是否必须向林森木业其他所有股东发出收购要约？并说明理由。

（3）新民投资对林木林森木业的要约收购价格是否符合证券法律制度的规定？并说明理由。

（4）钱某能否辞去独立董事职务？并说明理由。

（5）林森木业发布《致全体股东报告书》的时间是否符合证券法律制度的规定？并说明理由。

（6）孙某能否撤回预受？并说明理由。

（7）李某关于其购买股票时内幕信息尚未形成的主张是否成立？李某的行为是否构成内幕交易？并分别说明理由。

六、进阶练习答案与解析

（一）单选题

1.【答案】C

2.【答案】D

3.【答案】D

【解析】政府债券、证券投资基金份额的上市交易适用《证券法》。可见，政府债券、证券投资基金份额还不完全是《证券法》中的证券，只是当其上市交易时才适用《证券法》。

4.【答案】C

5.【答案】C

【解析】选项 C：向累计超过 200 人的特定对象发行证券，才构成公开发行。

6.【答案】B

7.【答案】A

【解析】选项 A：公司营业用主要资产的抵押一次达到该资产的 30% 属于内幕信息。

8. 【答案】B

【解析】选项 B：1/3 以上监事的变动构成重大事项。

9. 【答案】A

【解析】选项 A：持股 5% 以上股份的股东持股情况的变化属于内幕信息。

10. 【答案】A

【解析】选项 A：公开发行公司债券，应当在依法设立的证券交易所上市交易或在全国中小企业股份转让系统或者经国务院批准的其他证券交易场所转让。

（二）多选题

1. 【答案】ABC

【解析】选项 D：在要约收购期限届满前 3 个交易日内，预售股东不得撤回其对要约的接受。

2. 【答案】ABD

【解析】公司的董事、1/3 以上监事或者经理发生变动，属于重大事件，不包括财务负责人，选项 C 不属于内幕信息。

3. 【答案】ACD

【解析】持有公司 5% 以上股份的股东属于证券交易内幕信息的知情人员，选项 B 错误。

4. 【答案】ABC

【解析】选项 D 中，股东应当以“自己的名义”向人民法院起诉。

5. 【答案】ABCD

6. 【答案】ABD

【解析】选项 C：发行人的监事会应当对董事会编制的证券发行文件和定期报告进行审核并提出书面审核意见。

7. 【答案】ABCD

8. 【答案】BD

【解析】政府债券、证券投资基金份额的上市交易适用《证券法》。可见，政府债券、证券投资基金份额还不完全是《证券法》中的证券，只是当其上市交易时才适用《证券法》。

9. 【答案】ABCD

10. 【答案】ABCD

（三）案例分析题

1.（1）本次合并构成甲公司的重大资产重组。根据规定，上市公司及其控股股东或者控制的公司购买、出售资产总额占上市公司最近一个会计年度经审计的合并财务会计报告期末资产总额的比例达到 50% 以上的，构成重大资产重组。

（2）不符合规定之处有以下两点：①发行定价不符合规定。根据规定，上市公司非公开发行股票的，发行价格不得低于定价基准日前 20 个交易日公司股票均价的 90%。②股份锁定期不符合规定。根据规定，发行对象为上市公司的控股股东、实际控制人或者其控制的关联人的，其认购的股份应当自发行结束之日起 36 个月内不得转让。

（3）甲公司的理由成立。根据规定，公司决定合并的，应当在作出合并决议之日起 10

日内通知债权人，并于30日内在报纸上公告。债权人自接到通知之日起30日内，未接到通知书的自公告之日起45日内，可以要求公司清偿债务或者提供相应的担保，无论债权是否到期。

（4）人民法院的做法符合规定。根据规定，会议召集程序或者表决方式仅有轻微瑕疵，且对决议未产生实质影响，股东请求撤销的，人民法院不予支持。

（5）甲公司的理由成立。根据规定，异议股东股份回购请求权中的异议应当通过出席会议并参与决议提出，周某表达异议的途径不符合要求，甲公司有权拒绝其回购请求。

（6）应当以40万股为基数。根据规定，相关人员将所持股份买入后6个月内卖出，或者卖出后6个月内买入，构成短线交易。在本题中，雷某于2017年3月2日购入甲公司股票40万股，于2017年8月25日卖出时，持有时间不足6个月，构成短线交易。雷某之前购入的10万股、20万股，卖出时持有时间均已超过6个月，不构成短线交易。

（7）雷某短线交易所获利润应当归甲公司所有。根据规定，上市公司董事、监事、高级管理人员以及持有上市公司股份5%以上的股东将其持有的该公司的股票在买入后6个月内卖出，或者在卖出后6个月内又买入，由此所得收益归该公司所有，公司董事会应当收回其所得收益。

2.（1）新民投资的注资构成对林森木业的收购。根据规定，收购人通过协议、其他安排的方式获得上市公司控制权的，构成间接收购；投资人如实际支配上市公司股份表决权超过30%，即可认为获得上市公司控制权。

（2）新民投资必须向其他所有股东发出收购要约。根据规定，收购人虽不是上市公司的股东，但通过投资关系、协议、其他安排导致其拥有权益的股份达到或者超过一个上市公司已发行股份的30%的，应当向该公司所有股东发出全面要约。

（3）该要约收购价格符合规定。在本题中，新民投资在要约收购提示性公告日前6个月内，并未取得过被收购人的股票，且要约价格高于提示性公告日前30个交易日该种股票的每日加权平均价格的算术平均值。

（4）钱某不能辞去独立董事职务。根据规定，在要约收购期间，被收购公司董事不得辞职。

（5）该时间不符合规定。根据规定，在收购人公告要约收购报告书后20日内，被收购公司董事会应当将被收购公司董事会报告书与独立财务顾问的专业意见报送中国证监会，同时抄送证券交易所，并予公告。

（6）孙某不能撤回预受。根据规定，在要约收购期限届满前3个交易日，预受股东不得撤回其对要约的接受。

（7）①李某的主张不成立。根据规定，影响内幕信息形成的动议、策划、决策或者执行人员，其动议、策划、决策或者执行初始时间，应当认定为内幕信息的形成之时。本题中，赵某与新民投资于2017年5月已经开始实质性磋商，应当认定内幕信息此时已经形成。②李某的行为构成内幕交易。根据规定，证券交易内幕信息的知情人员和非法获取内幕信息的人员，在内幕信息公开前，不得买卖该公司的证券，或者泄露该信息，或者建议他人买卖该证券。本题中，李某为内幕信息知情人员，在内幕信息敏感期内买卖与内幕信息相吻合的证券，又无法给出合理理由，因此，构成内幕交易。

第八章 企业破产法律制度

一、2020 年教材本章主要变化

本章的主要变化是根据 2019 年 2 月发布的“最高人民法院关于适用《中华人民共和国企业破产法》若干问题的规定（三）”（以下简称《破产法司法解释三》）以及 2019 年 11 月《全国法院民商事审判工作会议纪要》（以下简称《民商事审判会议纪要》）的相关内容作的相应调整。主要包括：“提出破产申请的当事人”部分加入了《民商事审判会议纪要》第一百一十七条的规定；“破产申请的受理”部分加入了《民商事审判会议纪要》第一百零七条第一款、第一百零八条、第一百零九条、第一百一十条的规定与破产法庭的设立；“管理人的职责与责任”部分加入了《民商事审判会议纪要》第一百一十六条的规定；“破产费用”部分加入了《破产法司法解释三》第一条的规定；“共益债务”部分加入了《破产法司法解释三》第二条的规定；“破产债权申报的特别规定”部分加入了《破产法司法解释三》第三、四、五条的规定；根据《破产法司法解释三》第六、七、八、九条的规定调整了“破产债权确认”部分的内容；在“债权人会议的成员与权利”部分，根据《破产法司法解释三》第十条的规定增加了“债权人的知情权”；根据《破产法司法解释三》第十二条的规定，增加了“人民法院撤销债权人会议决议”的相关规定；根据《破产法司法解释三》第十三、十四、十五条的规定调整了“债权人委员会的职权”；“重整制度的特征”部分增加了《民商事审判会议纪要》第一百一十五条的规定；根据《民商事审判会议纪要》第一百一十一、一百一十二条的规定增加了“重整期间债务人自行管理财产和营业事务”的相关规定；“重整计划草案的表决与批准”部分增加了《破产法司法解释三》第十一条第二款的规定与《民商事审判会议纪要》第一百一十四条第三款的规定；“重整计划的监督”部分增加了《民商事审判会议纪要》第一百一十三条的相关规定；“重整计划的效力”部分增加了《民商事审判会议纪要》第一百一十四条第一、二款的相关规定；“和解的概念与特征”部分增加了《民商事审判会议纪要》第一百零七条第二款的相关规定；在“破产程序的终结”部分中增加了“无法清算破产案件的审理与责任承担”的相关内容。

【小贴士】上述的会议纪要如果不是司法解释，不能作为裁判依据进行援引。在其发布后，人民法院尚未审结的一审、二审案件，在裁判文书“本院认为”部分具体分析法律适用的理由时，可以根据会议纪要的相关规定进行说理。

二、本章近 5 年考情统计分析

近 5 年本章考题均为 1 道单项选择题和 1 道案例分析题，主要考察考生对企业破产程序的重要知识点的掌握情况，属重要考试章节，考生可在理解的基础上记忆。最近 5 年平均考试分值为 11 分。

（一）近 5 年考试分值分布

题型	2015 年	2016 年	2017 年	2018 年	2019 年
单选题	1	1	1	1	1

续表

题型	2015 年	2016 年	2017 年	2018 年	2019 年
多选题	—	—	—	—	—
案例分析	10	10	10	10	10
合计	11	11	11	11	11

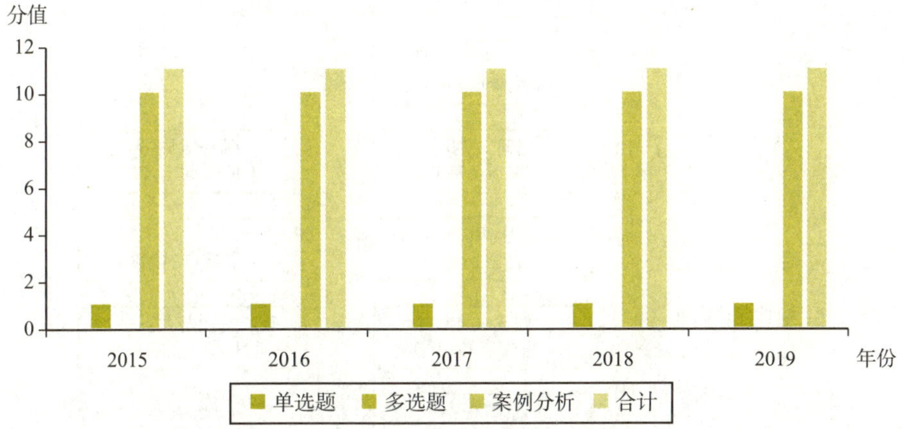

（二）近 5 年考试考点分布

近 5 年考试考点分布表

高频考点内容	年度及题型分布
破产原因	2015 年案例分析题，2017 年案例分析题，2018 年案例分析题，2019 年案例分析题
破产申请	2016 年案例分析题，2017 年案例分析题，2019 年案例分析题
破产申请受理	2015 年单选题，2017 年案例分析题，2019 年案例分析题
执行案件的移送破产审查	2018 年案例分析题
管理人制度	2015 年案例分析题，2018 年案例分析题，2019 年单选题
债务人财产	2015 年案例分析题，2016 年案例分析题，2018 年案例分析题
撤销权	2015 年案例分析题，2018 年案例分析题
取回权	2015 年案例分析题，2016 年案例分析题，2019 年案例分析题
抵销权	2015 年案例分析题
破产费用和共益债务	2016 年单选题
破产债权的申报	2016 年案例分析题，2017 年单选题，2017 年案例分析题，2018 年案例分析题
保证人	2017 年案例分析题
债权人会议	2016 年案例分析题
别除权	2015 年案例分析题
破产重整计划	2019 年单选题，2019 年案例分析题
所有权保留买卖合同的处理	2019 年案例分析题

三、本章思维导图

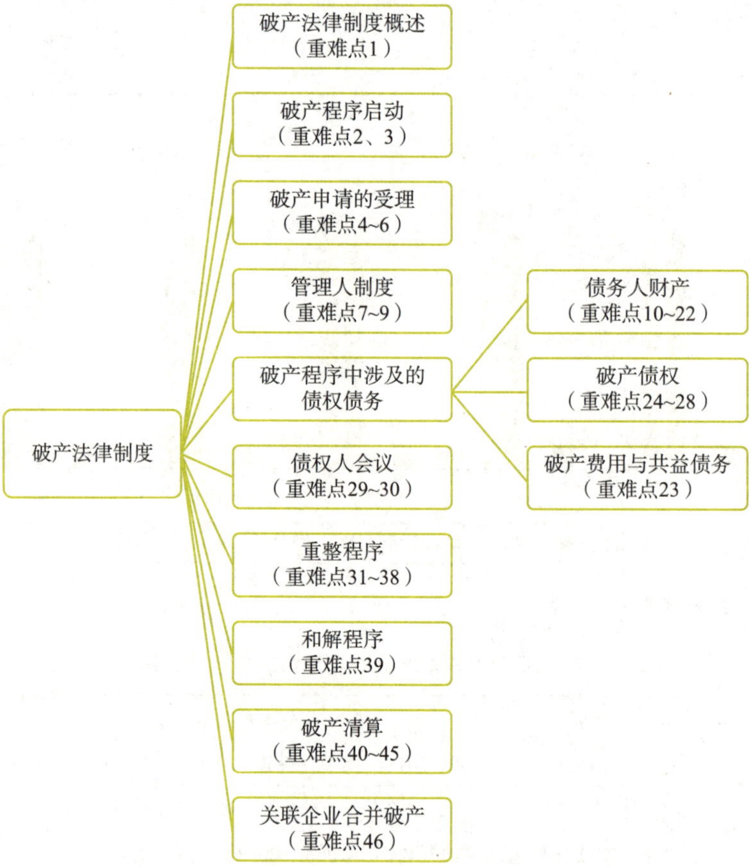

四、重难点解析

本章属于重要考试章节，主要包括《中华人民共和国企业破产法》（以下简称《企业破产法》）的适用范围、破产原因、破产申请与受理、管理人制度、债务人财产、破产债权、债权人会议、重整制度、和解制度、破产清算制度与关联企业的合并破产制度。

重难点1：《企业破产法》的适用范围★★

1. 主体适用范围

主体适用范围是所有的企业法人。同时，该法规定，其他法律规定企业法人以外的组织清算等属于破产清算的，参照本法规定的程序适用。可以参照适用破产法的主体，主要是合伙企业、农民专业合作社、资不抵债的民办学校。个人独资企业在不能清偿到期债务，并且资产不足以清偿全部债务或者明显缺乏偿债能力的情况下，可以参照适用破产清算程序进行清算。

2. 地域适用范围

一国的破产立法自然适用于本国司法领域。《企业破产法》的地域适用范围主要是指破产法的域外效力问题。

我国《企业破产法》采取有限制的普及主义原则。依照本法开始的破产程序，对债务人在中华人民共和国领域外的财产发生效力，对外国法院作出的发生法律效力的破产案件的判决、裁定，涉及债务人在中华人民共和国领域内的财产申请或者请求人民法院承认和执行的，人民法院依照中华人民共和国缔结或者参加的国际条约或者按照互惠原则进行审查，认为不违反中华人民共和国法律的基本原则，不损害国家主权、安全和社会公共利益，不损害中华人民共和国领域内债权人的合法权益的，裁定承认和执行。

【经典模拟题】

【多选题】以下可以适用《企业破产法》进行破产清算的主体有（　　）。

A. 企业法人　　B. 合伙企业

C. 农民专业合作社　　D. 资不抵债的民办学校

【答案】ABCD

重难点2：破产原因（破产界限）★★★

企业法人的破产原因是不能清偿到期债务，并且资产不足以清偿全部债务或者明显缺乏清偿能力。

1. 破产原因包括以下两种情形：

（1）企业法人不能清偿到期债务，并且资不抵债；

（2）企业法人不能清偿到期债务，并且明显缺乏清偿能力。

2. “不能清偿到期债务”的认定

下列情形同时存在的，人民法院应当认定债务人不能清偿到期债务：

（1）债权债务关系依法成立；

（2）债务履行期限已经届满；

（3）债务人未完全清偿债务。

3. “资不抵债”的认定

债务人的资产负债表，或者审计报告资产评估报告等显示其全部资产不足以偿付全部负债的，人民法院应当认定债务人资产不足以清偿全部债务，但有相反证据足以证明债务人资产能够偿付全部负债的除外。

4. “明显缺乏清偿能力”的认定

债务人账面资产虽大于负债，但存在下列情形之一的，人民法院应当认定其明显缺乏清偿能力：

（1）因资金严重不足或者财产不能变现等原因，无法清偿债务；

（2）法定代表人下落不明且无其他人员负责管理财产，无法清偿债务；

（3）经人民法院强制执行，无法清偿债务；

（4）长期亏损且经营扭曲困难，无法清偿债务；

（5）导致债务人丧失清偿能力的其他情形。

【小贴士】

此考点经常出现在案例分析题中，请考生一定要注意具体知识点的运用。

重难点3：破产申请的提出★★

1. 提出破产申请的当事人

（1）债务人。

债务人发生破产原因，可以向人民法院提出重整、和解或者破产清算申请。

（2）债权人。

债务人不能清偿到期债务，债权人可以向人民法院提出对债务人进行重整或者破产清算的申请，但不能提出和解申请。

①没有物权担保的普通债权人享有破产申请权，对破产人的特定财产享有担保权的债权人同样享有破产申请权。

②税务机关和社会保险机构享有对债务人的破产清算申请权，不宜享有重整申请权，但他们可以参加重整程序。

③破产企业的职工作为债权人可以申请债务人企业破产清算或者重整。但职工提出破产申请应经职工代表大会或者全体职工（会议）多数决议通过。

（3）依法负有清算责任的人。

企业法人已解散但未清算或者未清算完毕，资产不足以清偿债务的，依法负有清算责任的人应当向人民法院申请破产清算。

①清算组在清理公司财产、编制资产负债表和财产清单后，发现公司财产不足清偿债务的，应当依法向人民法院申请宣告破产。

②人民法院指定的清算组在清理公司财产、编制资产负债表和财产清单时，发现公司财产不足清偿债务的，可以与债权人协商制作有关债务清偿方案。债务清偿方案经全体债权人确认且不损害其他利害关系人利益的，人民法院可依清算组的申请裁定予以认可。清算组依据该清偿方案清偿债务后，应当向人民法院申请裁定终结清算程序。债权人对债务清偿方案不予确认或者人民法院不予认可的，清算组应当依法向人民法院申请宣告破产。

③企业法人已解散但未清算或者未在合理期限内清算完毕，债权人申请债务人破产清算的，除债务人在法定异议期限内举证证明其未出现破产原因外，人民法院应当受理。

要依法区分公司解散清算与破产清算的不同功能和不同适用条件。债务人同时符合破产清算条件和强制清算条件的，应当及时适用破产清算程序，实现对债权人利益的公平保护，债权人对符合破产清算条件的债务人提起公司强制清算申请，经人民法院释明，债权人仍然坚持申请对债务人的强制清算的，人民法院应当裁定不予受理。

【小贴士】上段为新发布的《民商事审判会议纪要》内容。

（4）金融监督管理机构。

商业银行、证券公司、保险公司等金融机构有出现破产原因情形的，国务院金融监督管理机构可以向人民法院提出对该金融机构进行重整或者破产清算的申请。

2. 破产案件的管辖

破产案件由债务人住所地人民法院管辖。债务人住所地指债务人的主要办事机构所在地。债务人主要办事机构所在地不明确、存在争议的，由其注册登记地人民法院管辖。

3. 当事人提出破产申请时的举证责任

债权人提出破产申请时，应当提交债务人不能清偿到期债务的有关证据。债务人提出申请的，还应当向人民法院提交企业财产状况说明、债务清册、债权清册、有关财务会计报告、职工安置预案以及职工工资的支付和社会保险费用的缴纳情况等有关材料。

申请人申请债务人破产重整的，除提交上述材料外，还应当提交债务人具有重整可行性的报告。申请人申请上市公司破产重整的，应当提交关于上市公司具有重整可行性的报告、上市公司住所地省级人民政府向证券监督管理部门的通报情况材料以及证券监管部门的意见、上市公司住所地人民政府出具的维稳预案等。

破产申请提交后，在人民法院受理破产申请前，申请人可以请求撤回申请。

【小贴士】

此考点经常出现在案例分析题中，请考生一定要注意具体知识点的运用。

重难点4：破产申请的受理★★★

1. 债务人申请破产

（1）人民法院应当自收到破产申请之日起15日内裁定是否受理。有特殊情况需要延长受理案件期限的，经上一级人民法院批准，可以延长15日。

（2）人民法院裁定受理破产申请的，应当将裁定自作出之日起5日内送达债务人。

（3）人民法院裁定受理破产申请的，应当同时指定管理人，并在裁定受理破产申请之日起25日内通知已知债权人，并予以公告。

2. 债权人申请债务人破产

（1）债务人对债权人提出的破产申请有异议的，应当自收到人民法院的通知之日起7日内向人民法院提出，人民法院应当自异议期满之日起10日内裁定是否受理。

人民法院裁定受理破产申请前，提出破产申请的债权人的债权因清偿或者其他原因消灭的，因申请人不再具备申请资格，人民法院应当裁定不予受理。但该裁定不影响其他符合条件的主体再次提出破产申请。

【小贴士】上段为新发布的《民商事审判会议纪要》内容。

（2）人民法院裁定受理破产申请的，应当自裁定作出之日起5日内送达债务人。债务人应当自裁定送达之日起15日内，向人民法院提交“财产状况说明、债务清册、债权清册、有关财务会计报告以及职工工资的支付和社会保险费用的缴纳情况”等有关材料。债务人拒不提交的，不影响人民法院对破产申请的受理和审理，人民法院可以对债务人的直接责任人员采取罚款等强制措施。

（3）人民法院裁定受理破产申请的，应当同时指定管理人，并在裁定受理破产申请之日起25日内通知已知债权人，并予以公告。

3. 上诉

在整个破产程序中，当事人可以提起上诉的仅限于“不予受理”和“驳回申请”两个裁定。当事人对人民法院的其他裁定（如宣告破产的裁定、对破产财产分配方案的裁定等）不服的，不能提起上诉。

（1）申请人对人民法院不予受理的裁定不服的，可以自裁定送达之日起 10 日内向上一级人民法院提起上诉。

（2）申请人对人民法院驳回申请的裁定不服的，可以自裁定送达之日起 10 日内向上一级人民法院提起上诉。

人民法院裁定受理破产申请，是对债务人具有破产原因的初步认可，破产申请受理后，申请人请求撤回破产申请的，人民法院不予准许。除非存在《企业破产法》第十二条第二款规定的情形，人民法院不得裁定驳回破产申请。

为了更好地建设我国的营商环境，经最高人民法院批准，2019 年在深圳、北京、上海、广州、天津、温州、杭州、重庆等地相继设立破产法庭。

【小贴士】上两段为新发布的《民商事审判会议纪要》内容。

【经典模拟题】

【多选题】为优化营商环境，下列各地经最高人民法院批准设立破产法庭的有（　　）。

A. 杭州　　B. 温州　　C. 常州　　D. 广州

【答案】ABD

4. 异议不成立的情形

（1）当债权人申请债务人破产时，债务人以其具有清偿能力或者资产超过负债为由提出异议，但又不能立即清偿债务或者与债权人达成和解的，其异议不能成立。

（2）当债权人申请债务人破产时，债务人对债权人享有债权的数额提出异议时，如果存在双方无争议的部分债权数额，且债务人对该数额的债务已经丧失清偿能力，则此项异议不影响人民法院对破产申请的受理。

（3）当债权人申请债务人破产时，债务人对债权人的债权是否存在担保等提出异议，因其不影响破产原因的成立，该异议不影响人民法院对破产申请的受理。

（4）人民法院受理破产申请后至破产宣告前，由于债务人财产的市场价值发生变化导致其在案件受理后资产超过负债乃至破产原因消失的，不影响破产案件的受理和继续审理，人民法院不得裁定驳回申请。债务人如不愿意进行破产清算，可以通过和解、重整等方式清偿债务、结束破产清算程序。

（5）破产案件的诉讼费用，应计入破产费用，由债务人财产随时清偿，无须预交。相关当事人以申请人未预先交纳诉讼费用为由，对破产申请提出异议的，人民法院不予支持。

【小贴士】

此考点经常出现在案例分析题中，请考生一定要注意具体知识点的运用。

重难点 5：破产申请受理的效力★★★

1. 基本规定

（1）人民法院受理破产申请的时间，是指人民法院裁定受理破产申请之日，而不是受理裁定送达债务人之日。

（2）自人民法院受理破产申请的裁定送达债务人之日起至破产程序终结之日，债务人的有关人员（指企业的法定代表人，经人民法院决定，可以包括企业的财务管理人员和其他经营管理人员）应承担下列义务：

①妥善保管其占有和管理的财产、印章和账簿、文书等资料；

②根据人民法院、管理人的要求进行工作，并如实回答询问；

③列席债权人会议并如实回答债权人的询问；

④未经人民法院许可，不得离开住所地；

⑤不得新任其他企业的董事、监事、高级管理人员。

2. 关于债务清偿的规定

（1）人民法院受理破产申请后，债务人对个别债权人的债务清偿无效。但是，债务人以其财产向债权人提供物权担保的，其在担保物市场价值内向债权人所作的债务清偿，不受上述规定限制。

（2）人民法院受理破产申请后，即破产程序开始后，债务人财产要公平地清偿全体债权人，因此，对无财产担保的债权人进行的个别清偿肯定无效。但其在担保物市场价值内向有财产担保的债权人进行的个别清偿，并不违反公平原则。

（3）人民法院受理破产申请后，债务人的债务人或者财产持有人应当向管理人（而非债务人）清偿债务或者交付财产。

①破产企业租用他人的设备，出租人通过“管理人”取回；

②他人租用破产企业的设备，承租人应当向“管理人”交回。

（4）如果当事人故意违反法律规定向债务人清偿债务或者交付财产，使债权人受到损失的，不免除其清偿债务或者交付财产的义务。所谓“不免除其清偿债务或者交付财产的义务”，是以债权人因此受到损失的范围为限。如果债务人的债务人或者财产持有人虽向债务人清偿了债务或者交付财产，但债务人将收到的清偿款项或者财产及时全部上交给管理人，债权人并未受到损失，则不必再承担民事责任。

3. 关于财产保全的规定

人民法院受理破产申请后，有关债务人财产的保全措施应当解除，执行程序应当中止。应当解除的保全措施包括下列几种：

（1）民事诉讼保全措施；

（2）在行政处罚程序中的保全措施（如海关、工商部门对债务人财产采取的查封、扣押措施）；

（3）刑事诉讼中公安、检察机关等采取的相关措施。

要切实落实破产案件受理后相关保全措施应予解除、相关执行措施应当中止、债务人财产应当及时交付管理人等规定，充分运用信息化技术手段，通过信息共享与整合，维护债务人财产的完整性。相关人民法院拒不解除保全措施，或者拒不中止执行的，破产受理人民法院可以请求该法院的上级人民法院依法予以纠正。对债务人财产采取保全措施或者执行措施的人民法院未依法及时解除保全措施、移交处置权，或者中止执行程序并移交有关财产的，上级人民法院应当依法予以纠正。相关人员违反上述规定造成严重后果的，破产受理人民法院可以向人民法院纪检监察部门移送其违法审判责任线索。人民法院审理企业破产案件时，有关债务人财产被其他具有强制执行权力的国家行政机关，包括税务机关、公安机关、海关等采取保全措施或者执行程序的，人民法院应当积极与上述机关进行协调和沟通，取得有关机关的配合，参照上述具体操作规程，解除有关保全措施，中止有关执行程序，以便保障破产程序顺利进行。

【小贴士】上段为新发布的《民商事审判会议纪要》内容。

4. 尚未审结的民事案件

人民法院受理破产申请后，已经开始而尚未终结的有关债务人的民事诉讼或者仲裁应当中止；在管理人接管债务人财产、掌握诉讼情况后能够继续进行时，该诉讼或者仲裁继续进行。

人民法院受理破产申请后，已经开始而尚未终结的有关债务人的民事诉讼，在管理人接管债务人财产和诉讼事务后继续进行。债权人已经对债务人提起的给付之诉，破产申请受理后，人民法院应当继续审理，但是在判定相关当事人实体权利义务时，应当注意与企业破产法及其司法解释的规定相协调。上述裁判作出并生效前，债权人可以同时向管理人申报债权，但其作为债权尚未确定的债权人，原则上不得行使表决权，除非人民法院临时确定其债权额。上述裁判生效后，债权人应当根据裁判认定的债权数额在破产程序中依法统一受偿，其对债务人享有的债权利息，应当按规定停止计算。人民法院受理破产申请后，债权人新提起的要求债务人清偿的民事诉讼，人民法院不予受理，同时告知债权人应当向管理人申报债权。债权人申报债权后，对管理人编制的债权登记表记载有异议的，可以根据规定，提起债权确认之诉。

【小贴士】上段为新发布的《民商事审判会议纪要》内容。

5. 尚未履行完毕的合同

人民法院受理破产申请后，管理人对破产申请受理前成立而债务人和对方当事人的未履行完毕的合同有权决定解除或者继续履行，并通知对方当事人。

（1）继续履行

①因管理人请求对方当事人履行双方均未履行完毕的合同所产生的债务，属于共益债务。

②共益债务的清偿顺序优先于普通破产债权，因此，在第一次债权人会议召开前，管理人决定继续履行债务人和对方当事人均未履行完毕的合同，应当征得人民法院的许可。

③管理人对合同的选择履行权只能行使一次，不得反向再次行使或者多次行使，尤其是不得在决定履行合同后又决定解除合同。

（2）解除合同

①管理人决定继续履行合同的，对方当事人应当履行；但是，对方当事人有权要求管理人提供担保。管理人不提供担保的，视为解除合同。

②管理人自破产申请受理之日起 2 个月内未通知对方当事人，或者自收到对方当事人催告之日起 30 日内未答复的，视为解除合同。

③管理人依照《企业破产法》规定解除合同的，对方当事人以因合同解除产生的损害赔偿请求权申报债权。对方当事人申报的破产债权以实际损失为限，违约金不得作为破产债权申报。

④对于破产企业为他人提供担保的合同，管理人无权选择解除合同。

⑤对于破产企业对外出租不动产的合同，除存在严重影响破产财产的整体变价与价值，且无法分别处分等特殊情况外，管理人不得违背合同约定任意解除合同。在变价破产财产

时，房屋可以带租约出售，承租人在同等条件下享有优先购买权。

6. 基于债务人财产的诉讼

（1）破产申请受理前，债权人就债务人财产提起下列诉讼，破产申请受理时案件尚未审结的，人民法院应当中止审理：

①主张次债务人代替债务人直接向其偿还债务的；

②主张债务人的出资人、发起人和负有监督股东履行出资义务的董事、高级管理人员，或者协助抽逃出资的其他股东、董事、高级管理人员、实际控制人等直接向其承担出资不实或者抽逃出资责任的；

③以债务人的股东与债务人法人人格严重混同为由，主张债务人的股东直接向其偿还债务人对其所负债务的；

④其他就债务人财产提起的个别清偿诉讼。

（2）破产申请受理后，债权人就债务人财产向人民法院提起上述诉讼的，人民法院不予受理。

【小贴士】

此考点经常出现在案例分析题中，请考生一定要注意具体知识点的运用。

【经典真题】

【单选题·2009】2008 年 9 月，X 市人民法院受理了甲公司诉乙公司合同纠纷一案。2008 年 12 月，Y 市人民法院受理了债务人乙公司的破产申请，此时，甲、乙公司之间的合同纠纷尚未审结。根据企业破产法律制度的规定，下列关于该合同纠纷案的表述中，正确的是（　　）。

A. 甲、乙公司之间的合同纠纷案应当终止审理

B. 甲、乙公司之间的合同纠纷案应当移送至 Y 市人民法院继续审理

C. 甲、乙公司之间的合同纠纷案应当中止审理，并由甲公司向管理人申报债权

D. 甲、乙公司之间的合同纠纷案应当中止审理，在管理人接管乙公司财产后由 X 市人民法院继续审理

【答案】D

【解析】人民法院受理破产申请后，已经开始而尚未终结的有关债务人的民事诉讼应当“中止审理”（选项 A 错误）；在管理人接管债务人财产、掌握诉讼情况后能够继续进行时，该诉讼由“X 市人民法院”继续审理（选项 B 错误）。在 X 市人民法院继续审理过程中，对于诉讼未决的债权，甲公司可以向管理人申报债权，但选项 C 的意思是“中止审理后由甲公司直接向管理人申报债权、与 X 市人民法院无关了”，该说法不符合规定。

【单选题·2009】2008 年 7 月，甲、乙两公司签订一份买卖合同。按照合同约定，双方已于 2008 年 8 月底前各自履行了合同义务的 50%，并应于 2008 年底将各自剩余的 50% 的合同义务履行完毕。2008 年 10 月，人民法院受理了债务人甲公司的破产申请。2008 年 10 月 31 日，甲公司管理人收到了乙公司关于是否继续履行该买卖合同的催告，但直至 2008 年 12 月初，管理人尚未对乙公司的催告作出答复。根据企业破产法律制度的规定，下列关于该买卖合同的表述中，正确的是（　　）。

A. 乙公司应当继续履行合同

B. 乙公司无须继续履行合同

C. 乙公司有权要求管理人就合同履行提供担保

D. 乙公司有权就合同约定的违约金申报债权

【答案】B

【解析】选项A、B、D：管理人自收到乙公司催告之日起30日内未予以答复，视为解除合同，但对方当事人申报的破产债权以实际损失为限，违约金不得作为破产债权申报；选项C：只有当管理人决定继续履行合同时，乙公司才有权要求管理人提供担保。

重难点6：执行案件的移送破产审查★★★

执行案件移送破产审查，简称“执转破”，是实现执行程序与破产程序衔接的重要措施。

1. 执行案件移送破产审查，应同时符合以下条件

（1）被执行人为企业法人；

（2）被执行人或者有关被执行人的任何一个执行案件的申请执行人书面同意将执行案件移送破产审查；

（3）被执行人不能清偿到期债务，并且资产不足以清偿全部债务或者明显缺乏清偿能力。

2. 执行案件移送破产审查的管辖

（1）在地域管辖上，执行案件移送破产审查，由被执行人住所地人民法院管辖。

（2）在级别管辖上，实行以中级人民法院管辖为原则、基层人民法院管辖为例外的管辖制度。中级人民法院经高级人民法院批准，也可以将案件交由具备审理条件的基层人民法院审理。

3. 执行法院的征询、决定程序

（1）执行法院采取财产调查措施后，发现作为被执行人的企业法人符合破产条件的，应当及时询问申请执行人、被执行人是否同意将案件移送破产审查并释明法律后果。

（2）执行部门应严格遵守执行案件移送破产审查的内部决定程序。承办人认为执行案件符合移送破产审查条件的，应提出审查意见，经合议庭评议同意后，由执行法院院长签署移送决定。

（3）为减少异地法院之间移送的随意性，基层人民法院拟将执行案件移送异地中级人民法院进行破产审查的，在作出移送决定前，应先报请其所在地中级人民法院执行部门审核同意。

（4）执行法院作出移送决定后，应当于5日内送达申请执行人和被执行人。申请执行人或者被执行人对决定有异议的，可以在受移送法院破产审查期间提出，由受移送法院一并处理。

（5）执行法院作出移送决定后，应当书面通知所有已知执行法院，执行法院均应中止对被执行人的执行程序。但是，对被执行人的季节性商品、鲜活、易腐烂变质以及其他不宜长期保存的物品，执行法院应当及时变价处置，处置的价款不作分配。受移送法院裁定受理破产案件的，执行法院应当在收到裁定书之日起7日内，将该价款移交受理破产案件的法院。

（6）为确保对被执行人财产的查封、扣押、冻结措施的连续性，执行法院决定移送后、

受移送法院裁定受理破产案件之前，对被执行人的查封、扣押、冻结措施不解除。查封、扣押、冻结期限在破产审查期间届满的，申请执行人可以向执行法院申请延长期限，由执行法院负责办理。

4. 受移送法院破产审查与受理

（1）执行法院移送破产审查的材料，由受移送法院立案部门负责接收。受移送法院不得以材料不完备等为由拒绝接收。立案部门经审核认为移送材料完备的应登记立案，并及时将案件移送破产审判部门进行破产审查。受移送法院应当认真审核并及时反馈意见，不得无故不予接收或暂缓立案。

（2）受移送法院的破产审判部门应当自收到移送的材料之日起 30 日内作出是否受理的裁定。受移送法院作出裁定后，应当在 5 日内送达申请执行人、被执行人，并送交执行法院。

（3）受移送法院裁定受理破产案件的，在此前的执行程序中产生的评估费、公告费、保管费等执行费用，可以参照破产费用的规定，从债务人财产中随时清偿。

（4）执行法院收到破产受理裁定后，应当解除对债务人财产的查封、扣押、冻结措施；或者根据破产受理法院的要求，出具函件将查封、扣押、冻结财产的处置权交破产受理法院。破产受理法院可以持执行法院的移送处置函件进行续行查封、扣押、冻结，解除查封、扣押、冻结，或者予以处置。执行法院收到破产受理裁定拒不解除查封、扣押、冻结措施的，破产受理法院可以请求执行法院的上级法院依法予以纠正。

（5）执行法院收到受移送法院受理裁定后，应当于 7 日内将已经扣划到账的银行存款、实际扣押的动产、有价证券等被执行人财产移交给受理破产案件的法院或者管理人。

（6）执行法院收到受移送法院受理裁定时，已通过拍卖程序处置且成交裁定已送达买受人的拍卖财产，通过以物抵债偿还债务且抵债裁定已送达债权人的抵债财产，已完成转账、汇款、现金交付的执行款，因财产所有权已经发生变动，不属于被执行人的财产，不再移交。

5. 受移送法院不予受理或者驳回申请的处理

（1）受移送法院作出不予受理或者驳回申请裁定的，应当在裁定生效后 7 日内将接收的材料、被执行人的财产退回执行法院，执行法院应当恢复对被执行人的执行。

（2）受移送法院作出不予受理或者驳回申请的裁定后，人民法院不得重复启动执行案件移送破产审查程序。申请执行人或者被执行人以有新证据足以证明被执行人已经具备了破产原因为由，再次要求将执行案件移送破产审查的，人民法院不予支持。但是，申请执行人或者被执行人可以直接向具有管辖权的人民法院提出破产申请。

（3）受移送法院裁定宣告被执行人破产或者裁定终止和解程序、重整程序的，应当自裁定作出之日起 5 日内送交执行法院，执行法院应当裁定终结对被执行人的执行。

【小贴士】

此考点经常出现在案例分析题中，请考生一定要注意具体知识点的运用。

重难点 7：管理人的资格与指定★★★

1. 管理人的资格

（1）管理人可以由有关部门、机构的人员组成的清算组或者依法设立的律师事务所、会计师事务所、破产清算事务所等社会中介机构担任。

（2）对于事实清楚、债权债务关系简单、债务人财产相对集中的企业破产案件，人民法院可以指定管理人名册中的个人为管理人。个人担任管理人的，应当参加执业责任保险，可以聘任必要的工作人员。

2. 不得担任管理人的情形

（1）因故意犯罪受过刑事处罚；

（2）曾被吊销相关专业执业证书；

（3）与本案有利害关系；

（4）人民法院认为不宜担任管理人的其他情形。

3. 管理人的指定、更换与辞去职务

（1）管理人由人民法院指定，债权人会议可以申请人民法院予以更换。

（2）人民法院指定管理人主要有三种方式，分别为随机、竞争和接受推荐。

（3）管理人没有正当理由，不得辞去职务，管理人辞去职务应当经人民法院许可。

4. 管理人与人民法院、债权人会议的关系

（1）管理人向人民法院报告工作，并接受债权人会议和债权人委员会的监督。

（2）管理人应列席债权人会议，向债权人会议报告职务执行情况，并回答询问。

5. 对"利害关系"的司法解释

（1）判断会计师事务所是否存在利害关系。

①与债务人、债权人有未了结的债权债务关系；

②在人民法院受理破产申请前3年内，曾为债务人提供相对固定的中介服务；

③现在是或者在人民法院受理破产申请前3年内曾经是债务人、债权人的控股股东或者实际控制人；

④现在担任或者在人民法院受理破产申请前3年内曾经担任债务人、债权人的财务顾问、法律顾问。

（2）判断会计师事务所派出的注册会计师是否存在利害关系。

①现在担任或者在人民法院受理破产申请前3年内曾经担任债务人、债权人的董事、监事、高级管理人员；

②与债权人或者债务人的控股股东、董事、监事、高级管理人员存在夫妻、直系血亲、三代以内旁系血亲或者近姻亲关系。

【小贴士】

此考点经常出现在案例分析题中，请考生一定要注意具体知识点的运用。

【经典真题】

【单选题·2008】 根据企业破产法律制度的规定，下列主体中，可以担任管理人的是（　　）。

A. 与债权人有尚未了结债务的人

B. 曾被吊销注册会计师证书的人

C. 破产案件受理的4年前曾担任债务人董事的人

D. 破产案件受理前2年内曾担任债务人法律顾问的人

【答案】C

【多选题·2009】根据企业破产法律制度的规定，下列注册会计师中，不得担任管理人的有（　　）。

A. 注册会计师甲曾担任债务人公司的独立董事至人民法院受理破产申请2年前卸任

B. 注册会计师乙的父亲是债务人公司的控股股东

C. 注册会计师丙因个人原因负债数额巨大，但与债务人公司无关

D. 注册会计师丁最近3年来一直为债务人公司作外部审计工作，熟悉该企业情况

【答案】ABD

【解析】选项C：与债务人、债权人有未了结的债权债务关系，不得担任管理人；丙的债务与债务人公司无关，可以担任管理人。

【单选题·2013】2013年6月1日，人民法院受理了对甲公司提起的破产申请。根据企业破产法律制度的规定，下列人员中，有资格担任管理人的是（　　）。

A. 曾于2008年1月1日至2009年12月31日担任甲公司法律顾问的丙律师事务所

B. 甲公司董事丁

C. 3年前被吊销执业证书，但现已重获执业资格的注册会计师乙

D. 甲公司监事会主席的妻子戊

【答案】A

【解析】选项A：现在担任或者在人民法院受理破产申请前3年内曾经担任债务人、债权人的财务顾问、法律顾问，不得担任管理人，丙律师事务所在甲公司担任法律顾问已经超过了3年；选项B：现在担任或者在人民法院受理破产申请前3年内曾经担任债务人、债权人的董事、监事和高级管理人员，不得担任管理人；选项C：曾被吊销相关专业执业证书的，终身不得担任管理人（与现在是否重新取得无关）；选项D：与债权人或者债务人的控股股东、董事、监事、高级管理人员存在夫妻、直系血亲、三代以内旁系血亲或者近姻亲关系，不得担任管理人。

重难点8：管理人的报酬★★★

（1）管理人的报酬由人民法院确定。债权人会议对管理人的报酬有异议并且无法与管理人协商一致的，有权向人民法院提出具体的请求和理由，由人民法院决定是否调整，债权人会议无权直接调整管理人的报酬。

①管理人获得的报酬是纯报酬，不包括其因执行职务、进行破产管理工作中需支付的其他费用，如公告费用、变价财产费用等。

②管理人报酬原则上应当根据破产案件审理进度和管理人履职情况分期支付。案情简单、耗时较短的破产案件，可以在破产程序终结后一次性向管理人支付报酬。

（2）管理人经人民法院许可，可以聘用必要的工作人员。管理人执行职务的费用、报酬和聘用工作人员的费用均计入破产费用。

（3）清算组中有关政府部门派出的工作人员参与工作的，不收取报酬。其他机构或人员的报酬根据其履行职责的情况确定。

（4）为防止重复计酬，律师事务所、会计师事务所通过聘用本专业的其他社会中介机构

或者人员协助履行管理人职责的，所需费用从其报酬中支付；破产清算事务所通过聘用其他社会中介机构或者人员协助履行管理人职责的，所需费用从其报酬中支付。

（5）管理人经人民法院许可聘用企业经营管理人员，或者管理人确有必要聘请其他社会中介机构或者人员处理重大诉讼、仲裁、执行或者审计等专业性较强工作，如所需费用需要列入破产费用的，应当经债权人会议同意。

（6）人民法院应根据债务人最终清偿的财产价值总额，在司法解释规定的比例范围内，分段确定管理人报酬。

（7）担保权人优先受偿的担保物价值，不计入债务人最终清偿的财产价值总额。但是，管理人对担保物的维护、变现、交付等管理工作付出合理劳动的，有权向担保权人收取适当的报酬。

（8）对于债务人财产不足以支付破产费用或者对债权人没有财产可供清偿分配的案件，人民法院可以考虑根据管理人工作的时间等情况确定其相应报酬。

（9）管理人发生更换的，人民法院应当分别确定更换前后的管理人报酬。

【经典真题】

【多选题·2012】根据企业破产法律制度的规定，下列关于破产管理人报酬的表述中，正确的有（　　）。

A. 人民法院采取公开竞争方式指定管理人的，其报酬方案由市场决定，不受有关司法解释关于管理人报酬比例范围的限制

B. 在指定清算组担任管理人时，有关政府部门派出的工作人员参与工作的，不收取报酬

C. 担保权人优先受偿的担保物价值原则上不计入管理人报酬的计酬基数

D. 担任管理人的会计师事务所聘用本专业的其他社会中介机构协助变现担保物的，所需费用可由担保权人承担

【答案】BC

【解析】选项A：人民法院采取公开竞争方式指定管理人的，可以根据社会中介机构提出的报价确定管理人报酬方案，但报酬比例不得超出司法解释的限制范围；选项D：会计师事务所通过聘用本专业的其他社会中介机构或者人员协助履行管理人职责的，所需费用从其报酬中支付（而非由担保权人承担）；但管理人（会计师事务所）对担保物的维护、变现、交付等管理工作付出合理劳动的，有权向担保权人收取适当的报酬。

【多选题·2014】甲破产清算事务所被人民法院指定为乙企业破产案件中的管理人，甲向债权人会议报告的有关报酬方案的下列内容中，符合企业破产法律制度规定的有（　　）。

A. 对受当地政府有关部门指派参与破产企业清算工作的政府官员不发放报酬

B. 甲聘用外部专家协助履行管理人职责所需费用从其报酬中支付

C. 将乙企业为他人设定抵押权的财产价值计入计酬基数

D. 甲就自己为将乙的抵押财产变现而付出的合理劳动向担保权人收取适当报酬

【答案】ABD

【解析】选项C：担保权人优先受偿的担保物价值原则上不计入管理人报酬的计酬基数。

重难点9：管理人的职责与责任★★★

1. 管理人的职责

根据《企业破产法》的规定，管理人履行下列职责：

（1）接管债务人的财产、印章和账簿、文书等资料；

（2）调查债务人财产状况，制作财产状况报告；

（3）决定债务人的内部管理事务；

（4）决定债务人的日常开支和其他必要开支；

（5）在第一次债权人会议召开之前，决定继续或者停止债务人的营业；

（6）管理和处分债务人的财产；

（7）代表债务人参加诉讼、仲裁或者其他法律程序；

（8）提议召开债权人会议；

（9）人民法院认为管理人应当履行的其他职责。

要合理区分人民法院和管理人在委托审计、评估等财产管理工作中的职责。破产程序中确实需要聘请中介机构对债务人财产进行审计、评估的，依据法律规定，经人民法院许可后，管理人可以自行公开聘请。但是应当对其聘请的中介机构的相关行为进行监督。上述中介机构因不当履行职责给债务人、债权人或者第三人造成损害的，应当承担赔偿责任。管理人在聘用过程中存在过错的，应当在其过错范围内承担相应的补充赔偿责任。

【小贴士】上段为新发布的《民商事审判会议纪要》内容。

2. 管理人的责任

（1）管理人应当依法管理和处分债务人财产，审慎决定债务人内部管理事务，不得将自己的职责全部或者部分转让给他人。

（2）管理人未依法勤勉尽责，忠实执行职务的，人民法院可以依法处以罚款；给债权人、债务人或者第三人造成损失的，依法承担赔偿责任。

重难点10：债务人财产的范围★★★

1. 债务人财产

（1）债务人财产包括破产申请受理时属于债务人的全部财产，以及破产申请受理后至破产程序终结前债务人取得的财产。

（2）除债务人所有的货币、实物外，债务人依法享有的可以用货币估价并可以依法转让的债权、股权、知识产权、用益物权等财产和财产权益，人民法院均应认定为债务人财产。

（3）债务人已依法设定担保物权的特定财产，人民法院应当认定为债务人财产。

（4）债务人对按份享有所有权的共有财产的相关份额，或者共同享有所有权的共有财产的相应财产权利，以及依法分割共有财产所得部分，人民法院均应认定为债务人财产。

2. 非债务人财产

（1）债务人基于仓储、保管、承揽、代销、借用、寄存、租赁等合同或者其他法律关系占有、使用的他人财产；

（2）债务人在所有权保留买卖中尚未取得所有权的财产；

（3）所有权专属于国家且不得转让的财产；

（4）其他依照法律、行政法规不属于债务人的财产。

【经典真题】

【多选题·2008】根据企业破产法律制度的规定，下列财产中，属于债务人财产的有（　　）。

A. 破产申请受理时属于债务人的房屋

B. 破产宣告后破产人得到的银行存款利息

C. 破产申请受理时债务人用于抵押担保的财产

D. 破产申请受理后至破产程序终结前债务人取得的财产

【答案】ABCD

【解析】债务人财产包括破产申请受理时属于债务人的全部财产（选项 A、C），以及破产申请受理后至破产程序终结前债务人取得的财产（选项 B、D）。

重难点 11：债务人财产的收回★★★

1. 出资人

（1）人民法院受理破产申请后，债务人的出资人尚未完全履行出资义务的，管理人应当要求该出资人缴纳所认缴的出资，而不受出资期限的限制。

（2）管理人代表债务人提起诉讼，主张出资人向债务人依法缴付未履行的出资或者返还抽逃的出资本息，出资人以认缴出资尚未届至公司章程规定的缴纳期限或者违反出资义务已经超过诉讼时效为由抗辩的，人民法院不予支持。

（3）管理人依据《公司法》的相关规定代表债务人提起诉讼，主张公司的发起人和负有监督股东履行出资义务的董事、高级管理人员，或者协助抽逃出资的其他股东、董事、高级管理人员、实际控制人等，对股东违反出资义务或者抽逃出资承担相应责任，并将财产归入债务人财产的，人民法院应予支持。

①股东在公司设立时未履行或者未全面履行出资义务，发起人与被告股东承担连带责任。

②股东在公司增资时未履行或者未全面履行出资义务，原告请求未尽忠实义务和勤勉义务而使出资未缴足的董事、高级管理人员承担相应责任的，人民法院应予支持。

③股东抽逃出资，公司债权人请求抽逃出资的股东在抽逃出资本息范围内对公司债务不能清偿的部分承担补充赔偿责任、协助抽逃出资的其他股东、董事、高级管理人员或者实际控制人对此承担连带责任的，人民法院应予支持。

2. 董事、监事和高级管理人员

（1）债务人的董事、监事和高级管理人员利用职权从企业获取的非正常收入和侵占的企业财产，管理人应当追回。

（2）债务人出现破产原因，债务人的董事、监事和高级管理人员利用职权获取的以下收入，人民法院应当认定为非正常收入：

①绩效奖金；

②普遍拖欠职工工资情况下获取的工资性收入；

③其他非正常收入。

3. 债权

（1）债务人的董事、监事和高级管理人员因返还“绩效奖金”和“其他非正常收入”形成的债权，可以作为普通破产债权清偿；

（2）因返还“普遍拖欠职工工资情况下获取的工资性收入”形成的债权，按照该企业职工平均工资计算的部分作为拖欠职工工资清偿；高出该企业职工平均工资计算的部分，可以作为普通破产债权清偿。

4. 取回质物、留置物

（1）在人民法院受理破产申请后，管理人可以通过清偿债务或者提供为债权人接受的担保，取回质物、留置物。

（2）管理人拟通过清偿债务取回质物、留置物的，应当及时报告债权人委员会。未设立债权人委员会的，管理人应当及时报告人民法院。

（3）在清偿债务时，如果质物或者留置物的价值低于被担保的债权额，以该质物或者留置物当时的市场价值为限。

重难点 12：破产撤销权★★★

人民法院受理破产申请前 1 年内，涉及债务人财产的下列行为，管理人有权请求人民法院予以撤销：

（1）无偿转让财产的；

（2）以明显不合理的价格进行交易的；

（3）对没有财产担保的债务提供财产担保的；

（4）对未到期的债务提前清偿的；

（5）放弃债权的。

【小贴士】

债务人的上述五种行为，只要发生在法定期间内（人民法院受理破产申请前 1 年内），即可撤销，至于该行为实施时债务人是否存在破产原因、债务人与第三人主观上恶意还是善意，原则上不影响撤销权的行使。

【经典真题】

【单选题·2012】人民法院于 2012 年 5 月 16 日受理了债权人甲公司申请债务人乙公司破产案。管理人在对乙公司的债权债务进行清理时发现，乙公司曾于 2011 年 9 月 11 日为所欠丙公司的一笔原本没有财产担保的债务提供抵押担保。根据企业破产法律制度的规定，下列表述中，正确的是（　　）。

A. 若管理人能够证明丙公司知悉乙公司在为其债权提供担保时已濒临破产，则有权请求人民法院撤销该抵押担保行为

B. 管理人无须证明丙公司知悉乙公司在为其债权提供担保时已濒临破产，即可请求人民法院撤销该抵押担保行为

C. 若甲公司能够证明丙公司知悉乙公司在为其债权提供担保时已濒临破产，则有权请

求人民法院撤销该抵押担保行为

D. 甲公司无须证明丙公司知悉乙公司在为其债权提供担保时已濒临破产，即可请求人民法院撤销该抵押担保行为

【答案】B

【解析】该担保属于对原来已经成立的无财产担保的债务事后补充设置担保，只要补充设置担保的行为发生在人民法院受理破产申请前1年内，就可以撤销。至于该行为实施时债务人是否存在破产原因、债务人与第三人主观上恶意还是善意，原则上不影响撤销权的行使。

重难点13：对个别债权人的清偿★★★

1. 破产程序开始后的个别清偿

人民法院受理破产申请后，债务人对个别债权人的债务清偿无效。但是，债务人以其财产向债权人提供物权担保的，其在担保物市场价值内向债权人所作的债务清偿，不受上述规定的限制。

2. 危机期间的个别清偿

（1）人民法院受理破产申请前6个月内，债务人不能清偿到期债务，并且资产不足以清偿全部债务或者明显缺乏清偿能力，仍对个别债权人进行清偿的，管理人有权请求人民法院予以撤销。但是，个别清偿使债务人财产受益的除外。

（2）债务人对以自有财产设定担保物权的债权进行的个别清偿，管理人请求撤销的，人民法院不予支持。但是，债务清偿时担保财产的价值低于债权额的除外。

（3）债务人经诉讼、仲裁、执行程序对债权人进行的个别清偿，管理人请求撤销的，人民法院不予支持。但是，债务人与债权人恶意串通损害其他债权人利益的除外。

（4）债务人对债权人进行的以下个别清偿，管理人请求撤销的，人民法院不予支持：

①债务人为维系基本生产需要而支付水费、电费等的；

②债务人支付劳动报酬、人身损害赔偿金的；

③使债务人财产受益的其他个别清偿。

3. 对未到期的债务提前清偿的行为

（1）破产申请受理前1年内债务人提前清偿的未到期债务，在破产申请受理前已经到期，管理人请求撤销该清偿行为的，人民法院不予支持。但是，该清偿行为发生在破产申请受理前6个月内且债务人有《企业破产法》第二条第一款规定情形（企业法人不能清偿到期债务，并且资产不足以清偿全部债务或者明显缺乏清偿能力的）的除外。

（2）破产申请受理前1年内债务人提前清偿的未到期债务：

①清偿时尚未到期、破产申请受理前已经到期的，不能撤销；

②清偿时尚未到期、破产申请受理时也未到期的，可以撤销。

【经典真题】

【单选题·2013】根据企业破产法律制度的规定，人民法院受理破产申请前6个月内，涉及债务人财产的下列行为中，管理人有权请求人民法院予以撤销的是（　　）。

A. 支付职工劳动报酬

B. 支付人身损害赔偿金

C. 向他人无偿转让企业财产

D. 在设定债务的同时，为该债务提供财产担保

【答案】C

【解析】选项 D：债务人在人民法院受理破产申请前 1 年内设定债务的同时提供的财产担保，属于对价行为，不能撤销。

重难点 14：债权人的撤销权★

（1）破产申请受理后，管理人未依据《企业破产法》的规定请求撤销债务人无偿转让财产、以明显不合理价格交易、放弃债权行为的，债权人依据《合同法》第七十四条的规定提起诉讼，请求撤销债务人上述行为并将因此追回的财产归入债务人财产的，人民法院应予受理。

（2）相对人以债权人行使撤销权的范围超出债权人的债权抗辩的，人民法院不予支持。

（3）因债务人放弃其到期债权或者无偿转让财产，对债权人造成损害的，债权人可以请求人民法院撤销债务人的行为。债务人以明显不合理的低价转让财产，对债权人造成损害，并且受让人知道该情形的，债权人也可以请求人民法院撤销债务人的行为。撤销权的行使范围以债权人的债权为限。

重难点 15：对外债权的诉讼时效★

（1）债务人对外享有债权的诉讼时效，自人民法院受理破产申请之日起中断。

（2）债务人无正当理由未对其到期债权及时行使权利，导致其对外债权在破产申请受理前 1 年内超过诉讼时效期间的，人民法院受理破产申请之日起重新计算上述债权的诉讼时效期间。

重难点 16：无效行为★★

1. 涉及债务人财产的下列行为无效：

（1）为逃避债务而隐匿、转移财产的；

（2）虚构债务或者承认不真实的债务的。

其中，为逃避债务而隐匿，转移财产，是指债务人的行为客观上构成逃避债务的后果，而不是要求债务人主观上必须具有逃避债务的目的。

2. 在破产程序终结之日起 2 年内，债权人可以行使破产撤销权或者针对债务人的无效行为而追回财产。在此期间追回的财产，应当按照破产财产分配方案，对全体债权人进行追加分配。破产程序终结之日起 2 年后，追回的财产不再用于对全体债权人清偿，而是用于对追回财产的债权人个别清偿。

3. 管理人依法提起诉讼，主张被隐匿、转移财产的实际占有人返还债务人财产，或主张债务人虚构债务或者承认不真实债务的行为无效并返还债务人财产的，人民法院应予支持。

【经典真题】

【单选题 · 2008】根据企业破产法律制度的规定，破产程序终结后，债权人发现破产人有应当供分配的其他财产，可以请求人民法院按照破产财产分配方案进行追加分配的法定期限是（　　）。

A. 破产程序终结后 6 个月内　　B. 破产程序终结后 1 年内

C. 破产程序终结后 2 年内　　D. 破产程序终结后 3 年内

【答案】C

【解析】在破产程序终结之日起 2 年内，债权人可以行使破产撤销权或者针对债务人的无效行为而追回财产。

重难点 17：取回权★★★

（1）人民法院受理破产申请后，债务人占有的不属于债务人的财产，该财产的权利人可以通过管理人取回。

（2）权利人行使取回权，应当在破产财产变价方案或者和解协议、重整计划草案提交债权人会议表决前向管理人提出。权利人在上述期限后主张取回相关财产的，仍可行使取回权，但是应当承担迟延行使取回权增加的相关费用。

（3）权利人行使取回权时未依法向管理人支付相关的加工费、保管费、托运费、委托费、代销费等费用，管理人拒绝其取回相关财产的，人民法院应予支持。

（4）取回权的异议与诉讼

①权利人依法向管理人主张取回相关财产，管理人不予认可，权利人有权以债务人为被告向人民法院提起诉讼请求行使取回权。

②权利人依据人民法院或者仲裁机关的相关生效法律文书向管理人主张取回所涉争议财产，管理人以生效法律文书错误为由拒绝其行使取回权的，人民法院不予支持。

（5）对债务人占有的权属不清的鲜活易腐等不易保管的财产或者不及时变现价值将严重贬损的财产，管理人应当及时变价并提存变价款，有关权利人可以就该变价款行使取回权。

重难点 18：他人财产被违法转让的★★★

1. 违法转让＋第三人善意取得

债务人占有的他人财产被违法转让给第三人，依据《物权法》第一百零六条的规定第三人已善意取得财产所有权，原权利人无法取回该财产的，人民法院应当按照以下规定处理：

（1）转让行为发生在破产申请受理前的，原权利人因财产损失形成的债权，作为普通破产债权清偿。

（2）转让行为发生在破产申请受理后的，因管理人或者相关人员执行职务导致原权利人损害产生的债务，作为共益债务清偿。

2. 违法转让＋第三人未善意取得

债务人占有的他人财产被违法转让给第三人，第三人已向债务人支付了转让价款，但依据《物权法》第一百零六条的规定未取得财产所有权，原权利人依法追回转让财产的，对因第三人已支付对价而产生的债务，人民法院应当按照以下规定处理：

（1）转让行为发生在破产申请受理前的，作为普通破产债权清偿。

（2）转让行为发生在破产申请受理后的，作为共益债务清偿。

重难点19：代偿取回权★★★

1. 可以行使代偿取回权的情形

债务人占有的他人财产毁损、灭失，因此获得的保险金、赔偿金、代偿物尚未交付给债务人，或者代偿物虽已交付给债务人但能与债务人财产予以区分的，权利人主张取回就此获得的保险金、赔偿金、代偿物的，人民法院应予支持。

2. 不能行使代偿取回权的情形

债务人占有的他人财产毁损、灭失，因此获得的保险金、赔偿金已经交付给债务人，或者代偿物已经交付给债务人且不能与债务人财产予以区分的，人民法院应当按照以下规定处理：

（1）财产毁损、灭失发生在破产申请受理前的，权利人因财产损失形成的债权，作为普通破产债权清偿。

（2）财产毁损、灭失发生在破产申请受理后的，因管理人或者相关人员执行职务导致权利人损害产生的债务，作为共益债务清偿。

重难点20：在途标的物的取回权★★★

1. 人民法院受理破产申请时，出卖人已将买卖标的物向作为买受人的债务人发运，债务人尚未收到且未付清全部价款的，出卖人可以取回在运途中的标的物。但是，管理人可以支付全部价款，请求出卖人交付标的物。

2. 出卖人通过通知承运人或者实际占有人中止运输、返还货物、变更到达地，或者将货物交给其他收货人等方式，对在运途中标的物主张了取回权但未能实现，或者在货物未达管理人前已向管理人主张取回在运途中标的物，在买卖标的物到达管理人后，出卖人向管理人主张取回的，管理人应予准许。出卖人对在运途中标的物未及时行使取回权，在买卖标的物到达管理人后向管理人行使在运途中标的物取回权的，管理人不应准许。

【经典真题】

【单选题·2009】人民法院受理债务人甲公司破产申请时，乙公司依照其与甲公司之间的买卖合同已向买受人甲公司发运了该合同项下的货物，但甲公司尚未支付价款。乙公司得知甲公司破产申请被受理后，立即通过传真向甲公司的管理人要求取回在运途中的货物。管理人收到乙公司传真后不久，即收到了乙公司发运的货物。根据企业破产法律制度的规定，下列表述中，正确的是（　　）。

A. 乙公司有权取回该批货物

B. 乙公司无权取回该批货物，但可以就买卖合同价款向管理人申报债权

C. 管理人已取得该批货物的所有权，但乙公司有权要求管理人立即支付全部价款

D. 管理人已取得该批货物的所有权，但乙公司有权要求管理人就价款支付提供担保

【答案】A

【解析】人民法院受理破产申请时，出卖人已将买卖标的物向作为买受人的债务人发运，债务人尚未收到且未付清全部价款的，出卖人可以取回在运途中的标的物。

重难点21：所有权保留买卖合同中的取回权★★★

所有权保留买卖合同，是当事人约定买受人未履行支付价款或者其他义务，标的物的所有权属于出卖人的买卖合同。在所有权保留买卖合同的标的物所有权未依法转移给买受人前，一方当事人破产的，该买卖合同属于双方均未履行完毕的合同，管理人有权依法决定解除或者继续履行合同。

1. 出卖人破产时，其管理人决定继续履行合同的

（1）买受人应当按照原合同的约定支付价款或者履行其他义务。

（2）买受人未依约支付价款或者履行完毕其他义务，或者将标的物出卖、出质或者作出其他不当处分，给出卖人造成损害，出卖人管理人依法主张取回标的物的，人民法院应予支持。但是，买受人已经支付标的物总价款75%以上或者第三人善意取得标的物所有权或者其他物权的除外。

（3）因上述原因出卖人未能取回标的物，出卖人管理人依法主张买受人继续支付价款、履行完毕其他义务，以及承担相应赔偿责任的，人民法院应予支持。

2. 出卖人破产，其管理人决定解除合同的

（1）出卖人破产，其管理人决定解除所有权保留买卖合同的，有权依法要求买受人向其交付买卖标的物。买受人以其不存在未依约支付价款或者履行完毕其他义务，或者将标的物出卖、出质或者作出其他不当处分情形抗辩的，人民法院不予支持。

（2）买受人依法履行合同义务并将买卖标的物交付出卖人管理人后，买受人已支付价款损失形成的债权作为共益债务清偿。但是，买受人违反合同约定，出卖人管理人主张上述债权作为普通破产债权清偿的，人民法院应予支持。

3. 买受人破产，其管理人决定继续履行合同的

（1）买受人破产，其管理人决定继续履行所有权保留买卖合同的，原买卖合同中约定的买受人支付价款或者履行其他义务的期限在破产申请受理时视为到期，买受人管理人应当及时向出卖人支付价款或者履行其他义务。

（2）买受人管理人无正当理由未及时支付价款或者履行完毕其他义务，或者将标的物出卖、出质或者作出其他不当处分，给出卖人造成损害，出卖人主张取回标的物的，人民法院应予支持。但是，买受人已支付标的物总价款75%以上或者第三人善意取得标的物所有权或者其他物权的除外。

（3）因上述原因未能取回标的物，出卖人依法主张买受人继续支付价款、履行完毕其他义务，以及承担相应赔偿责任的，人民法院应予支持。对因买受人未支付价款或者未履行完毕其他义务，以及买受人管理人将标的物出卖、出质或者作出其他不当处分导致出卖人损害产生的债务，出卖人主张作为共益债务清偿的，人民法院应予支持。

4. 买受人破产，其管理人决定解除合同的

（1）买受人破产，其管理人决定解除所有权保留买卖合同的，出卖人有权主张取回买卖标的物。

（2）出卖人取回买卖标的物的，买受人管理人有权主张出卖人返还已支付价款。取回的标的物价值明显减少给出卖人造成损失的，出卖人可从买受人已支付价款中优先予以抵扣，剩余部分返还给买受人；对买受人已支付价款不足以弥补出卖人标的物价值减损损失形成的债权，作为共益债务清偿。

重难点22：破产抵销权★★★

破产抵销权，是指债权人在破产申请受理前对债务人即破产人负有债务的，无论是否已到清偿期限、标的是否相同，均可在破产财产最终分配确定前向管理人主张相互抵销的权利。

1. 破产抵销的生效

（1）管理人收到债权人提出的主张债务抵销的通知后，经审查无异议的，抵销自管理人收到通知之日起生效。

（2）管理人对抵销主张有异议的，应当在约定的异议期限内或者自收到主张债务抵销的通知之日起3个月内向人民法院提起诉讼。人民法院判决驳回管理人提起的抵销无效诉讼请求的，该抵销自管理人收到主张债务抵销的通知之日起生效。

2. 异议不成立的情形

管理人以下列理由提出异议的，人民法院不予支持：

（1）破产申请受理时，债务人对债权人负有的债务尚未到期；

（2）破产申请受理时，债权人对债务人负有的债务尚未到期；

（3）双方互负债务标的物种类、品质不同。

3. 在破产程序中禁止抵销的几种情形

（1）债务人的债务人在破产申请受理后取得他人对债务人的债权的。

（2）债权人已知债务人有不能清偿到期债务或者破产申请的事实，对债务人负担债务的。

（3）债务人的债务人已知债务人有不能清偿到期债务或者破产申请的事实，对债务人取得债权的；但是，债务人的债务人因为法律规定或者有破产申请1年前所发生的原因而取得债权的除外。

4. 股东的特定债务禁止抵销

债务人的股东主张以下列债务与债务人对其负有的债务抵销，债务人的管理人提出异议的，人民法院应予支持：

（1）债务人股东因欠缴债务人的出资或者抽逃出资对债务人所负的债务；

（2）债务人股东滥用股东权利或者关联关系损害公司利益对债务人所负的债务。

【经典真题】

【单选题·2009】根据企业破产法律制度的规定，下列情形中，债权人可以行使抵销权的是（　　）。

A. 甲享有债务人120万元的债权，同时又是债权人股东，在债务人破产时，甲尚有100万元的分期出资额未缴纳

B. 乙享有债务人120万元的债权，但在听说债务人申请破产后，购买了债务人100万元的货物并拒绝支付货款而形成的债务

C. 丙应付债务人100万元的货款，在债务人的破产申请被受理后，从另一债务人手中以六折的价格买入了100万元的债权

D. 丁应付债务人100万元的货款，债务人应付丁80万元的货款

【答案】D

【解析】选项A：股东的破产债权不得与其欠付的注册资本金相抵销；选项B：债权人已知债务人有不能清偿到期债务或者破产申请的事实，对债务人负担债务的，禁止抵销；选项C：债务人的债务人在破产申请受理后，取得他人对债务人的债权的，禁止抵销。

重难点23：破产费用与共益债务★★★

1. 破产费用

破产费用，是破产程序中为全体债权人共同利益，因程序进行而支付的各项费用的总称。人民法院受理破产申请后发生的下列费用，为破产费用：

（1）破产案件的诉讼费用；

（2）管理、变价和分配债务人财产的费用；

（3）管理人执行职务的费用、报酬和聘用工作人员的费用。

人民法院裁定受理破产申请的，此前债务人尚未支付的公司强制清算费用、未终结的执行程序中产生的评估费、公告费、保管费等执行费用，可以参照《企业破产法》关于破产费用的规定，由债务人财产随时清偿。此前债务人尚未支付的案件受理费、执行申请费，可以作为破产债权清偿。

【小贴士】

此部分内容为新发布的《破产法司法解释三》的相关规定。

2. 共益债务

共益债务，是在破产程序中发生的应由债务人财产负担的债务的总称。人民法院受理破产申请后发生的下列债务，为共益债务：

（1）因管理人或者债务人请求对方当事人履行双方均未履行完毕的合同所产生的债务；

（2）债务人财产受无因管理所产生的债务；

（3）因债务人不当得利所产生的债务；

（4）为债务人继续营业而应支付的劳动报酬和社会保险费用以及由此产生的其他债务；

（5）管理人或者相关人员执行职务致人损害所产生的债务；

（6）债务人财产致人损害所产生的债务。

破产申请受理后，经债权人会议决议通过，或者第一次债权人会议召开前经人民法院许可，管理人或者自行管理的债务人可以为债务人继续营业而借款。提供借款的债权人主张参照《企业破产法》第四十二条第四项的规定优先于普通破产债权清偿的，人民法院应予支持，但其主张优先于此前已就债务人特定财产享有担保的债权清偿的，人民法院不予支持。管理人或者自行管理的债务人可以为前述借款设定抵押担保，抵押物在破产申请受理前已为其他债权人设定抵押的，债权人主张按照物权法规定的顺序清偿，人民法院应予支持。

【小贴士】

此部分内容为新发布的《破产法司法解释三》的相关规定。

3. 破产费用和共溢债务的清偿

（1）破产费用和共益债务由债务人财产随时清偿。

（2）债务人财产不足以清偿所有破产费用和共益债务的，先行清偿破产费用。

（3）债务人财产不足以清偿所有破产费用或者共益债务的，按照比例清偿。

（4）债务人财产不足以清偿破产费用的，管理人应当提请人民法院终结破产程序。

（5）在债权人或者债务人等提出破产清算申请时，人民法院即发现债务人财产可能不足以支付破产费用、无财产可供分配的，应当先受理破产案件，在对此情况审查确认后作出破产宣告，同时作出终结破产程序的裁定。

【经典真题】

【单选题·2016】根据企业破产法律制度的规定，下列关于破产案件诉讼费用承担的表述中，正确的是（　　）。

A. 由破产申请人预先支付　　B. 由全体债权人按比例分担

C. 从债务人财产中随时拨付　　D. 由债权人和债务人分担

【答案】C

【解析】破产案件诉讼费用应计入破产费用，由债务人财产随时清偿，无须预交。

【多选题·2009】下列关于破产费用与共益债务清偿的表述中，符合《企业破产法》规定的有（　　）。

A. 破产费用和共益债务由债务人财产随时清偿

B. 债务人财产不足以清偿所有破产费用和共益债务的，先行清偿共益债务

C. 债务人财产不足以清偿所有共益债务的，按照比例清偿

D. 债务人财产不足以清偿所有破产费用的，在按照比例清偿后，管理人应当提请人民法院终结破产程序

【答案】ACD

【解析】债务人财产不足以清偿所有破产费用和共益债务的，先行清偿破产费用，因此选项B错误。

重难点24：破产债权申报的一般规则★★★

（1）人民法院受理破产申请后，应当确定债权人申报债权的期限。债权申报期限自人民法院发布受理破产申请公告之日起计算，最短不得少于30日，最长不得超过3个月。在法律规定的时间内，人民法院可以根据案件的具体情况确定申报债权的期限。

（2）在人民法院确定的债权申报期限内，债权人未申报债权的，可以在破产财产最后分配前补充申报；但是，此前已进行的分配，不再对其补充分配。为审查和确认补充申报债权的费用，由补充申报人承担。

（3）职工债权无须申报。债务人所欠职工的工资和医疗、伤残补助、抚恤费用，所欠的应当划入职工个人账户的基本养老保险、基本医疗保险费用，以及法律、行政法规规定应当

支付给职工的补偿金，不必申报，由管理人调查后列出清单并予以公示。

职工对清单记载有异议的，可以要求管理人更正；管理人不予更正的，职工可以向人民法院提起诉讼。

【小贴士】

其他债权如税收债权、社会保障债权以及对债务人特定财产享有担保权的债权等，均需依法申报。

（4）未到期的债权，在破产申请受理时视为到期。附利息的债权自破产申请受理时起停止计息。无利息的债权，无论是否到期均以本金申报债权。附条件、附期限的债权和诉讼、仲裁未决的债权，债权人也可以申报。职工劳动债权计算到解除劳动合同时止。

重难点25：破产债权申报的特别规定★★★

（1）连带债权人可以由其中一人代表全体连带债权人申报债权，也可以共同申报债权。

（2）债务人的保证人或者其他连带债务人已经代替债务人清偿债务的，以其对债务人的求偿权申报债权；尚未代替债务人清偿债务的，以其对债务人的将来求偿权预先申报债权。

（3）人民法院受理保证人破产案件的，保证人的保证责任不得因其破产而免除。保证债务已到期时，债权人可依保证合同的约定向保证人申报债权追偿。保证债务尚未到期的，可将其未到期之保证责任视为已到期，提前予以清偿。

保证人被裁定进入破产程序的，债权人有权申报其对保证人的保证债权。主债务未到期的，保证责任在保证人破产申请受理时视为到期。一般保证的保证人主张行使先诉抗辩权的，人民法院不予支持，但债权人在一般保证人破产程序中的分配额应予提存，待一般保证人应承担的保证责任确定后再按照破产清偿比例予以分配。保证人被确定应当承担保证责任的，保证人的管理人可以就保证人实际承担的清偿额向主债务人或其他债务人行使求偿权。

【小贴士】

上述内容为根据《破产法司法解释三》增加的内容，请考生注意其在案例分析题中的运用。

（4）连带债务人数人的破产案件均被受理的，其债权人有权就全部债权同时分别在各破产案件中申报债权。

债务人、保证人均被裁定进入破产程序的，债权人有权向债务人、保证人分别申报债权。债权人向债务人、保证人均申报全部债权的，从一方破产程序中获得清偿后，其对另一方的债权额不作调整，但债权人的受偿额不得超出其债权总额。保证人履行保证责任后不再享有求偿权。

【小贴士】

上述内容为根据《破产法司法解释三》增加的内容，请考生注意其在案例分析题中的运用。

（5）管理人解除双方均未履行完毕的合同，对方当事人以因合同解除所产生的损害赔偿请求权申报债权。对方当事人申报的破产债权以实际损失为限，违约金不得作为破产债权申报。

（6）委托合同

①债务人是委托合同的委托人，其破产案件被人民法院受理，受托人不知该事实，继续处理委托事务的，受托人以由此产生的请求权申报破产债权。

②如果受托人已知该事实，但为了债务人即全体债权人利益而在无法向管理人移交事务的紧急情况下继续处理委托事务的，受托人由此产生的请求权作为共益债务优先受偿。

③如果受托人已知委托人破产之事实，无必要地继续处理委托事务，不当增加委托费用与报酬数额的，由此而产生的债权，不得作为破产债权受偿。

（7）债务人是票据的出票人，其破产案件被人民法院受理，该票据的付款人继续付款或者承兑的，付款人以由此产生的请求权申报债权。

（8）破产申请受理后，债务人欠缴款项产生的滞纳金，包括债务人未履行生效法律文书应当加倍支付的迟延利息和劳动保险金的滞纳金，债权人作为破产债权申报的，人民法院不予确认。

【小贴士】

上述内容为根据《破产法司法解释三》增加的内容，请考生注意。

【经典真题】

【多选题·2010】根据企业破产法律制度的规定，人民法院受理破产申请后，下列债权中，需在人民法院确定的期限内进行申报的有（　　）。

A. 税收债权　　B. 社会保障债权

C. 职工劳动债权　　D. 对债务人的特定财产享有担保权的债权

【答案】ABD

【解析】职工劳动债权不必申报。

【多选题·2013】根据企业破产法律制度的规定，下列债务中，债权人应在人民法院确定的期限内进行债权申报的有（　　）。

A. 债务人所欠银行未到清偿期的借款

B. 债务人所欠职工工资

C. 债务人所欠税款

D. 债务人所欠职工医疗费

【答案】AC

【解析】选项BD：属于职工债权，不必申报。

【单选题·2017】根据企业破产法律制度的规定，下列各项中，免于申报的破产债权是（　　）。

A. 社会保障债权　　B. 税收债权

C. 对债务人特定财产享有担保权的债权　　D. 职工劳动债权

【答案】D

【解析】职工劳动债权无须申报。

重难点26：被保证人破产★★★

1. 连带保证

（1）人民法院受理债务人破产案件后，对于负连带责任的保证人，债权人有权直接要求保证人承担保证责任，也可以首先向进入破产程序的债务人追偿，然后再以未受清偿的余额向保证人追偿。

（2）破产程序终结后，债权人就破产程序中未受清偿部分要求保证人承担保证责任的，应在破产程序终结后6个月内提出。保证人承担保证责任后，不得再向和解或者重整后的债务人行使求偿权。

（3）债务人的保证人已经代替债务人清偿债务的，以其对债务人的求偿权申报债权。债务人的保证人尚未代替债务人清偿债务的，以其对债务人的将来求偿权预先申报债权。但是，债权人已经向管理人申报全部债权的除外。债权人已向管理人申报全部债权的，保证人不能再申报债权。

（4）破产程序终结前，已向债权人承担了保证责任的保证人，可以要求债务人向其转付已申报债权的债权人在破产程序中应得的清偿部分。

（5）债权人知道或者应当知道债务人破产，既未申报债权也未通知保证人，致使保证人不能预先行使追偿权的，保证人在该债权在破产程序中可能受偿的范围内免除保证责任。

2. 一般保证

（1）人民法院受理债务人破产案件，中止执行程序的，一般保证人不得行使先诉抗辩权。因此，债权人可以直接向一般保证人追偿。

（2）破产案件受理时主债务未到期的，一般保证人并无提前履行保证责任的义务，仍应按照原保证合同的约定承担保证责任。

（3）一般保证人不得行使先诉抗辩权，但期限利益并未丧失。

重难点27：保证人破产★★★

1. 连带保证

（1）人民法院受理保证人破产案件后，保证人的保证责任不得因其破产而免除。

（2）主债务到期时，债权人可以按照保证合同的约定直接向保证人申报债权进行追偿；主债务未到期的，视为已到期，取消了保证人的期限利益后，债权人对连带保证人可以直接申报债权进行追偿。

2. 一般保证

（1）人民法院受理保证人破产案件后，保证人的保证责任不得因其破产而免除。

（2）一般保证人破产的，不得行使先诉抗辩权。

（3）保证债务尚未到期的，可将未到期之保证责任视为已到期，提前予以清偿（一般保证人的期限利益丧失）。

（4）由于债权人尚未获得主债务人的清偿，申报债权时无法确定一般保证人应承担补充保证责任的大小，但债权人可以就全部债权向一般保证人申报债权。在破产财产分配过程中，如果债权人先获得主债务人的清偿，便可根据主债务人的清偿结果相应调整其对一般保证人的破产债权额；如果债权人先从一般保证人处获得清偿，应先行提存，待债权人从主债务人处行使受偿权利后，再确定保证人是否还应承担保证责任，并按照一般保证人实际应承担的补充保证责任，按照破产财产分配方案中规定的清偿率，向债权人支付，余额由人民法院分给其他债权人。

（5）一般保证人的补充责任应按债权人申报的破产债权数额确定。

重难点 28：破产债权的确认★★★

1. 债权人申报的债权须经审查确认后才能在破产程序中行使权力。

2. 债权审查的判断原则

（1）未经发生法律效力的法律文书所确定的债权均需审查确认。

（2）已经发生法律效力的法律文书所确认的债权，原则上不需审查确认。但确有证据证明该债权是虚构的、不真实的，或依据破产法应作特殊调整的除外。

3. 债权登记确认表

（1）管理人收到债权申报材料后，应当登记造册，对申报的债权进行审查，并编制债权登记表。管理人必须将申报的债权全部登记在债权登记表上，不允许以其认为债权超过诉讼时效或者不能成立等为由拒绝编入债权登记表。

（2）债权登记表和债权申报材料由管理人保存，供利害关系人查阅。

（3）管理人依法编制的债权登记表，应当提交第一次债权人会议核查。

①经核查后，管理人、债务人、其他债权人等对债权无异议的，列入债权确认表中。

②经核查后仍存在异议的债权，由人民法院裁定该异议债权是否列入债权确认表中。该项裁定不影响债权人等利害关系人提起债权确认诉讼的权利。

债务人，债权人对债权表记载的债权有异议的。应当说明理由和法律依据。经管理人解释和调整后，异议人仍然不服的，或者管理人不予解释和调整的，异议人应当在债权人会议核查结束后 15 日内向人民法院提起债权确认诉讼。当事人之间在破产申请受理前订立有仲裁条款或仲裁协议的，应当向选定的仲裁机构申请确认债权债务关系。

债务人对债权表记载的债权有异议向人民法院提起诉讼的，应当将被异议债权人列为被告。债权人对债权表记载的他人债权有异议的，应将被异议债权人列为被告；债权人对债权表记载的本人债权有异议的，应将债务人列为被告。对同一笔债权存在多个异议人，其他异议人申请参加诉讼的，应当列为共同原告。

【小贴士】

上述内容为根据《破产法司法解释三》增加的内容，请考生注意。

【经典真题】

【单选题·2018】根据企业破产法律制度的规定，管理人依法编制的债权登记表，应当提交特定主体核查。该特定主体是（　　）。

A. 债权人委员会　　B. 债权人会议主席

C. 人民法院　　D. 第一次债权人会议

【答案】D

【解析】管理人依法编制的债权登记表，应当提交第一次债权人会议核查。

重难点29：债权人会议★★★

1. 债权人会议的职权

（1）债权人会议仅在破产程序中与法院、管理人、债务人或破产人等有关当事人进行交涉，不能与破产程序之外的主体发生法律关系。债权人会议虽属于法定必设机关，但仅为决议机关，享有法定职权，本身无执行能力，其所作出的相关决议一般由管理人、债权人委员会负责执行。

（2）第一次债权人会议由人民法院召集，自债权申报期限届满之日起15日内召开。

（3）债权人会议行使下列职权：

①核查债权；

②申请人民法院更换管理人，审查管理人的费用和报酬；

③监督管理人；

④选任和更换债权人委员会成员；

⑤决定继续或者停止债务人的营业；

⑥通过重整计划；

⑦通过和解协议；

⑧通过债务人财产的管理方案；

⑨通过破产财产的变价方案；

⑩通过破产财产的分配方案；

⑪人民法院认为应当由债权人会议行使的其他职权。

2. 表决权

（1）凡是申报债权者均有权参加第一次债权人会议，有权参加对其债权的核查、确认活动，并可依法提出异议。对于在第一次会议上确认债权以后的债权人会议，只有债权得到确认者才有权行使表决权。

（2）因债权存在争议而未被列入债权表者，如果已经提起债权确认诉讼，可以参加债权人会议；但债权尚未确定的债权人，除人民法院能够为其行使表决权而临时确定债权额者外，不得行使表决权。

（3）一般情况下，债务人的职工和工会代表在债权人会议上没有表决权。但是，如果职工劳动债权不能从破产财产中获得全额、及时优先受偿，或者在重整程序中债权人会议决议通过可能影响其清偿、就业利益的重整计划草案等情况时，职工债权人应享有表决权。

（4）对债务人的特定财产享有担保权的债权人，未放弃优先受偿权利的，对通过和解协议和破产财产的分配方案的事项不享有表决权。

债权人认为债权人会议的决议违反法律规定，损害其利益的，可以自债权人会议作出决议之日起15日内，请求人民法院裁定撤销该决议，责令债权人会议依法重新作出决议。

债权人会议的决议具有以下情形之一，损害债权人利益，债权人申请撤销的，人民法院应予支持：

①债权人会议的召开违反法定程序；

②债权人会议的表决违反法定程序；

③债权人会议的决议内容违法；

④债权人会议的决议超出债权人会议的职权范围。

人民法院可以裁定撤销全部或者部分事项决议，责令债权人会议依法重新作出决议。债权人申请撤销债权人会议决议的，应当提出书面申请。债权人会议采取通信、网络投票等非现场方式进行表决的，债权人申请撤销的期限自债权人收到通知之日起算。

【小贴士】

上述“债权人对债权人会议决议设置的救济渠道”部分的内容为根据《破产法司法解释三》新增加的内容。

3. 知情权

每个债权人都享有在破产程序中的知情权。单个债权人有权查阅债务人财产状况报告、债权人会议决议、债权人委员会决议、管理人监督报告等参与破产程序所必需的债务人财务和经营信息资料。管理人无正当理由不予提供的，债权人可以请求人民法院作出决定；人民法院应当在5日内作出决定。

上述信息资料涉及商业秘密的，债权人应当依法承担保密义务或者签署保密协议；涉及国家秘密的，应当依照相关法律规定处理。

【小贴士】

上述知情权的内容为根据《破产法司法解释三》新增的部分。

4. 债权人会议主席

债权人会议设主席一人，由人民法院在有完全表决权的债权人中指定，通常为在破产程序中无优先权的大债权人担任。债权人会议主席依法行使职权，负责债权人会议的召集、主持等工作。

5. 临时债权人会议的召开条件

（1）人民法院认为必要时；

（2）管理人向债权人会议主席提议时；

（3）债权人委员会向债权人会议主席提议时；

（4）占债权总额1/4以上的债权人向债权人会议主席提议时。

6. 人民法院的裁定

（1）债权人会议表决债务人财产的管理方案和通过破产财产的变价方案时未通过的，由人民法院裁定。债权人对人民法院作出的裁定不服的，可以自裁定宣布之日或者收到通知之日起15日内向该人民法院申请复议，复议期间不停止裁定的执行。

（2）债权人会议表决破产财产的分配方案时，经两次表决仍未通过的，由人民法院裁定。债权额占无财产担保债权总额1/2以上的债权人对人民法院作出的裁定不服的，可以自裁定宣布之日或者收到通知之日起15日内向该人民法院申请复议，复议期间不停止裁定的执行。

7. 债权人会议决议方式

（1）和解协议。

和解协议由出席会议的有表决权的债权人过半数同意，并且其所代表的债权额占无财产担保债权总额的 2/3 以上。

（2）重整计划。

重整计划的分组表决要求：出席会议的同一表决组的债权人过半数同意，并且其所代表的债权额占该组债权总额的 2/3 以上。

（3）其他决议。

由出席会议的有表决权的债权人过半数通过，并且其所代表的债权额占无财产担保债权总额的 1/2 以上。

【经典真题】

【多选题 · 2007】根据企业破产法律制度的规定，债权人会议表决的下列事项中，对债务人的特定财产享有担保权且未放弃优先受偿权利的债权人享有表决权的有（　　）。

A. 通过重整计划　　　　B. 通过和解协议

C. 通过破产财产的分配方案　　　　D. 通过破产财产的变价方案

【答案】AD

【单选题 · 2008】在破产程序中，债权人会议未能依法通过管理人的财产分配方案时，由人民法院裁定。根据企业破产法律制度的规定，有权对该裁定提出复议的债权人是（　　）。

A. 占全部债权总额 1/2 以上的债权人

B. 占无财产担保债权总额 1/2 以上的债权人

C. 占全部债权人人数 1/2 以上的债权人

D. 占全部债权人人数 2/3 以上的债权人

【答案】B

【单选题 · 2012】根据企业破产法律制度的规定，下列各项中，属于债权人会议职权的是（　　）。

A. 调查债务人的财产状况，制作财产状况报告

B. 决定债务人的日常开支

C. 决定债务人的内部管理事务

D. 通过债务人财产的管理方案

【答案】D

【解析】选项 A、B、C 属于管理人的职责。

重难点 30：债权人委员会★★★

（1）债权人委员会的设立与组成。

债权人委员会是遵循债权人的共同意志，代表债权人会议监督管理人行为以及破产程序合法、公正进行，处理破产程序中的有关事项，维护债权人利益的常设监督机构。

①债权人委员会是破产程序中的选任机关，由债权人会议根据案件具体情况决定是否设置。

②债权人委员会中的债权人代表由债权人会议选任、罢免。

③债权人委员会中应当有一名债务人企业的职工代表或者工会代表。

④债权人委员会由债权人会议选任的债权人代表和1名债务人企业的职工代表或者工会代表组成，债权人委员会成员不得超过9人。

⑤出任债权人委员会的成员应当经人民法院书面认可。

（2）债权人委员会（破产监督人）的职权。

①监督债务人财产的管理和处分；

②监督破产财产分配；

③提议召开债权人会议；

④债权人会议委托的其他职权。

【小贴士】

债权人会议可以依照《企业破产法》的规定，委托债权人委员会行使《企业破产法》规定的部分债权人会议的职权。但债权人会议不得作出概括性授权，委托其行使债权人会议所有职权。

（3）债权人委员会决定所议事项应获得全体成员过半数通过，并做成议事记录。债权人委员会成员对所议事项的决议有不同意见的，应当在记录中载明。债权人委员会行使职权应当接受债权人会议的监督，以适当的方式向债权人会议及时汇报工作，并接受人民法院的指导。

【小贴士】

此部分内容为根据《破产法司法解释三》新增加的内容。

（4）管理人处分债务人重大财产的，应当事先制作财产管理或者变价方案，并提交债权人会议进行表决，债权人会议表决未通过的，管理人不得处分。管理人实施处分前，应当提前10日书面报告债权人委员会或者人民法院。债权人委员会可以要求管理人对处分行为作出相应说明，或者提供有关文件依据。债权人委员会认为管理人实施的处分行为不符合债权人会议通过的财产管理或变价方案的，有权要求管理人纠正。管理人拒绝纠正的，债权委员会可以请求人民法院作出决定。人民法院认为管理人实施的处分行为不符合债权人会议通过的财产管理和变价方案的，应当责令管理人停止处分行为。管理人应当予以纠正，或者提交债权人会议重新表决通过后实施。

【小贴士】

此部分内容为根据《破产法司法解释三》新增加的内容。

【经典真题】

【单选题·2007】根据企业破产法律制度的规定，下列关于债权人委员会的表述中，正确的是（　　）。

A. 在债权人会议中应当设置债权人委员会

B. 债权人委员会的成员人数最多不得超过7人

C. 债权人委员会中的债权人代表由人民法院指定

D. 债权人委员会中应当有1名债务人企业的职工代表或者工会代表

【答案】D

【解析】选项C：债权人委员会中的债权人代表由"债权人会议"选任（并非由人民法院指定）。

重难点31：重整申请★★★

在企业重整中，要积极探索推行庭外重组与庭内重整制度的衔接，推行预重整制度。要继续完善庭外重组与庭内重整的衔接机制，降低制度性成本，提高破产制度效率。人民法院受理重整申请前，债务人和部分债权人已经达成的有关协议与重整程序中制作的重整计划草案内容一致的，有关债权人对该协议的同意视为对该重整计划草案表决的同意。但重整计划草案对协议内容进行了修改，并对有关债权人有不利影响，或者与有关债权人重大利益相关的，受到影响的债权人有权按照《企业破产法》的规定对重整计划草案重新进行表决。

【小贴士】

此部分内容为根据《民商事审判会议纪要》新增加的内容。

1. 直接申请

（1）债务人或者债权人可以依法直接向人民法院申请对债务人进行重整。

（2）国务院金融监督管理机构可以向人民法院提出对金融机构进行重整的申请。

（3）税务机关和社会保险机构只享有对债务人的破产清算申请权，但不宜享有重整申请权。

2. 由破产清算程序转为破产重整程序

债权人申请对债务人进行破产清算的，在人民法院受理破产申请后、宣告债务人破产前，债务人或者出资额占债务人注册资本10%以上的出资人，可以向人民法院申请重整；其他债权人也可以申请对债务人进行重整。

3. 听证

（1）对于债权债务关系复杂、债务规模较大，或者涉及上市公司重整的案件，人民法院在审查重整申请时，可以组织申请人、被申请人听证。债权人、出资人、重整投资人等利害关系人经人民法院准许，也可以参加听证。

（2）听证期间不计入重整申请审查期限。

4. 不予受理

人民法院在审查重整申请时，根据债务人的资产状况、技术工艺、生产销售、行业前景等因素，能够认定债务人明显不具备重整价值以及拯救可能性的，应裁定不予受理。

重难点32：重整期间★★★

1. 重整期间

重整期间自人民法院裁定债务人重整之日起至重整程序终止。

【小贴士】

重整期间仅指重整申请受理至重整计划草案得到债权人会议分组表决通过和人民法院审批准，或重整计划草案未能得到债权人会议分组表决通过或人民法院不予批准的期间，不包括重整计划得到批准后的执行期间。

2. 重整期间的相关事务

（1）在重整期间，债务人的财产管理和营业事务执行，可以由管理人或者债务人负责。经债务人申请，人民法院批准，债务人可以在管理人的监督下自行管理财产和营业事务。

重整期间，债务人同时符合下列条件的，经申请，人民法院可以批准债务人在管理人的监督下自行管理财产和营业事务：①债务人的内部治理机制仍正常运转；②债务人自行管理有利于债务人继续经营；③债务人不存在隐匿、转移财产的行为；④债务人不存在其他严重损害债权人利益的行为。

债务人提出重整申请时，可以一并提出自行管理的申请。经人民法院批准，由债务人自行管理财产和营业事务的，《企业破产法》规定的管理人职权中有关财产管理和营业经营的职权应当由债务人行使。

管理人应当对债务人的自行管理行为进行监督。管理人发现债务人存在严重损害债权人利益的行为，或者有其他不适宜自行管理情形的，可以申请人民法院作出终止债务人自行管理的决定。人民法院决定终止的，应当通知管理人接管债务人的财产和营业事务。债务人有上述行为而管理人未申请人民法院作出终止决定的，债权人等利害关系人可以向人民法院提出申请。

重整案件受理后法院批准债务人自行管理的，管理人应当向债务人移交财产和营业事务，人民法院要督促管理人制定监督债务人的具体制度。管理人负责管理财产和营业事务的，可以聘任债务人的经营管理人员负责营业等事务。

【小贴士】

此部分“债务人自行管理财产与营业事务及管理人的监督”等内容为根据《民商事审判会议纪要》新增加的内容。

（2）在重整期间，对债务人的特定财产享有的担保权暂停行使。但是，对企业重整无保留必要的担保财产，经债务人或者管理人同意，担保权人可以行使担保权。

（3）在重整期间，债务人或者管理人为继续营业而借款的，可以以债务人财产为该借款设定担保。

（4）在重整期间，债务人的出资人不得请求投资收益分配。债务人的董事、监事、高级管理人员不得向第三人转让其持有的债务人的股权，但是，经人民法院同意的除外。

（5）债务人合法占有的他人财产，该财产的权利人在重整期间要求取回的，应当符合事先约定的条件。

重难点33：重整计划的制定★★★

1. 重整计划的制定主体

（1）债务人

债务人企业在重整申请受理之后，债务人自行管理财产和营业事务的，由债务人制定重整计划草案。

（2）管理人

债务人企业在重整申请受理之后，管理人负责管理财产和营业事务的，由管理人制定重整计划草案。

2. 重整计划的制定期限

（1）债务人或者管理人应当自人民法院裁定债务人重整之日起6个月内，同时向人民法院和债权人会议提交重整计划草案。

（2）期限届满，经债务人或者管理人请求，有正当理由的，人民法院可以裁定延期3个月。

（3）债务人或者管理人未按期提出重整计划草案的，人民法院应当裁定终止重整程序，并宣告债务人破产。

重难点34：重整计划草案的表决★★★

1. 分组表决

（1）重整计划草案在债权人会议上进行分组表决。表决组的划分要充分体现当事人在重整计划中的差别利益。

（2）《企业破产法》规定，债权人参加讨论重整计划草案的债权人会议，依照下列债权分类，分组对重整计划草案进行表决：

①对债务人的特定财产享有担保权的债权；

②职工债权；

③债务人所欠税款；

④普通债权。

（3）重整计划不得规定减免纳入社会统筹账户的社会保险费用，该项费用的债权人不参加重整计划草案的表决。

为重整计划草案进行分组表决时，权益因重整计划草案受到调整或者影响的债权人或者股东有权参加表决，权益未受到调整或者影响的债权人和股东参照《企业破产法》第八十三条的规定，不参加重整计划草案的表决。

【小贴士】

此部分内容为根据《破产法司法解释三》新增加的内容。

2. 分组表决的指导性

（1）《企业破产法》规定的债权分组是指导性的，除列举的组别划分外，人民法院还可以根据案件具体情况，决定设置其他分组。

（2）债务人的出资人代表可以列席讨论重整计划草案的债权人会议。重整计划草案涉及出资人权益调整事项的，应当单设出资人组，该组进行表决时，应按出资比例行使表决权，与人数无关。

（3）人民法院在必要时可以决定在普通债权组中设小额债权组对重整计划草案进行表决。

重难点35：重整计划的批准★★★

1. 正常批准

出席会议的同一表决组的债权人过半数同意重整计划草案，并且其所代表的债权额占该组债权总额的2/3以上的，即为该组通过重整计划草案。各表决组均通过重整计划草案时，重整计划即为通过。

自重整计划通过之日起10日内，债务人或者管理人应当向人民法院提出批准重整计划的申请。企业的重整不仅是债务减免和财务调整，重整的重点是维持企业的营运价值。人民法院在审查重整计划时，除合法性审查外，还应审查其中的经营方案是否具有可行性。

重整计划中关于企业重新获得盈利能力的经营方案具有可行性、表决程序合法、内容不损害各表决组中反对者的清偿利益的，人民法院应当自收到申请之日起30日内裁定批准，终止重整程序，并予以公告。

2. 强制批准

部分表决组未通过重整计划草案的，重整计划草案符合下列条件的，债务人或者管理人可以申请人民法院批准重整计划草案：

（1）按照重整计划草案，对债务人的特定财产享有担保权的债权就该特定财产将获得全额清偿，其因延期清偿所受的损失将得到公平补偿，并且其担保权未受到实质性损害，或者该表决组已经通过重整计划草案。

（2）按照重整计划草案，职工债权和债务人所欠税款将获得全额清偿，或者相应表决组已经通过重整计划草案。

（3）按照重整计划草案，普通债权所获得的清偿比例，不低于其在重整计划草案被提请批准时依照破产清算程序所能获得的清偿比例，或者该表决组已经通过重整计划草案。

（4）重整计划草案对出资人权益的调整公平、公正，或者出资人组已经通过重整计划草案。

（5）重整计划草案公平对待同一表决组的成员，并且所规定的债权清偿顺序不违反《企业破产法》的规定。

（6）债务人的经营方案具有可行性。

人民法院经审查认为重整计划草案符合上述规定的，应当自收到申请之日起30日内裁定批准，终止重整程序，并予以公告。

人民法院不得滥用强制批准权，确需强制批准重整计划草案的，重整计划草案除应当符合《企业破产法》的规定外，如债权人分多组的，还应当至少有一组已经通过重整计划草案，且各表决组中反对者能够获得的清偿利益不低于依照破产清算程序所能获得的利益。

重整程序因人民法院裁定批准重整计划草案而终止的，重整案件可作结案处理。重整计划执行完毕后，人民法院可以根据管理人等利害关系人申请，作出重整程序终结的裁定。

【小贴士】

此部分内容为根据《民商事审判会议纪要》新增加的内容。

3. 未批准

重整计划草案未获得债权人会议通过且未获得人民法院的强制批准，或者债权人会议通过的重整计划未获得人民法院批准的，人民法院应当裁定终止重整程序，并宣告债务人破产。

重难点36：重整计划的执行★★★

（1）重整计划经人民法院批准后由债务人执行。

即使重整计划草案是由管理人负责制定的，在批准后也要由债务人负责执行。因此，在重整计划草案的制定、审查、表决过程中，必须考虑在重整计划草案中对有违法行为及不称职的董事、监事、经理等高级管理人员进行更换，以免在债务人执行重整计划草案过程中因人员不当而发生问题。

（2）在重整计划规定的监督期内，由管理人监督重整计划的执行。

（3）在重整计划规定的监督期内，管理人应当代表债务人参加监督期开始前已经启动而尚未终结的诉讼、仲裁活动。

【经典真题】

【单选题·2019】根据企业破产法律制度的规定，破产重整计划的执行主体是（　　）。

A. 债务人　　B. 管理人

C. 债权人会议的普通债权组　　D. 人民法院

【答案】A

【解析】重整计划经人民法院批准后由债务人执行。即使重整计划草案是由管理人负责制定的，在批准后也要由债务人负责执行。

重难点37：重整计划的监督★★

自人民法院裁定批准重整计划之日起，在重整计划规定的监督期内，由管理人监督重整计划的执行，债务人应当向管理人报告重整计划执行情况和债务人财产状况。在重整计划规定的监督期内，管理人应当代表债务人参加监督期开始前已经启动而尚未终结的诉讼、仲裁活动。

要依法确保重整计划的执行和有效监督。重整计划的执行期间和监督期间原则上应当一致。二者不一致的，人民法院在确定和调整重整程序中的管理人报酬方案时，应当根据重整期间和重整计划监督期间管理人工作量的不同予以区别对待。其中，重整期间的管理人报酬应当根据管理人对重整发挥的实际作用等因素予以确定和支付；重整计划监督期间管理人报酬的支付比例和支付时间，应当根据管理人监督职责的履行情况，与债权人按照重整计划实际受偿比例和受偿时间相匹配。重整计划执行期间，因重整程序终止后新发生的事实或者事件引发的有关债务人的民事诉讼，不适用有关集中管辖的规定。除重整计划有明确约定外，上述纠纷引发的诉讼，不再由管理人代表债务人进行。

监督期届满时，管理人应当向人民法院提交监督报告。重整计划的利害关系人有权查阅该报告。经管理人申请，人民法院可以裁定延长重整计划执行的监督期限。

【小贴士】

此部分内容为根据《民商事审判会议纪要》新增加的内容。

重难点38：重整计划的效力★★★

（1）经人民法院裁定批准的重整计划，对债务人和全体债权人均有约束力，包括对债务人的特定财产享有担保权的债权人。

（2）债权人对债务人的保证人和其他连带债务人所享有的权利，不受重整计划的影响。

(3) 债权人未依照法律规定申报债权的，可以继续申报债权，但在重整计划执行期间不得行使权利；在重整计划执行完毕后，可以按照重整计划规定的同类债权的清偿条件行使权利。

(4) 债务人不能执行或者不执行重整计划的，人民法院经管理人或者利害关系人请求，应当裁定终止重整计划的执行，并宣告债务人破产，管理人按照破产清算程序继续履行职责。

重整期间或者重整计划执行期间，债务人因法定事由被宣告破产的，人民法院不再另立新的案号，原重审程序的管理人原则上应当继续履行破产清算程序中的职责。原重整程序的管理人不能继续履行职责或者不适宜继续担任管理人的，人民法院应当依法重新指定管理人。重整程序转破产清算案件中的管理人报酬，应当综合管理人为重整工作和清算工作分别发挥的实际作用等因素合理确定。重整期间因法定事由转入破产清算程序的，应当按照破产清算案件确定管理人报酬。重整计划执行期间因法定事由转入破产清算程序的，后续破产清算阶段的管理人报酬应当根据管理人实际工作量予以确定，不能简单根据债务人最终清偿的财产价值总额计算。

【小贴士】

此部分内容为根据《民商事审判会议纪要》新增加的内容。

(5) 人民法院裁定终止重整计划执行的，债权人在重整计划中作出的债权调整的承诺失去效力，但为重整计划的执行提供的担保继续有效。

(6) 债权人因执行重整计划所受的清偿仍然有效，债权未受清偿的部分作为破产债权。

(7) 在重整计划执行中已经接受清偿的债权人，只有在其他同顺位债权人同自己所受的清偿达到同一比例时，才能继续接受破产分配。

重难点 39：和解制度★★★

注重发挥破产和解制度简便快速清理债权债务关系的功能，债务人根据《企业破产法》规定直接提出和解申请，或者在破产申请受理后宣告破产前申请和解的，人民法院应当依法受理并及时作出是否批准的裁定。

【小贴士】

此部分内容为根据《民商事审判会议纪要》新增加的内容。

1. 和解申请

在发生破产原因时，债务人可以直接向人民法院申请和解；也可以在人民法院受理破产申请后、宣告债务人破产前，向人民法院申请和解。和解是预防债务人破产的法律制度之一。

【小贴士】

和解申请只能由债务人一方提出，与破产清算申请和重整申请的提出主体有所不同。

2. 和解程序

(1) 人民法院经查认为和解申请符合法律规定的，应当受理其申请，裁定和解，予以公告，并召集债权人会议讨论和解协议草案。

(2) 债权人会议通过和解协议的决议，由出席会议的有表决权的债权人过半数同意，并且其所代表的债权额占无财产担保债权总额的2/3以上。

①债权人会议通过和解协议的，由人民法院裁定认可，终止和解程序，并予以公告。

②和解协议草案经债权人会议表决未获得通过，或者已经债权人会议通过的和解协议未获得人民法院认可的，人民法院应当裁定终止和解程序，并宣告债务人破产。

3. 和解协议的效力

（1）经人民法院裁定认可的和解协议，对债务人和全体和解债权人均有约束力。

（2）和解债权人对债务人的保证人和其他连带债务人所享有的权利，不受和解协议的影响。

（3）和解债权人未依照规定申报债权的，可以继续申报债权，但在和解协议执行期间不得行使权利；在和解协议执行完毕后，可以按照和解协议规定的清偿条件行使权利。

（4）债务人不能执行或者不执行和解协议的，人民法院经和解债权人请求，应当裁定终止和解协议的执行，并宣告债务人破产。

（5）人民法院裁定终止和解协议的执行的，和解债权人在和解协议中作出的债权调整的承诺失去效力，但债务人为和解协议的执行提供的担保继续有效。和解债权人因执行和解协议所受的清偿仍然有效，不予退回，和解债权未受清偿的部分作为破产债权。在和解协议执行中已经接受清偿的债权人，只有在其他债权人同其原债权所受的和解清偿达到同一比例时，才能继续接受破产分配。

【经典真题】

【多选题·2009】下列关于和解的表述中，符合企业破产法律制度规定的有（　　）。

A. 和解申请只能由债务人一方提出

B. 和解申请只能由债权人一方提出

C. 在和解程序中，对债务人特定财产享有的担保权暂停行使

D. 和解债权人未依照法律规定申报债权的，在和解协议执行完毕后，仍可按和解协议规定的清偿条件行使权利

【答案】AD

重难点40：破产宣告★★

相关主体向人民法院提出破产申请的，人民法院应当自收到申请之日起7日内作出破产宣告裁定并进行公告。人民法院依法宣告债务人破产，应当自裁定作出之日起5日内送达债务人和管理人，自裁定作出之日起10日内通知已知债权人，并予以公告。

债务人被宣告破产后，债务人称为破产人，债务人财产称为破产财产，破产申请受理时对债务人享有的债权称为破产债权。

破产宣告前，有下列情形之一的，人民法院应当裁定终结破产程序，并予以公告：

（1）第三人为债务人提供足额担保或者为债务人清偿全部到期债务的；

（2）债务人已清偿全部到期债务的。

重难点41：别除权★★★

别除权是指对破产企业的特定财产享有担保权的权利人，对该特定财产享有优先受偿的权利。

【小贴士】

别除权涉及担保物权，与保证无关。

1. 破产企业以自己的设备为自己的债务提供抵押担保

（1）如果有财产担保的债权人放弃优先受偿权利的，其债权作为普通破产债权。

（2）如果有财产担保的债权人不放弃优先受偿权利，债权人行使优先受偿权利未能完全受偿的，其未受偿的债权作为普通破产债权。

2. 破产企业以自己的设备为他人债务提供抵押担保

（1）如破产企业仅作为担保人为他人债务提供物权担保，担保债权人的债权虽然在破产程序中可以构成别除权，但因破产企业不是主债务人，在担保物价款不足以清偿担保债权额时，余债不得作为破产债权向破产企业要求清偿，只能向原主债务人求偿。

（2）别除权人如放弃优先受偿权利，其债权也不能转为对破产企业的破产债权，因二人之间只有担保关系，无基础债务关系。

3. 第三人以其机器设备为破产企业的债务提供抵押担保。

重难点42：破产财产的变价★★★

（1）在破产宣告后，管理人应当及时拟订破产财产变价方案，提交债权人会议讨论。管理人应当按照债权人会议通过的或者人民法院依法裁定的破产财产变价方案，适时变价出售破产财产。

（2）破产财产处置应当以价值最大化为原则，兼顾处置效率。

（3）变价出售破产财产原则上以拍卖方式进行，但债权人会议另有决议的除外。采用拍卖方式进行处置的，拍卖所得预计不足以支付评估拍卖费用，或者拍卖不成的，经债权人会议决议，可以采取作价变卖或者实物分配方式。变卖或者实物分配的方案经债权人会议两次表决仍未通过的，由人民法院裁定处理。

（4）人民法院要积极探索更为有效的破产财产处置方式和渠道，最大限度提升破产财产变价率。

（5）破产财产的变价出售必须以价值最大化即债权人利益最大化为原则，不能与破产企业职工安置挂钩，职工安置是政府应负责解决的问题，不允许以低价向购买者出售破产财产的方式换取其对职工的就业安置，以损害债权人利益的方式解决政府的财政与工作困难。

重难点43：破产财产的分配★★★

1. 破产财产的分配应当遵守法定的分配顺序和分配方法

（1）根据破产财产的多少、变价难易等情况可以进行一次分配或多次分配；

（2）根据破产财产分配进行的时间不同，可以分为中间分配、最后分配和追加分配。

2. 破产财产的清偿顺序

（1）有财产担保的债权；

（2）破产费用和共益债务；

（3）职工债权（破产人所欠职工的工资和医疗、伤残补助、抚恤费用，所欠的应当划入职工个人账户的基本养老保险、基本医疗保险费用，以及法律、行政法规规定应当支付给职工的补偿金）；

（4）纳入社会统筹账户的社会保险费用和破产人所欠税款；

（5）无财产担保的普通债权。

【注意】由第三方垫付的职工债权，原则上按照垫付的职工债权性质进行清偿。债务人欠缴的住房公积金，按照债务人拖欠的职工工资性质清偿。

3. 法律未明文规定清偿顺序的

对于法律没有明确规定清偿顺序的债权，人民法院可以按照人身损害赔偿债权优先于财产性债权、私法债权优先于公法债权、补偿性债权优先于惩罚性债权的原则合理确定清偿顺序。

4. 特殊规定

（1）债务人的董事、监事和高级管理人员因返还绩效奖金形成的债权，可以作为普通破产债权清偿；因返还普遍拖欠职工工资情况下获取的工资性收入形成的债权，按照该企业职工平均工资计算的部分作为拖欠职工工资清偿；高出该企业职工平均工资计算的部分，可以作为普通破产债权清偿。

（2）在破产案件受理前因欠缴税款产生的滞纳金属于普通破产债权，不享有与欠缴税款相同的优先受偿地位；在破产案件受理后因欠缴税款产生的滞纳金，不属于破产债权，在破产程序中不予清偿。

（3）商业银行破产清算时，在支付清算费用、所欠职工工资和劳动保险费用后，应当优先支付个人储蓄存款的本金和利息。

（4）农民专业合作社破产清算时，在清偿破产费用和共益债务后，应当优先清偿破产前与农民成员已发生交易但尚未结清的款项。

【经典真题】

【单选题·2019】根据合伙企业破产法律制度的规定，合伙企业在清算时，企业财产在支付清算费用后，应当优先清偿（　　）。

A. 法定补偿金　　B. 职工工资

C. 所欠税款　　D. 社会保险费用

【答案】B

【解析】合伙企业财产在支付清算费用和职工工资、社会保险费用、法定补偿金以及缴纳所欠税款、清偿债务后的剩余财产，依照规定进行分配。

【单选题·2012】根据企业破产法律制度的规定，下列债务中，在清偿破产费用和共益债务后，应从破产财产中按第一顺位获得清偿的是（　　）。

A. 破产人所欠职工的伤残补助

B. 破产人所欠税款

C. 破产人所欠红十字会的捐款

D. 破产人所欠环保部门的罚款

【答案】A

【单选题·2010】根据企业破产法律制度的规定，下列关于商业银行破产分配顺序的表述中，正确的是（　　）。

A. 破产财产优先支付个人储蓄存款本息

B. 破产财产在支付清算费用后，优先支付个人储蓄存款本息

C. 破产财产在支付清算费用、所欠职工工资和劳动保险费用后，优先支付个人储蓄存款本息

D. 破产财产在支付清算费用、所欠职工工资和劳动保险费用、所欠税款后，优先支付个人储蓄存款本息

【答案】C

【单选题·2014】甲商业银行破产清算时，已支付清算费用、所欠职工工资和劳动保险费用。根据企业破产法律制度的规定，其尚未清偿的下列债务中，应当优先偿还的是（　　）。

A. 购买办公设备所欠货款

B. 企业账户中的存款本金及利息

C. 个人储蓄存款的本金及利息

D. 欠缴监管机构的罚款

【答案】C

【单选题·2014】破产企业甲公司在破产案件受理前因欠缴税款产生滞纳金，下列关于该滞纳金在破产程序中清偿顺位的表述中，符合企业破产法律制度规定的是（　　）。

A. 该滞纳金属于普通债权，受偿顺位劣后于欠缴税款

B. 该滞纳金劣后于普通债权受偿

C. 该滞纳金与欠缴税款处于相同受偿顺位

D. 该滞纳金不属于破产债权，在破产程序中不予清偿

【答案】A

重难点44：破产财产分配方案的实施★★★

（1）无法通知且无法直接交付或者经通知债权人还是无法直接交付的破产财产分配额，管理人应当提存。该债权人自最后分配公告之日起满2个月仍不领取的，视为放弃受领分配的权利，管理人或者人民法院应当将提存的分配额分配给其他债权人。

（2）对于附生效条件或者解除条件的债权，管理人应当将其分配额提存。管理人依照规定提存的分配额，在最后分配公告日，生效条件未成就或者解除条件成就的，应当分配给其他债权人；在最后分配公告日，生效条件成就或者解除条件未成就的，应当交付给该债权人。

（3）破产财产分配时，对于诉讼或者仲裁未决的债权，管理人应当依争议标的额将其分配额提存，按照诉讼或者仲裁结果处理。自破产程序终结之日起满2年仍不能受领分配的，人民法院应当将提存的分配额分配给其他债权人。

重难点45：破产程序的终结★★★

1. 破产终结程序

破产终结的方式有四种：

（1）因和解、重整程序顺利完成而终结；

（2）因债务人以其他方式解决债务清偿问题（包括第三人代为清偿债务、自行和解）而终结；

（3）因债务人的破产财产不足以支付破产费用而终结；

（4）因破产财产分配完毕而终结。

人民法院终结破产清算程序应当以查明债务人财产状况、明确债务人财产的分配方案、确保破产债权获得依法清偿为基础。

管理人应当自破产程序终结之日起 10 日内，持人民法院终结破产程序的裁定，向破产人的原登记机关办理注销登记。

2. 遗留事务的处理

在破产程序因债务人财产不足以支付破产费用而终结，或者因破产人无财产可供分配或破产财产分配完毕而终结时，自终结之日起 2 年内，有下列情形之一的，债权人可以请求人民法院按照破产财产分配方案进行追加分配：

（1）发现在破产案件中有可撤销行为、无效行为或者债务人的董事、监事和高级管理人员利用职权从企业获取非正常收入和侵占企业财产的情况，应当追回财产的；

（2）发现破产人有应当共分配的其他财产的。

有上述情形，但财产数量不足以支付分配费用的，不再进行追加分配，由人民法院将其上交国库。

3. 无法清算破产案件的审理与责任承担

人民法院在审理债务人相关人员下落不明，或者财产状况不清的破产案件时，应当充分贯彻债权人利益保护原则，避免债务人通过破产程序不当损害债权人利益，同时也要避免不当突破股东有限责任原则。

在破产清算程序中，负有妥善保管并向管理人移交公司财产、账册、重要文件等资料义务者，是公司的法定代表人以及财务管理人员和其他经营管理人员等配合清算义务人，而不是清算义务人。

判定债务人相关人员承担责任时，应当依照企业破产法相关规定来确定相关主体的义务，内容和责任范围。

上述破产清算案件被裁定终结后，相关主体以债务人主要财产、账册、重要文件等重新出现为由，申请对破产清算程序启动审判监督的，人民法院不予受理。但符合法律规定时，债权人可以请求人民法院追加分配。

【小贴士】

“无法清算破产案件的审理与责任承担”部分为教材新增内容，请考生注意。

重难点 46：关联企业合并破产★★

1. 实质合并与程序合并的区别

关联企业合并破产分为实质合并与程序合并两种模式。

（1）实质合并是对关联企业资产与负债的合并，即将多个关联企业视为一个单一企业，在统一财产分配与债务清偿的基础上进行破产程序，所有企业同类债权人的清偿率按相同原则确定，各企业的法人人格在破产程序进行期间不再独立。在目前我国的实践中，实质合并主要以各关联企业资产与负债严重混同导致法人人格混同为适用条件。

（2）程序合并是多个破产案件程序的合并审理，体现为对不同法院管辖的多个企业破产案件的程序并案审理、整体重整或者破产清算，通过统一制定集团各企业相互协调衔接的重整计划、清算方案乃至整个集团企业合一的整体重整计划，达到企业挽救目的，或者使破产财产实现更高的价值。在程序合并中，各关联企业仍保持法人人格的独立，资产与债务清偿比例等分别确定。

2. 关联企业实质合并破产

（1）人民法院在审理企业破产案件时，应当尊重企业法人人格的独立性，以对关联企业成员的破产原因进行单独判断并适用单个破产程序为基本原则。当关联企业成员之间存在法人人格高度混同、区分各关联企业成员财产的成本过高、严重损害债权人公平清偿利益时，可例外适用关联企业实质合并破产方式进行审理。

（2）人民法院收到实质合并申请后，应当及时通知相关利害关系人并组织听证，听证时间不计入审查时间。人民法院在审查实质合并申请过程中，可以综合考虑关联企业之间资产的混同程度及其持续时间、各企业之间的利益关系、债权人整体清偿利益、增加企业重整的可能性等因素，在收到申请之日起30日内作出是否实质合并审理的裁定。

（3）相关利害关系人对受理法院作出的实质合并审理裁定不服的，可以自裁定书送达之日起15日内向受理法院的上一级人民法院申请复议。

（4）采用实质合并方式审理关联企业破产案件的，应由关联企业中的核心控制企业住所地人民法院管辖。核心控制企业不明确的，由关联企业主要财产所在地人民法院管辖。多个人民法院之间对管辖权发生争议的，应当报请共同的上级人民法院指定管辖。

（5）人民法院裁定采用实质合并方式审理破产案件的，各关联企业成员之间的债权债务归于消灭，各成员的财产作为合并后统一的破产财产，由各成员的债权人在同一程序中按照法定顺序公平受偿。采用实质合并方式进行重整的，重整计划草案中应当制定统一的债权分类、债权调整和债权受偿方案。

3. 关联企业程序合并破产

（1）程序合并破产在《破产审判会议纪要》中称为协调审理。根据该纪要规定，多个关联企业成员均存在破产原因但不符合实质合并条件的，人民法院可根据相关主体的申请对多个破产程序进行协调审理，并可根据程序协调的需要，综合考虑破产案件审理的效率、破产申请的先后顺序、成员负债规模大小、核心控制企业住所地等因素，由共同的上级法院确定一家法院集中管辖。

（2）协调审理不消灭关联企业成员之间的债权债务关系，不对关联企业成员的财产进行合并，各关联企业成员的债权人仍以该企业成员财产为限依法获得清偿。

（3）在程序合并中，同时也要利用其他法律手段解决关联企业成员之间尚不构成法人人格严重混同的不当资源配置关系，如关联企业成员之间不当利用关联控制关系形成的债权，应当劣后于其他普通债权顺序清偿，且该劣后债权人不得就其他关联企业成员提供的特定财产优先受偿，即物权担保无效。

【经典真题】

【案例分析·2018】2017年9月以来，债务人A公司出现不能清偿到期债务且明显缺乏清偿能力的情形。同年10月23日，债权人B公司向人民法院提出对A公司进行破产清算的申请。A公司向人民法院提出异议，认为所欠B公司债务有C公司提供的连带保证担保，且C公司有能力承担保证责任，因此，人民法院不应受理破产申请。

2017年11月2日，人民法院裁定受理A公司破产案件。在选择管理人时，D会计师事务所和E律师事务所参与投标，其中D会计师事务所曾于2013年1月至2014年10月担任A公司的财务顾问，E律师事务所曾于2014年度担任B公司的法律顾问。

清理债务人时，管理人发现，A公司自2016年下半年起存在普遍拖欠职工工资的情形，截至2017年底，A公司董事仍正常领取工资，但未领取2016年、2017年的绩效奖金。

确定破产债权时，管理人对A公司所欠职工工资和医疗、伤残补助、抚恤费用，以及应当列入职工个人账户的基本养老金和医疗保险费用等列出清单，进行公示。A公司职工对清单记载的所欠基本养老保险等费用提出异议，要求管理人予以更正，但管理人既未更正，也未作出合理解释和说明。

破产宣告前，由于A公司的一土地使用权市场价值大幅度上升，公司资产价值整体超过负债总数，因此A公司请求人民法院裁定驳回破产申请。

要求：根据上述内容，分别回答下列问题：

（1）A公司对破产申请提出的异议是否成立？并说明理由。

（2）D会计师事务所和E律师事务所，谁不得担任本案的破产管理人？并说明理由。

（3）对于A公司董事领取的2017年9月后的工资，管理人应当如何处理？并说明理由。

（4）A公司职工对管理人列出的职工债权清单提出异议并要求更正后，管理人未予更正，对此，有何法律救济途径？

（5）对于A公司基于公司资产价值整体超过负债总数这一情况提出的驳回破产申请的请求，人民法院应否支持？并说明理由。

【参考答案与解析】

（1）A公司提出的异议不成立。根据法律规定，相关当事人以对债务人的债务负有连带责任的人未丧失清偿能力为由，主张债务人不具备破产原因的，人民法院不予支持。

（2）E律师事务所不得担任破产管理人。根据法律规定，现在担任或者在人民法院受理破产申请前3年内曾经担任债务人、债权人的法律顾问、财务顾问的，不得担任债务人的破产管理人。本题中，人民法院受理破产申请为2017年11月2日，E律师事务所担任法律顾问的时间距今不足3年。

（3）管理人对该工资应予以追回。债务人发生破产原因时，债务人的董事、监事和高级管理人员在普遍拖欠职工工资情况下获取的工资性收入，应当认定为非正常收入，管理人应当追回。

（4）职工可以向人民法院提起债权确认之诉。

（5）人民法院不予支持。人民法院受理破产申请后至破产宣告前，由于债务人财产的市场价值发生变化导致其在案件受理后资产超过负债乃至破产原因消失，不影响破产案件的受理和继续审理，人民法院不得裁定驳回申请。

【案例分析·2018】2017年4月，申请执行人B公司请求甲地级市乙县人民法院执行A公司（住所地为丙地级市丁县）位于乙县的X房产。乙县人民法院在执行中发现，A公司不能清偿到期债务且资产不足以清偿全部债务。后经A公司书面同意，该执行案件移送破产审查。同年5月，受移送人民法院确定受理A贵公司破产案件，并制定了破产管理人。

在破产案件审理中，查明下列事实：

（1）A公司在X房产上为其所欠B公司300万元债务设定了抵押担保。抵押时，X房产的市场价值约为350万元，现该房产市场价值约为400万元。除上述抵押外，该房产上没有其他权利负担。

（2）2016年8月，A公司因正常生产经营所需与C公司约定：A公司从当年9月开始每月从C公司采购原材料，货款按季度结算，A公司以其专用存款账户质押担保。之后，A公司依约提供了质押担保。破产案件审理中，其他债权人提出，A公司为C公司提供质押担保的行为发生于破产申请受理前1年内，因此，管理人应请求人民法院予以撤销。

在破产案件审理期间，因国家税收政策调整及不动产市场价格上涨，A公司资产超过负债。A公司认为破产原因消失，希望通过变卖部分不动产清偿债务，遂向人民法院提出终止破产程序的申请。

要求：根据上述内容，分别回答下列问题：

（1）乙县人民法院移送的A公司破产案件，根据级别管辖和地域管辖的规则，应当由哪个人民法院管辖？并说明理由。

（2）乙县人民法院在作出执行案件移送破产审查决定前，应当履行何种审核程序？

（3）X房产应以多少财产价值计入管理人报酬基数？并说明理由。

（4）A公司为C公司提供质押担保的行为应否撤销？并说明理由。

（5）对于A公司提出的终止破产程序的申请，人民法院应否支持？并说明理由。

【参考答案与解析】

（1）应由丙市中级人民法院管辖。执行案件移送破产审查，由被执行人住所地人民法院管辖。在级别管辖上，实行以中级人民法院管辖为原则、基层人民法院管辖为例外的制度。

（2）应先报其所在地中级人民法院执行部门审核同意。

（3）X房产应以100万元计入管理人报酬基数。因为担保权人优先受偿的担保物价值不计入债务人最终清偿的财产价值总额。

（4）该行为不应撤销。因为对没有财产担保的债务提供财产担保的，是指对原来已经成立的无财产担保的债务时候补充担保，只要补充担保的行为发生在人民法院受理破产申请前1年内，就可以撤销；但不包括债务人在可撤销期间内设定债务的同时提供的财产担保。

（5）人民法院不予支持。根据法律规定，人民法院受理破产申请后至破产宣告前，由于债务人财产的市场价值发生变化导致其在案件受理后资产超过负债乃至破产原因消失的，不影响破产案件的受理和继续审理，人民法院不得裁定驳回申请。

【案例分析·2019】2018年9月3日，债务人甲公司出现不能清偿到期债务且明显缺乏清偿能力的情况：10月15日，债权人乙公司向人民法院提出针对甲公司破产申请。甲公司对破产申请提出异议，理由是：（1）甲公司的账面资产大负债，只是难以变现，不构成明显缺乏清偿能力；（2）乙公司未预先缴纳诉讼费用，不应立案。

11月1日，人民法院受理甲公司破产案件，并指定管理人。管理人调查甲公司财产状况时发现：当年8月，甲公司向丙公司购买起重机5台，总金额50万元，约定分两期付款，第二期付款日为2018年12月31日，在甲公司付清价款前，丙公司保留起重机的所有权。至人民法院指定管理人之时，甲公司已经收到5台起重机并投入使用，甲公司已经支付价款总计40万元。11月3日，管理人决定继续履行起重机买卖合同并通知丙公司，丙公司立即要求管理人支付剩余10万元起重机价款。管理人以第二期付款期限尚未届至为由拒绝。丙公司遂要求收回起重机。

此外，当年8月，甲公司与丁公司签订购买原材料合同，约定交货时间为11月30日之前。10月20日，丁公司发货，甲公司于11月5日收到货物。11月8日，丁公司向甲公司催收货款时发现，甲公司破产案件已为人民法院受理，遂要求取回该批货物。

根据上述内容，分别回答下列问题：

（1）甲公司关于“其账面资产大于负债，只是难以变现，不构成明显缺乏清偿能力”的异议是否成立？

（2）甲公司关于“乙公司未预先缴纳诉讼费用，人民法院不应立案”的异议是否成立？并说明理由。

（3）管理人是否有权以付款期限尚未届至为由拒绝支付甲公司所欠丙公司剩余10万元起重机价款？并说明理由。

（4）在管理人以第二期付款期限尚未届至为由拒绝付款的情况下，丙公司是否有权收回起重机？并说明理由。

（5）丁公司是否有权要求取回已交付的原材料？并说明理由。

【参考答案与解析】

（1）本题考核破产原因。该异议不成立。根据规定，债务人账面资产虽大于负债，但因资金严重不足或者财产不能变现等原因，无法清偿债务的，人民法院应当认定其明显缺乏清偿能力。

（2）本题考核破产受理程序。该异议不成立。根据规定，破产案件的诉讼费用，属于破产费用，从债务人财产中拨付。相关当事人以申请人未预先交纳诉讼费用为由，对破产申请提出异议的，人民法院不予支持。

（3）本题考核所有权保留买卖合同的处理。管理人无权以未到期为由拒绝付款。根据规定，买受人破产，其管理人决定继续履行所有权保留买卖合同的，原买卖合同中约定的买受人支付价款的期限在破产申请受理时视为到期，买受人管理人应当及时向出卖人支付价款。

（4）本题考核所有权保留买卖合同的处理。丙公司无权取回起重机。根据规定，买受人管理人无正当理由未及时支付价款，给出卖人造成损害的，出卖人有权依法主张取回标的物。但是，买受人已支付标的物总价款75%以上或者第三人善意取得标的物所有权或者其他物权的除外。题目中买受人已经付款75%以上，丙不能取回起重机。

（5）本题考核出卖人取回权。丁公司无权取回。根据规定，出卖人对在运途中标的物未及时行使取回权，在买卖标的物到达管理人后向管理人行使在运途中标的物取回权的，管理人不应准许。

【案例分析·2019】2018年9月5日，债务人A公司向法院申请破产重整，并提交破产申请书等相关材料。9月18日，法院裁定受理，并指定B会计师事务所担任管理人，负责接管A公司的财产和营业事务。A公司认为破产重整申请是自己提出的，亦应当由自己制定重整计划草案。

重整期间，管理人经查明，A公司存在拖欠税款、拖欠职工工资和补偿金、无法支付供应商的货款、无法向预付款客户返还押金和未消费储值金等情况。管理人提议，设立普通债权组、职工债权组、税收债权组，对重整计划草案进行分组表决。但是预付款押金、未消费储值金债权人有异议，认为应当保护消费者权益，要求在普通债权组下设立小额债权组，对重整计划草案进行表决。

重整计划草案经多轮调整后提交表决，由于重整计划草案涉及A公司出资人权益调整事项，所以在表决时设立出资人组，该组对重整事项表决情况如下：出席会议的出资人为28人，占公司全部出资人人数的70%，出席会议出资人所持出资额占公司全部出资额的80%，对重整计划草案投赞成票的出资人为15人，所持出资额占A公司全部出资额的60%。

重整计划执行期间，有数名预付款客户提出，其刚知道A公司重整，要求继续申报债权，立即退还押金。

根据上述内容，分别回答下列问题：

（1）破产申请书应载明哪些事项？

（2）A公司关于由自己制定重整计划草案的主张是否成立？说明理由。

（3）预付款押金、未消费储值金的债权人主张设立小额债权组是否成立？是否设立应由谁决定？

（4）根据会议表决情况，A公司重整计划草案涉及出资人权益调整事项的表决是否获得通过？说明理由。

（5）对于数名预付款客户主张“申报债权，立即退还押金”的要求，是否符合法律规定？说明理由。

【参考答案与解析】

（1）破产申请书应当载明下列事项：申请人、被申请人的基本情况；申请目的；申请的事实和理由；人民法院认为应当载明的其他事项。

（2）A公司该主张不成立。债务人自行管理财产和营业事务的，由债务人制定重整计划草案。管理人负责管理财产和营业事务的，由管理人制定重整计划草案。本题中是管理人负责管理财产和营业事务，应当由管理人制定重整计划草案。

（3）预付款押金、未消费储值金的债权人的主张成立，由法院决定是否设立小额债权组。根据规定，人民法院在必要时可以决定在普通债权组中设小额债权组，对重整计划草案进行表决。

（4）表决通过。根据规定，出资人组的表决按照出资比例行使表决权，须经参与表决的出资人所持表决权2/3以上通过，即为该组通过重整计划草案。题目中，出席会议的出资人占公司全部出资80%，通过重整计划的出资人占公司全部出资60%，即参与表决的出资人中75%表决通过，达到2/3以上，符合规定。

（5）客户的该要求不成立。根据规定，债权人未依照规定申报债权的，在重整计划执行期间不得行使权利，在重整计划执行完毕后，可以按照重整计划规定的同类债权的清偿条件行使权利。

五、进阶练习

（一）单选题

1. 人民法院裁定受理甲公司的破产申请后，乙公司拟对其出租给甲公司的机器设备行使取回权。乙公司行使取回权的下列方式中，符合法律规定的是（　　）。

A. 自行取回　　B. 通过债权人会议取回

C. 通过管理人取回　　D. 申请人民法院裁定取回

2. 下列有关企业债权申报的表述中，正确的是（　　）。

A. 诉讼未决的债权不得申报

B. 对债务人特定财产享有担保权的债权不必申报

C. 附条件的债权可以申报

D. 连带债权的债权人必须共同申报

3. 下列对债权申报期限的表述中，正确的是（　　）。

A. 最短不得少于 7 日，最长不得超过 1 个月

B. 最短不得少于 15 日，最长不得超过 2 个月

C. 最短不得少于 30 日，最长不得超过 3 个月

D. 最短不得少于 45 日，最长不得超过 6 个月

4. 下列债务中，债权人应在人民法院确定的期限内进行债权申报的是（　　）。

A. 债务人所欠税款　　B. 债务人所欠职工工资

C. 破产人所欠职工的医疗伤残补助　　D. 破产人所欠职工的抚恤费用

5. 下列各项中，属于共益债务的是（　　）。

A. 破产案件的诉讼费用　　B. 管理人聘用工作人员的费用

C. 管理人执行职务的费用　　D. 因债务人不当得利所产生的债务

6. 下列关于执行案件移送破产审查的表述中，错误的是（　　）。

A. 执行案件移送破产审查，由被执行人住所地的人民法院管辖

B. 在级别管辖上，实行以中级人民法院管辖为原则，基层人民法院管辖为例外的管辖制度

C. 执行法院决定移送后，受移送法院裁定受理破产案件之前，对被执行人的查封、扣押、冻结措施应当解除

D. 受移送法院裁定受理破产案件的，在此前的执行程序中产生的评估费公告费保管费等执行费用，可以参照破产费用的规定，从债务人财产中随时清偿

7. 下列各项中属于债权人会议职权的是（　　）。

A. 决定债务人的内部管理事务

B. 决定破产财产的分配方案

C. 提议召开债权人会议

D. 代表债务人参加诉讼、仲裁

8. 下列有关经人民法院裁定批准的重整计划的效力的表述中，错误的是（　　）。

A. 对债务人有约束力

B. 对无财产担保的债权人有约束力

C. 对有财产担保的债权人有约束力

D. 对债务人的保证人有约束力

9. 下列有关和解程序的表述中，正确的是（　　）。

A. 对债务人的特定财产享有担保权的权利人，自人民法院裁定和解之日起可行使担保权

B. 债权人、债务人均可提出和解申请

C. 债务人提出的和解协议草案未获债权人会议通过的，人民法院应当裁定中止和解程序

D. 债权人会议通过的和解协议未获得人民法院认可的，人民法院应当裁定中止和解程序

10. 下列有关债权申报的表述中，错误的是（　　）。

A. 债务人所欠职工的工资和医疗、伤残补助、抚恤费用不必申报，由管理人调查后列出清单并予以公示

B. 债务人的保证人或者其他连带债务人已经代替债务人清偿债务的，以其对债务人的求偿权申报破产债权

C. 管理人依照规定解除双方均未履行完毕的合同，对方当事人可以合同约定的违约金申报破产债权

D. 债务人是委托合同的委托人，其破产案件被人民法院受理，受托人不知道事实，继续处理委托事务的，受托人以由此产生的请求权申报破产债权

（二）多选题

1. 下列关于债权人会议的表述中，正确的有（　　）。

A. 凡是申报债权者均有权参加第一次债权人会议

B. 债权人不得委托代理人出席债权人会议并行使表决权

C. 未放弃优先受偿权的有财产担保的债权人对通过和解协议的事项无表决权

D. 债权人会议主席由人民法院从有完全表决权的债权人中指定

2. 下列有关和解协议效力的表述中，正确的有（　　）。

A. 经人民法院裁定认可的和解协议，对债务人有约束力

B. 经人民法院裁定认可的和解协议，对全体和解债权人有约束力

C. 和解协议对债务人的保证人和其他连带债务人无效

D. 债务人不履行人民法院裁定认可的和解协议的，债权人可以请求人民法院强制执行

3. 人民法院作出的下列裁定中，当事人可以提出上诉的有（　　）。

A. 不予受理破产申请的裁定　　B. 驳回破产申请的裁定

C. 破产宣告的裁定　　D. 破产程序终结的裁定

4. 甲公司向银行贷款，丙公司为一般保证人。人民法院受理裁定受理了丙公司的破产案件。根据其破产法律制度的规定，下列表述中正确的有（　　）。

A. 人民法院受理丙公司的破产案件后，丙公司的保证责任免除

B. 人民法院受理丙公司的破产案件后，丙公司的保证责任不得因其破产而免除

C. 丙公司的补充保证责任应按银行申报的破产债权数额确定

D. 丙公司的补充保证责任应按银行实际分配的财产数额确定

5. 债务人甲公司破产，乙公司依法对甲公司的机器设备享有抵押权，乙公司未放弃优先受偿的权利。根据企业破产法律制度的规定，在债权人会议上乙公司可以行使表决权的事项有（　　）。

A. 通过和解协议

B. 决定继续或者停止债务人的营业

C. 通过债务人财产的管理方案

D. 通过破产财产的分配方案

6. 根据企业破产法律制度的规定，下列情形中应当召开债权人会议的有（　　）。

A. 人民法院认为必要时

B. 管理人向债权人会议主席提议时

C. 债权人委员会向债权人会议主席提议时

D. 占债权总额1/4以上的债权人，向债权人会议主席提议时

7. 根据企业破产法律制度的规定，下列各项中属于债权人会议职权的有（　　）。

A. 更换管理人

B. 对破产申请受理前成立的，债务人和对方当事人均未履行完毕的合同，有权决定解除或者继续履行

C. 选任和更换债权人委员会中的债权人成员

D. 决定继续或者停止债务人的营业

8. 根据企业破产法律制度的规定，下列债务中，在清偿破产费用和共益债务后，应从破产财产中按第一顺位进行清偿的有（　　）。

A. 破产人所欠职工的医疗、伤残补助

B. 破产人所欠职工的抚恤费用

C. 破产人所欠的应当划入职工个人账户的基本养老保险、基本医疗保险费用

D. 破产人所欠税款

9. 根据企业破产法律制度的规定，下列情形中，人民法院应当裁定终止重整程序的有（　　）。

A. 债权人会议通过的重整计划未获得人民法院的批准

B. 重整计划草案未获得债权人会议通过，且未获得人民法院的批准

C. 债务人或者管理人未按期提出重整计划草案

D. 在重整期间，债务人的行为致使管理人无法执行职务，管理人请求人民法院终止重整程序

10. 企业宣告破产后，下列选项中构成别除权的情形有（　　）。

A. 第三人为破产人的债务提供抵押担保

B. 破产人为其他债务人的债务提供连带责任保证担保

C. 破产人为自己的债务提供质押担保

D. 破产人为其他债务人的债务提供抵押担保

（三）案例分析题

1. 人民法院于2019年11月5日受理了债权人提出的针对A公司的破产申请。法院向A公司送达受理裁定，并要求其在15日内提交财产状况说明、债务清册、债权清册等有关资料，A公司以企业管理不善、资料保存不全为由拒绝。

管理人在调查债务人财产状况时发现下述情况：

（1）2019年1月，A公司向B公司出售台机床，B公司验货后，将机床暂存于A公司库房。双方约定，在B公司付清全部价款前，A公司保留机床所有权。2019年10月，B公司付清全部价款，但尚未提货。

（2）2019年2月，A公司向C银行借款20万元，由D公司承担连带责任保证。借款到期后A公司未能清偿，C银行已就20万元借款及利息向管理人申报了债权，同时要求D公司承担连带责任保证，D公司遂向管理人预先申报此笔债权，遭到拒绝。

在债权人会议对破产财产的变价方案进行表决时，出席会议并参与表决的债权人共计30人（全体债权人人数为45人），债权额占全部无财产担保债权总额的60%，其中赞成的为28人，代表债权额占全部无财产担保债权总额的45%。在人民法院对本案作出破产宣告前，当地社会保险机构以债权人名义提出对A公司进行重整的申请。

要求：根据上述内容，分别回答下列问题：

（1）A公司拒不提交相关材料，人民法院可对其采取何种处罚措施？

（2）A公司销售给B公司的机床是否属于债务人财产？并说明理由。

（3）管理人拒绝D公司预先申报债权，是否符合企业破产法律制度的规定？并说明理由。

（4）债权人会议关于破产财产变价方案的表决结果，是否达到通过表决方案的法定最低比例要求？并说明理由。

（5）当地社会保险机构是否有权提出重整申请？并说明理由。

2. A公司因不能清偿到期债务，且明显缺乏清偿能力，主动向人民法院申请破产。2019年4月1日，人民法院裁定受理A公司的破产申请，并指定某会计师事务所为管理人。

管理人在清理A公司资产过程中发现，A公司的股东甲于2017年3月认缴增资200万元，根据公司章程的规定，甲应于2017年4月，至多分4次缴足出资，每次不低于50万元。截至2019年4月1日，甲已经实缴100万元出资。2019年4月6日，管理人要求甲缴纳剩余出资100万元，甲以其出资义务尚未到期为由拒绝。

2019年4月7日，B公司获悉A公司申请破产的消息后，要求取回其委托A公司加工定做的一套高档古典家具，由于B公司尚未支付加工费，管理人以此为由拒绝其取回家具。

2019年4月11日，C公司申报债权。管理人认为，C公司所主张的对A公司的50万元债权，未得到A公司原负责人认可，故以该债权有争议为由拒绝将之编入债权登记表。C公司对此提出异议，管理人研究后提出如下处理方案：先将C公司主张的债权列入债权登记表，交由第一次债权人会议核查是否成立，但C公司不得参加第一次债权人会议。

债权申报工作结束后，管理人指定本所一名资深注册会计师担任债权人会议主席。

要求：根据上述内容，分别回答下列问题：

（1）甲拒绝缴纳剩余100万元出资的理由是否成立？并说明理由。

（2）管理人拒绝B公司取回家具的理由是否成立？并说明理由。

（3）管理人拒绝将C公司主张的债权编入债权登记表的理由是否成立？并说明理由。

（4）管理人拒绝C公司参加第一次债权人会议是否符合企业破产法律制度的规定？并说明理由。

（5）管理人指定本所注册会计师为债权人会议主席是否符合企业破产法律制度的规定？并说明理由。

3. A公司是一家拥有200多名职工的中型企业。自2017年底开始，A公司生产经营停滞，无力偿还银行贷款本息，并持续拖欠职工工资。2019年1月，A公司20名职工联名向人民法院提出对A公司的破产申请，人民法院认为该20名职工无破产申请权，作出不予受理的裁定。2019年2月，A公司的债权人B银行向人民法院申请A公司破产，A公司提出异议称，A公司账面资产总额超过负债总额，并未丧失清偿能力。在此情形下，人民法院召集A公司和B银行代表磋商偿还贷款事宜，但A公司坚持要求B银行再给其半年还款缓冲期，争取恢复生产，收回货款后再清偿贷款，B银行则要求A公司立即清偿债务，双方谈判破裂。人民法院认为，A公司的抗辩异议不成立，于5日后作出受理破产申请的裁定，并指定了破产管理人。在管理人接管A公司、清理财产和债权债务期间，发生如下事项：

（1）C公司欠A公司的20万元货款到期，C公司经理在得知A公司进入破产程序的情况下，因被A公司经理收买，直接将货款交付A公司财务人员。A公司财务人员收到货款后，迅速转交给A公司的股东。

（2）A公司经管理人同意，向其债权人D公司清偿10万元债务，A公司此前为担保该笔债务而以市值50万元的机器设备设定抵押，也因此解除。

管理人清理债权债务时还发现，A公司的部分财产已在破产申请受理前发生的多宗民事诉讼案件中被人民法院采取保全措施或者已进入强制执行程序。

要求：根据上述内容，分别回答下列问题：

（1）人民法院认为A公司20名职工无破产申请权，是否符合企业破产法律制度的规定？并说明理由。

（2）人民法院驳回A公司的抗辩异议，是否符合企业破产法律制度的规定？并说明理由。

（3）根据企业破产法律制度的规定，C公司向A公司财务人员交付20万元货款的行为是否产生债务清偿效果？并说明理由。

（4）根据企业破产法律制度的规定，A公司向D公司的清偿行为是否应当认定为无效？并说明理由。

（5）根据企业破产法律制度的规定，A公司破产申请受理前人民法院对其部分财产所采取的保全措施以及强制执行程序，应如何处理？

4. 2019年6月3日，人民法院裁定受理债务人甲公司的破产申请。同日，人民法院发布受理破产申请的公告，确定债权人申报债权的期限。在此期限内，管理人收到以下债权申报：

（1）A公司曾为甲公司的50万元银行借款提供连带保证。2019年3月，因甲公司无力偿还借款，A公司承担连带保证责任，向银行支付50万元借款本息。A公司因此向管理人申报50万元借款本息的债权。

（2）甲公司欠B信用社60万元借款未还。C公司为该笔借款提供连带保证，但尚未承担保证责任。B 信用社向管理人申报 60 万元借款本息的债权后，C 公司也提出相同金额债权的申报。

(3) 甲公司的关联企业乙公司也进入破产程序。甲公司和乙公司对 D 公司负有 70 万元的连带债务。D 公司向乙公司管理人申报 70 万元债权后，又向甲公司管理人申报该 70 万元债权。

(4) 甲公司长期拖欠 E 公司货款，累计 20 万元。E 公司申报 20 万元本息的债权。甲公司管理人收到上述申报后，审查了 A、B、C、D、E 五家债权人的相关资料，认为 E 公司主张的债权已经超过诉讼时效期间，故未将 E 公司申报的债权编入债权登记表。

要求：根据上述内容，分别回答下列问题：

(1) 根据企业破产法律制度的规定，债权人申报债权的最短期限和最长期限分别是多少？

(2) 甲公司管理人对 A 公司申报的 50 万元借款本息债权应否确认？并说明理由。

(3) 甲公司管理人对 C 公司申报的 60 万元借款本息债权应否确认？并说明理由。

(4) 甲公司管理人对 D 公司申报的 70 万元债权应否确认？并说明理由。

(5) 甲公司管理人不将 E 公司债权编入债权登记表的理由是否成立？并说明理由。

六、进阶练习答案与解析

(一) 单选题

1. 【答案】C

2. 【答案】C

【解析】选项 D：连带债权人可以由其中一人申报，也可以共同申报。

3. 【答案】C

4. 【答案】A

【解析】选项 B、C、D 属于职工债权，不必申报。

5. 【答案】D

【解析】选项 A、B、C 属于破产费用。

6. 【答案】C

【解析】选项 C：执行法院决定移送后，受移送法院裁定受理破产案件之前，对被执行人的查封、扣押、冻结措施不得解除。

7. 【答案】B

【解析】选项 A、C、D 属于管理人职责。

8. 【答案】D

【解析】选项 D：债权人对债务人的保证人和其他连带债务人所享有的权利，不受重整计划的影响。

9. 【答案】A

【解析】选项 B：和解申请只能由债务人提出；选项 C、D 表述中均应为“终止和解程序”。

10.【答案】C

【解析】选项C：只能以实际损失申报债权，不包括合同约定的违约金。

（二）多选题

1.【答案】ACD

【解析】选项B：债权人可以自己出席会议，也可以委托代理人出席债权人会议，行使表决权。

2.【答案】ABC

【解析】选项D：和解协议无强制执行的效力，如债务人不履行和解协议，债权人只能请求人民法院终止和解协议的执行，宣告破产。

3.【答案】AB

4.【答案】BC

5.【答案】BC

6.【答案】ABCD

7.【答案】CD

【解析】选项A为人民法院的职权；选项B为管理人的职权。

8.【答案】ABC

9.【答案】ABCD

10.【答案】CD

【解析】选项A：抵押物属于第三人时，不构成别除权；选项B：别除权只适用于财产担保，不适用于保证。

（三）案例分析题

1.（1）人民法院可以对债务人的直接责任人员采取罚款等强制措施。

（2）该机床不属于债务人财产。根据规定，债务人基于仓储、保管等法律关系占有、使用的他人财产，不属于债务人财产。

（3）该做法符合规定。根据规定，对于保证债权，债权人已向管理人申报全部债权的，保证人（D公司）不能再申报债权。

（4）表决结果未达到法定最低比例要求。根据规定，债权人会议对破产财产变价方案作出的决议，应由出席会议的有表决权的债权人过半数通过，并且其所代表的债权额占无财产担保债权总额的1/2以上。在本题中，赞成该决议的人数为28人，超过出席会议的有表决权的债权人的半数；但是其所代表的债权额仅占全部无财产担保债权总额的45%，不足1/2的法定要求。

（5）当地社会保险机构无权提出重整申请。根据规定，社会保险机构只享有对债务人的破产清算申请权，但不享有重整申请权。

2.（1）甲的拒绝理由不成立。根据规定，人民法院受理破产申请后，债务人的出资人尚未完全履行出资义务的，管理人应当要求该出资人缴纳所认缴的出资，而不受出资期限的限制。

（2）管理人的拒绝理由成立。根据规定，权利人行使取回权时未依法向管理人支付相关的加工费等费用，管理人拒绝其取回相关财产的，人民法院应予以支持。

（3）管理人的拒绝理由不成立。根据规定，管理人必须将申报的债权全部登记在债权登记表上，不允许以其认为债权超过诉讼时效或者不能成立等为由拒绝编入债权登记表。

（4）管理人的拒绝理由不符合规定。根据规定，凡是申报债权者均有权参加第一次债权人会议，有权参加对其债权的核查、确认活动，并可依法提出异议。

（5）管理人的做法不符合规定。根据规定，债权人会议主席由人民法院在有完全表决权的债权人中指定，管理人无权指定债权人会议主席。

3.（1）人民法院该做法符合规定。根据规定，职工提出破产申请应经职工代表大会或者全体职工会议多数决议通过。

（2）人民法院该做法符合规定。根据规定，债务人以其具有清偿能力或者资产超过负债为由提出抗辩异议，但又不能立即清偿债务或者与债权人达成和解的，其异议不能成立。

（3）C公司该行为不产生债务清偿效果。根据规定，人民法院受理破产申请后，债务人的债务人或者财产持有人应当向管理人清偿债务或者交付财产，如其故意违反法律规定向债务人清偿债务或者交付财产，使债权人受到损失的，不免除其清偿债务或者交付财产的义务。

（4）A公司的清偿行为不应当认定为无效。根据规定，人民法院受理破产申请后，债务人对个别债权人的债务清偿无效；但是，债务人以其财产向债权人提供物权担保的，其在担保物市场价值内向债权人所作的债务清偿，不受上述规定的限制。

（5）人民法院受理破产申请后，有关债务人财产的保全措施应当解除，执行程序应当中止。

4.（1）债权人申报债权的期限，最短不得少于30日，最长不得超过3个月。

（2）甲公司管理人对该债权应予确认。根据规定，债务人的保证人已经代替债务人清偿债务的，以其对债务人的求偿权申报债权。

（3）甲公司管理人对该债权不应确认。根据规定，债权人已向管理人申报全部债权的，保证人不能再申报债权。

（4）甲公司管理人对该债权应予确认。根据规定，连带债务人数人均被裁定适用破产程序的，其债权人有权就全部债权分别在各破产案件中申报债权。

（5）甲公司管理人的该理由不成立。根据规定，管理人必须将申报的债权全部登记在债权登记表上，不允许以其认为债权超过诉讼时效或者不能成立等为由拒绝编入债权登记表。

第九章　票据与支付结算法律制度

一、2020 年教材本章主要变化

本章 2020 年教材变动不大，只有少数内容根据相应法律规定进行了调整，主要包括：单位银行结算账户、基本存款账户、个人银行存款账户三处。

二、本章近 5 年考情统计分析

近 5 年本章考题覆盖了所有题型，包括单项选择题、多项选择题和案例分析题，属重要考试章节，复习难度较大，考生需在理解相关法律规定的同时，准确地对法律规定进行语言描述，以应对案例分析题的解答。本章最近 5 年平均考试分值均为 12. 5 分。

（一）近 5 年考试分值分布

题型	2015 年	2016 年	2017 年	2018 年	2019 年
单选题	1	1	1	1	1
多选题	1. 5	1. 5	1. 5	1. 5	1. 5
案例分析	10	10	10	10	10
合计	12. 5	12. 5	12. 5	12. 5	12. 5

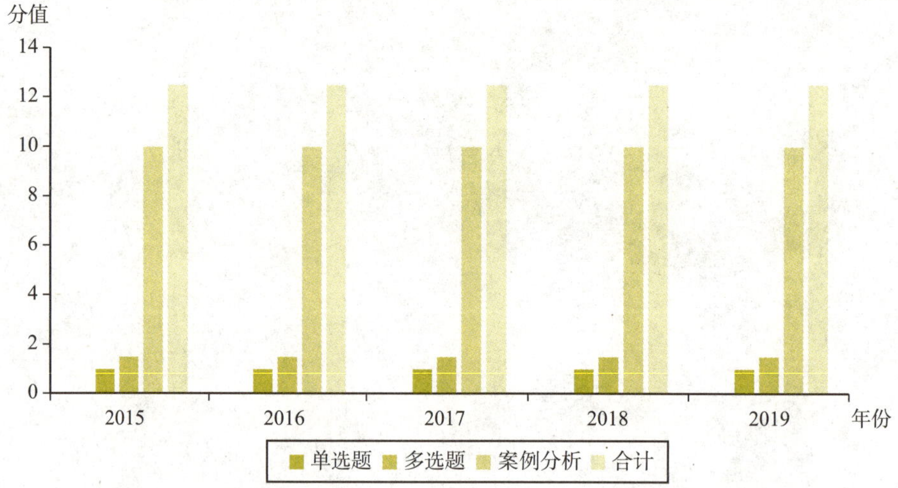

（二）近 5 年考试考点分布

高频考点内容	年度及题型分布
支票	2015 年单选题，2018 年单选题，2019 年多选题
银行本票	2018 年多选题
票据关系	2019 年单选题

续表

高频考点内容	年度及题型分布
票据基础关系对票据行为效力的影响	2019 年单选题
出票	2016 年多选题
背书	2015 年案例分析题，2016 年单选题，2017 年案例分析题，2018 年案例分析题，2019 年案例分析题
承兑	2016 年案例分析题，2018 年案例分析题
保证	2016 年单选题、案例分析题，2018 年案例分析题
票据权利的取得	2015 年案例分析题，2018 年案例分析题
票据权利的善意取得	2017 年案例分析题，2018 年案例分析题
票据抗辩	2016 年案例分析题，2018 年案例分析题，2019 年案例分析题
票据的伪造	2017 年案例分析题，2019 年案例分析题
票据责任	2019 年案例分析题
国内信用证	2017 年多选题
银行结算账户	2016 年多选题

三、本章思维导图

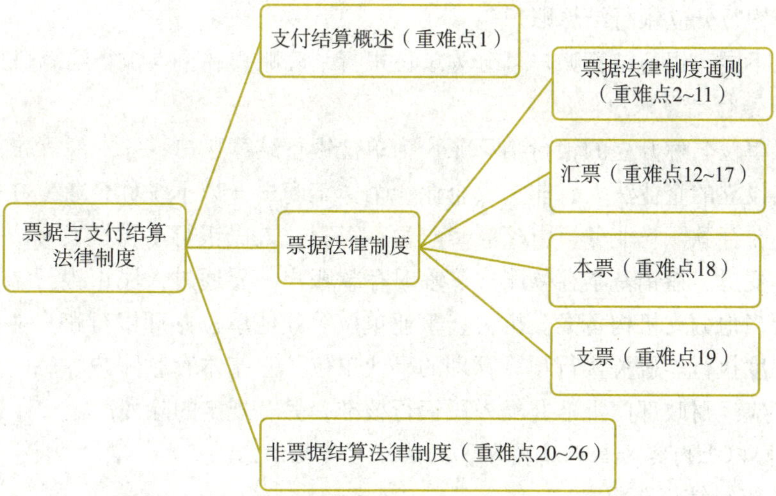

四、重难点解析

本章属于重要考试章节，主要包括支付结算概述、票据与票据法概述、非票据关系、票据权利、票据行为、票据伪造、票据变造、票据抗辩、票据丧失补救、汇票法律制度、支票法律制度、本票法律制度、非票据结算方式等。

重难点1：支付结算★

1. 概念

支付结算，是指单位、个人在社会经济活动中使用票据、银行卡、汇兑、托收承付、委托收款、信用证、电子支付等结算方式进行货币给付及资金清算的行为。

2. 特征

（1）支付结算必须通过法律规定的中介机构进行。

银行（包括农村信用合作社）是支付结算和资金清算的主要中介机构。未经中国人民银行批准的非银行金融机构和其他单位不得作为中介机构经营支付结算业务。

（2）支付结算必须遵循法律规定的特定形式要求。

支付结算行为具有要式性。单位、个人和银行办理支付结算，必须使用按中国人民银行统一规定印制的票据凭证和结算凭证。

3. 原则

（1）“恪守信用，履约付款”原则；

（2）“谁的钱进谁的账，由谁支配”原则；

（3）“银行不垫款”原则。

4. 银行结算账户

银行结算账户是指银行为存款人开立的办理资金收付结算的人民币活期存款账户。银行结算账户办理的是人民币业务，与外币账户不同；银行结算账户办理的是资金收付结算业务，与普通的储蓄账户不同；银行结算账户是活期存款账户，与定期存款账户不同。存款人可以自主选择银行开立银行结算账户。

按存款人不同，银行结算账户可分为单位银行结算账户和个人银行结算账户。

（1）单位银行结算账户。

存款人以单位名称开立的银行结算账户为单位银行结算账户。

境内依法设立的企业法人、非法人企业、个体工商户（以下统称企业）在银行办理基本存款账户、临时存款账户业务，由核准制改为备案制，人民银行不再核发开户许可证。银行为企业开立、变更、撤销基本存款账户、临时存款账户，要通过人民币银行结算账户管理系统向人民银行当地分支机构备案。机关、事业单位等其他单位办理银行账户业务，仍按原银行账户管理制度执行。机关实行预算管理的事业单位开立基本存款账户、临时存款账户和专用存款账户，应经财政部门批准并经人民银行核准，另有规定的除外。

【小贴士】以上内容为新调整内容，提请广大考生注意。

（2）个人银行结算账户

存款人因投资、消费、结算等凭个人身份证件，以自然人名称开立的可办理支付结算的银行结算账户，为个人银行结算账户。

5. 基本存款账户

基本存款账户是指存款人因办理日常转账结算和现金收付需要而开立的银行账户，是其主办账户。

取消企业银行账户许可后，银行完成企业基本存款账户信息备案后，账户管理系统生成基本存款账号编号，并在企业基本信息“经营范围”中标注“取消开户许可证核发”字样。银行应当通过账户管理系统打印《基本存款账户信息》和存款人查询密码，并交付企业。基本存款账户编号代替原基本存款账户核准号使用。企业申请开立一般存款账户、专用存款账户、临时存款账户的，应当向银行提供基本存款账户编号。

【小贴士】以上内容为新调整内容，提请广大考生注意。

6. 一般存款账户

一般存款账户是指存款人在基本存款账户开户银行以外的银行营业机构开立的用于办理借款转存、借款归还和其他结算的银行结算账户。该账户可以办理现金缴存，但不得办理现金支取。开立基本存款账户的存款人都可以开立一般存款账户。

7. 专用存款账户

专用存款账户是指存款人按照法律、行政法规和规章，为对其特定资金进行专项管理和使用而开立的银行结算账户。

存款人申请开立专用存款账户，应按规定向银行出具其开立基本存款账户所需的证明文件、基本存款账户开户许可证和法律规定的其他相关证明文件。

8. 临时存款账户

临时存款账户是指存款人因临时需要并在规定期限内使用而开立的银行结算账户。临时存款账户根据有关开户证明文件确定的期限或存款人的需要确定其有效期限。临时存款账户的有效期最长不得超过 2 年。

9. 个人银行结算账户

个人银行结算账户是自然人投资、消费、结算等而开立的可办理支付结算业务的存款账户。

自然人可根据需要申请开立个人银行结算账户，也可以在已经开立的储蓄账户中选择并向开户银行申请确认为个人银行结算账户。个人银行账户分为Ⅰ类银行账户（以下简称“Ⅰ类户”）、Ⅱ类银行账户（以下简称“Ⅱ类户”）和Ⅲ类银行账户（以下简称“Ⅲ类户”）。银行可通过Ⅰ类户为存款人提供存款、购买投资理财产品等金融产品、转账、消费和缴费支付、支取现金等服务。银行可通过Ⅱ类户为存款人提供存款、购买投资理财产品等金融产品、限定金额的消费和缴费支付等服务。银行可通过Ⅲ类户为存款人提供限定金额的消费和缴费支付服务。银行不得通过Ⅱ类户和Ⅲ类户为存款人提供存取现金服务，不得为Ⅱ类户和Ⅲ类户发放实体介质。

【小贴士】以上内容为新调整内容，提请广大考生注意。

10. 异地存款账户

存款人有下列情形之一的，可以在异地开立有关银行结算账户：

（1）营业执照注册地与经营地不在同一行政区域，需要开立基本存款账户的；

（2）办理异地借款和其他结算需要开立一般存款账户的；

（3）存款人因附属的非独立核算单位或派出机构发生的收入汇缴和业务支出需要开立专用存款账户的；

（4）异地临时经营活动需要开立临时存款账户的；

（5）自然人根据需要在异地开立个人银行结算账户的。

11. 银行结算账户的撤销

银行结算账户的撤销是指存款人因开户资格或其他原因终止银行结算账户使用的行为。

发生下列事由之一的，存款人应向开户银行提出撤销银行结算账户的申请：

（1）被撤并、解散、宣告破产或关闭的；

（2）注销、被吊销营业执照的；

（3）因迁址需要变更开户银行的；

（4）其他原因需要撤销银行结算账户的。

存款人因主体资格终止撤销银行结算账户的，应先撤销一般存款账户、专用存款账户、临时存款账户，将账户资金转入基本存款账户后，方可办理基本存款账户的撤销。

【经典真题】

【多选题·2016】根据支付结算法律制度的规定，下列账户种类中，属于单位银行结算账户的有（　　）。

A. 基本存款账户　　B. 一般存款账户

C. 专用存款账户　　D. 临时存款账户

【答案】ABCD

重难点2：票据★★

1. 票据

票据是指出票人签发的、承诺由本人或者委托他人在见票时或者在票载日期无条件支付一定金额给持票人的有价证券。我国法律上的票据是汇票、本票和支票的合称。

（1）汇票是出票人签发的，委托付款人在见票时或者在指定日期无条件支付确定的金额给收款人或者持票人的票据。

（2）本票是出票人签发的，承诺自己在见票时无条件支付确定的金额给收款人或者持票人的票据。

（3）支票是指出票人签发的，委托办理支票存款业务的银行或者其他金融机构在见票时无条件支付确定的金额给收款人或者持票人的票据。

2. 票据在经济上的职能：

（1）支付职能；

（2）汇兑职能；

（3）信用职能；

（4）结算职能；

（5）融资职能。

3. 票据关系与非票据关系

（1）票据关系，是指基于票据行为而发生的、以请求支付票据金额为内容的债权债务关系。

（2）非票据关系，是指与票据有密切联系，但是并非基于票据行为而发生，并且不以请求支付票据金额为内容的法律关系。

4. 票据权利（票据债权）与票据责任（票据义务）

（1）票据权利，是指持票人基于票据行为而取得的、向票据债务人请求支付票据金额的权利。

（2）票据责任，是指票据债务人基于其票据行为而发生的向持票人支付票据金额的义务。

重难点3：票据权利的取得★★★

1. 依票据行为而取得票据权利

（1）依出票行为而取得。

（2）依让与而取得，最主要的情形是让与背书。以背书转让的票据，背书应当连续；持票人以背书的连续，证明其票据权利。非经背书转让，而以其他合法方式（如税收、继承、赠与、法人的合并或者分立）取得票据的，不受背书连续的限制，由持票人依法举证，证明其票据权利。

（3）依票据保证而取得。

（4）依票据质押而取得。

2. 依法律规定而直接取得票据权利

（1）依票据法上的规定而取得。例如，被追索人（含票据保证人）向持票人偿还票据金额、利息费用后，可以取得票据权利。

（2）依其他法律规定而取得。例如，因为继承、法人合并或者分立、税收等原因而取得票据权利。

3. 票据权利的善意取得

（1）票据权利善意取得的要件：

①转让人是形式上的票据权利人；

②转让人没有处分权；

③受让人基于背书转让的方式取得票据，而且这一背书需符合一般背书行为的形式和实质要件；

④受让人善意且无重大过失；

⑤受让人必须付出相当对价。因税收、继承、赠与依法无偿取得票据的，不受给付对价的限制，但所享有的票据权利不得优于其前手的权利。

（2）票据权利善意取得的法律后果：

①受让人取得票据权利；

②原权利人丧失票据权利。

【经典真题】

【多选题·2008】甲受乙胁迫开出一张以甲为付款人，以乙为收款人的汇票，之后乙通过背书将该汇票赠与丙，丙又将该汇票背书转让与丁，以支付货款。丙、丁对乙胁迫甲取得票据一事毫不知情。根据票据法律制度的规定，下列说法中，正确的有（ ）。

A. 甲有权请求丁返还汇票　　B. 乙不享有该汇票的票据权利

C. 丙不享有该汇票的票据权利　　D. 丁不享有该汇票的票据权利

【答案】BC

【解析】选项 B：乙因胁迫而取得票据，不得享有票据权利；选项 C：丙无对价取得票据，尽管属于善意取得，但必须承受其前手的权利瑕疵；因其前手乙不享有票据权利，丙也不享有票据权利；选项 A、D：丁属于善意、已付对价的正当持票人，享有 100% 的票据权利，甲无权请求丁返还票据。

重难点 4：票据行为★★★

我国票据法上的票据行为包括出票、背书、承兑、保证四种，其中承兑为汇票所独有。

1. 票据行为的特点。和一般的民事法律行为相比，票据行为具有诸多的特点：（1）票据行为是要式法律行为；（2）票据行为的解释以文义解释为主；（3）票据行为是一种“格式”化的法律行为；（4）票据行为的独立性；（5）票据行为的无因性。

2. 票据行为的形式要件

票据行为的行为人，须以一定方式在票据上进行记载。

（1）票据凭证。票据凭证的格式和印制管理办法由中国人民银行规定。

（2）特定事项的记载方式。如票据金额、日期、收款人名称不得更改，更改的票据无效。票据金额以中文大写和数码同时记载，二者必须一致，二者不一致的，票据无效。

（3）签章方式。票据行为人必须在票据上签章。

（4）一定的款式。票据行为的款式是指票据法对各种票据行为的记载事项所作的要求。

（5）交付。票据行为首先表现为票据行为人在票据上进行记载。票据行为人还必须将进行了这种记载的票据交付给相对人，票据行为才成立。

3. 票据行为的实质要件

（1）票据行为能力。无民事行为能力人或者限制民事行为能力人在票据上签章的，其签章无效，但是不影响其他签章的效力。

（2）意思表示真实。以欺诈、胁迫手段取得票据的，不能取得票据权利。

（3）如果票据行为由代理人进行，则代理权的欠缺也会影响票据行为的效力。

（4）如果背书转让票据的背书人并不享有处分权，则背书行为无效。但如果符合善意取得的要件，则转让背书行为可以有效。

（5）基础关系对票据行为效力的影响。基于票据行为的无因性，票据基础关系的瑕疵，不影响票据行为的效力。但是基于赠与等无偿的原因而授受票据的，持票人所取得的票据权利不得优于其前手。

重难点 5：票据行为的代理★★

1. 票据行为是一种民事法律行为，可以由代理人进行，其法律效果归属于被代理人。

2. 票据代理行为的生效要件

（1）须明示被代理人的名义，并表明“代理”的意思；

（2）代理人签章；

（3）代理人有代理权。

3. 狭义的无权代理

（1）没有代理权而以代理人名义在票据上签章的，如果本人（被代理人）事后表示追认，票据行为对本人（被代理人）发生效力，并由本人（被代理人）承担票据责任。

（2）如果本人（被代理人）事后未追认，相对人不能取得票据权利，不论本人（被代理人）还是无权代理人均不承担票据责任。但是，相对人又对他人进行票据行为的，如果满足善意取得的要件，无权代理人必须对票据权利人承担票据责任，但本人（被代理人）仍然不承担票据责任。

4. 越权代理

票据代理人超越代理权限的，应当就其超越权限的部分承担票据责任，在权限范围内的代理行为继续有效。

5. 表见代理

没有代理权而以代理人名义在票据上签章的，如果善意相对人有理由相信其有代理权，则其代理的票据行为有效，本人（被代理人）应承担票据责任，无权代理人不承担票据责任。

重难点6：票据权利的善意取得★★★

票据权利的善意取得，是指无处分权人处分他人之票据权利，受让人依照票据法所规定的票据转让方式取得票据，善意且无重大过失，则可以取得票据权利的法律制度。

1. 票据权利善意取得的要件

（1）转让人是形式上的票据权利人；

（2）转让人没有处分权；

（3）受让人依照票据法规定的转让方式取得票据；

（4）受让人善意且无重大过失；

（5）受让人须付出相当对价。

2. 票据权利善意取得的法律后果

（1）受让人取得票据权利；

（2）原权利人丧失票据权利；

（3）无权处分人的行为，导致原权利人的权利消灭，其应承担的法律责任须适用其他规定解决；

（4）原权利人是否对票据权利人承担票据责任，需区分情况：原权利人并未在票据上签章的，不承担票据责任；原权利人曾经在票据上签章的，原则上应当承担票据责任。

3. 票据权利善意取得制度的类推适用

（1）形式合法的但是实质上无效的出票行为所记载的收款人，将其背书转让给他人。

（2）出票人完成记载后，票据遗失或者被盗。

（3）票据质权的善意取得。无权处分人如果并非将票据权利转让他人，而是为他人设定质权，也应适用善意取得制度。

重难点7：票据基础关系对票据行为效力的影响★★

1. 票据基础关系是指票据关系据以产生的、由民法规定的法律关系。最重要的票据基础关系是票据原因关系和票据资金关系。

（1）票据原因关系，是指作为票据当事人之间授受票据原因的法律关系。例如为了支付货物买卖的价款、支付工程款、支付租金、缴纳税款、返还借款等。

（2）票据资金关系，是指出票人与承兑人或者付款人之间关于将来用于向持票人付款的资金安排的法律关系。通常来说，出票人与承兑人或者付款人之间在出票前会订立委托合同，对于承兑人或者付款人应在何种情形下付款、付款资金的安排进行约定。例如，银行承兑汇票的出票人（承兑申请人）应在票据到期前将全部票据金额支付给承兑人。

2. 票据行为的无因性

（1）票据的签发、取得和转让，应当遵循诚实信用的原则，具有真实的交易关系和债权债务关系。即出票行为和背书转让行为，必须为了履行基于“真实的交易关系”而发生的债务。

（2）基于票据行为无因性理论，票据行为的内容如果与基础关系不一致，票据关系的内容只能依据票据行为来确定。

【注意】票据基础关系的瑕疵并不影响票据行为的效力。

【经典真题】

【单选题·2019】甲公司向乙公司签发一张金额为35万元的银行承兑汇票，用于支付购买设备的价款。乙公司随即将汇票背书转让给丙公司，用于支付工程款。在丙公司提示付款前，甲、乙公司之间的设备买卖合同因乙公司欺诈而被人民法院撤销。甲公司的下列主张中，符合票据法律制度规定的是（　　）。

A. 请求乙公司返还汇票　　B. 请求承兑银行对丙公司拒绝付款

C. 请求乙公司返还35万元　　D. 请求丙公司返还汇票

【答案】C

【解析】票据基础关系的瑕疵并不影响票据行为的效力。甲不能要求丙或乙返还票据。

重难点8：票据伪造与票据变造★★

1. 票据伪造

票据伪造是指假冒或者虚构他人名义而为的票据行为。票据的伪造仅限于“签章”。如果票据行为人指明本人的存在并以代理人的身份在票据上签章，即使其欠缺代理权，也不构成票据伪造，而是无权代理。

2. 票据伪造的构成要件

（1）伪造者的行为符合票据行为的形式要件；

（2）伪造者假冒或者虚构他人名义在票据上签章。

3. 票据伪造的法律后果

（1）票据行为的法律效力。

票据伪造的情形下，如果属于假冒他人名义，其法律效果应类似于无权代理。如果属于狭义无权代理的，则票据行为不生效力，但是如果其情形可以类推适用表见代理，则票据行为有效。如果票据伪造的情形属于虚构他人名义，票据行为应无效。如果伪造的票据行为无效，其他真实签章的效力不受影响。

（2）对被伪造人的法律后果。

在假冒他人名义的情形下，被伪造人不承担票据责任；在虚构他人名义的情形下，并不存在一个真正的被伪造人，因此不存在相应的法律后果承担问题。

（3）对伪造人的法律后果。

由于伪造人没有以自己的名义在票据上签章，因此不承担票据责任。但是，可能要承担刑事责任、行政责任、民事责任。

4. 票据的变造

票据的变造是指没有变更权限的人，变更票据上“签章”以外的其他记载事项的行为。票据金额、日期、收款人名称不得更改，更改的票据无效。对票据上的其他记载事项，原记载人可以更改，更改时应当由原记载人签章证明。

5. 票据变造的构成要件

（1）有变更票据上“签章”以外记载事项的行为；

（2）变更行为人没有变更权。

6. 票据变造的法律后果

（1）变造前在票据上签章的票据行为人，依照原记载事项负责；变造后在票据上签章的票据行为人，依照变造后的记载事项负责。

（2）如果无法辨别签章发生在变造之前还是之后，视同在变造之前签章。如果变造人也是票据上的签章人，变造人应解释为在变造后票据行为人。

【经典真题】

【单选题·2008】甲私刻乙公司的财务专用章，假冒乙公司名义签发一张转账支票交给收款人丙，丙将该支票背书转让给丁，丁又背书转让给戊。当戊主张票据权利时，根据票据法律制度的规定，下列表述中，正确的是（　　）。

A. 甲不承担票据责任　　B. 乙公司承担票据责任

C. 丙不承担票据责任　　D. 丁不承担票据责任

【答案】A

【解析】选项 A：由于伪造人甲在票据上没有以自己的名义签章，因此不承担票据责任；选项 B：在假冒他人名义的情形下，被伪造人乙公司不承担票据责任；选项 C、D：票据上有伪造签章的，不影响票据上其他真实签章的效力，丙和丁属于在票据上真正签章的当事人，仍应对被伪造的票据的权利人承担票据责任。

【单选题·2008】甲签发一张票面金额为 2 万元的转账支票给乙，乙将该支票背书转让给丙，丙将票面金额改为 5 万元后背书转让给丁，丁又背书转让给戊。下列关于票据责任承担的表述中，正确的是（　　）。

A. 甲、乙、丁对 2 万元负责，丙对 5 万元负责

B. 乙、丙、丁对 5 万元负责，甲对 2 万元负责

C. 甲、乙对 2 万元负责，丙、丁对 5 万元负责

D. 甲、乙对 5 万元负责，丙、丁对 2 万元负责

【答案】C

【解析】甲、乙的签章在变造之前，应当按照原记载的内容（2 万元）负责；丙、丁的签章在变造之后，应当按照变造后的记载内容（5 万元）负责。

重难点 9：票据权利的消灭★★★

1. 票据权利的消灭事由

（1）一般消灭原因——付款。票据权利人向票据债务人主张权利，票据债务人向其付款的，其债务消灭。

（2）因为没有进行票据权利的保全而导致追索权消灭。

（3）消灭时效期间的经过。

2. 追索权因为未进行票据权利保全而消灭

按照票据法规定，票据权利原则上应当在规定的时间、地点，以规定的方法提示付款或者提示承兑（“遵期提示”）；并且在被拒绝时，应当依法取得相应的证明（“依法取证”）。否则，其追索权将因此而消灭。

（1）遵期提示。

①遵期提示承兑。见票即付的汇票无须承兑。定日付款或者出票后定期付款的汇票，持票人应当在汇票到期日前向付款人提示承兑；见票后定期付款的汇票，持票人应当自出票日起 1 个月内向付款人提示承兑。汇票未按照规定期限提示承兑的，持票人丧失对其前手的追索权。汇票的持票人未遵期提示承兑的，并不丧失对出票人的追索权。

②遵期提示付款。如果未在规定期限内提示付款，持票人即丧失对出票人、汇票承兑人之外的前手的追索权。

（2）依法取证。

持票人提示承兑或者提示付款被拒绝的，承兑人或者付款人必须出具拒绝证明，或者出具退票理由书。如果因为其他原因而导致持票人不能取得拒绝证明，或者汇票承兑人或者付款人破产，或者被责令终止业务活动，持票人可以以其他证明替代拒绝证明。如果持票人未能取得拒绝证明或者具有相同效力的其他证明，或者在行使追索权时不出示该证明，则不能行使其对前手的追索权，但仍享有对出票人承兑人的追索权。

3. 票据时效

票据时效也就是票据权利的消灭时效，是指票据权利人如果未在法定期间内行使权利，其权利归于消灭的票据法律制度。

（1）付款请求权的消灭时效。

①持票人对汇票承兑人的付款请求权，消灭时效期间为 2 年，自票据到期日起算。

②持票人对本票出票人的付款请求权，消灭时效期间为 2 年，自出票日起算。

（2）追索权的消灭时效。

①出票人、承兑人。

a. 持票人对汇票出票人、承兑人的追索权，消灭时效期间为 2 年，自票据到期日起算；见票即付的汇票，自出票日起算。

b. 持票人对本票出票人的追索权，消灭时效期间为 2 年，自出票日起算。

c. 持票人对支票出票人的追索权，消灭时效期间为 6 个月，自出票日起算。

②出票人、承兑人以外的其他前手。

a. 汇票、本票、支票的持票人对出票人、承兑人以外的其他前手的首次追索权，消灭时效期间为 6 个月，自被拒绝承兑或者被拒绝付款之日起算。

b. 汇票、本票、支票的被追索人对出票人、承兑人以外的其他前手的再追索权，消灭时效期间为 3 个月，自清偿日或者被提起诉讼之日起算。

（3）利益返还请求权。

持票人因超过票据权利时效或者因票据记载事项欠缺而丧失票据权利的，仍享有民事权利，可以请求出票人或者承兑人返还其与未支付的票据金额相当的利益。

【经典真题】

【单选题 · 2006】2006 年 6 月 5 日，A 公司向 B 公司开具一张金额为 5 万元的支票，B 公司将支票背书转让给 C 公司。6 月 12 日，C 公司请求付款银行付款时，银行以 A 公司账户内只有 5000 元为由拒绝付款。C 公司遂要求 B 公司付款，B 公司于 6 月 15 日向 C 公司付清了全部款项。根据票据法律制度的规定，B 公司向 A 公司行使再追索权的期限为（　　）。

A. 2006 年 6 月 25 日之前　　B. 2006 年 8 月 15 日之前

C. 2006 年 9 月 15 日之前　　D. 2006 年 12 月 5 日之前

【答案】D

【解析】支票的持票人对出票人（A 公司）的票据权利，自出票之日起（2006 年 6 月 5 日）6 个月内不行使而消灭。

【单选题 · 2009】丙公司持有一张以甲公司为出票人、乙银行为承兑人、丙公司为收款人的银行承兑汇票，汇票到期日为 2007 年 6 月 5 日，但是丙公司一直没有主张票据权利。根据票据法律制度的规定，丙公司对甲公司的票据权利的消灭时间是（　　）。

A. 2007 年 6 月 15 日　　B. 2007 年 12 月 5 日

C. 2008 年 6 月 5 日　　D. 2009 年 6 月 5 日

【答案】D

【解析】商业汇票的持票人对出票人（甲公司）的追索权，消灭时效期间为 2 年，自票据到期日（2007 年 6 月 5 日）起算。

重难点 10：票据抗辩★★★

票据抗辩，是指票据债务人，包括出票人、承兑人、转让背书和质押背书人、保证人，基于合法事由对持票人拒绝履行票据债务的行为。

1. 物的抗辩（绝对的抗辩）

票据上的物的抗辩，是指票据所记载的债务人可以对任何持票人所主张的抗辩。其具体情形可以包括以下三类：

（1）票据所记载的全部票据权利均不存在：

①出票行为因为法定形式要件的欠缺而无效；

②票据权利已经消灭。

（2）票据上记载的特定债务人的债务不存在：

①签章人是无民事行为能力或者限制民事行为能力人的，票据行为无效，不承担票据责任；

②狭义无权代理情形下，本人不承担票据责任，或者仅对不超越代理权限的部分承担票据责任；

③票据伪造的被伪造人，不承担票据责任；

④票据被变造时，变造前在票据上签章的债务人，可以拒绝依照变造后的记载事项承担票据责任；

⑤对特定债务人的票据时效期间经过，其票据债务消灭；

⑥对特定票据债务人的追索权，因为持票人未进行票据权利的保全而丧失。

（3）票据权利的行使不符合债的内容：

①票据权利人行使其权利的时间、地点、方式不符合票据记载或者法律规定；

②法院经公示催告后作出除权判决的，票据权利人持票据主张权利。

【小贴士】物的抗辩可以对“任何持票人”提出，但并非所有的票据债务人均有权提出对物抗辩，只有“享有抗辩权的人”才有权对“任何持票人”提出抗辩。

2. 人的抗辩（相对的抗辩）

票据上的人的抗辩，是指票据债务人仅可以对特定的持票人主张的抗辩事由，此类情形下，票据所记载的债务人是真正的债务人。

（1）票据债务人可以对不履行约定义务的与自己有直接债权债务关系的持票人，进行抗辩。

（2）票据债务人不得以自己与出票人之间的抗辩事由对抗持票人，但持票人明知存在抗辩事由而取得票据的除外。

（3）票据债务人不得以自己与持票人的前手之间的抗辩事由对抗持票人，但持票人明知存在抗辩事由而取得票据的除外。

（4）凡是善意的、已付对价的正当持票人可以向任何票据债务人请求付款，不受其前手权利瑕疵和前手相互间抗辩的影响。

（5）持票人取得的票据是无对价或者不相当对价的，只要持票人取得票据时是善意的，仍然享有票据权利，但其享有的票据权利不能优于其前手的权利。因此，票据债务人可以以对抗持票人前手的抗辩事由对抗该持票人。

（6）背书不连续，持票人又不能证明背书中断之处，乃是由于其他合法原因而发生票据权利转移的，持票人不能证明其享有票据权利。

（7）背书人记载了“不得转让”字样的情形下，记载人对于其直接后手的后手不承担票据责任。

3. 票据抗辩的切断

票据抗辩的切断是指，票据债务人原则上不得以自己与出票人或者与持票人的前手之间的抗辩事由对抗持票人。这使得持票人的权利通常不受前手之间的基础关系的影响，使其权利的受保障程度大大提高，极大地增加了票据的流通性。

（1）在持票人无偿取得票据的情况下，如果其前手的权利已经获得了抗辩切断的保护，那么持票人的权利也受到抗辩切断的保护。

（2）需要注意的是抗辩切断与善意取得之间的关系。尽管它们的目的均在于保障持票人的利益，但二者是两个不同的制度。善意取得制度所处理的问题是善意受让人是否可以：在无权处分的情形下取得票据权利，并同时导致原来的票据权利人丧失其权利。该制度并不直接涉及谁要承担票据责任，以及抗辩事由的问题。实际上，由于善意取得的构成要件包括了善意且无重大过失、给付相当的对价，善意受让人必然受到抗辩切断制度的保护，其取得的票据权利是无瑕疵的权利，前手之间的抗辩事由均不得对抗善意受让人。而在抗辩切断制度所涉及的问题之下，持票人的前手并非对其无权处分。

重难点 11：票据的丧失及补救★★

票据丧失，是指持票人丧失对票据的占有。丧失了票据的票据权利人称为失票人。票据丧失的法律救济有三种，分别为：挂失止付、公示催告、提起诉讼。

1. 挂失止付

（1）可以挂失止付的票据。

①已承兑的商业汇票；

②支票；

③填明“现金”字样和代理付款人的银行汇票；

④填明“现金”字样的银行本票。

（2）挂失止付的效力。

挂失止付并非票据丧失后票据权利补救的必经程序，它仅仅是失票人丧失票据后可以采取的一种暂时的预防措施，以防止票据被冒领或者骗取。失票人应当在通知挂失止付后 3 日内，依法向人民法院申请公示催告或者提起普通诉讼，也可以在票据丧失后直接向人民法院申请公示催告或者提起普通诉讼。

如果付款人或者代理付款人自收到挂失止付通知书之日起 12 日内未收到人民法院的止付通知书的，自第 13 日起，挂失止付通知书失效。

2. 公示催告

（1）公示催告是指人民法院根据失票人的申请，以公示的方式催告利害关系人在一定期限内向人民法院申报权利，到期无人申报权利的，人民法院将根据申请人的申请作出除权判决，申请人可以持除权判决书行使票据权利。

（2）失票人应当向票据付款地的基层人民法院提出书面的公示催告申请。

（3）人民法院在受理公示催告申请的同时通知付款人或者代理付款人停止支付。付款人或者代理付款人应当停止支付，直到公示催告程序终结。

（4）利害关系人在人民法院作出除权判决之前申报权利的，人民法院应通知其向人民法院出示票据，并通知公示催告申请人查看该票据。如果该票据就是申请人申请公示催告的票据，人民法院应裁定终结公示催告程序，并通知申请人和付款人。

（5）公示催告期间届满，且无应裁定终结公示催告程序的事由，申请人可以在届满次日起1个月内，申请人民法院作出除权判决。人民法院根据申请人的申请，作出除权判决，申请人可以持除权判决书行使票据权利。逾期未申请的，人民法院应终结公示催告程序。

3. 提起民事诉讼

票据权利人丧失票据后，除了以公示催告程序证明自己的票据权利外，还可以提起普通民事诉讼来实现其权利。

【经典真题】

【多选题·2007】根据票据法律制度的规定，下列各项中，属于不可以挂失止付的票据的有（　　）。

A. 已承兑的商业汇票

B. 未记载付款人的汇票

C. 未填明“现金”字样的银行汇票

D. 未填明“现金”字样的银行本票

【答案】BCD

重难点12：汇票的出票★★★

1. 汇票的类型

（1）根据出票人的不同，汇票分为银行汇票和商业汇票。

（2）商业汇票根据承兑人的不同，分为商业承兑汇票和银行承兑汇票。

（3）商业汇票根据付款日期的不同，分为即期商业汇票和远期商业汇票。

2. 商业汇票的付款日期

商业汇票根据付款日期的不同，分为见票即付、定日付款、出票后定期付款和见票后定期付款四种类型。

3. 出票的记载事项

（1）绝对必要记载事项。

汇票的绝对必要记载事项包括：表明“汇票”的字样、无条件支付的委托、确定的金额、付款人名称、收款人名称、出票日期和出票人签章。未记载的，汇票无效。

①票据金额以中文大写和数码同时记载，二者必须一致，否则票据无效。

②金额必须是确定的数额，如果汇票上记载的金额是不确定的，票据无效。

③票据金额、出票日期、收款人名称不能更改，否则票据无效。

④支票的金额和收款人名称可以授权补记，但汇票和本票不能补记。

⑤在出票日期、背书日期、承兑日期、保证日期、付款日期中，只有出票日期属于绝对必要记载事项。

⑥汇票出票人的签章，应为该单位的财务专用章或者公章加其法定代表人或其授权的代理人的签名、盖章或者签名加盖章。出票人在票据上的签章不符合规定的，票据无效。

（2）相对必要记载事项。

①未记载付款日期的，视为见票即付。

②未记载付款地的，以付款人的营业场所、住所或者经常居住地为付款地。

③未记载出票地的，以出票人的营业场所、住所或者经常居住地为出票地。

（3）可以记载的事项（任意记载事项）。

出票人在汇票上记载“不得转让”字样的，汇票不得转让。如果收款人将该汇票背书转让（包括贴现）给他人，背书行为无效，取得票据的人并不能因此而取得票据权利。

对于出票人记载“不得转让”字样的汇票，其后手以此票据进行贴现、质押的，通过贴现、质押取得票据的持票人主张票据权利的，人民法院不予支持。

（4）不产生票据法上效力的记载事项。

出票人关于票据签发用途的记载，以及有关利息、违约金的记载，不具有汇票上的效力，这些记载是否具有民法上的效力，应根据民法进行判断。

4. 出票的效力

（1）对出票人的效力。

出票人成为票据债务人，承担担保承兑和担保付款的责任。

（2）对收款人的效力。

收款人取得票据权利，包括付款请求权和追索权，以及以背书等方式处分其票据权利的权利。

（3）对付款人的效力。

出票是出票人的行为，票据上虽然记载了“出票人委托付款人无条件支付票据金额”的内容，但这仅仅是出票人的记载，付款人自己并未在票据上签章。因此，付款人并不因此而承担票据责任。只有当付款人在票据上承兑签章之后，才基于该承兑行为而成为票据的主债务人。此时，其称谓即从“付款人”改为“承兑人”。

【经典真题】

【多选题·2019】根据票据法律制度的规定，支票的下列记载事项中，可以由出票人授权补记的有（　　）。

A. 收款人名称　　B. 付款人名称

C. 出票日期　　D. 票据金额

【答案】AD

【解析】支票的金额和收款人名称可以授权补记，但汇票和本票不能补记。

【单选题·2003】根据票据法律制度的规定，下列有关汇票未记载事项的表述中，正确的是（　　）。

A. 汇票上未记载付款日期的，为出票后三个月内付款

B. 汇票上未记载付款地的，以出票人的营业场所、住所或者经常居住地为付款地

C. 汇票上未记载收款人名称的，经出票人授权可以补记

D. 汇票上未记载出票日期的，该汇票无效

【答案】D

【解析】选项A：汇票上未记载“付款日期”的，视为见票即付；选项B：汇票上未记载“付款地”的，以付款人（而非出票人）的营业场所、住所或者经常居住地为付款地；选项C：“收款人名称”属于汇票的绝对必要记载事项，谈不上授权补记的问题，未记载的汇票无效；选项D：“出票日期”属于汇票的绝对必要记载事项，未记载的汇票无效。

【单选题·2007】根据票据法律制度的规定，某公司签发汇票时出现的下列情形中，导致该汇票无效的是（　　）。

A. 汇票上未记载付款日期

B. 汇票上金额记载为“不超过50万元”

C. 汇票上记载了该票据项下交易的合同号码

D. 签章时加盖了本公司公章，公司负责人仅签名而未盖章

【答案】B

【解析】选项A：“付款日期”属于相对必要记载事项，未记载的不影响汇票的效力；选项B：汇票金额应为“确定的金额”，否则汇票无效；选项C：“合同号码”属于不产生票据法上效力的记载事项，是否记载不影响汇票的效力；选项D：汇票出票人的签章，应为该单位的财务专用章或者公章加其法定代表人或其授权的代理人的签名、盖章或者签名加盖章。

【多选题·2009】根据票据法律制度的规定，下列有关汇票出票人记载事项的表述中，可以导致票据无效的有（　　）。

A. 附条件的支付委托

B. 票据不得转让

C. 票据金额仅以数码记载

D. 未记载付款地

【答案】AC

【解析】选项A：“无条件支付的委托”属于绝对必要记载事项，附条件的支付委托导致票据无效；选项B：“不得转让”字样属于任意记载事项，是否记载不影响汇票的效力；选项C：票据金额以中文大写和数码同时记载，二者必须一致，否则票据无效；选项D：“付款地”属于相对必要记载事项，未记载的，票据有效。

【多选题·2016】根据票据法律制度的规定，下列各项中，属于汇票上的绝对必要记载事项的有（　　）。

A. 汇票金额

B. 收款人名称

C. 付款日期

D. 出票日期

【答案】ABD

【多选题·2009】甲公司与乙公司签订买卖合同后，为了支付价款，甲公司签发了一张以乙公司为收款人的银行承兑汇票，公司财务经理签字，并加盖了公司的合同专用章。承兑人丙银行的代理人签字并加盖了银行的汇票专用章。乙公司背书转让给丁公司后，丁公司在票据到期时向丙银行请求付款。根据票据法律制度的规定，下列表述中，错误的有（　　）。

A. 丙银行可以拒绝付款

B. 丙银行无权拒绝付款

C. 如果丙银行拒绝付款，丁公司可以向甲公司行使追索权

D. 如果丙银行拒绝付款，丁公司可以向乙公司行使追索权

【答案】BCD

【解析】选项A、B：商业汇票出票人的签章，应为该单位的财务专用章或者公章（合同专用章不行）加其法定代表人或其授权的代理人的签名、盖章或者签名加盖章。出票人在票据上的签章不符合规定的，票据无效，丙银行有权拒绝付款；选项C、D：由于票据无效，丁公司不享有票据权利，因此不享有对甲公司、乙公司的追索权。

【单选题 · 2016】根据票据法律制度的规定，下列票据行为人中，其签章不符合票据法规定可导致票据无效的是（　　）。

A. 出票人　　B. 保证人　　C. 背书人　　D. 承兑人

【答案】A

重难点 13：汇票的背书★★★

1. 背书是指持票人为将票据权利转让给他人或者将票据权利授予他人行使，在票据背面或者粘单上记载有关事项并签章，然后将票据交付给被背书人的票据行为。背书包括转让背书和非转让背书（委托收款背书和质押背书）。

2. 背书行为的实质要件

背书人必须将票据交付给被背书人，被背书人才取得票据权利。

3. 背书行为的形式要件

（1）绝对必要记载事项：背书人的签章。

（2）相对必要记载事项：背书日期。

背书未记载日期的，视为在汇票到期日前背书。

（3）可以补记的事项：被背书人名称。

背书人未记载被背书人名称即将票据交付他人的，持票人在票据被背书人栏内记载自己的名称与背书人记载具有同等法律效力。

4. 附条件的背书

背书时附有条件的，所附条件不具有汇票上的效力，即不影响背书行为本身的效力。

5. 部分背书、多头背书

将汇票金额的一部分转让或者将汇票金额分别转让给二人以上的，背书无效。

6. 任意记载事项

背书人在汇票上记载“不得转让”字样，其后手再背书转让的，原背书人对后手的被背书人不承担保证责任。

7. 背书连续

（1）以背书转让的汇票，背书应当连续。持票人以背书的连续，证明其汇票权利。

（2）非经背书转让，而以其他合法方式（如税收、继承、赠与、法人的合并或者分立）取得汇票的，不受背书连续的限制，由持票人依法举证，证明其汇票权利。

8. 委托收款背书

（1）委托收款背书，除了背书人签章之外，必须加上“委托收款”（或者“托收”“代理”）字样作为绝对必要记载事项。

（2）通过委托收款背书，被背书人取得代理权，但并未取得票据权利，因此，委托收款背书的被背书人不得再背书转让票据权利。

9. 质押背书

（1）以汇票设定质押时，除了出质人签章之外，必须在汇票上记载“质押”（或者“设质”“担保”）字样作为绝对必要记载事项。如果出质人在汇票上只记载了“质押”字样但未在票据上签章的，或者出质人未在汇票、粘单上记载“质押”字样而另行签订质押合同、质押条款的，不构成票据质押。

（2）经质押背书，被背书人取得票据质权，票据质权人有权以相当于票据权利人的地位行使票据权利，包括行使付款请求权、追索权。但是，质押背书的被背书人并不享有对票据权利的处分权。因此，票据质权人再行转让背书或者质押背书的，背书行为无效。但是，被背书人可以再进行委托收款背书。

【经典真题】

【单选题·2009】甲公司为购买货物而将所持有的汇票背书转让给乙公司，但因担心以此方式付款后对方不交货，因此在背书栏中记载了“乙公司必须按期保质交货，否则不付款”的字样。乙公司在收到票据后没有按期交货。根据票据法律制度的规定，下列表述中，正确的是（　　）。

A. 背书无效

B. 背书有效，乙的后手持票人应受上述记载约束

C. 背书有效，但是上述记载没有汇票上的效力

D. 票据无效

【答案】C

【单选题·2001】根据票据法律制度的规定，背书人在汇票上记载“不得转让”字样，其后手再背书转让的，将产生的法律后果是（　　）。

A. 该汇票无效

B. 该背书转让无效

C. 原背书人对后手的被背书人不承担保证责任

D. 原背书人对后手的被背书人承担保证责任

【答案】C

【单选题·2007】汇票背书人在票据上记载了“不得转让”字样，但其后手仍进行了背书转让。根据票据法律制度的规定，下列关于票据责任承担的表述中，错误的是（　　）。

A. 不影响承兑人的票据责任

B. 不影响出票人的票据责任

C. 不影响原背书人之前手的票据责任

D. 不影响原背书人对后手的被背书人承担票据责任

【答案】D

【单选题·2010】甲公司是一张3个月以后到期的银行承兑汇票所记载的收款人。甲公司和乙公司合并为丙公司，丙公司于上述票据到期时向承兑人提示付款。根据票据法律制度的规定，下列表述中，正确的是（　　）。

A. 丙公司不能取得票据权利

B. 丙公司取得票据权利

C. 甲公司背书后，丙公司才能取得票据权利

D. 甲公司和乙公司共同背书后，丙公司才能取得票据权利

【答案】B

【解析】只要丙公司能够依法举证，证明其汇票权利，就能享有票据权利，而不受背书连续的限制。

【单选题·2004】根据票据法律制度的规定，下列选项中，不构成票据质押的是（　　）。

A. 出质人在汇票上记载了“质押”字样而未在汇票上签章的

B. 出质人在汇票粘单上记载了“质押”字样并在汇票粘单上签章的

C. 出质人在汇票上记载了“质押”字样并在汇票上签章，但是未记载背书日期的

D. 出质人在汇票上记载了“为担保”字样并在汇票上签章的

【答案】A

【单选题·2010】甲公司对乙公司负有债务。为了担保其债务的履行，甲公司同意将一张以本公司为收款人的汇票质押给乙公司，为此，双方订立了书面的质押合同，并交付了票据。甲公司未按时履行债务，乙公司遂于该票据到期时持票据向承兑人提示付款。根据票据法律制度的规定，下列表述中，正确的是（　　）。

A. 承兑人应当向乙公司付款

B. 如果乙公司同时提供了书面质押合同证明自己的权利，承兑人应当付款

C. 如果甲公司书面证明票据质押的事实，承兑人应当付款

D. 承兑人可以拒绝付款

【答案】D

【解析】以汇票设定质押时，出质人未在汇票、粘单上记载“质押”字样而另行签订质押合同、质押条款的，不构成票据质押。在本题中，乙公司并不享有票据质权，因此甲公司未按时履行债务时，乙公司无权要求承兑人付款。

【单选题·2014】票据权利人为将票据权利出质给他人而进行背书时，如果未记载“质押”“设质”或者“担保”字样，只是签章并记载被背书人名称，则该背书行为的效力是（　　）。

A. 票据转让　　B. 票据承兑　　C. 票据贴现　　D. 票据质押

【答案】A

【解析】质押背书，除了出质人签章之外，必须记载“质押”“设质”或者“担保”字样，否则构成转让背书。

【多选题·2013】根据票据法律制度的规定，票据质押背书的被背书人所为的下列背书行为中，无效的有（　　）。

A. 委托收款背书　　B. 有偿转让背书

C. 再质押背书　　D. 无偿转让背书

【答案】BCD

【解析】票据质权人再行转让背书（包括有偿转让背书和无偿转让背书）或者质押背书的，背书行为无效。但是，被背书人可以再进行委托收款背书。

【多选题·2014】根据票据法律制度的规定，下列关于票据质押背书的表述中，正确的有（　　）。

A. 被背书人可以行使付款请求权　　B. 被背书人可以再进行转让背书

C. 被背书人可以再进行委托收款背书　　D. 被背书人可以行使追索权

【答案】ACD

【多选题·2008】下列关于商业汇票的表述中，符合票据法律制度规定的有（　　）。

A. 汇票上未记载“付款日期”的，视为见票即付

B. 票据金额的中文大写与数码不一致的，票据无效

C. 出票人记载“不得转让”字样的票据，其后手以此票据进行贴现的，通过贴现取得票据的持票人享有票据权利

D. 背书人未记载“被背书人名称”即将票据交付他人的，持票人在票据被背书人栏内记载自己的名称与背书人记载具有同等法律效力

【答案】ABD

【解析】选项C：对于出票人记载“不得转让”字样的汇票，其后手以此票据进行贴现、质押的，通过贴现、质押取得票据的持票人主张票据权利的，人民法院不予支持。

【单选题·2016】根据票据法律制度的规定，下列关于票据背书的表述中，正确的是（　　）。

A. 背书时附有条件的，背书无效

B. 背书人未记载被背书人名称的，背书无效

C. 背书人将票据金额分别转让给2人以上的，背书无效

D. 背书人在票据上记载“不得转让”字样的，其后手的转让背书无效

【答案】C

重难点14：汇票的承兑★★★

1. 承兑

承兑，是指远期汇票的付款人，在票据正面作出承诺在票据到期日无条件支付票据金额的记载并签章，然后将票据交付请求承兑之人的票据行为。

2. 承兑的过程

（1）提示承兑。即持票人向付款人出示汇票，要求付款人承诺付款（即“承兑”）的行为。

①定日付款、出票后定期付款的汇票，应当在汇票到期日前向付款人提示承兑。

②见票后定期付款的汇票，应当自出票日起1个月内向付款人提示承兑。

③即期汇票（见票即付的汇票）无须承兑。

④应提示承兑而未按期提示承兑的，持票人丧失对出票人之外的其他前手的追索权。

（2）付款人收到提示承兑的汇票时应签发回单，记明提示承兑的日期并签章。

（3）承兑或拒绝承兑。付款人应当自收到提示承兑的汇票之日起3日内承兑或者拒绝承兑。如果付款人在3日内不作承兑与否表示的，视为拒绝承兑。

3. 承兑的记载事项

（1）绝对必要记载事项。

承兑行为的绝对必要记载事项包括承兑文句（“承兑”字样）以及签章。

（2）相对必要记载事项。

承兑日期属于相对必要记载事项。如果未记载承兑日期的，则以承兑人收到提示承兑的汇票之日起的第3日为承兑日期。

4. 附条件的承兑

（1）付款人承兑汇票，不能附有条件；承兑附有条件的，视为拒绝承兑。

（2）票据保证不得附条件，附条件的，不影响对汇票的保证责任。

（3）背书时附有条件的，所附条件不具有汇票上的效力，即不影响背书行为本身的效力。

重难点15：汇票的保证★★★

1. 票据保证

（1）票据保证，是指票据债务人之外的人，为担保特定票据债务人的债务履行，以负担同一内容的票据债务为目的，在票据上记载有关事项并签章的票据行为。

（2）票据保证是一种票据行为，必须在票据上记载有关事项，才能发生票据保证的效力。未在票据上进行记载，而是另行约定对特定票据债务人的票据债务提供保证的，可以具有民法上的保证的效力，但是并不发生票据保证的效力。

2. 票据保证的款式

（1）绝对必要记载事项。票据保证的绝对必要记载事项包括3项：保证文句（表明“保证”的字样）、保证人签章、保证人的名称和住所。

（2）相对必要记载事项。被保证人的名称、保证日期是相对必要记载事项。

①保证人未记载被保证人的，已承兑的汇票，承兑人为被保证人；未承兑的汇票，出票人为被保证人。

②保证人未记载保证日期的，出票日期为保证日期。

3. 票据行为人的签章

（1）出票人的签章不符合规定的，整个票据无效。

（2）承兑人、保证人在票据上的签章不符合规定的，其签章无效，但不影响其他符合规定签章的效力。

（3）背书人在票据上的签章不符合规定的，其签章无效，但不影响其前手符合规定签章的效力。

4. 保证责任

（1）汇票保证人与被保证人负有同一责任，持票人对被保证人可以主张的任何票据权利，均可向保证人行使，票据保证人不享有先诉抗辩权。

（2）保证人为2人以上的，保证人之间承担连带责任。

（3）保证不得附有条件；附有条件的，不影响对汇票的保证责任，即保证所附的条件不发生票据法上的效力。

（4）保证人清偿汇票债务后，可以对被保证人及其前手行使追索权。

5. 如果被保证人的债务因形式要件（绝对必要记载事项）的欠缺而无效，保证人也不承担票据责任；如果被保证人的债务因实质要件的欠缺而无效（如当事人欠缺民事行为能力、签章伪造），则不影响票据保证的效力。

重难点 16：汇票的付款★★★

付款主要包括两个步骤：持票人的提示付款行为，以及付款人或者代理付款人支付票据金额的行为。

1. 提示付款

（1）提示付款的当事人。

有权提示付款的是持票人，包括持有票据的票据权利人以及受委托收取票款的代理人。

提示付款的被提示人，也就是接受付款提示的人，可以是付款人本人，也可以是付款人的代理人，还可以是票据交换系统。

（2）提示付款时应提供文件。

提示付款时，提示人应提交票据，还应提供合法身份证明或者有效证件。

（3）提示付款的期间。

见票即付的汇票，自出票日起 1 个月内向付款人提示付款；定日付款、出票后定期付款或者见票后定期付款的汇票，自到期日起 10 日内向承兑人提示付款。

（4）提示付款的例外。

如果票据权利人丧失了票据，就无法正常提交票据以请求付款，只能依照票据丧失的补救措施证明自己的权利，并持相应的法律文书请求付款。如果持票人在远期汇票提示承兑时被拒绝，在取得付款人的拒绝证明后，可以向前手行使追索权。

2. 付款

（1）付款人的审查。

收到付款提示，后付款人应当进行审查。付款人的审查主要分两个方面：票据权利的真实性，提示付款人身份的真实性。经审查无误，后付款人即应足额付款。

（2）汇票的签收与缴回。

付款人付款时，有权要求持票人在汇票上签收并交出汇票。

（3）付款的效力。

付款人对票据权利人付款的，汇票上的票据关系全部消灭，全体票据债务人的债务消灭。

3. 错误付款

付款人及其代理付款人以恶意或者有重大过失付款的，应当自行承担责任。

重难点 17：追索权★★★

1. 汇票的追索权，是指汇票到期不获付款、到期前不获承兑或者有其他法定原因时，持票人依法向汇票上的债务人请求偿还票据金额、利息和其他法定款项的票据权利。

2. 追索权的当事人

（1）追索权人。

追索权人包括最初追索权人和再追索权人：

①最初追索权人是指享有票据的最后持票人。

②再追索权人是指背书人、出票人、保证人、承兑人。其中承兑人既是付款义务人又是被追索人。

（2）被追索人。

追索权人的追索权所针对的义务人或偿还义务人称为被追索人，负有偿还票据金额、利息和法定费用的义务。

3. 最初追索权的取得

（1）到期追索权。

汇票到期被拒绝付款的，持票人可以行使追索权。

（2）期前追索权。

①被拒绝承兑（包括承兑附条件）；

②承兑人或者付款人死亡、逃匿；

③承兑人或者付款人被宣告破产或者因违法被责令终止业务活动。

4. 最初追索权的权利保全

持票人不能出示相关证明的，将丧失对其前手的追索权。但是，出票人和承兑人仍然应当承担票据责任。

5. 通知义务

持票人应当自收到被拒绝承兑或者拒绝付款的有关证明之日起 3 日内，将被拒绝的事由书面通知其直接前手，还可以同时通知其他被追索人。未按照规定期限发出追索通知的，持票人仍可以行使追索权。但因延期通知给其前手或者出票人造成损失的，由其承担该损失的赔偿责任，但所赔偿的金额以汇票金额为限。

6. 追索金额

（1）最初追索权的追索金额包括：

①被拒绝付款的汇票金额；

②汇票金额自到期日或者提示付款日起至清偿日止，按照中国人民银行规定的利率计算的利息；

③取得有关拒绝证明和发出通知书的费用。

（2）再追索权的追索金额包括：

①已清偿的全部金额及其自清偿日起至再追索清偿日止，按照中国人民银行规定的利率计算的利息；

②发出通知书的费用。

7. 追索权的行使及其效力

出票人、背书人、承兑人和保证人对持票人承担连带责任：

（1）持票人可以不按照汇票债务人的先后顺序，对其中任何一人、数人或者全体行使追索权；

（2）持票人对汇票债务人中的一人或者数人已经开始进行追索的，对其他汇票债务人仍然可以行使追索权；

（3）如果持票人未在法定期限内（10 日）提示付款的，则丧失对出票人、承兑人以外的前手（背书人及其保证人）的追索权；

（4）持票人未按照规定期限（3 日）发出追索通知的，仍可以行使追索权。

（5）持票人对伪造人、被伪造人均无追索权。

（6）保证人清偿汇票债务后，可以对“被保证人及其前手”行使追索权。

（7）回头背书。

①持票人为出票人的，对其前手无追索权；

②持票人为背书人的，对其后手无追索权。

【经典真题】

【多选题·2014】根据票据法律制度的规定，汇票持票人可以取得期前追索权的情形有（　　）。

A. 承兑人被宣告破产

B. 付款人被责令终止业务活动

C. 承兑附条件

D. 出票人被宣告破产

【答案】ABC

重难点18：本票★★★

jj200904

1. 本票是指由出票人签发的，承诺自己在见票时无条件支付确定的金额给收款人或者持票人的票据。

（1）本票的基本当事人只包括出票人和收款人，因为出票银行自己是付款人。

（2）本票的出票人，是指经中国人民银行当地分支行批准办理本票业务的银行机构，向银行申请签发本票的当事人并非出票人。

2. 本票出票的款式

（1）绝对必要记载事项。

本票的绝对必要记载事项包括：表明“本票”的字样、无条件支付的承诺、确定的金额、收款人名称、出票日期和出票人签章。

①票据金额以中文大写和数码同时记载，二者必须一致，二者不一致的，票据无效。

②票据金额、出票日期、收款人名称不得更改，更改的票据无效。

③支票的“金额和收款人名称”可以授权补记，本票和汇票谈不上补记的问题。

④出票人在票据上的签章不符合规定的，票据无效。

（2）相对必要记载事项。

①本票未记载付款地的，以出票人的营业场所为付款地。

②本票未记载出票地的，以出票人的营业场所为出票地。

（3）其他事项。

其他记载事项不发生票据法上的效力。需要注意的是，出票人如果记载了“不得转让”字样，该本票不得转让。

3. 本票的付款

（1）本票自出票之日起，付款期限最长不得超过2个月。

（2）本票的持票人未按照规定期限提示付款的，即丧失对出票人以外的前手（背书人及其保证人）的追索权。

（3）本票限于见票即付，持票人可以自出票之日起2个月内随时提示付款。未按照规定期限提示付款的，持票人在票据权利时效内（自出票之日起2年）向出票银行作出说明，并提供相关证明，仍可以持本票向出票银行请求付款。

【经典真题】

【多选题·2006】甲出具一张本票给乙，乙将该本票背书转让给丙，丁作为乙的保证人在票据上签章。丙又将该本票背书转让给戊，戊作为持票人未按规定期限向出票人提示付款。根据票据法律制度的规定，下列选项中，戊不得行使追索权的有（　　）。

A. 甲　　B. 乙　　C. 丙　　D. 丁

【答案】BCD

【多选题·2018】下列关于本票的表述中，符合票据法律制度规定的有（　　）。

A. 本票为见票即付的票据

B. 本票的收款人名称可以授权补记

C. 我国现行法律规定的本票仅为银行本票

D. 本票未记载付款地的，以出票人的营业场所为付款地

【答案】ACD

【解析】选项B：支票的“金额和收款人名称”可以授权补记，但汇票和银行本票不能授权补记。

重难点19：支票★★★

1. 支票出票的款式

（1）绝对必要记载事项。

支票的绝对必要记载事项包括：表明“支票”的字样、无条件支付的委托、确定的金额、付款人名称、出票日期和出票人签章。未记载的，支票无效。

①“无条件支付的委托”属于绝对必要记载事项，如果出票人记载了付款人支付票据金额的条件，应认为出票行为欠缺绝对必要记载事项，该支票无效。

②出票人在票据上的签章不符合规定的，票据无效。

③票据金额以中文大写和数码同时记载，二者必须一致，二者不一致的，票据无效。

④票据金额、出票日期和收款人名称不得更改，更改的票据无效。

⑤支票的“金额”属于绝对必要记载事项，但可以由出票人授权补记，未补记前不得背书转让和提示付款。即支票的“金额”只能由出票人授权（相对人）补记，相对人不能再授权他人补记。支票的“金额”经补记之后，才能背书转让和提示付款。

⑥支票的“收款人名称”并非绝对必要记载事项，可以由出票人授权补记，也可以由相对人再授权他人补记。例如，甲签发支票给乙，但是未记载收款人名称。乙为支付货款，直接将支票交付给丙，丙将自己的名称记载为收款人后，可以主张票据权利。

（2）相对必要记载事项。

①支票上未记载付款地的，以付款人的营业场所为付款地。

②支票上未记载出票地的，以出票人的营业场所、住所或者经常居住地为出票地。

（3）任意记载事项。

出票人可以记载“不得转让”字样，如有该记载，则支票不得转让。

（4）不发生票据法上效力的事项。

出票人可以在支票上记载“用途”（如偿还货款），但该记载不发生票据法上的效力。

（5）记载无效的事项。

支票限于见票即付，不得另行记载付款日期。另行记载付款日期的，该记载无效，支票仍然有效。

2. 付款人的责任

支票的付款人（出票人的开户银行）并未在票据上签章，并非票据债务人。持票人提示付款时，如果出票人在付款人处的存款金额足够支付支票金额的，则付款人应当足额付款；否则，付款人应当拒绝付款。

3. 支票的付款人可以拒绝付款的情形

（1）持票人未按照规定期限提示付款；

（2）出票人签发空头支票。

4. 支票的提示付款期限

（1）支票的持票人应当自出票日起 10 日内提示付款，超过该期限提示付款的，持票人丧失对出票人以外的前手的追索权。

（2）支票的持票人对出票人的票据权利，自出票之日起 6 个月不行使而消灭。

【经典真题】

【多选题·2009】甲公司为了支付货款，签发了一张以本市的乙银行为付款人、以丙公司为收款人的转账支票。丙公司在出票日之后的第 14 天向乙银行提示付款。根据票据法律制度的规定，下列表述中，正确的有（　　）。

A. 如果甲公司在乙银行的存款足以支付支票金额，乙银行应当足额付款

B. 乙银行可以拒绝付款

C. 乙银行应当无条件付款

D. 如果乙银行拒绝付款，甲公司仍应承担票据责任

【答案】BD

【解析】支票的持票人应当自出票日起 10 日内提示付款，超过提示付款期限的，付款人（乙银行）可以不予付款；但出票人（甲公司）仍应当对持票人承担票据责任。

【单选题·2015】甲公司签发的支票上，中文大写记载的金额为“壹万玖仟捌佰元整”，而阿拉伯数字（数码）记载的金额为“19810 元”。根据票据法律制度的规定，下列关于支票的效力的表述中，正确的是（　　）。

A. 甲公司将金额更改为一致并签章后，支票有效

B. 支票无效

C. 支票有效，以中文记载为准

D. 支票有效，以阿拉伯数字（数码）记载为准

【答案】B

【单选题·2018】根据票据法律制度的规定，下列票据记载事项中，可以更改的是（　　）。

A. 出票日期　　B. 付款人名称
C. 票据金额　　D. 收款人名称

【答案】B

重难点20：汇兑★★

1. 汇兑是指汇款人委托银行将其款项支付给收款人的结算方式，汇兑适用于单位和个人的各种款项的结算。

2. 汇款回单只能作为汇出银行受理汇款的依据，不能作为该笔汇款已经转入收款人账户的证明；收账通知是银行将款项确已收入收款人账户的凭据。

3. 汇兑的撤销和退汇

（1）汇兑的撤销。

汇款人对汇出银行尚未汇出的款项可以申请撤销。

（2）汇兑的退汇。

①汇款人对汇出银行已经汇出的款项可以申请退汇。

②对在汇入银行开立存款账户的收款人，由汇款人与收款人自行联系退汇。

③对未在汇入银行开立存款账户的收款人，汇款人应出具正式函件或者本人身份证件以及原信、电汇回单，由汇出银行通知汇入银行，经汇入银行核实汇款确未支付，并将款项汇回汇出银行，方可办理退汇。

④汇入银行对于收款人拒绝接受的汇款，应当立即办理退汇。

⑤汇入银行对于向收款人发出取款通知，经过2个月无法交付的汇款，应主动办理退汇。

重难点21：托收承付★★

1. 托收承付是指根据买卖合同由收款人发货后委托银行向异地付款人收取款项，由付款人向银行承认付款的结算方式。

2. 办理托收承付结算的款项，必须是商品交易以及因商品交易而产生的劳务供应的款项。代销、寄销、赊销商品的款项，不得办理托收承付结算。

3. 承付期

（1）验单付款的承付期为3天，从付款人开户银行发出承付通知的次日算起（承付期内遇法定休假日顺延）。

（2）验货付款的承付期为10天，从运输部门向付款人发出提货通知的次日算起。

（3）付款人在承付期内，未向银行表示拒绝付款的，银行即视为承付，并在承付期满的次日（遇法定休假日顺延）上午银行开始营业时，将款项主动从付款人的账户内付出，划给收款人。

4. 拒绝付款

付款人在承付期内，对于以下情况，可向银行提出全部或部分拒绝付款，不属于以下情况的，付款人不得向银行提出拒绝付款：

（1）没有签订购销合同或者购销合同未订明托收承付结算方式的款项；

（2）未经双方事先达成协议，收款人提前交货或因逾期交货，付款人不再需要该项货物的款项；

（3）未按合同规定的到货地址发货的款项；

（4）代销、寄销、赊销商品的款项；

（5）验单付款，发现所列货物的品种、规格、数量、价格与合同规定不符；或者货物已到，经查验货物与合同规定或与发货清单不符的款项；

（6）验货付款，经查验货物与合同规定或与发货清单不符的款项；

（7）货款已经支付或计算错误的款项。

重难点22：委托收款★★

1. 委托收款是收款人委托银行向付款人收取款项的结算方式。

2. 付款人应于接到通知的当日书面通知银行付款。如果付款人未在接到通知日的次日起3日内通知银行付款的，视同付款人同意付款，银行应于付款人接到通知日的次日起第4日上午开始营业时，将款项划给收款人。

3. 银行在办理划款时，发现付款人存款账户不足支付的，应通过被委托银行向收款人发出未付款通知书。

4. 拒绝付款

付款人在审查有关债务证明后，对收款人委托收取的款项需要拒绝付款的、可以办理拒绝付款：

（1）以银行为付款人的，应自收到委托收款及债务证明的次日起3日内出具拒绝证明，连同有关债务证明、凭证寄给被委托银行，转交收款人；

（2）以单位为付款人的，应在付款人接到通知日的次日起3日内出具拒绝证明，持有债务证明的，应将其送交开户银行。银行将拒绝证明、债务证明和有关凭证并寄给被委托银行，转交收款人。

重难点23：国内信用证★★★

1. 国内信用证是指银行依照申请人的申请开立的、对相符交单予以付款的承诺。

（1）我国的信用证是以人民币计价、不可撤销的跟单信用证。

（2）信用证结算方式适用于国内企事业单位之间的货物和服务贸易。

（3）汇兑、委托收款、银行汇票、银行本票、支票：单位和个人均可使用；国内信用证、托收承付、商业汇票：个人不能使用。

（4）信用证的开立和转让，应当具有真实的贸易背景。但是，在信用证业务中，银行处理的只是单据，而不是单据所涉及的货物或者服务。银行只对单据进行表面审核。银行收到单据时，应仅以单据本身为依据，认真审核信用证规定的所有单据，以确定是否为相符交单。银行不审核信用证没有规定的单据。

（5）信用证与作为其依据的贸易合同相互独立，即使信用证含有对此类合同的任何援引，银行也与该合同无关，且不受其约束。

2. 开证

（1）开证申请人申请开立信用证，须提交其与受益人签订的贸易合同。

（2）开证行可要求申请人交存一定数额的保证金，并可根据申请人资信情况要求其提供抵押、质押、保证等合法有效的担保。

3. 保兑

（1）保兑是指保兑行根据开证行的授权或者要求，在开证行承诺之外作出的对相符交单付款、确认到期付款或者议付的确定承诺。

（2）保兑行自对信用证加具保兑之时起即不可撤销地承担对相符交单付款、确认到期付款或者议付的责任。

（3）指定银行拒绝对信用证加具保兑时，应及时通知开证行。开证行对保兑行的偿付义务不受开证行与受益人关系的约束。

4. 修改

（1）开证申请人需对已开立的信用证内容修改的，应向开证行提出修改申请，明确修改的内容。

（2）增额修改的，开证行可要求申请人追加增额担保；付款期限修改的，不得超过法律规定的最长期限；开证行发出的信用证修改书中应注明本次修改的次数。

（3）信用证受益人同意或者拒绝接受修改的，应提供接受或者拒绝修改的通知。对同一修改的内容不允许部分接受，部分接受将被视作拒绝接受修改。

（4）开证行自开出信用证修改书之时起，即不可撤销地受修改内容的约束。

（5）保兑行有权选择是否将其保兑扩展至修改：扩展至修改的，自作出扩展通知时即不可撤销地受其约束；不对修改加具保兑的，应及时告知开证行并在给受益人的通知中告知受益人。

5. 通知

（1）通知行可由开证申请人指定，如申请人未指定，开证行有权指定。

（2）通知行可自行决定是否通知：同意通知的，应于收到信用证次日起 3 个营业日内通知受益人；拒绝通知的，应于收到信用证次日起 3 个营业日内告知开证行。

6. 转让

（1）转让是指由转让行应第一受益人的要求，将可转让信用证（特别标注“可转让”字样的信用证）的部分或者全部转为可由第二受益人兑用。

（2）对于可转让信用证，开证行必须指定转让行，转让行可为开证行。转让行无办理信用证转让的义务，除非其明确同意。转让行仅办理转让，并不承担信用证项下的付款责任，但转让行是保兑行或者开证行的除外。

（3）可转让信用证只能转让一次，即只能由第一受益人转让给第二受益人，已转让信用证不得应第二受益人的要求转让给任何其后的受益人，但第一受益人不视为其后的受益人。

7. 议付

（1）议付是指可议付信用证项下单证相符或者在开证行或者保兑行已确认到期付款的情况下，议付行在收到开证行或者保兑行付款前购买单据、取得信用证项下索款权利，向受益人预付或者同意预付资金的行为。

（2）信用证未明示可议付，任何银行不得办理议付。明示可议付，如开证行仅指定一家议付行，未被指定为议付行的银行不得办理议付，被指定的议付行可自行决定是否办理议付。

（3）保兑行对以其为议付行的信用证加具保兑，在受益人请求议付时，须承担对受益人相符交单的议付责任。指定议付行非保兑行且未议付时，保兑行仅承担对受益人相符交单的付款责任。

（4）议付行议付时，必须与受益人书面约定是否有追索权。若约定有追索权，到期不获付款，议付行可向受益人追索。若约定无追索权，到期不获付款，议付行不得向受益人追索，议付行与受益人约定的例外情况或者受益人存在信用证欺诈的情形除外。保兑行议付时，对受益人不具有追索权，受益人存在信用证欺诈的情形除外。

8. 寄单索款

受益人委托交单行交单，应在信用证交单期和有效期内填制信用证交单委托书，并提交单据和信用证正本及信用证通知书、信用证修改书正本及信用证修改通知书。交单行应在收单次日起5个营业日内对其审核相符的单据寄单。交单行应合理谨慎地审查单据是否相符，但非保兑行的交单行对单据相符性不承担责任，与受益人另有约定的除外。

9. 付款

（1）开证行或者保兑行应在收到交单行寄交的单据及交单面函（寄单通知书）或者受益人直接递交的单据的次日起5个营业日内，及时核对是否为相符交单。

①单证相符或者单证不符但开证行或者保兑行接受不符点的，对即期信用证，应于收到单据次日起5个营业日内支付相应款项给交单行或者受益人（受益人直接交单时）；

②对远期信用证，应于收到单据次日起5个营业日内发出到期付款确认书，并于到期日支付款项给交单行或者受益人。

（2）若受益人提交了相符单据或者开证行已发出付款承诺，即使申请人交存的保证金及其存款账户余额不足支付，开证行仍应在规定的时间内付款。对申请人提供抵押、质押、保函等担保的，按《中华人民共和国担保法》（以下简称《担保法》）《物权法》的有关规定索偿。

（3）开证行或者保兑行付款后，对受益人不具有追索权，受益人存在信用证欺诈的情形除外。

10. 注销

（1）信用证注销，是指开证行对信用证未支用的金额解除付款责任的行为。

（2）开证行、保兑行、议付行未在信用证有效期内收到单据的，开证行可在信用证逾有效期1个月后予以注销。具体处理办法由各银行自定。

重难点24：银行卡★★

1. 银行卡的种类

（1）按币种不同，分为人民币卡和外币卡；

（2）按信息载体不同，分为磁条卡、芯片（IC）卡等；

（3）按使用对象不同，分为单位卡和个人卡；

（4）按结算方式不同，分为信用卡和借记卡。

2. 单位卡

（1）单位人民币卡账户的资金一律从其基本存款账户转账存入，不得存取现金，不得将销货收入存入单位卡账户。

（2）单位外币卡账户的资金应当从其单位的外汇账户转账存入，不得在境内存取外币现钞。

3. 信用卡

（1）信用卡持卡人透支消费享受免息还款期和最低还款额待遇的条件和标准等，由发卡机构自主确定。

（2）对信用卡透支利率实行上限和下限管理，透支利率上限为日利率 0.05%，透支利率下限为日利率 0.05% 的 0.7 倍。

（3）信用卡透支的计结息方式以及对信用卡溢缴款是否计付利息及其利率标准，由发卡银行自主确定。

（4）取消信用卡滞纳金，对于持卡人违约逾期未还款的行为，发卡机构应与持卡人通过协议约定是否收取违约金以及相关收取方式和标准。

（5）发卡机构向持卡人提供超过授信额度用卡服务的，不得收取超限费。

（6）发卡机构对向持卡人收取的违约金和年费、取现手续费、货币兑换费等服务费用，不得计收利息。

重难点 25：预付卡★

预付卡是指发卡机构以特定载体和形式发行的、可在发卡机构之外购买商品或者服务的预付价值，但不包括：（1）仅限于发放社会保障金的预付卡；（2）仅限于乘坐公共交通工具的预付卡；（3）仅限于缴纳电话费等通信费用的预付卡；（4）发行机构与特约商户为同一法人的预付卡。

预付卡分为记名预付卡和不记名预付卡。记名预付卡可挂失、可赎回，不得设置有效期。不记名预付卡不挂失、不赎回，有效期不得低于 3 年，不具有透支功能。

重难点 26：电子支付★

根据发起电子支付指令的电子终端不同，电子支付可以分为网上支付、电话支付、移动支付、销售点终端交易、自动柜员机交易和其他电子支付等类型；依托公共网络或专用网络在收付款人之间转移货币资金的支付方式，电子支付包括互联网支付（网上支付）、移动电话支付、固定电话支付、数字电视支付等，也被合称为网络支付。其中，使用最广泛的是网上支付和移动支付。

电子支付的当事人一般包括发出电子支付指令的客户、接受电子支付指令的客户、提供电子支付网络环境服务和移动通信服务的经营商、银行、支付机构等。电子支付的基本流程是电子支付指令的发起、确认、执行、接收。

【经典真题】

【案例分析·2018】A 公司为向 B 公司支付购买的钢材货款，向 B 公司签发了一张以甲银行为承兑人、金额为 100 万元的银行承兑汇票，甲银行作为承兑人在汇票上签章。B 公司收到汇票后背书转让给 C 公司，用于偿还所欠租金。C 公司为履行向 D 中学捐资助学的承诺，将该汇票背书转让给 D 中学，并在汇票上注明“不得转让”字样。D 中学将该汇票背书转让给 F 公司，用于偿付工程款；应 F 公司的要求，D 中学请 E 公司出具了担保函，承诺就 D 中学对 F 公司的票据债务承担保证责任，但未在票据上作任何记载。

A 公司收到钢材后，发现钢材存在重大质量瑕疵，完全不符合买卖合同约定及行业通行标准，无法使用。

F 公司于汇票到期日向甲银行提示付款，甲银行以 A 公司未在该银行存入足够资金为由拒付。F 公司遂向 A、B、C、E 公司追索。A 公司称，因钢材存在重大质量瑕疵，B 公司构成根本违约，已向 B 公司主张解除合同、退还货款，故不应承担任何票据责任。C 公司以汇票上记载有“不得转让”字样为由，拒绝承担票据责任。

要求：根据上述内容，分别回答下列问题：

（1）甲银行拒绝向 F 公司付款的理由是否成立？并说明理由。

（2）A 公司拒绝向 F 公司承担票据责任的理由是否成立？并说明理由。

（3）C 公司拒绝向 F 公司承担票据责任的理由是否成立？并说明理由。

（4）E 公司应否承担票据保证责任？并说明理由。

【参考答案与解析】

（1）甲银行拒绝付款的理由不成立。承兑人不得以其与出票人之间的资金关系对抗持票人。

（2）A 公司的理由不成立。票据债务人不得以自己与持票人前手之间的抗辩事由对抗持票人，但持票人明知存在抗辩事由而取得票据的除外。

（3）C 公司的理由成立。背书人在汇票上记载“不得转让”字样，其后手再背书转让的，原背书人对后手的被背书人不承担保证责任。

（4）E 公司不应承担票据保证责任。票据是文义证券，保证人未在票据上或者粘单上记载“保证”字样而另行签订保证合同或者保证条款的，不属于票据保证。

【案例分析·2018】 2018 年 3 月 5 日，A 公司为支付货款，向 B 公司签发一张 200 万元的银行承兑汇票，汇票到期日为 2018 年 9 月 4 日，甲银行与 A 公司签署承兑协议后，作为承兑人在票面上签章。后甲银行以对该承兑协议有重大误解为由向人民法院提起诉讼，请求人民法院撤销该承兑协议。

B 公司收到汇票后，背书转让给 C 公司，用于支付房屋租金，但未在“被背书人”栏内记载 C 公司名称。C 公司欠 D 公司一笔应付账款，遂直接向 D 公司记载 B 公司的被背书人，并将汇票交给 D 公司。

6 月 5 日，D 公司财务负责人员李某将其负责保管的该汇票盗出，并伪造 D 公司相关签章，持该汇票背书转让给与其相互串通的 E 公司。

7 月 5 日，E 公司将该汇票背书转让给 F 公司，用于支付货款，F 公司知道 E 公司获得该汇票的详情，但仍予接受。F 公司随即将该汇票背书转让给 G 公司，用于支付装修工程款。G 公司对于李某的行为及 E 公司、F 公司获得该汇票的经过均不知情。

9 月 4 日，G 公司持该汇票向甲银行提示付款，甲银行以其与 A 公司之间的承兑协议已被人民法院撤销为由拒绝付款。

要求：根据上述内容，分别回答下述问题：

（1）甲银行拒绝向 G 公司付款的理由是否成立？并说明理由。

（2）F 公司是否取得票据权利？并说明理由。

（3）G 公司是否取得票据权利？并说明理由。

（4）G 公司是否有权向 C 公司追索？并说明理由。

【参考答案与解析】

（1）甲银行拒绝付款的理由不成立。票据债务人不得以自己与出票人之间的抗辩事由对抗持票人，但持票人明知存在抗辩事由而取得票据的除外。或者回答票据行为无因性；票据债务人已经承兑，应当付款等均可。

（2）F 公司不能取得票据权利。以欺诈、偷盗或者胁迫等手段取得票据的，或者明知有前列情形，由于恶意取得票据的，不得享有票据权利。

（3）G 公司取得票据权利。G 公司符合票据善意取得的要件，可取得票据权利。

（4）G 公司无权向 C 公司追索。票据属文义证券，C 公司未在票据上签章，并非票据债务人，不承担票据责任。

【案例分析 · 2019】A 公司向 B 公司购买一批生产设备。为支付货款，A 公司向 B 公司签发一张以甲银行为承兑人、金额为 500 万元的银行承兑汇票。甲银行作为承兑人在票面上签章。B 公司收到汇票后背书转让给 C 公司，用于偿还其所欠 C 公司的专利使用费，但未在被背书人栏内记载 C 公司的名称。C 公司欠 D 公司一笔货款，遂直接将 D 公司记载为 B 公司的被背书人，并将汇票交给 D 公司，D 公司随即将汇票背书转让给 E 公司，用于偿付工程款，并在汇票上注明："工程验收合格则转让生效"。E 公司随即又将汇票背书转让给 F 公司，用于支付办公装修费用。后 D 公司与 E 公司因工程存在严重安全隐患，未能验收合格而发生纠纷。

B 公司未在约定期间内向 A 公司发货，经催告后仍未发货。A 公司遂向 B 公司主张解除合同、追还货款。

F 公司于汇票到期日向银行提示付款，甲银行以 A 公司资信状况不佳、账户余额不足为由拒绝。F 公司向前手行使追索权。A 公司辩称因 B 公司根本违约，其已向 B 公司主张解除合同、退还货款，故不应承担任何票据责任。公司辩称，根据其在汇票上注明的条件，D 公司对 E 公司的背书转让并未生效，故 D 公司无须向 F 公司承担票据责任。

根据上述内容，分别回答下列问题：

（1）甲银行拒绝向 F 公司付款的理由是否成立？并说明理由。

（2）A 公司拒绝向 F 公司承担票据责任的理是否成立？并说明理由。

（3）D 公司对 E 公司的背书转让是否生效？并说明理由。

（4）C 公司是否应当承担票据责任？并说明理由。

【参考答案与解析】

（1）本题考核票据抗辩。甲银行拒绝付款的理由不成立。根据规定，票据债务人不得以自己与出票人之间的抗辩事由，对抗持票人。即承兑人不得以其与出票人之间的资金关系为由对抗持票人。

（2）本题考核票据抗辩。A 公司的理由不成立。根据规定，票据债务人可以对不履行约定义务的与自己有直接债权债务关系的持票人，进行抗辩。票据债务人不得以自己与持票人的前手之间的抗辩事由对抗持票人，但持票人明知存在抗辩事由而取得票据的除外。B 公司根本违约，A 可以以此为由对 B 公司抗辩，但不能以此为由对 F 公司抗辩。

（3）本题考核汇票的背书。D 公司的背书有效。根据规定，背书不得附有条件。背书时附有条件的，所附条件不具有汇票上的效力，即条件无效、背书有效。

（4）本题考核汇票的责任。C 公司不应承担票据责任。根据规定，C 公司未在票据上签章，并非票据债务人，不承担票据责任。

【案例分析·2019】A 公司未结清欠款，向 B 公司开具一张金额为 50 万元的支票，并交付给 B 公司销售经理甲，甲偶然得知 B 公司欲辞退自己，心怀愤懑，甲知道 B 公司欠 C 公司 50 万元的货款，且与 C 公司负责人乙熟识，遂伪造 B 公司的财务专用章和财务负责人名章，将 B 公司记载于背书人栏，并交付给乙，但未在被背书人栏填写 C 公司的名称。C 公司因欠 D 公司 50 万元的货款，直接将 D 公司记载于 B 公司的被背书人栏，并将票据交付给 D 公司。

D 公司在提示付款日期内按支票记载的付款银行要求付款，银行发现 B 公司的财务专用章和财务负责人名章系伪造，于是拒付。D 公司遂向 A、B、C 三公司追索。三公司均以票据为甲伪造为由拒绝付款。D 公司向甲要求承担票据责任。

根据上述内容，分别回答下列问题：

（1）A 公司是否应当承担票据责任？并说明理由。

（2）B 公司是否应当承担票据责任？并说明理由。

（3）C 公司是否应当承担票据责任？并说明理由。

（4）甲是否应当承担票据责任？并说明理由。

【参考答案与解析】

（1）A 公司应当承担票据责任。根据规定，票据上有伪造签章的，不影响票据上其他真实签章的效力。

（2）B 公司不承担票据责任。根据规定，假冒他人名义签章的法律效果类似于无权代理，这里是狭义无权代理，票据行为无效，被伪造人 B 公司不承担票据责任。

（3）C 公司不承担票据责任。根据规定，背书人未记载被背书人名称，即将票据交付他人的，持票人在票据被背书人栏内记载自己的名称，与背书人记载具有同等法律效力。

（4）甲不承担票据责任。根据规定，伪造人并未以自己名义在票据上签章，不承担票据责任。

五、进阶练习

（一）单选题

1. 根据票据法律制度的规定，支票的下列记载事项中，可以由出票人授权补记的是（　　）。

A. 出票日期　　B. 出票人签章

C. 付款人名称　　D. 支票的金额

2. 支票的持票人对出票人行使追索权的期限是（　　）。

A. 自出票日起 2 年　　B. 自到期日起 2 年

C. 自出票日起6个月　　D. 自出票日起3个月

3. 银行本票的持票人对出票人的权利行使期限是自出票日起（　　）。

A. 10日　　B. 3个月

C. 6个月　　D. 2年

4. 下列各项中属于商业汇票绝对必要记载事项的是（　　）。

A. 出票日期　　B. 背书日期

C. 承兑日期　　D. 保证日期

5. 下列有关汇票背书的表述中错误的是（　　）。

A. 背书日期为相对必要记载事项

B. 背书时附条件的，所附条件不具有汇票上的效力

C. 出票人在汇票上记载不得转让字样的汇票，不得转让

D. 委托收款背书的被背书人不可以再背书转让票据权利

6. 下列关于票据保证的表述中正确的是（　　）。

A. 票据上未记载保证日期的，被保证人的背书日期为保证日期

B. 保证人未在票据或者粘单上记载被保证人名称的，已承兑的票据，出票人为被保证人

C. 保证人为两人以上的，保证人之间承担一般保证责任

D. 保证人清偿票据债务后，可以对被保证人及其前手行使追索权

7. 下列票据行为人中，其签章不符合规定可导致票据无效的是（　　）。

A. 出票人　　B. 背书人　　C. 承兑人　　D. 保证人

8. 下列关于信用卡的表述中，正确的是（　　）。

A. 发卡机构向信用卡持卡人按约定收取的违约金，不计收利息

B. 发卡机构向信用卡持卡人提供超过授信额度用卡的，应收取超限费

C. 发卡机构向信用卡持卡人收取的取现手续费，计收利息

D. 发卡机构向信用卡持卡人收取的年费计收利息

9. 下列关于支票的表述中错误的是（　　）。

A. 出票人可以记载“不得转让”字样，如有该记载，则支票不得转让

B. 出票人可以在支票上记载“用途”，但该记载不发生票据法上的效力

C. 支票上另行记载“付款日期”，该支票无效

D. 支票上未记载付款地的，该支票有效

10. 汇票持票人行使首次追索权时，不可以请求被追索人清偿的款项是（　　）。

A. 汇票金额自到期日起至清偿日止，按照中国人民银行规定的利率计算的利息

B. 发出通知书的费用

C. 取得有关拒绝证明的费用

D. 因汇票金额被拒绝支付而导致的利润损失

（二）多选题

1. 根据票据法律制度的规定，支票的下列记载事项中，可以由出票人授权补记的有（　　）。

A. 出票日期　　B. 出票人签章

C. 收款人名称　　D. 支票的金额

2. 电子支付的基本流程包括（　　）。

A. 电子支付指令的发起　　B. 电子支付指令的确认

C. 电子支付指令的执行　　D. 电子支付指令的接收

3. 下列关于银行汇票的表述中正确的有（　　）。

A. 实际结算金额超过出票金额的银行汇票，银行不予受理

B. 未填明实际结算金额和多余金额的银行汇票，银行不予受理

C. 银行汇票的实际结算金额不得超过出票金额

D. 银行汇票的出票人为银行

4. 下列情形中背书无效的有（　　）。

A. 背书记载“不得转让”字样　　B. 部分背书

C. 将票据金额分别背书给 2 个人　　D. 背书附条件

5. 下列关于票据质押背书的表述中正确的有（　　）。

A. 被背书人可以行使付款请求权

B. 被背书人可以再进行委托收款背书

C. 被背书人可以再进行质押背书

D. 被背书人可以再进行转让背书

6. 下列关于商业汇票提示承兑的表述中正确的有（　　）。

A. 承兑附有条件的，视为拒绝承兑

B. 付款人自收到提示承兑的汇票之日起 3 日内不作出承兑与否表示的，视为拒绝承兑

C. 汇票上没有记载付款日期的，无须提示承兑

D. 汇票见票后定期付款的汇票的，持票人应当自出票日起 1 个月内向付款人提示承兑

7. 下列关于在票据上签章效力的表述中正确的有（　　）。

A. 出票人在票据上签章不符合规定的，票据无效

B. 承兑人在票据上签章不符合规定的，票据无效

C. 保证人在票据上签章不符合规定的，其签章无效，但不影响其他符合规定签章的效力

D. 背书人在票据上签章不符合规定的，其签章无效，但不影响其他符合规定签章的效力

8. 下列情形中，票据债务人可以对持票人行使票据抗辩权的有（　　）。

A. 票据上没有记载出票日期

B. 票据上没有记载付款地

C. 票据金额的中文大写与数码记载的内容不一致

D. 持票人向票据债务人交付的货物有严重的质量问题

9. 下列票据丢失后，可以申请挂失止付的有（　　）。

A. 尚未承兑的商业汇票

B. 支票

C. 填明“现金”字样和代理付款人的银行汇票

D. 填明“现金”字样的银行本票

10. 下列关于国内信用证的表述中，正确的有（　　）。

A. 国内信用证是以人民币计价，不可撤销的跟单信用证

B. 国内信用证结算方式，适用于国内企事业单位之间的货物和服务贸易

C. 可转让信用证只能转让一次

D. 国内信用证与作为其依据的贸易合同相互独立

11. 根据支付结算制度的规定，一般存款账户的存款人可以办理的事项有（　　）。

A. 借款转存　　B. 借款归还

C. 现金缴存　　D. 现金支取

（三）案例分析题

1. 2019 年 3 月 1 日，为支付工程款项，A 公司向 B 公司签发一张以甲银行为承兑人、金额为 150 万元的银行承兑汇票，汇票到期日为 2019 年 9 月 1 日，甲银行作为承兑人在汇票票面上签章。

4 月 1 日，B 公司将该汇票背书转让给 C 公司，用于支付买卖合同价款。后因 C 公司向 B 公司出售的合同项下货物存在严重质量问题，双方发生纠纷。

5 月 1 日，C 公司为支付广告费，将该汇票背书转让给 D 公司。D 公司负责人知悉 B、C 公司之间合同纠纷的详情，对该汇票产生疑虑，遂要求 C 公司的关联企业 E 公司与 D 公司签订了一份保证合同。保证合同约定，E 公司就 C 公司对 D 公司承担的票据责任提供连带责任保证。但 E 公司未在汇票上记载有关保证事项，亦未签章。

6 月 1 日，D 公司将该汇票背书转让给 F 公司，以偿还所欠 F 公司的租金。

9 月 2 日，F 公司持该汇票向甲银行提示付款，甲银行以 A 公司资信状况不佳、账户余额不足为由拒付。

F 公司遂向 B、D 公司追索。B 公司以 C 公司违反买卖合同为由，对 F 公司的追索予以拒绝，D 公司向 F 公司承担票据责任后，分别向 B、E 公司追索，B 公司仍以 C 公司违反买卖合同为由，对 D 公司的追索予以拒绝，E 公司亦拒绝。

要求：根据上述内容，分别回答下列问题：

（1）甲银行的拒付理由是否成立？并说明理由。

（2）B 公司拒绝 F 公司追索的理由是否成立？并说明理由。

（3）B 公司拒绝 D 公司追索的理由是否成立？并说明理由。

（4）D 公司能否要求 E 公司承担票据责任？能否依保证合同要求 E 公司承担保证责任？并分别说明理由。

2. 甲公司为支付货款，向乙公司签发一张以 A 银行为承兑人、金额为 100 万元的银行承兑汇票。A 银行作为承兑人在汇票票面上签章，甲公司的股东 B 公司在汇票上以乙公司为被保证人，进行了票据保证的记载并签章。甲公司将汇票交付给乙公司工作人员孙某。

孙某将该汇票交回乙公司后，利用公司财务管理制度的疏漏，将汇票暗中取出，并伪造乙公司财务专用章和法定代表人签章，将汇票背书转让给与其相互串通的丙公司。丙公司随即将该汇票背书转让给丁公司，用于支付房屋租金，丁公司对于孙某伪造汇票之事不知情。

丁公司于汇票到期日向 A 银行提示付款。A 银行在审核过程中发现汇票上的乙公司签章系伪造，故拒绝付款。丁公司遂向丙公司、乙公司和 B 公司追索，均遭拒绝。后丁公司知悉

孙某伪造汇票之事，遂向其追索，亦遭拒绝。

要求：根据上述内容，分别回答下列问题：

（1）丁公司能否取得票据权利？并说明理由。

（2）乙公司是否应当向丁公司承担票据责任？并说明理由。

（3）B 公司是否应当向丁公司承担票据责任？并说明理由。

（4）孙某是否应当向丁公司承担票据责任？并说明理由。

3. 2020 年 2 月 10 日，甲公司向乙公司签发一张金额为 50 万元的商业汇票，以支付所欠货款。汇票到期日为 2020 年 8 月 10 日。A 银行作为承兑人在汇票票面上签章。

3 月 10 日，乙公司将该汇票背书转让给丙公司，用于支付装修工程款，并在汇票上注明："票据转让于工程验收合格后生效。"后丙公司施工的装修工程因存在严重质量问题未能通过验收。

4 月 10 日，丙公司将该汇票背书转让给丁公司，用于支付房屋租金。丁公司随即将该汇票背书转让给戊公司，用于购买办公设备，并在汇票背书人栏内记载"不得转让"字样。

5 月 10 日，戊公司将该汇票背书转让给庚公司，用于支付咨询服务费用，但未在汇票被背书人栏内记载庚公司名称。8 月 15 日，庚公司持该汇票向 A 银行提示付款。A 银行以庚公司名称未记载于汇票被背书人栏内为由拒付。庚公司在汇票被背书人栏内补记本公司名称后，再次向 A 银行提示付款。A 银行以自行补记不具效力为由再次拒付。庚公司向乙、丙、丁、戊公司追索，均遭拒绝。其中，丙公司的拒绝理由是，丁公司在汇票背书人栏内记载有"不得转让"字样；乙公司的拒绝理由是，丙公司的装修工程未通过验收，不符合乙公司在汇票上注明的转让生效条件。

要求：根据上述内容，分别回答下列问题：

（1）A 银行第一次拒付的理由是否成立？并说明理由。

（2）A 银行第二次拒付的理由是否成立？并说明理由。

（3）丙公司拒绝庚公司追索的理由是否成立？并说明理由。

（4）乙公司拒绝庚公司追索的理由是否成立？并说明理由。

六、进阶练习答案与解析

（一）单选题

1.【答案】D

【解析】支票的金额和收款人名称可以授权补记。

2.【答案】C

3.【答案】D

4.【答案】A

5.【答案】A

【解析】背书日期是绝对必要记载事项。

6.【答案】D

【解析】选项 A：票据上未记载保证日期的，出票日期为保证日期；选项 B：保证人未在票据或者粘单上记载被保证人名称的，已承兑的票据，承兑人为被保证人；选项 C：保证人为两人以上的，保证人之间承担连带责任。

7. 【答案】A

8. 【答案】A

9. 【答案】C

【解析】选项 C：支票上另行记载付款日期的，该记载无效，支票有效。

10. 【答案】D

（二）多选题

1. 【答案】CD

【解析】支票的金额和收款人名称可以授权补记。

2. 【答案】ABCD

3. 【答案】ABCD

4. 【答案】BC

【解析】选项 B、C：将票据金额一部分转让或者将票据金额分别转让给 2 个以上的，背书无效。

5. 【答案】AB

【解析】选项 C、D：票据质权人再行转让背书或者质押背书的，背书行为无效。但是被背书人可以再进行委托收款背书。

6. 【答案】ABCD

7. 【答案】AC

【解析】选项 B：承兑人在票据上签章不符合规定的，其签章无效，但不影响其他符合规定签章的效力；选项 D：背书人在票据上签章不符合规定的，其签章无效，但不影响其前手符合规定签章的效力。

8. 【答案】ACD

【解析】选项 B：付款地属于相对必要记载事项，未记载的，不影响票据效力，票据债务人不能行使抗辩权。

9. 【答案】BCD

10. 【答案】ABCD

11. 【答案】ABC

（三）案例分析题

1. （1）甲银行的拒付理由不成立。根据规定，承兑人不得以其与出票人之间的资金关系对抗持票人。

（2）B 公司的拒绝理由不成立。根据规定，票据债务人不得以自己与持票人的前手之间的抗辩事由对抗持票人，但持票人明知存在抗辩事由而取得票据的除外。在本题中，F 公司不知情。

（3）B 公司的拒绝理由成立。根据规定，票据债务人不得以自己与持票人的前手之间的抗辩事由对抗持票人，但持票人明知存在抗辩事由而取得票据的除外。在本题中，D 公司知悉 B 公司与 C 公司之间的合同纠纷，B 公司可以拒绝 D 公司的追索。

（4）①D 公司无权要求 E 公司承担票据责任。根据规定，如果保证人未在票据或者粘单上记载“保证”字样而另行签订保证合同或者保证条款的，不属于票据保证。在本题中，E 公司未在票据上签章，无须承担票据责任。

②D 公司有权依保证合同要求 E 公司承担保证责任。根据规定，未在票据或者粘单上记载“保证”字样而另行签订的保证合同，虽不属于票据保证，但仍具有民法上保证的效力，因此，D 公司可依据保证合同要求 E 公司承担连带保证责任。

2.（1）丁公司能取得票据权利。丁公司符合善意取得制度的构成要件，能够取得票据权利。

（2）乙公司无须承担票据责任。根据规定，在假冒他人名义的情形下，被伪造人（乙公司）不承担票据责任。

（3）B 公司应当承担票据责任。根据规定，票据上有伪造签章的，不影响票据上其他真实签章的效力。在票据上真正签章的当事人（B 公司），仍应对被伪造的票据的权利人（丁公司）承担票据责任，票据债权人在提示承兑、提示付款或者行使追索权时，在票据上的真正签章人不能以伪造为由进行抗辩。

（4）孙某无须承担票据责任。根据规定，由于伪造人（孙某）没有以自己的名义在票据上签章，因此不承担票据责任。

3.（1）A 银行第一次拒付的理由成立。根据规定，被背书人名称是背书行为的绝对必要记载事项，有权提示付款的持票人应为票面上记载的权利人。在本题中，在补记之前，庚公司不享有票据权利，A 银行有权拒绝付款。

（2）A 银行第二次拒付的理由不成立。根据规定，背书人未记载被背书人名称即将票据交付他人的，持票人在票据被背书人栏内记载自己的名称与背书人记载具有同等法律效力。

（3）丙公司的拒绝理由不成立。根据规定，背书人在汇票上记载“不得转让”字样，其后手再背书转让的，原背书人（丁公司）对后手的被背书人不承担保证责任，但其他票据债务人（包括但不限于丙公司）仍应当对持票人承担票据责任。

（4）乙公司的拒绝理由不成立。根据规定，背书时附有条件的，所附条件不具有汇票上的效力。

第十章 企业国有资产法律制度

一、2020年教材本章主要变化

2020年教材本章的改动令考生们欣喜，主要是进行了部分内容删减与用语表述规范性方面的修改。具体包括删减了第一节企业国有资产法律制度的部分内容和2019年教材第5节关于金融企业国有资产管理制度的全部内容。经过删减，本章内容调整为4节。

二、本章近5年考情统计分析

近5年本章考题主要为单项选择题和多项选择题，所占分值虽然不大，但复习难度较大，大多数知识点需要记忆。最近5年平均考试分值为3.5分。

（一）近5年考试分值分布

题型	2015年	2016年	2017年	2018年	2019年
单选题	2	2	2	2	2
多选题	1.5	1.5	1.5	1.5	1.5
合计	3.5	3.5	3.5	3.5	3.5

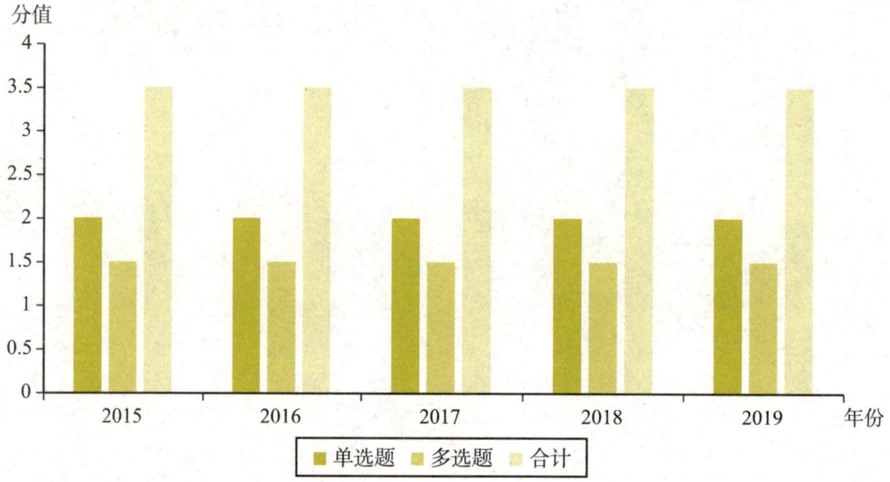

（二）近5年考试考点分布

高频考点内容	年度及题型分布
企业国有资产的监督管理体制	2016年单选题，2016年多选题，2017年多选题，2018年单选题，2019年单选题，2019年多选题
国家出资企业管理者的选择和考核	2015年单选题，2015年多选题，2017年单选题，2018年单选题
对重大事项的管理	2015年单选题，2018年单选题
国有企业混合所有制改革	2016年单选题，2019年单选题

续表

高频考点内容	年度及题型分布
企业国有资产评估管理制度	2018 年多选题，2019 年单选题
企业增资	2017 年单选题
上市公司国有股权变动管理	2019 年单选题
金融企业国有资产管理制度	2016 年单选题，2018 年单选题

三、本章思维导图

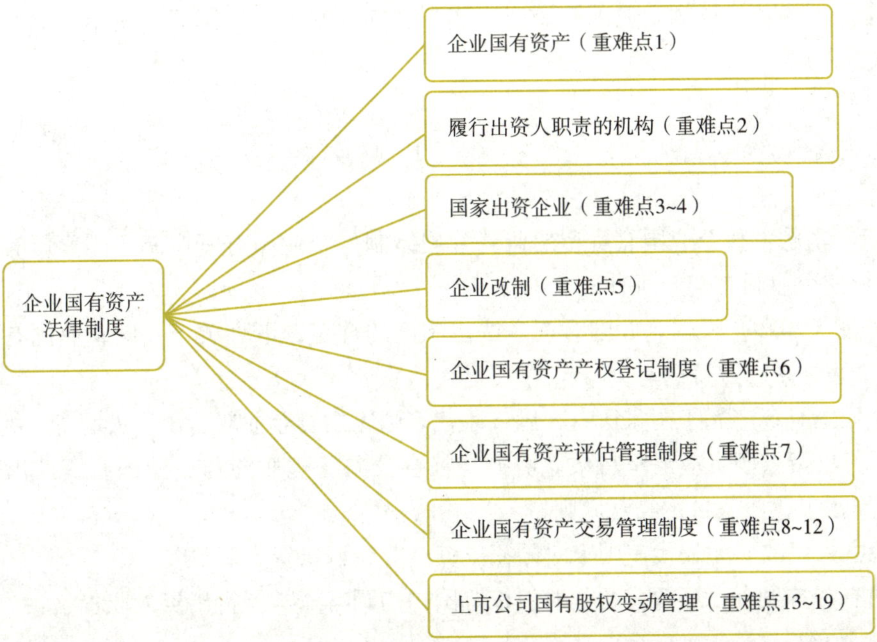

四、重难点解析

本章属于非重要考试章节，主要包括企业国有资产法律制度概述、企业国有资产产权登记制度、企业国有资产评估管理制度、企业国有资产交易管理制度等内容。

重难点 1：企业国有资产的监督管理体制★★★

《中华人民共和国企业国有资产法》（以下简称《企业国有资产法》）对企业国有资产的监督管理体制作出了明确规定。主要内容包括：

（1）企业国有资产属于国家所有，国务院代表国家行使企业国有资产所有权。

（2）国务院和地方人民政府依照法律、行政法规的规定，分别代表国家对国家出资企业履行出资人职责，享有出资人权益。

（3）国务院和地方人民政府应当按照政企分开、社会公共管理职能与企业国有资产出资人职能分开、不干预企业依法自主经营的原则，依法履行出资人职责。

（4）国家采取措施，推动企业国有资本向关系国有经济命脉和国家安全的重要行业和关键领域集中，优化国有经济布局和结构，推动国有企业的改革和发展，提高国有经济的整体素质，增强国有经济的控制力、影响力。

（5）国家建立健全与社会主义市场经济发展要求相适应的企业国有资产管理与监督体制，建立健全企业国有资产保值增值考核和责任追究制度，落实企业国有资产保值增值责任。

（6）企业国有资产受法律保护，任何单位和个人不得侵害。

【经典真题】

【单选题·2019】根据企业国有资产法律制度的规定，代表国家行使企业国有资产所有权的是（　　）。

A. 国务院　　B. 中国人民银行

C. 国有资产监督管理委员会　　D. 财政部

【答案】A

【解析】本题考核企业国有资产的监督管理体制。企业国有资产属于国家所有，国务院代表国家行使企业国有资产所有权。

【多选题·2019】根据企业国有资产法律制度的规定，下列关于我国企业国有资产监督管理体制的表述中，正确的有（　　）。

A. 企业国有资产属于国家所有，国务院代表国家出资企业履行出资人职责

B. 履行出资人职责应当坚持政企分开、社会公共管理职能与企业国有资产出资人职能分开、不干预企业依法自主经营原则

C. 地方人民政府无权代表国家对国家出资企业履行出资人职责

D. 国有资本投资、运营公司可对授权范围内的国有资本履行出资人职责

【答案】BD

【解析】本题考核企业国有资产的监督管理体制。企业国有资产属于国家所有，国务院代表国家行使企业国有资产所有权；国务院和地方各级人民政府分别代表国家对国家出资企业履行出资人职责；选项A、C错误。

重难点2：履行出资人职责的机构★★

履行出资人职责的机构包括：

（1）国务院国有资产监督管理机构，即国务院国有资产监督管理委员会。

（2）地方人民政府依照国务院的规定设立的国有资产监督管理机构。根据地方人民政府的授权，其代表地方人民政府对国家出资企业履行出资人职责。

（3）国务院和地方人民政府根据需要授权的其他部门、机构。

【小贴士】以上代表本级人民政府履行出资人职责的机构、部门，统称为“履行出资人职责的机构”。

重难点3：国家出资企业的概念★

国家出资企业是指国家出资的国有独资企业、国有独资公司，以及国有资本控股公司、国有资本参股公司。

重难点4：国家出资企业管理者的任职要求★★★

1. 国家出资企业管理者的任免范围

（1）任免国有独资企业的经理、副经理、财务负责人和其他高级管理人员；

（2）任免国有独资公司的董事长、副董事长、董事、监事会主席和监事；

（3）向国有资本控股公司、国有资本参股公司的股东会、股东大会提出董事、监事人选。

【小贴士】国家出资企业中应当由职工代表出任的董事、监事，依照有关法律、行政法规的规定由职工民主选举产生。

2. 国家出资企业管理者的任职条件

履行出资人职责的机构任命或者建议任命的董事、监事、高级管理人员应当具备下列条件：（1）有良好的品行；（2）有符合职位要求的专业知识和工作能力；（3）有能够正常履行职责的身体条件；（4）法律行政法规规定的其他条件。

3. 国家出资企业管理者的兼职限制。根据《企业国有资产法》的规定，未经履行出资人职责的机构同意，国有独资企业、国有独资公司的董事、高级管理人员不得在其他企业兼职；未经股东会、股东大会同意，国有资本控股公司、国有资本参股公司的董事、高级管理人员不得在经营同类业务的其他企业兼职；未经履行出资人职责的机构同意，国有独资公司的董事长不得兼任经理；未经股东会、股东大会同意，国有资本控股公司的董事长不得兼任经理；董事、高级管理人员不得兼任监事。

4. 国家出资企业管理者的义务

国家出资企业的董事、监事、高级管理人员，应当遵守法律、行政法规以及企业章程，对企业负有忠实义务和勤勉义务，不得利用职权收受贿赂或者取得其他非法收入和不当利益，不得侵占、挪用企业资产，不得超越职权或者违反程序决定企业重大事项，不得有其他侵害企业国有资产出资人权益的行为。

【经典真题】

【单选题·2018】根据企业国有资产法律制度的规定，下列国有独资公司的人员中，应当由履行出资人职责的机构任免的是（　　）。

A. 副董事长　　B. 副总经理

C. 总经理　　D. 财务负责

【答案】A

【解析】本题考核国家出资企业管理者选择。根据规定，履行出资人职责的机构依照法律、行政法规以及企业章程的规定，任免“国有独资公司”的董事长、副董事长、董事、监事会主席和监事。任免“国有独资企业”的经理、副经理、财务负责人和其他高级管理人员。

【单选题 · 2015】根据企业国有资产法律制度的规定，履行出资人责任的机构对其任命的企业管理者的任期经营业绩考核周期为（　　）。

A. 1 年　　B. 2 年　　C. 3 年　　D. 5 年

【答案】C

【解析】国家出资企业管理者的考核，任期经营业绩考核以 3 年为考核期。

重难点 5：企业改制★★

1. 企业改制的类型

（1）国有独资企业改为国有独资公司；

（2）国有独资企业、国有独资公司改为国有资本控股公司或者非国有资本控股公司；

（3）国有资本控股公司改为非国有资本控股公司。

2. 企业改制的程序及方案

企业改制应当依照法定程序，由履行出资人职责的机构决定或者由股东会、股东大会决定；重要的国有独资企业、国有独资公司、国有资本控股公司的改制，履行出资人职责的机构在作出决定或者向其委派参加国有资本控股公司股东会会议、股东大会会议的股东代表作出指示之前，应当将改制方案报请本级人民政府批准。

3. 企业改制方案的制定

企业改制应当制定改制方案，载明改制后的企业组织形式、企业资产和债权债务处理方案、股权变动方案、改制的操作程序、资产评估和财务审计等中介机构的选聘等事项。企业改制涉及重新安置企业职工的，还应当制定职工安置方案，并经职工代表大会或者职工大会审议通过。

重难点 6：企业国有资产产权登记制度★★★

1. 企业国有资产产权登记范围

企业国有资产产权登记范围包括：国有企业、国有独资公司、设置国有股权的有限责任公司和股份有限公司、国有企业和国有独资公司投资设立的企业以及其他形式占有国有资产的企业。

国家出资企业、国家出资企业（不含国有资本参股公司）拥有实际控制权的境内外各级企业及其投资参股企业，应当纳入产权登记范围。国有出资企业所属事业单位视为子企业进行产权登记。但上述企业为交易目的持有的下列股权不进行产权登记：

（1）为了赚取差价从二级市场购入的上市公司股权；

（2）为了近期内（一年之内）出售而持有的其他股权。

2. 国有资产产权登记的内容

（1）占有产权登记。

根据有关规定，履行出资人职责的机构和履行出资人职责的企业，有下列情形之一的，应当办理占有产权登记：①因投资、分立、合并而新设企业的；②因收购、投资入股而首次取得企业股权的；③其他应当办理占有产权登记的情形。

（2）变动产权登记。

企业发生下列情形之一的，应当通过所出资企业向产权登记机关申办变动产权登记：

①企业名称改变的；

②企业组织形式、级次发生变动的；

③企业国有资本额发生增减变动的；

④企业国有资本出资人发生变动的；

⑤企业国有资产产权发生变动的其他情形。

（3）注销产权登记。

企业发生下列情形之一的，应当申办注销产权登记：

①企业解散、被依法撤销或者被依法宣告破产的；

②企业转让全部国有资产产权或者改制后不再设置国有股权的；

③其他需要注销国有资产产权的情形。

3. 产权登记程序

（1）企业申办产权登记，应当按规定填写相应的产权登记表，并向产权登记机关提交有关文献资料；

（2）产权登记机关对企业产权登记的申报文件资料确认齐全后予以受理；

（3）产权登记机关对受理后的产权登记文件资料进行合规性审核；

（4）产权登记机关应当在受理后 10 个工作日内对企业申报的产权登记作出准予登记或不予登记的决定。

4. 企业国有资产产权登记的管理

各级履行出资人职责的机构。金融类企业国有资产产权登记和管理机关为同级财政部门。

5. 产权登记的年度检查

企业国有资产产权登记实行年度检查制度。

（1）企业应当于每年 2 月 1 日至 4 月 30 日完成企业产权登记情况的年度检查工作，并向产权登记机关报送企业产权登记年度汇总表和年度汇总分析报告。

（2）各级产权登记机关应当于每年 5 月 31 日前对企业产权登记的情况进行抽查，并将本级政府所出资企业产权登记年度汇总表和年度汇总分析报告逐级上报。

（3）国务院国有资产监督管理机构应于每年 6 月 30 日前按监管职责范围完成全国非金融类企业国有资产产权登记年度汇总检查工作。

各级国有资产监督管理机构可以选择采用统一组织年检或企业自查、各级产权登记机关抽查相结合的年检方式。

【经典真题】

【单选题·2018】根据企业国有资产法律制度的规定，金融企业国有资产的监督管理部门是（　　）。

A. 国资委　　B. 中国人民银行

C. 同级财政部门　　D. 银保监会

【答案】C

【解析】金融类企业国有资产产权登记和管理机关为同级财政部门。

重难点7：企业国有资产评估管理制度★★★

1. 企业国有资产评估的范围

（1）国家出资企业及其各级子企业有下列行为之一的，应当对相关资产进行资产评估：

①整体或者部分改建为有限责任公司或者股份有限公司；

②以非货币资产对外投资；

③合并、分立、破产、解散；

④非上市公司的国有股东股权比例变动；

⑤产权转让；

⑥资产转让、置换；

⑦整体资产或者部分资产租赁给非国有单位；

⑧以非货币资产偿还债务；

⑨资产涉讼；

⑩收购非国有单位的资产；

⑪接受非国有单位以非货币资产出资；

⑫接受非国有单位以非货币资产抵债；

⑬法律、行政法规规定的其他需要进行评估的事项。

（2）国家出资企业及其各级子企业有下列行为之一的，可以不对相关资产进行评估：

①经各级人民政府或者其国有资产监督管理机构批准，对企业整体或者部分资产实行无偿划转；

②国有独资企业与其下属独资企业（事业单位）之间或者其下属的独资企业（事业单位）之间的合并、资产（产权）置换和无偿划转。

2. 企业国有资产评估的组织管理系统

（1）国有资产监督管理结构。

各级履行出资人职责的机构负责其所出资企业的国有资产评估监督工作。国务院国有资产监督管理机构主要负责对全国企业国有资产评估监管工作进行指导和监督。

（2）资产评估机构。

资产评估机构的组织形式为合伙制或者公司制。资产评估机构开展国有资产评估业务，应当按规定向省级财政部门备案，并遵守有关法律、行政法规和评估准则，遵循独立客观公正的原则。资产评估机构应当建立健全质量控制制度，保证资产评估报告的客观、真实、合理。

资产评估机构违反法律规定，出具虚假评估报告的，由有关评估行政管理部门责令停业6个月以上1年以下；有违法所得的，没收违法所得，并处违法所得1倍以上5倍以下罚款；情节严重的，由有关部门吊销营业执照；构成犯罪的，依法追究刑事责任。

3. 核准制和备案制

经各级人民政府批准经济行为的事项涉及的资产评估项目，分别由其国有资产监督管理机构负责核准。经国务院国有资产监督管理机构批准经济行为的事项涉及的资产评估项目，由国务院国有资产监督管理机构或国务院授权的部门负责备案。

【经典真题】

【单选题·2019】根据企业国有资产法律制度的规定，国家出资企业及其各级子企业发生特定行为时，应当对相关资产进行评估。下列各项中，属于此类特定行为的是（　　）。

A. 经各级人民政府或其国有资产监督管理机构批准，对企业整体实施无偿划转

B. 国有独资公司与其下属独资企业之间的资产置换

C. 国家出资企业整体或部分改制为有限责任公司或股份有限公司

D. 经各级人民政府或其国有资产监督管理机构批准，对企业部分实施无偿划转

【答案】C

【解析】本题考核企业国有资产评估的范围。可以不评估的情形有：（1）经各级人民政府或其国有资产监督机构批准，对企业整体或者部分资产实行无偿划转；（2）国有独资企业与其下属独资企业（事业单位）之间或者其下属的独资企业（事业单位）之间的合并、资产（产权）置换和无偿划转。选项C属于“整体或者部分改建为有限责任公司或者股份有限公司”应当经评估。

重难点8：企业国有资产交易★★

企业国有资产交易，是指履行出资人职责的机构、国有及国有控股企业、国有实际控制企业转让产权，或者增加资本、进行重大资产转让的活动。

企业国有资产交易行为包括：（1）履行出资人职责的机构、国有及国有控股企业、国有实际控制企业转让其对企业各种形式出资所形成的权益行为（以下称企业产权转让）；（2）国有及国有控股企业、国有实际控制企业增加资本的行为（以下称企业增资），政府以增加资本金方式，对国家出资企业的投入除外；（3）国有及国有控股企业、国有实际控制企业的重大资产转让行为（以下称企业资产转让）。

重难点9：企业产权转让★★★

1. 审核批准

履行出资人职责的机构负责审核国家出资企业的产权转让事项。其中，因产权转让致使国家不再拥有所出资企业控股权的，须由履行出资人职责的机构报本级人民政府批准。

国家出资企业应当制定其子企业产权转让管理制度，确定审批管理权限。对主业处于关系国家安全、国民经济命脉的重要行业和关键领域，主要承担重大专项任务子企业的产权转让，须由国家出资企业报同级履行出资人职责的机构批准。

产权转让应当由转让方按照企业章程和企业内部管理制度进行决策，形成书面决议。产权转让涉及职工安置事项的，安置方案应当经职工代表大会或职工大会审议通过。

2. 审计评估

产权转让事项经批准后，由转让方委托会计师事务所对转让标的企业进行审计，转让价格应当以经核准或备案的评估结果为基础确定。

3. 确定受让方

产权转让原则上通过产权市场公开进行。转让方可以根据企业实际情况和工作进度安排，采取信息预披露和正式披露相结合的方式，通过产权交易机构网站分阶段对外披露产权转让信息，公开征集受让方。其中，正式披露时间不得少于20个工作日。

产权转让原则上不得针对受让方设置资格条件，确需设置的，不得有明确指向性或违反公平竞争原则，所设资格条件相关内容应当在信息披露前报同级国有资产监督管理机构备案，国有资产监督管理机构在5个工作日内未反馈意见的，视为同意。

转让方应当按照要求向产权交易机构提供披露信息内容的纸质文档材料，并对披露内容和所提供材料的真实性、完整性、准确性负责。产权交易机构应当对信息披露的规范性负责。

产权转让项目首次正式信息披露的转让底价，不得低于经核准或备案的转让标的评估结果。信息披露期满未征集到意向受让方的，可以延期或在降低转让底价、变更受让条件后重新进行信息披露。重新披露信息的，披露时间不得少于20个工作日。新的转让底价低于评估结果的90%时，应当经转让行为批准单位书面同意。

转让项目自首次正式披露信息之日起超过12个月未征集到合格受让方的，应当重新履行审计、资产评估以及信息披露等产权转让工作程序。

产权交易机构负责意向受让方的登记工作，对意向受让方是否符合受让条件提出意见并反馈给转让方。产权交易机构与转让方意见不一致的，由转让行为批准单位决定意向受让方是否符合受让条件。

产权转让信息披露期满产生符合条件的意向受让方的，按照披露的竞价方式组织竞价。竞价可以采取拍卖、招投标、网络竞价以及其他竞价方式，且不得违反国家法律法规的规定。

受让方确定后，转让方与受让方应当签订产权交易合同，双方不得以交易期间企业经营性损益等理由，对已达成的交易条件和交易价格进行调整。

4. 结算交易价款

交易价款应当以人民币计价，通过产权交易机构以货币进行结算，交易价款原则上应当自合同生效之日起5个工作日内一次付清。金额较大，一次付清确有困难的，可以采取分期付款方式。采用分期付款方式的，首期付款不得低于总价款的30%，并在合同生效之日起5个工作日内支付，其余款项应当提供转让方认可的合法有效担保，并按同期银行贷款利率支付延期付款期间的利息，付款期限不得超过1年。

产权交易合同生效后，产权交易机构应当将交易结果通过交易机构网站对外公告，公告期不少于5个工作日。

5. 非公开协议方式转让企业产权

以下情形的产权转让可以采取非公开协议转让方式：

（1）涉及主业处于国家安全，国民经济命脉的重要行业和关键领域，企业的重组整合对受让方有特殊要求，企业产权需要在国有及国有控股企业之间转让的，经国有资产监督管理机构批准，可以采取非公开协议转让方式。

（2）同一国家出资企业及其各级控股企业和实际控制企业之间因实施内部重组整合进行产权转让的，经该国家出资企业审议决策，可以采取非公开协议转让方式。

采取非公开协议转让方式转让企业产权的转让价格不得低于经核准或备案的评估结果。

重难点10：企业增资★★

1. 审核批准

履行出资人职责的机构负责审核国家出资企业的增资行为。其中，因增资致使国家不再拥有所出资企业控股权的，须由履行出资人职责的机构报本级人民政府批准。

2. 审核评估

企业增资在完成决策批准程序后，应当由增资企业委托具有相应资质的中介机构开展审计和资产评估。

3. 确定投资方

（1）企业增资通过产权交易机构网站对外披露信息公开征集投资方，时间不得少于40个工作日。

（2）企业增资涉及上市公司实际控制人发生变更的，应当同时遵守上市公司国有股权管理及证券监管的相关规定。

（3）产权交易机构接受增资企业的委托，提供项目推介服务，负责意向投资方的登记工作，协助企业开展投资方资格审查。通过资格审查的意向投资方数量较多时，可以采用竞价、竞争性谈判、综合评议等方式进行多轮次遴选。

（4）产权交易机构负责统一接收意向投资方的投标和报价文件，协助企业开展投资方遴选有关工作。

（5）企业董事会或者股东会以资产评估结果为基础，结合意向投资方的条件和报价等因素审议选定投资方。

（6）投资方以非货币资产出资的，应当经增资企业董事会或者股东会审议同意，并委托具有相应资质的评估机构进行评估，确认投资方的出资金额。

（7）增资协议签订并生效后，产权交易机构应当出具交易凭证，通过交易机构网站对外公告结果，公告期不少于5个工作日。

4. 非公开协议方式增资

（1）以下情形经同级国有资产监督管理机构批准，可以采取非公开协议方式进行增资：

①因国有资本布局结构调整需要，由特定的国有及国有控股企业或者国有实际控制企业参与增资；

②因国家出资企业与特定投资方建立战略合作伙伴或者利益共同体需要，由该投资方参与国家出资企业或者其子企业增资。

（2）以下情形经国家出资企业审议决策，可以采取非公开协议方式进行增资：

①国家出资企业直接或者指定其控股、实际控制的其他子企业参与增资；

②企业债权转为股权；

③企业原股东增资。

【经典真题】

【单选题·2017】国有资产监督管理机构负责审核国家出资企业的增资行为。其中，因增资致使国家不再拥有所出资企业控股权的，须由国有资产监督管理机构报特定主体批准。

该特定主体是（　　）。

A. 上级人民政府

B. 本级人民政府

C. 国家出资企业所在地省级人民政府

D. 上级国有资产监督管理机构

【答案】B

【解析】本题考核企业增资审核批准问题。国有资产监督管理机构负责审核国家出资企业的增资行为。其中，因增资致使国家不再拥有所出资企业控股权的，须由国有资产监督管理机构报本级人民政府批准。

重难点11：企业资产转让★

企业一定金额以上的生产设备、房产、在建工程以及土地使用权、债权、知识产权等资产对外转让，应当按照企业内部管理制度履行相应决策程序后，在产权交易机构公开进行。

转让方应当根据转让标的情况合理确定转让底价和转让信息公告期：

（1）转让底价高于100万元、低于1 000万元的资产转让项目，信息公告期应不少于10个工作日。

（2）转让底价高于1 000万元的资产转让信息项目，信息公告期应不少于20个工作日。

资产转让价款原则上一次性付清。

重难点12：企业国有产权无偿划转★

企业国有产权无偿划转是指企业国有产权在政府机构、事业单位、国有独资企业、国有独资公司之间的无偿转移行为。

1. 企业国有产权无偿划转的程序

（1）做好可行性研究。

（2）划转双方审议。划转双方应当在可行性研究的基础上，按照内部决策程序进行审议并形成书面决议，划入方（划出方）为国有独资企业的，应当由总经理办公会议审议；已设立董事会的，有董事会审议。划入方（划出方）为国有独资公司的，应当由董事会审议；尚未设立董事会的，由总经理办公会审议。所涉及的职工分流安置事项应当经被划转企业职工代表大会审议通过。

（3）审计或者清产核资。以中介机构出具的审计报告和经划出方国有资产监督管理机构批准的清产核资结果作为企业国有产权无偿划转的依据。

（4）签订划转协议。划转双方协商一致后，应当签订企业国有产权无偿划转协议，无偿划转事项按照规定程序批准后转让协议生效。

（5）办理产权登记手续。

2. 企业国有产权无偿划转的批准

（1）确定批准机构。

企业国有产权在同一国有资产监督管理机构所出资企业之间无偿划转的，由所出资企业共同报国有资产监督管理机构批准，企业国有产权在不同国有资产监督管理机构所出资企业之间无偿划转的，依据划转双方的产权归属关系，由所出资企业分别报同级国有资产监督管理机构批准。实施政企分开的企业，其国有产权无偿划转所出资企业或其子企业持有的，由同级国有资产监督管理机构和主管部门分别批准。

（2）批准机构审查。

企业国有产权无偿划转事项经批准后，划出方和划入方调整产权划转比例或者划转协议有重大变化的，应当按照规定程序重新报批。有下列情况之一的，不得实施无偿划转：

①被划转企业主业不符合划入方主业及发展规划的；

②中介机构对被划转企业转让基准日的财务报告出具否定意见、无法表示意见和保留意见的审计报告的；

③无偿划转涉及的职工分流安置事项，未经被划转企业的职工代表大会审议通过的；

④被划转企业或有负债未有妥善解决方案的；

⑤划出方债务未有妥善处置方案的。

（3）由政府决定的无偿划转事项。

根据规定，下列国有产权无偿划转事项，依据中介机构出具的被划转企业上一年度或最近一次的审计报告和经国有资产监督管理机构批准的清产核资结果，直接进行账务调整，并按规定办理产权登记手续：

①由政府决定的所出资企业国有产权无偿划转本级国有资产监督管理机构其他所出资企业的；

②由上级政府决定的所出资企业国有产权在上、下级政府国有资产监督管理机构之间的无偿划转；

③由划入划出方政府决定的所出资企业国有产权在互不隶属的政府国有资产监督管理机构之间的无偿划转；

④由政府决定的实施政企分开的企业，其国有产权无偿划转国有资产监督管理机构持有的；

⑤其他由政府和国有资产监督管理机构根据国有经济布局、结构调整和重组需要决定的无偿划转事项。

重难点13：上市公司国有股权变动管理★

上市公司国有股权变动，是指上市公司国有股权持股主体、数量和比例等发生变化的行为。具体包括：（1）国有股东所持上市公司股份通过证券交易系统转让、公开征集转让、非公开协议转让、无偿划转、间接转让、国有股东发行可交换公司债券；（2）国有股东通过证券交易系统增持、协议受让、间接受让、要约收购上市公司股份和认购上市公司发行股票；（3）国有股东所控股上市公司吸收合并、发行证券；（4）国有股东与上市公司进行资产重组等行为。

上市公司国有股权变动管理的原则包括：（1）上市公司国有股权变动行为应坚持公开、公平、公正原则，遵守国家有关法律、行政法规和规章制度规定，符合国家产业政策和国有经济布局结构调整方向，有利于国有资本保值增值，提高企业核心竞争力；（2）上市公司国有股权变动涉及的股份应当权属清晰，不存在受法律法规规定限制的情形；（3）国有股东所持上市公司股份变动应在做充分可行性研究的基础上制定方案，严格履行决策、审批程序，规范操作，按照证券监管的相关规定履行信息披露等义务。在上市公司国有股权变动信息披露前，各关联方要严格遵守保密规定；（4）上市公司国有股权变动应当根据证券市场公开交易价格、可比公司股票交易价格、每股净资产值等因素合理定价。

重难点14：国有股东所持上市公司股份的方式★★★

1. 通过交易系统转让

国有股东通过证券交易系统转让上市公司股份，按照国家出资企业内部决策程序决定，有以下情形之一的，应报国有资产监督管理机构审核批准：

（1）国有控股股东转让上市公司股份可能导致持股比例低于合理持股比例的；

（2）总股本不超过10亿股的上市公司，国有控股股东拟于一个会计年度内累计净转让（累计转让股份扣除累计增持股份后的余额，下同）达到总股本5%及以上的；总股本超过10亿股的上市公司，国有控股股东拟于一个会计年度内累计净转让数量达到5 000万股及以上的；

（3）国有参股股东拟于一个会计年度内累计净转让达到上市公司总股本5%及以上的。

国家出资企业、国有资产监督管理机构决定或者批准国有股东通过证券交易系统转让上市公司股份时，应当审核以下文件：

①国有股东转让上市公司股份的内部决策文件；

②国有股东转让上市公司股份方案，内容包括但不限于：转让的必要性，国有股东及上市公司基本情况、主要财务数据，拟转让股份权属情况，转让底价及确定依据，转让数量、转让时限等；

③上市公司股份转让的可行性研究报告；

④国家出资企业、国有资产监督管理机构认为必要的其他文件。

【经典真题】

【单选题·2019】根据企业国有资产法律制度的规定，国有参股股东拟于一个会计年度内通过证券交易系统累计净转让的上市公司股份达到该上市公司总股本特定比例及以上的，应当报国有资产监督管理机构的审核批准。该特定比例是（　　）。

A. 5%　　B. 8%　　C. 10%　　D. 15%

【答案】A

【解析】本题考核国有股东所持上市公司股份通过证券交易系统转让。国有股东通过证券交易系统转让所持有上市公司股份时，国有参股股东拟于一个会计年度内累计净转让股份比例达到上市公司总股本5%及以上的，应当报国有资产监督管理机构审核批准。

2. 公开征集转让

公开征集转让是指国有股东依法公开披露信息，征集受让方转让上市公司股份的行为。

（1）公开征集转让股份信息披露。公开征集期限不得少于10个交易日。

（2）选择确定受让方。国有股东收到拟受让方提交的受让申请及受让方案后，应当成立由内部职能部门人员以及法律财务等独立外部专家组成的工作小组，严格按照以公告的规则选择确定受让方。

（3）签订股份转让协议。国有股东确定受让方后，应当及时与受让方签订股份转让协议。

（4）审批。国有股东与受让方签订协议后，按照审批权限由国家出资企业审核批准或由国有资产监督管理机构审核批准。

（5）确定转让股份价格。国有股东公开征集转让上市公司股份的价格不得低于下列两者之中的较高者：①提示性公告日前30个交易日的每日加权平均价格的算术平均值；②最近一个会计年度上市公司经审计的每股净资产值。

（6）收取转让股份价款。国有股东应当在股份转让协议签订后5个工作日内收取不低于转让价款30%的保证金，其余价款应在股份过户前全部结清。

（7）办理股份过户登记手续。

3. 非公开协议转让

非公开协议转让是指不公开征集受让方，通过直接签订协议转让上市公司股份的行为。

（1）非公开协议转让股份情形。符合以下情形之一的，国有股东可以非公开协议转让上市公司股份：①上市公司连续两年亏损并存在退市风险和严重财务危机，受让方提出重大资产重组计划及具体时间表的；②企业主业处于关系国家安全，国民经济命脉的重要行业和关键领域，主要承担重大专项任务，对受让方有特殊要求的；③为实施国有资源整合和资产重组，在国有股东、潜在国有股东（经本次国有资源整合和资产重组后成为上市公司国有股东的）之间转让的；④上市公司回购股份涉及国有股东所持股份的；⑤国有股东因接受要约收购方式转让其所持上市公司股份的；⑥国有股东因解散、破产、减资、被依法责令关闭等原因转让其所持上市公司股份的；⑦国有股东以所持上市公司股份出资的。

（2）具体程序有：签订股份转让协议→审批→确定股份转让价格→收取股份转让价款。

国有股东非公开协议转让上市公司股份存在下列特殊情形的，可以按以下原则确定股份转让价格：①国有股东为实施资源整合和重组上市公司，并在其所持上市公司股份转让完成后全部回购上市公司主业资产的股份，转让价格由国有股东根据中介机构出具的该上市公司股票价格的合理估值结果确定。②为实施国有资源整合和资产重组，在国有股东之间转让且上市公司中的国有权益并不因此减少的，股份转让价格应当根据上市公司股票的每股净资产值、净资产收益率、合理的市盈率等因素合理确定。

4. 股份无偿划转

政府部门、机构、事业单位、国有独资或全资企业之间可以依法无偿划转所持上市公司股份。国有股东所持上市公司股份无偿划转，按照审批权限由国家出资企业审核批准或由履行出资人职责的机构审核批准。

5. 股份间接转让

国有股东所持上市公司股份间接转让，是指因国有产权转让或增资扩股等原因导致国有股东不再符合规定情形的行为。

国有股东拟间接转让上市公司股份的，履行内部决策程序后，应书面通知上市公司进行信息披露，涉及国有控股股东的，应当一并通知上市公司申请停牌。

国有股东所持上市公司股份间接转让，应当按照不得低于下列两者之中的较高者确定其所持上市公司股份价值：（1）提示性公告日前30个交易日的每日加权平均价格的算术平均值；（2）最近一个会计年度上市公司经审计的每股净资产值。

国有控股股东所持上市公司股份间接转让，应当按规定聘请财务顾问，对国有产权拟受让方和投资人进行尽职调查，并出具尽职调查报告。国有股东所持上市公司股份间接转让的，国有股东应在产权转让或增资扩股协议签订后，产权交易机构出具交易凭证前，报履行出资人职责的机构审核批准。

重难点 15：国有股东受让上市公司股份★★

国有股动受让上市公司股份行为主要包括国有股东通过证券交易系统增持、协议受让、间接受让、要约收购上市公司股份和认购上市公司发行股票等。

1. 审核批准

国有股东受让上市公司股份，按照审批权限由国家出资企业审核批准或由履行出资人职责的机构审核批准。

2. 办理受让手续

国有股东将其持有的可转换公司债券和可交换公司债券转换、交换成上市公司股票的，通过司法机关强制执行手续取得上市公司股份的，按照相关法律、行政法规及规章制度的规定办理，并在上述行为完成后 10 个工作日内将相关情况通过管理信息系统按程序报告履行出资人职责的机构。

重难点 16：国有股东发行可交换公司债券★

国有股东发行可交换公司债券，是指上市公司国有股东依法发行、在一定期限内依据约定条件可以交换成该股东所持特定上市公司股份的公司债券的行为。

1. 确定可交换公司债券的价格和利率

国有股东发行的可交换公司债券交换为上市公司每股股份的价格，应不低于债券募集说明书公告日前 1 个交易日、前 20 个交易日、前 30 个交易日该上市公司股票均价中的最高者。

国有股东发行的可交换公司债券，其利率应当在此参照同期银行贷款利率、银行票据利率、同行业其他企业发行的债券利率，以及标的公司股票每股交换价格、上市公司未来发展前景等因素的前提下，通过市场询价合理确定。

2. 审批

国有股东发行可交换公司债券，按照审批权限由国家出资企业审核批准或由履行出资人职责的机构审核批准。

重难点 17：国有股东所控股上市公司发行证券★

国有股东所控股上市公司发行证券包括上市公司采用公开方式向原股东配售股份、向不特定对象公开募集股份、采用非公开方式向特定对象发行股份以及发行可转换公司债券等行为。

国有股东所控股上市公司发行证券，应当在股东大会召开前，按照审批权限由国家出资企业审核批准或由履行出资人职责的机构审核批准。

重难点 18：国有股东所控股上市公司吸收合并★

国有股东所控股上市公司吸收合并，是指国有控股上市公司之间或国有控股上市公司与非国有控股上市公司之间的吸收合并。

1. 聘请财务顾问

国有股东所控股上市公司应当聘请财务顾问，对吸收合并的双方进行尽职调查和内部核查，并出具专业意见。

2. 确定换股价格

国有股东应指导上市公司根据股票交易价格，并参考可比交易案例，合理确定上市公司换股价格。

3. 审批

国有股东应当在上市公司董事会审议吸收合并方案前，将该方案报履行出资人职责的机构审核批准。

重难点 19：国有股东与上市公司进行资产重组★

国有股东与上市公司进行资产重组，是指国有股东向上市公司注入、购买或者置换资产并涉及国有股东所持上市公司股份发生变化的情形。

1. 信息披露

国有股东就资产重组事项进行内部决策后，应书面通知上市公司，由上市公司依法披露，并申请股票停牌。

2. 审批

国有股东与上市公司进行资产重组的方案经上市公司董事会审议通过后，应当在上市公司股东大会召开前，按照审批权限由国家出资企业审核批准或由履行出资人职责的机构审核批准。

国有股东参股的非上市企业参与非国有控股上市公司的资产重组事项，由国家出资企业按照内部决策程序自主决定。

五、进阶练习

（一）单选题

1. 下列有关企业国有资产监督管理体制的说法中错误的是（　　）。

A. 企业国有资产属于国家所有和集体所有

B. 企业国有资产受法律保护，任何单位和个人不得侵害

C. 国务院和地方人民政府依照法律、行政法规的规定，分别代表国家对国家出资企业履行出资人职责，享有出资人权益

D. 国务院和地方人民政府应当按照政企分开、社会公共管理职能与企业国有资产出资人职能分开、不干预企业依法自主经营的原则，依法履行出资人职责

2. 以下不属于履行出资人职责的机构依法任免或者建议任免国家出资企业的人员的是（　　）。

A. 国有独资企业的经理　　B. 国有独资公司的董事长

C. 国有独资企业的财务负责人　　D. 国有独资公司的总经理

3. 根据《企业国有资产法》的规定，下列不属于企业改制的情形是（　　）。

A. 国有独资公司改为国有独资企业

B. 国有独资企业改为国有资本控股公司

C. 国有资本控股公司改为非国有资本控股公司

D. 国有独资公司改为非国有资本控股公司

4. 根据相关规定，以下不应当申请办理国有资产产权登记的是（　　）。

A. 国有企业

B. 国有独资公司

C. 股份有限公司

D. 国有独资公司投资设立的企业

5. 以下不属于企业国有资产产权登记内容的是（　　）。

A. 占有产权登记

B. 变动产权登记

C. 注销产权登记

D. 分支机构产权登记

6. 下列产权登记的程序中，错误的是（　　）。

A. 企业申办产权登记，应当按规定填写相应的产权登记表，并向产权登记机关提交有关文献资料

B. 产权登记机关对企业产权登记的申报文件资料齐全的予以受理

C. 产权登记机关对受理后的产权登记文件资料进行合规性审核

D. 产权登记机关应当在受理后5个工作日内对企业申报的产权登记作出准予登记或不予登记的决定

7. 下列关于企业国有资产评估履行基本程序的说法中，错误的是（　　）。

A. 应当依法选择资产评估机构

B. 指定至少两名相应专业类别的评估师承办

C. 资产评估档案保存期限为永久

D. 应当按照法律规定和资产评估报告载明的使用范围使用评估报告

8. 根据企业国有资产法律制度的相关规定，金融企业国有资产产权登记机关为（　　）。

A. 商务部

B. 中国人民银行

C. 国有资产监督管理机构

D. 财政部门

（二）多选题

1. 国有资产按照用途和性质划分，可以分为（　　）。

A. 经营性国有资产

B. 行政事业性国有资产

C. 资源性国有资产

D. 企业国有资产

2. 下列属于履行出资人职责的机构有（　　）。

A. 国务院

B. 国务院国有资产监督管理机构

C. 地方国有资产监督管理机构

D. 国务院和地方人民政府根据需要授权的其他部门、机构

3. 根据《企业国有资产法》的规定，履行出资人职责的机构的基本职责主要有（　　）。

A. 代表本级人民政府对国家出资企业依法享有资产收益、参与重大决策和选择管理者等出资人权利

B. 依照法律、行政法规的规定，制定或者参与制定国家出资企业的章程

C. 按照法律、行政法规和本级人民政府规定，对于须经本级人民政府批准的履行出资人职责的重大事项，报请本级人民政府批准

D. 按照国家有关规定，定期向本级人民政府报告有关企业国有资产总量、结构、变动、收益等汇总分析的情况

4. 根据《企业国有资产法》的规定，履行出资人职责的机构的履职要求主要有（　　）。

A. 履行出资人职责的机构应当保障出资人权益，防止企业国有资产损失

B. 履行出资人职责的机构应当维护国有资产所有者权益，必要时可以干预企业经营活动

C. 履行出资人职责的机构对本级人民政府负责，接受人民政府的监督和考核

D. 履行出资人职责的机构对企业国有资产的保值增值负责

5. 国家出资企业是指国家出资的（　　）。

A. 国有独资企业　　B. 国有独资公司

C. 国有资本控股公司　　D. 国有资本参股公司

6. 下列履行出资人职责的机构任命或者建议任命的董事、监事、高级管理人员应当具备的条件有（　　）。

A. 有良好的品行　　B. 有符合职位要求的专业知识和工作能力

C. 有能够正常履行职责的身体条件　　D. 法律行政法规规定的其他条件

7. 依据有关规定，发生下列情形的企业，应当通过所出资企业向产权登记机关申办变动产权登记的有（　　）。

A. 企业名称改变　　B. 企业组织形式变动

C. 企业国有资本额增加　　D. 企业国有资本出资人发生变动

8. 金融类企业国有资产产权登记和管理机关为同级财政部门。下列属于各级主管财政部门履行的产权登记机关的职责有（　　）。

A. 依法确认金融类企业国有产权归属，理顺产权关系，核发产权登记证

B. 统计、汇总和分析金融类企业国有资产占有、使用和变动情况

C. 监督国有及国有控股金融类企业的出资行为

D. 对金融类企业产权被司法冻结等产权或者有变动事项进行备案

9. 企业产权登记年度汇总分析报告书应当包括的内容有（　　）。

A. 企业国有资本金实际到位和增减变动情况

B. 企业国有资本的分布及结构变化

C. 本企业及其各级子企业发生国有资产产权变动情况及办理相应产权登记手续情况

D. 国务院授权履行出资人职责的机构规定的其他事项

10. 企业产权持有单位委托的资产评估机构应当具备下列基本条件（　　）。

A. 遵守国家有关法律、法规、规章以及企业国有资产评估的政策规定，严格履行法定职责，近5年没有违法、违规记录

B. 具有与评估对象相适应的专业人员和专业特长

C. 与企业负责人无经济利益关系

D. 为相统一经济行为提供审计业务服务

11. 下列关于企业产权转让的说法，正确的有（　　）。

A. 产权转让应当由转让方按照企业章程和企业内部管理制度进行决策，形成书面决议

B. 产权转让事项经批准后，由转让方委托会计师事务所对转让标的企业进行审计，转让价格应当以经核准或备案的评估结果为基础确定

C. 产权转让原则上通过产权市场公开进行

D. 交易价款应当以人民币计价，通过产权交易机构以货币进行结算，交易价款应当自合同生效之日起5个工作日内一次付清

12. 下列经国家出资企业审议决策，可以采取非公开协议方式进行增资的有（　　）。

A. 国家出资企业直接参与增资

B. 国家出资企业指定其控股的子企业参与增资

C. 企业债权转为股权

D. 企业原股东增资

13. 根据有关规定，企业国有产权无偿划转应当遵循的原则有（　　）。

A. 符合国家有关法律法规和产业政策的规定

B. 符合国有经济布局和结构调整的需要

C. 有利于优化产业结构和提高企业核心竞争力

D. 划转双方协商一致

六、进阶练习答案与解析

（一）单选题

1. 【答案】A

【解析】企业国有资产属于国家所有，即全民所有。

2. 【答案】D

3. 【答案】A

【解析】国有独资企业改为国有独资公司属于企业改制的情形，选项A不符合。

4. 【答案】C

【解析】设置国有股权的股份有限公司应当按照规定申请办理国有资产产权登记。

5. 【答案】D

【解析】分支机构产权登记不属于登记范围。

6. 【答案】D

【解析】产权登记机关应当在受理后10个工作日内对企业申报的产权登记作出准予登记或不予登记的决定。

7. 【答案】C

【解析】资产评估档案保存期限为30年。

8. 【答案】D

（二）多选题

1. 【答案】ABC

2. 【答案】BCD

3. 【答案】ABCD

4. 【答案】ACD

【解析】选项 B：履行出资人职责的机构应当维护企业作为市场主体依法享有的权利，不得干预企业经营活动。

5. 【答案】ABCD

6. 【答案】ABCD

7. 【答案】ABCD

8. 【答案】ABCD

9. 【答案】ABCD

10. 【答案】BCD

【解析】选项 A 正确表述为：遵守国家有关法律、法规、规章以及企业国有资产评估的政策规定、严格履行法定职责，近 3 年没有违法、违规记录。

11. 【答案】ABC

【解析】选项 D 说法不正确，交易价款原则上应当自合同生效之日起 5 个工作日内一次付清。交易金额较大、一次付清确有困难的，可以采取分期付款方式。

12. 【答案】ABCD

13. 【答案】ABCD

第十一章 反垄断法律制度

一、2020 年教材本章主要变化

根据国务院机构改革方案与相关的法律等的规定，2020 年教材本章除基本表述的改动外，总体改动不小。本章具体改动之处包括：调整了反垄断机构及其执法权的内容；丰富了经营者承诺的程序；增加了垄断协议案件关于举证责任的司法解释；增加了反垄断执法机构认定被调查的垄断协议是否属于豁免情形的考虑因素与调查的终止和重启；重新调整了关于“其他协同行为”的认定；增加了反垄断执法机构确定法律责任时应当考虑的因素；调整了宽恕制度的部分内容；重新定义了“市场支配地位”；调整了认定经营者具有市场支配地位时应当依据的因素；调整了《中华人民共和国反垄断法》（以下简称《反垄断法》）禁止的滥用市场支配地位行为；增加了行政强制交易的具体表现；增加了排斥或限制外地经营者参加本地招标投标的具体表现；增加了排斥或者限制外地经营者在本地投资或者设立分支机构或者妨碍外地经营者在本地的正常经营活动的具体表现；将公平审查制度的基本原则由 4 项删减为 3 项；调整了公平竞争的审查方式。

二、本章近 5 年考情统计分析

近 5 年本章考题主要为单项选择题或多项选择题，均为客观题，所占分值不大。虽然所占分值不大，但大多数知识点需要准确理解，少数知识点需要记忆。最近 5 年平均考试分值为 4 分左右。

（一）近 5 年考试分值分布

题型	2015 年	2016 年	2017 年	2018 年	2019 年
单选题	1	1	1	1	1
多选题	3	3	3	3	3
合计	4	4	4	4	4

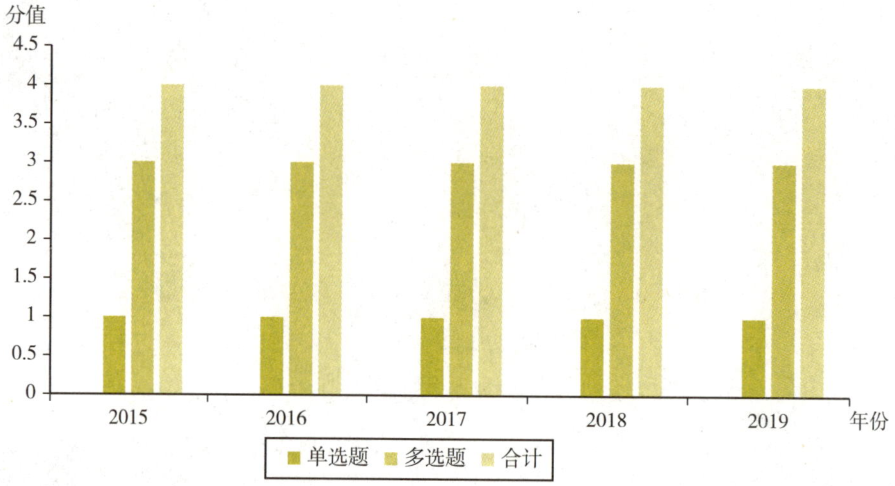

（二）近 5 年考试考点分布

高频考点内容	年度及题型分布
《反垄断法》的适用范围	2016 年多选题，2017 年多选题
反垄断法律责任	2015 年单选题
反垄断行政执法	2019 年多选题
反垄断民事诉讼	2016 年单选题，2016 年多选题，2018 年单选题，2019 年单选题
相关市场界定	2018 年单选题，2019 年单选题，2019 年多选题
《反垄断法》禁止的垄断协议	2018 年多选题
垄断协议的豁免	2016 年多选题
宽恕制度	2015 年单选题
其他协同行为的认定	2016 年多选题
滥用市场支配地位	2018 年多选题，2019 年多选题
经营者集中申报制度	2019 年多选题
业务剥离	2015 年多选题，2017 年多选题
法律责任	2016 年多选题

三、本章思维导图

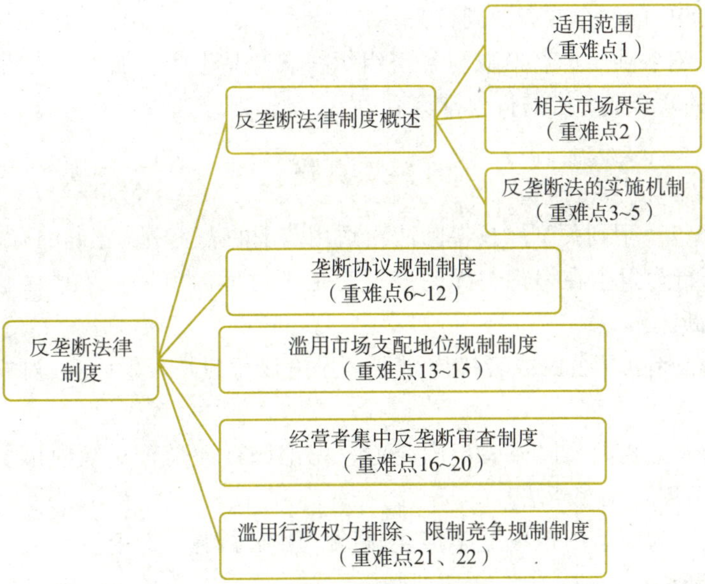

四、重难点解析

本章属于非重要考试章节，主要包括反垄断法律制度概述、垄断协议规则制度、滥用市场支配地位规则制度、经营者集中反垄断审查制度、滥用行政权力排除、限制竞争规则制度等内容。

重难点1：《反垄断法》的适用范围★★★

1. 地域范围

（1）中华人民共和国境内经济活动中的垄断行为，适用《反垄断法》。

（2）中华人民共和国境外的垄断行为，对境内市场竞争产生排除、限制影响的，适用《反垄断法》。

【小贴士】此处所称“境内”，不包含我国港、澳、台地区。

2.《反垄断法》适用的主体和行为

（1）以经营者为主体的垄断行为。

①经营者达成垄断协议；

②经营者滥用市场支配地位；

③具有或者可能具有排除、限制竞争效果的经营者集中。

（2）行业协会参与的垄断行为。

（3）滥用行政权力排除、限制竞争行为。

3.《反垄断法》的适用除外

（1）知识产权的正当行使。

经营者依照有关知识产权的法律、行政法规规定行使知识产权的行为，不适用《反垄断法》；但是，经营者滥用知识产权，排除、限制竞争的行为，不可排除《反垄断法》的适用。

（2）农业生产中的联合或者协同行为。

《反垄断法》对农业生产者及农村经济组织在农产品生产、加工、销售、运输、储存等经营活动中实施的联合或者协同行为排除适用。

【经典真题】

【多选题·2017】下列关于《反垄断法》适用范围的表述中，正确的有（　　）。

A. 只要垄断行为发生在境内，无论该行为是否对境内市场竞争产生排除、限制影响，均应适用《反垄断法》

B. 只要行为人是我国公民或者境内企业，无论该行为是否发生在境内，均应适用《反垄断法》

C. 只要行为人是我国公民或者境内企业，无论该行为是否对境内市场竞争产生排除、限制影响，均应适用《反垄断法》

D. 只要垄断行为对境内市场竞争产生排除、限制影响，无论该行为是否发生在境内，均应适用《反垄断法》

【答案】AD

【解析】选项A：只要垄断行为发生在境内，肯定适用中国的《反垄断法》，这就是属地原则；选项D：对于发生在境外但对境内市场竞争产生排除、限制影响的，照样适用中国的《反垄断法》，这就是效果原则；选项B、C：如果境内甲公司和境内乙公司在美国达成垄断协议，但对境内市场竞争没有任何影响，当然不适用中国的《反垄断法》。

重难点2：相关市场界定★★★

1. 相关市场

（1）相关市场的概念。

相关市场是指经营者在一定时期内就特定商品或者服务（统称商品）进行竞争的商品范围和地域范围。

（2）相关市场的维度。

界定相关市场涉及的维度包括时间、商品和地域三个维度。

在反垄断执法实践中，通常需要界定相关商品市场和相关地域市场。在“唐山人人诉百度滥用市场支配地位案”中，人民法院将相关市场界定为“中国搜索引擎服务市场”，其中商品维度就是“搜索引擎服务”，地域维度是“中国”。

2. 相关商品市场

（1）相关商品市场，是指具有较为紧密替代关系的商品范围。此处的“商品”，不仅包括传统意义上的货物，而且还包括服务。在技术贸易、许可协议等涉及知识产权的反垄断执法工作中，商品的概念还会拓展到技术以及为完成某项技术创新而从事的研发活动，即“相关技术市场”和“相关创新市场”。

（2）从需求角度界定相关商品市场，一般考虑以下几个方面的因素：

①需求者因商品价格或者其他竞争因素变化，转向或者考虑转向购买其他商品的证据。

②商品的外形、特性、质量和技术特点等总体特征和用途。

③商品之间的价格差异。

④商品的销售渠道。

⑤其他重要因素（如需求者偏好或者需求者对商品的依赖程度；可能阻碍大量需求者转向某些紧密替代商品的障碍、风险和成本；是否存在区别定价等）。

（3）从供给角度界定相关商品市场，一般考虑的因素包括：经营者的生产流程和工艺，转产的难易程度，转产需要的时间，转产的额外费用和风险，转产后所提供商品的市场竞争力，营销渠道等。

3. 相关地域市场及其界定

（1）相关地域市场，是指相同或者具有替代关系的商品相互竞争的地域范围。不同的地理区域之间因空间距离导致的运输成本以及关税等贸易壁垒，会影响商品的自由流动，进而导致相同或者近似的商品之间不具有竞争关系。

（2）从需求角度界定相关地域市场，可以考虑的因素包括但不限于以下各方面：

①需求者因商品价格或者其他竞争因素变化，转向或者考虑转向其他地域购买商品的证据。

②商品的运输成本和运输特征。

③多数需求者选择商品的实际区域和主要经营者商品的销售分布。

④地区间的贸易壁垒，包括关税、地方性法规、环保因素、技术因素等。

⑤其他重要因素（如特定区域需求者偏好；商品运进和运出该地域的数量）。

4. 相关时间市场

相关时间市场，是指相同或者近似的商品在同一区域内相互竞争的时间范围。当商品的生产周期、使用期限、季节性、流行时尚性或者知识产权保护期限等已构成商品不可忽视的特征时，界定相关市场还应考虑时间性。

【经典真题】

【单选题·2014】在“唐山人人诉百度滥用市场支配地位案”中，人民法院将该案的相关市场界定为“中国搜索引擎服务市场”。根据反垄断法律制度的规定，“搜索引擎服务”属于（　　）。

A. 相关商品市场　　B. 相关创新市场

C. 相关时间市场　　D. 相关技术市场

【答案】A

【单选题·2014】根据反垄断法律制度的规定，下列各项中，属于从供给角度界定相关商品市场时所应考虑的因素是（　　）。

A. 商品的功能及用途　　B. 其他经营者的转产成本

C. 消费者的消费偏好　　D. 商品间的价格差异

【答案】B

【单选题·2018】根据反垄断法律制度的规定，下列各项中，属于界定相关商品市场的基本标准的是（　　）。

A. 商品的外形、特性、质量和技术特点等总体特征和用途

B. 商品的运输成本和运输特征

C. 商品间较为紧密的相互替代性

D. 商品的使用期限和季节性

【答案】C

【解析】选项A、C：相关商品市场，是指具有较为紧密替代关系的商品范围，“相互替代性”属于界定相关商品市场的基本标准；而“商品的外形、特性、质量和技术特点等总体特征和用途”属于从需求角度界定相关商品市场时予以考虑的因素之一，而非基本标准；选项B：属于界定相关地域市场的基本标准；选项D：属于界定相关时间市场的基本标准。

重难点3：反垄断法律责任★

1. 行政责任

（1）《反垄断法》上的行政责任，是指由反垄断行政执法机构针对违法垄断行为作出的制裁措施。

（2）我国《反垄断法》规定的行政责任主要包括：责令停止违法行为、没收违法所得、罚款、限期恢复原状等形式。

（3）当事人不服反垄断执法机构有关处罚决定的，可以申请行政复议，也可以直接向人民法院提起行政诉讼。

2. 民事责任

有关《反垄断法》的民事责任主要包括停止侵害、赔偿损失等。相关当事人可以主张赔偿责任的情形包括：

（1）因经营者的滥用市场支配地位行为而受损的；

（2）因垄断协议当事人一方对违反垄断协议的他方实施处罚，给其造成损失的；

（3）因垄断协议无效，协议一方当事人向另一方当事人主张返还对价、恢复原状的；

（4）因垄断协议无效，消费者向实施垄断协议的经营者主张返还多付价款的。

3. 刑事责任

（1）我国《反垄断法》未对经营者的垄断行为规定刑事责任，仅对阻碍、拒绝反垄断执法机构审查、调查行为以及反垄断执法机构的工作人员滥用职权、玩忽职守、徇私舞弊或者泄露执法过程中知悉的商业秘密两种情形，规定了刑事责任。

（2）虽然我国《反垄断法》未对经营者的垄断行为规定刑事责任，但不意味着我国对垄断行为完全没有刑事规制，在其他法律中有所体现。例如《中华人民共和国招标投标法》（以下简称《招标投标法》）及《刑法》均对情节严重的串通招投标行为规定了刑事责任。

【经典真题】

【多选题·2012】根据反垄断法律制度的规定，经营者因实施垄断行为可能承担的法律责任类型有（　　）。

A. 行政责任　　　B. 民事责任

C. 刑事责任　　　D. 宪法责任

【答案】AB

【单选题·2015】下列垄断行为中，行为人可能承担刑事责任的是（　　）。

A. 经营者滥用市场支配地位，搭售商品

B. 经营者与交易相对人达成固定转售价格的协议

C. 经营者未经执法机构批准，擅自实施集中

D. 经营者之间串通投标

【答案】D

【解析】选项A、B、C：《反垄断法》未对“经营者的垄断行为”规定刑事责任；选项D：《招标投标法》及《刑法》均对“情节严重的串通招投标行为”规定了刑事责任。

重难点4：反垄断行政执法★★★

1. 反垄断机构及执法权

我国的反垄断执法机构为国家市场监督管理总局。在权力的纵向配置上，反垄断执法权属于中央事权。为了加强和优化政府反垄断职能，充实反垄断执法力量，国家市场监管总局概括授权各省、自治区、直辖市人民政府市场监督管理部门负责本行政区域内有关反垄断执法工作。

【小贴士】本次国务院机构改革后，我国实现了反垄断执法机构的一元化。

需要注意的是，国务院反垄断委员会并不是执法机构，而是关于反垄断工作的议事协调

机构，其职责包括：

（1）研究拟订有关竞争政策；

（2）组织调查、评估市场总体竞争状况，发布评估报告；

（3）制定、发布反垄断指南；

（4）协调反垄断行政执法工作；

（5）国务院规定的其他职责。

【小贴士】国务院反垄断委员会办公室设在国家市场监管管理总局。

【经典模拟题】

【单选题】我国反垄断执法机构是（　　）。

A. 国家发改委　　B. 商务部

C. 国家工商总局　　D. 国家市场监督管理总局

【答案】D

【解析】国务院机构改革后，我国实现了反垄断执法机构的一元化，为国家市场监督管理总局。

2. 反垄断调查措施

反垄断执法机构调查涉嫌垄断行为，可以采取下列措施：

（1）进入被调查的经营者的营业场所或者其他有关场所进行检查；

（2）询问被调查的经营者、利害关系人或者其他有关单位或者个人，要求其说明有关情况；

（3）查阅、复制被调查的经营者、利害关系人或者其他有关单位或者个人的有关单证、协议、会计账簿、业务函电、电子数据等文件和资料；

（4）查封、扣押相关证据；

（5）查询经营者的银行账户。

3. 反垄断调查程序

反垄断调查程序包括立案、调查和处理三个阶段。

4. 经营者承诺

经营者承诺，这一制度主要适用于垄断协议和滥用市场支配地位案件。涉嫌垄断行为的经营者在被调查期间，可以提出中止调查申请。反垄断执法机构根据被调查经营者的中止调查申请，在考虑行为的性质、持续时间、后果、社会影响、经营者承诺的措施及其预期效果等具体情况后，决定是否中止调查。反垄断执法机构确定经营者已经履行承诺的，可以决定终止调查。有下列情形之一的，反垄断执法机构应当恢复调查：

①经营者未履行承诺的；

②作出中止调查决定所依据的事实发生重大变化的；

③中止调查的决定是基于经营者提供的不完整或者不真实的信息作出的。

【经典真题】

【多选题·2014】根据反垄断法律制度的规定，反垄断执法机构调查涉嫌垄断行为时可以采取必要的调查措施，下列各项中，属于此类措施的有（　　）。

A. 查阅、复制被调查经营者的有关单证、协议、会计账簿等文件和资料

B. 查封、扣押相关证据

C. 进入被调查经营者的营业场所进行检查

D. 冻结被调查经营者的银行账户

【答案】ABC

【多选题·2019】根据反垄断法律制度的规定，下列各项中属于反垄断执法机构在调查涉嫌垄断行为时可以采取的措施的有（　　）。

A. 进入被调查经营者的营业场所进行检查

B. 查阅、冻结经营者账户

C. 复制被调查经营者的有关电子数据

D. 查封、扣押相关证据

【答案】ACD

【解析】反垄断执法机构调查涉嫌垄断行为，可以采取下列措施：（1）进入被调查的经营者的营业场所或者其他有关场所进行检查；（2）询问被调查的经营者、利害关系人或者其他有关单位或者个人，要求其说明有关情况；（3）查阅、复制被调查的经营者、利害关系人或者其他有关单位或者个人的有关单证、协议、会计账簿、业务函电、电子数据等文件和资料；（4）查封、扣押相关证据；（5）查询经营者的银行账户。选项 B 中包括“冻结账户”，该说法有误。

重难点 5：反垄断民事诉讼★★★

1. 原告资格

（1）因垄断行为受到损失以及因合同内容、行业协会的章程等违反《反垄断法》而发生争议的自然人、法人或者其他组织，可以向人民法院提起反垄断民事诉讼。

（2）消费者只要因垄断行为受损，就可以作为垄断民事案件原告。

2. 民事诉讼与行政执法的关系

人民法院受理垄断民事纠纷案件，不以执法机构已对相关垄断行为进行了查处为前提条件。

3. 专家在诉讼中的作用

（1）专家出庭就专门问题进行说明，但专家在法庭上提供的意见并不属于《中华人民共和国民事诉讼法》（以下简称《民事诉讼法》）上的证据形式，而是作为法官判案的参考依据。

（2）专家出具市场调查或者经济分析报告。专业机构或者专业人员就案件的专门性问题作出的市场调查或者经济分析报告，应当视为鉴定意见。鉴定意见是《民事诉讼法》上的一种证据，有法定的审查和采信规则。

4. 诉讼时效

（1）诉讼时效的起算。

因垄断行为产生的损害赔偿请求权诉讼时效期间，从原告知道或者应当知道权益受侵害之日起计算。

（2）诉讼时效的中断。

原告向反垄断执法机构举报被诉垄断行为的诉讼时效，从其举报之日起中断。

（3）持续性垄断行为的诉讼时效抗辩。

原告起诉时被诉垄断行为已经持续超过 2 年，被告提出诉讼时效抗辩的损害赔偿，应当自原告向人民法院起诉之日起向前推算 2 年计算。

【经典真题】

【多选题 · 2016】下列关于我国反垄断民事诉讼制度的表述中，正确的有（　　）。

A. 因垄断行为受损的消费者，可以作为垄断民事案件的原告

B. 人民法院受理垄断民事纠纷案件，以执法机构已对相关垄断行为进行查处为前提

C. 在反垄断民事诉讼中，当事人聘请具有相应专门知识的人员出庭，就案件的专门性问题发表的专业意见，不属于《民事诉讼法》上的证据

D. 在反垄断民事诉讼中，经人民法院同意或者指定的专业人员就案件的专门性问题作出的市场调查或者经济分析报告，视为鉴定意见

【答案】ACD

【单选题 · 2019】下列关于反垄断民事诉讼制度的表述中，说法正确的是（　　）。

A. 作为间接购买该公司产品的消费者，不能作为反垄断民事诉讼的原告

B. 在反垄断民事诉讼中，具有相应专门知识的人员出庭就案件专门性问题所作说明，属于《民事诉讼法》上的证人证言

C. 原告起诉时，被诉垄断行为已持续超过 2 年，被告以诉讼时效抗辩的，损害赔偿应当自原告向人民法院起诉之日起向前推算 2 年计算

D. 原告提起反垄断民事诉讼，需以反垄断执法机构认定相关垄断行为违法为前提

【答案】C

【解析】因垄断行为受到损失以及因合同内容、行业协会的章程等违反《反垄断法》而发生争议的自然人、法人或者其他组织，可以向人民法院提起反垄断民事诉讼，选项 A 错误；专家出庭就专门问题进行说明，但专家在法庭上提供的意见并不属于《民事诉讼法》上的证据形式，而是作为法官判案的参考依据，选项 B 错误；人民法院受理垄断民事纠纷案件，是不以执法机构已对相关垄断行为进行了查处为前提条件的，选项 D 错误。

【单选题 · 2018】根据反垄断法律制度的规定，反垄断民事诉讼的当事人可以向人民法院申请具有相应专门知识的人员出庭，就案件的专门性问题进行说明，此类说明的性质是（　　）。

A. 鉴定意见　　B. 当事人陈述

C. 法官判案的参考依据　　D. 证人证言

【答案】C

重难点 6：垄断协议★★★

1. 垄断协议

垄断协议（限制竞争协议、联合限制竞争行为），是指两个或者两个以上经营者排除、

限制竞争的协议、决定或者其他协同行为。

2. 垄断协议的特征

（1）垄断协议的主体是两个或两个以上的经营者。

（2）垄断协议的表现形式多样化。垄断协议的当事人未必都有明示的意思表示，也可以通过默示行为如协同行为来协调行动。

（3）垄断协议排除、限制竞争。

3. 垄断协议的分类

（1）根据参与垄断协议的经营者之间是否具有竞争关系，一般将垄断协议分为横向垄断协议和纵向垄断协议。

①横向垄断协议是具有竞争关系的经营者达成的联合限制竞争协议。

②纵向垄断协议是指同一产业中处于不同市场环节而具有买卖关系的企业通过共谋达成的联合限制竞争协议。

横向垄断协议多适用本身违法原则；对于纵向垄断协议多适用合理原则。

（2）横向垄断协议与纵向垄断协议在排除、限制竞争效果这一构成要件上的举证责任。

在垄断民事纠纷案件中，被诉垄断行为属于横向垄断协议的，被告应对该协议不具有排除、限制竞争效果，承担举证责任，也就是横向垄断协议的排除、限制竞争效果的举证责任倒置。纵向垄断协议的排除、限制竞争效果的证明仍按“谁主张，谁举证”的基本原则，由原告承担举证责任。

【小贴士】举证责任为新增加的内容，请考生注意！

重难点7：《反垄断法》禁止的横向垄断协议★★★

1. 固定或者变更商品价格的协议

固定或者变更商品价格的协议的表现形式多样，除了通过协议锁定、维持或者提高商品销售价格外，还可以表现为对经营者定价过程设定统一的限制条件，从而实现固定价格、限制竞争的目的。上述限制条件主要包括：

（1）固定或者变更价格水平、价格变动幅度、利润水平或者折扣、手续费等其他费用；

（2）约定采用据以计算价格的标准公式；

（3）限制参与协议的经营者的自主定价权等。

【小贴士】限制条件为新调整的内容，请考生注意！

2. 限制商品的生产数量或者销售数量的协议

（1）以限制产量、固定产量、停止生产等方式限制商品的生产数量或者限制商品特定品种、型号的生产数量；

（2）以拒绝供货、限制商品投放量等方式限制商品的销售数量或者限制商品特定品种、型号的销售数量。

3. 分割销售市场或者原材料采购市场的协议

（1）划分商品销售地域、销售对象或者销售商品的种类、数量；

（2）划分原料、半成品、零部件、相关设备等原材料的采购区域、种类、数量；

（3）划分原料、半成品、零部件、相关设备等原材料的供应商。

4. 限制购买新技术、新设备或者限制开发新技术、新产品的协议
（1）限制购买、使用新技术、新工艺；
（2）限制购买、租赁、使用新设备；
（3）限制投资、研发新技术、新工艺、新产品；
（4）拒绝使用新技术、新工艺、新设备；
（5）拒绝采用新的技术标准。
5. 联合抵制交易
（1）联合拒绝向特定经营者供货或者销售商品；
（2）联合拒绝采购或者销售特定经营者的商品；
（3）联合限定特定经营者不得与其具有竞争关系的经营者进行交易。

【经典真题】

【多选题·2018】根据反垄断法律制度的规定，下列具有竞争关系的经营者之间的约定中，属于横向垄断协议的有（　　）。
A. 联合拒绝销售特定经营者的商品
B. 划分销售商品的种类
C. 采用据以计算价格的标准公式
D. 拒绝采用新的技术标准
【答案】ABCD
【解析】选项A属于“联合抵制交易”；选项B属于“分割销售市场或者原材料采购市场”；选项C属于“固定或者变更商品价格”；选项D属于“限制购买新技术、新设备或者限制开发新技术、新产品”。

重难点8：《反垄断法》禁止的纵向垄断协议★★★

1. 纵向垄断协议的主要表现形式
（1）维持转售价格协议；
（2）地域或客户限制协议；
（3）排他性交易协议。
2. 我国《反垄断法》禁止的纵向垄断协议形式
（1）固定向第三人转售商品的价格；
（2）限定向第三人转售商品的最低价格。

【经典真题】

【多选题·2013】经营者与其交易相对人达成的下列协议中，被我国反垄断法律制度明确禁止的有（　　）。
A. 限定向第三人转售商品的最低价格
B. 限定向第三人转售商品的最高价格
C. 固定向第三人转售商品的价格

D. 限定向第三人转售商品的地域范围

【答案】AC

【解析】选项 A、B：限定向第三人转售商品的“最低价格”，属于《反垄断法》明确禁止的纵向垄断协议，而限定向第三人转售商品的“最高价格”，并不违法；选项 D：“具有竞争关系的经营者之间”就“分割销售市场或者原材料采购市场”达成的垄断协议，属于《反垄断法》明确禁止的横向垄断协议，而“经营者与其交易相对人”（如生产商和销售商）达成的“限定向第三人转售商品的地域范围”的协议，并不违法。

重难点 9：垄断协议的豁免★★★

1. 垄断协议的豁免与垄断协议的适用除外是完全不同的两个制度

（1）《反垄断法》的适用除外是指将特定领域（如农业生产中的联合或者协同行为）排除，根本不予适用；

（2）豁免则是在适用《反垄断法》的过程中，发现某些行为符合法定条件而不予禁止。

2. 垄断协议可被《反垄断法》豁免的条件

（1）符合《反垄断法》规定的特定情形：

①为改进技术、研究开发新产品的；

②为提高产品质量、降低成本、增进效率，统一产品规格、标准或者实行专业化分工的；

③为提高中小经营者经营效率，增强中小经营者竞争力的；

④为实现节约能源、保护环境、救灾救助等社会公共利益的；

⑤因经济不景气，为缓解销售量严重下降或者生产明显过剩的；

⑥为保障对外贸易和对外经济合作中的正当利益的。

反垄断执法机构认定被调查的垄断协议是否属于上述情形时，应当考虑以下因素：①协议实现该情形的具体形式和效果；②协议与实现该清醒之间的因果关系；③协议是否是实现该情形的必要条件；④其他可以证明协议属于相关情形的因素。

【小贴士】考虑因素部分为新调整的内容，请考生注意！

（2）垄断协议豁免的附加条件。

对于符合上述①至⑤项情形的垄断协议，反垄断法还要求经营者应当证明所达成的协议不会严重限制相关市场的竞争，并且能够使消费者分享由此产生的利益，否则也不能获得豁免。

（3）调查的终止与重启。

反垄断执法机构认定被调查的垄断协议，属于《反垄断法》第十五条规定情形的，应当终止调查并制作终止调查决定书。终止调查决定书，应当载明协议的基本情况、适用《反垄断法》第十五条的依据和理由等内容。反垄断执法机构作出终止调查决定后，因情况发生重大变化，导致被调查的协议不再符合《反垄断法》第十五条规定情形的，反垄断执法机构应当重新启动调查。

【小贴士】调查的终止与重启部分为新增加的内容，请考生注意！

【经典真题】

【多选题·2014】下列垄断协议中，须由经营者证明不会严重限制相关市场的竞争且能使消费者分享由此产生的利益，才能获得《反垄断法》豁免的有（　　）。

A. 为改进技术、研究开发新产品达成的垄断协议

B. 为实现节约能源、保护环境、救灾救助等社会公共利益达成的垄断协议

C. 为保障对外贸易和对外经济合作中的正当利益达成的垄断协议

D. 为提高中小经营者经营效率、增强中小经营者竞争力达成的垄断协议

【答案】ABD

【多选题·2016】下列行为中，违反我国《反垄断法》的有（　　）。

A. 国有经济占控制地位的关系国民经济命脉行业的国有企业之间达成垄断协议的行为

B. 为保障对外贸易中的正当利益，具有竞争关系的境内企业就固定商品出口价格达成的垄断协议

C. 外国企业在中国境外实施的对中国境内市场竞争产生排除或者限制效果的垄断行为

D. 农业生产者在农产品生产、加工、销售、运输、储存等经营活动中实施的联合行为

【答案】AC

【解析】选项A：对于铁路、石油、电信、电网、烟草等重点行业，国家通过立法赋予国有企业以垄断性经营权，但是，如果这些国有垄断企业从事垄断协议、滥用市场支配地位行为，或者从事可能排除、限制竞争的经营者集中行为，同样应受《反垄断法》的限制；选项B：为保障对外贸易和对外经济合作中的正当利益的（出口卡特尔），予以豁免；选项C：境外的垄断行为，对境内市场竞争产生排除、限制影响的，适用《反垄断法》；选项D：《反垄断法》对农业生产者及农村经济组织在农产品生产、加工、销售、运输、储存等经营活动中实施的联合或者协同行为排除适用。

重难点10："其他协同行为"的认定★★★

其他协同行为是经营者之间虽未明确订立协议或者决定，但实质上存在协调一致的行为。

认定其他协同行为应当考虑下列因素：

（1）经营者的市场行为是否具有一致性；

（2）经营者之间是否进行过意思联络或者信息交流；

（3）经营者能否对一致行为作出合理的解释；

（4）相关市场的结构情况竞争状况市场变化等情况。

【小贴士】此部分为新调整的内容，请考生注意！

【经典真题】

【多选题·2016】根据反垄断法律制度的规定，执法机构认定非价格性"其他协同行为"时，应当考虑的因素包括（　　）。

A. 经营者的市场行为是否具有一致性

B. 相关市场的结构情况、竞争状况、市场变化情况、行业情况

C. 经营者能否对一致行为作出合理解释

D. 经营者之间是否进行过意思联络或者信息交流

【答案】ABCD

重难点 11：对行业协会组织达成和实施垄断协议的规制★★

禁止行业协会从事下列行为：

（1）制定、发布含有排除、限制竞争内容的行业协会章程、规则、决定、通知、标准等；

（2）召集、组织或者推动本行业的经营者达成含有排除、限制竞争内容的协议、决议、纪要、备忘录等。

【经典真题】

【单选题·2011】某行业协会的全体会员企业在相关市场的市场份额合计达到85%。由于近期原材料涨价影响了行业利润，该协会遂组织召开了由会员企业领导人参加的“行业峰会”，与会代表达成了提高产品价格的共识。会议结束后，该协会向全体会员企业印发了关于提高本行业产品价格的通知，明确要求会员企业统一将产品价格提高15%。接到通知后，会员企业按要求实施了涨价。根据反垄断法律制度的规定，下列说法中，正确的是（　　）。

A. 行业协会实施了滥用市场支配地位行为

B. 行业协会实施了经营者集中行为

C. 行业协会实施了行政性限制竞争行为

D. 行业协会实施了组织本行业经营者达成垄断协议行为

【答案】D

重难点 12：宽恕制度★★

宽恕制度，是指参与垄断协议的经营者主动向反垄断执法机构报告达成垄断协议的有关情况并提供重要证据的，反垄断执法机构可以对其宽大处理，酌情减轻或者免除其处罚。

1. “重要证据”的界定

重要证据是指能够对反垄断执法机构启动调查或者认定垄断协议行为起到关键性作用的证据，包括参与垄断协议的经营者、涉及的产品范围、达成协议的内容和方式、协议的具体实施情况等。

2. 区分情况减免处罚的具体规则

参与垄断协议的经营者主动报告，达成垄断协议有关情况并提供重要证据的，可以申请依法减轻或者免除处罚。

对于第一个申请者，反垄断执法机构可以免除处罚或者按照不低于80%的幅度减轻罚款；对于第二个申请者，可以按照30%~50%的幅度减轻罚款；对于第三个申请者，可以按照20%~30%的幅度减轻罚款。

【小贴士】此部分为新调整的内容，请考生注意！

【经典真题】

【单选题·2014】在反垄断执法机构查处某横向价格垄断协议案件的过程中，作为垄断协议当事人之一的甲企业因主动向执法机构报告达成垄断协议的有关情况并提供重要证据，被免除处罚。根据反垄断法律制度的规定，甲企业被免除处罚的依据是（　　）。

A. 豁免制度　　B. 宽恕制度

C. 适用除外制度　　D. 经营者承诺制度

【答案】B

【单选题·2014】下列行为中，涉嫌违反《反垄断法》的是（　　）。

A. 经国家有关部门批准，中石油、中石化等石油企业联合上调成品油价格

B. 某行业协会召集本行业经营者，共同制定本行业产品的定价公式

C. 中国移动、中国联通等少数几家国有电信企业共同占据我国电信基础运营业务市场的全部份额

D. 某生产企业通过协议，限制分销商转售商品的最高价格

【答案】B

【解析】选项C：对于铁路、石油、电信、电网、烟草等重点行业，国家通过立法赋予其垄断性经营权，其垄断地位本身并不违法；选项D：限制分销商转售商品的"最高价格"，不属于法律禁止的纵向垄断协议。

重难点13：市场支配地位的含义及其认定★★★

1. 概念

市场支配地位是指经营者在相关市场内具有能够控制商品价格、数量或者其他交易条件，或者能够阻碍、影响其他经营者进入相关市场能力的市场地位。其他交易条件，是指除商品价格、数量之外能够对市场交易产生实质影响的其他因素，包括商品品质、付款条件、交付方式、售后服务、交易选择、技术约束等。

2. 对市场支配地位的理解

（1）具有市场支配地位的经营者未必是"独占"者。

（2）具有市场支配地位的经营者可以是一个，也可以是多个。

（3）市场支配地位是一种市场结构状态，对市场支配地位这种结构状态并无否定性评价。

3. 市场支配地位的认定

我国《反垄断法》规定的认定经营者具有市场支配地位时应当依据的因素有：

（1）经营者在相关市场的市场份额以及相关市场的竞争状况。

分析相关市场竞争状况，可以考虑相关市场的发展状况，现有竞争者的数量和市场份额商品差异程度，创新和技术变化，销售和采购模式，潜在竞争者情况等因素。

（2）经营者控制销售市场或者原材料采购市场的能力。

确定经营者控制销售市场或者原材料采购市场的能力，可以考虑该经营者控制产业链上下游市场的能力，控制销售渠道或者采购渠道的能力，影响或者决定价格数量合同期限或者

其他交易条件的能力，以及优先获得企业生产经营所必需的原料、半成品、零部件、相关设备以及需要投入的其他资源的能力等因素。

（3）经营者的财力和技术条件。

认定知识产权领域经营者具有市场支配地位，可以考虑知识产权的替代性，下游市场对利用知识产权所提供商品的依赖程度，交易相对人对经营者的制衡能力等因素。

（4）其他经营者对该经营者在交易上的依赖程度。

确定其他经营者对该经营者在交易上的依赖程度，可以考虑其他经营者与该经营者之间的交易关系、交易量、交易持续时间、在合理时间内转向其他交易相对人的难易程度等因素。

（5）其他经营者进入相关市场的难易程度。

确定其他经营者进入相关市场的难易程度，可以考虑市场准入、获取必要资源的难度、采购和销售渠道的控制情况、资金投入规模、技术壁垒、品牌依赖、用户转换成本、消费习惯等因素。

（6）认定互联网等新经济业态经营者具有市场支配地位考虑的特殊因素。

在认定互联网等新经济业态经营者具有市场支配地位时，可以考虑相关行业竞争特点、经营模式、用户数量、网络效应、锁定效应、技术特性、市场创新、掌握和处理相关数据的能力及经营者在相关市场的市场力量等因素。

（7）认定共同市场支配地位考虑的特殊因素。

该制度是"其他协同行为"制度的补充，只有当市场上出现多个经营者的一致行为时，才可能触发此类制度。认定两个以上的经营者具有市场支配地位，还应当考虑市场结构、相关市场透明度、相关商品同质化程度、经营者行为一致性等因素。

【小贴士】上述第（6）、（7）项为新调整的内容，请考生注意！

4. 市场支配地位的推定标准

（1）一个经营者在相关市场的市场份额达到1/2的，即可推定为具有市场支配地位。

（2）对于多个经营者可能共同拥有市场支配地位的情况，两个经营者在相关市场的市场份额合计达到2/3的，或三个经营者在相关市场的市场份额合计达到3/4的，这些经营者被推定为共同占有市场支配地位。同时，对于多个经营者被推定为共同占有市场支配地位时，其中有的经营者市场份额不足10%的，不应当推定该经营者具有市场支配地位。

由于市场份额不是认定市场支配地位的唯一的和绝对的标准，因此，被推定具有市场支配地位的经营者，如有证据证明不具有市场支配地位的，不应当认定其具有市场支配地位。

【经典真题】

【多选题·2018】根据反垄断法律制度的规定，市场支配地位是指经营者在相关市场内具有能够控制商品价格、数量或者其他交易条件，或者能够阻碍、影响其他经营者进入相关市场能力的市场地位。下列各项中，属于"其他交易条件"的有（　　）。

A. 付款条件　　B. 交付方式

C. 商品品质　　D. 售后服务

【答案】ABCD

【解析】市场支配地位是指经营者在相关市场内具有能够控制商品价格、数量或者其他交易条件，或者能够阻碍、影响其他经营者进入相关市场能力的市场地位。其他交易条件，是指除商品价格、数量之外能够对市场交易产生实质影响的其他因素，包括商品品质、付款条件、交付方式、售后服务等。

【多选题·2019】根据反垄断法律制度的规定，下列关于经营者市场支配地位的理解中，正确的有（　　）。

A. 具有市场支配地位的经营者能够阻碍、影响其他经营者进入相关市场

B. 经营者具有市场支配地位这一状态本身并不违法

C. 具有市场支配地位的经营者未必是“独占”

D. 市场支配地位可能由多个经营者共同具有

【答案】ABCD

【解析】市场支配地位是指经营者在相关市场内具有能够控制商品价格、数量或者其他交易条件，或者能够阻碍、影响其他经营者进入相关市场能力的市场地位，选项A正确。对“市场支配地位”的理解有以下三点：（1）具有市场支配地位的经营者未必是“独占”者；（2）具有市场支配地位的经营者可以是一个，也可以是多个；（3）市场支配地位是一种市场结构状态，对市场支配地位这种结构状态并无否定性评价。选项B、C、D正确。

【经典模拟题】

【多选题】根据反垄断法律制度的规定，市场支配地位是指经营者在相关市场内具有能够控制商品价格、数量或者其他交易条件，或者能够阻碍、影响其他经营者进入相关市场能力的市场地位。下列各项中，属于“其他交易条件”的有（　　）。

A. 商品品质　　B. 交付方式

C. 交易选择　　D. 技术约束

【答案】ABCD

【解析】其他交易条件，是指除商品价格、数量之外能够对市场交易产生实质影响的其他因素，包括商品品质、付款条件、交付方式、售后服务、交易选择、技术约束等。

【小贴士】其他交易条件中的“交易选择”“技术约束”为新增加的内容，请考生注意！

重难点14：《反垄断法》禁止的滥用市场支配地位行为★★★

JJ201102

1. 以不公平的高价销售商品或者以不公平的低价购买商品。

认定“不公平的高价”和“不公平的低价”，可以考虑下列因素：

（1）销售价格或者购买价格是否明显高于或者低于其他经营者在相同或者相似条件下销售或者购买同种商品或者可比较商品的价格；

（2）销售价格或者购买价格是否明显高于或者明显低于同一经营者在其他相同或者相似市场条件区域销售或者购买商品的价格；

（3）在成本基本稳定的情况下，是否超过正常幅度提高销售价格或者降低购买价格；

（4）销售商品的提价幅度是否明显高于成本增长幅度，或者购买商品的降价幅度是否明显高于交易相对人成本降低幅度；

（5）需要考虑的其他相关因素。

认定市场条件相同或者相似，应当考虑销售渠道、销售模式、供求状况、监管环境、交易环节、成本结构、交易情况等因素。

【小贴士】此部分内容有调整，请考生注意！

2. 没有正当理由，以低于成本的价格销售商品

认定低于成本的价格销售商品，应当重点考虑价格是否低于平均可变成本。平均可变成本是指随着生产的商品数量变化而变动的每单位成本。涉及互联网等新经济业态中的免费模式，应当综合考虑经营者提供的免费商品以及相关收费商品等情况。

因下列情形而进行的低于成本价格销售均为正当：

（1）降价处理鲜活商品、季节性商品、有效期限即将到期的商品和积压商品的；

（2）因清偿债务、转产、歇业降价销售商品的；

（3）为推广新产品进行促销的；

（4）能够证明行为具有正当性的其他理由。

【小贴士】此部分内容有调整，请考生注意！

3. 没有正当理由，拒绝与交易相对人进行交易

下列没有正当理由、以间接方式拒绝交易的行为受到禁止：

（1）实质性削减与交易相对人的现有交易数量；

（2）拖延、中断与交易相对人的现有交易；

（3）拒绝与交易相对人进行新的交易；

（4）设置限制性条件，使交易相对人难以与其进行交易；

（5）拒绝交易相对人在生产经营活动中以合理条件使用其必需设施。

4. 没有正当理由，限定交易相对人只能与其进行交易或者只能与其指定的经营者进行交易

（1）限定交易行为的具体表现包括：

①限定交易相对人只能与其进行交易；

②限定交易相对人只能与其指定的经营者进行交易；

③限定交易相对人不得与特定经营者进行交易。

（2）限定交易的正当理由包括：

①为满足产品安全要求所必须；

②为保护知识产权所必须；

③为保护针对交易进行的特定投资所必须；

④能够证明行为具有正当性的其他理由。

【小贴士】此部分内容有调整，请考生注意！

5. 没有正当理由搭售商品，或者在交易时附加其他不合理的交易条件

（1）此类行为的具体表现包括：

①违背交易惯例、消费习惯或者无视商品的功能，将不同商品捆绑销售或者组合销售；

②对合同期限、支付方式、商品的运输及交付方式或者服务的提供方式等附加不合理的限制；

③对商品的销售地域、销售对象、售后服务等附加不合理的限制；

④交易时在价格之外附加不合理费用；

⑤附加与交易标的无关的交易条件。

（2）此类行为的“正当理由”包括：

①符合正当的行业惯例和交易习惯；

②为满足产品安全要求所必需；

③为实现特定技术所必需；

④能够证明行为具有正当性的其他理由。

【小贴士】此部分内容有调整，请考生注意！

6. 没有正当理由，对条件相同的交易相对人在交易价格等交易条件上实行差别待遇

（1）此类行为的具体表现包括：

①实行不同的交易价格、数量、品种、品质等级；

②实行不同的数量折扣等优惠条件；

③实行不同的付款条件、交付方式；

④实行不同的保修内容和期限、维修内容和时间、零配件供应、技术指导等售后服务条件。

（2）条件相同是指交易相对人之间在交易安全、交易成本、规模和能力、信用状况、所处交易环节、交易持续时间等方面不存在实质性影响交易的差别。

（3）“正当理由”包括：

①根据交易相对人实际需求且符合正当交易习惯和行业惯例，实行不同交易条件；

②针对新用户的首次交易在合理期限内开展的优惠活动；

③能够证明行为具有正当性的其他理由。

【小贴士】此部分内容有调整，请考生注意！

重难点15：与知识产权行使有关的滥用市场支配地位行为★★

1. 拒绝许可

具有市场支配地位的经营者没有正当理由，不得在其知识产权构成生产经营活动必需设施的情况下，拒绝许可其他经营者以合理条件使用该知识产权，排除、限制竞争。

2. 附加不合理限制条件

具有市场支配地位的经营者没有正当理由，在行使知识产权的过程中，不得实施下列附加不合理限制条件的行为，排除、限制竞争：

（1）要求交易相对人将其改进的技术进行独占性的回授；

（2）禁止交易相对人对其知识产权的有效性提出质疑；

（3）限制交易相对人在许可协议期限届满后，在不侵犯知识产权的情况下利用竞争性的商品或者技术；

（4）对保护期已经届满或者被认定无效的知识产权继续行使权利。

3. 专利联营中的滥用行为

具有市场支配地位的专利联营管理组织没有正当理由，不得利用专利联营实施下列滥用市场支配地位的行为，排除、限制竞争：

（1）限制联营成员在联营之外作为独立许可人许可专利；

（2）限制联营成员或者被许可人独立或者与第三方联合研发与联营专利相竞争的技术；

（3）强迫被许可人将其改进或者研发的技术独占性地回授给专利联营管理组织或者联营成员；

（4）禁止被许可人质疑联营专利的有效性；

（5）对条件相同的联营成员或者同一相关市场的被许可人在交易条件上实行差别待遇。

4. 标准必要专利滥用行为

具有市场支配地位的经营者没有正当理由，不得在标准的制定和实施过程中实施下列排除、限制竞争行为：

（1）在参与标准制定的过程中，故意不向标准制定组织披露其权利信息，或者明确放弃权利，但是在某些标准涉及该专利后却对该标准的实施者主张其专利权；

（2）在其专利成为标准必要专利后，违背公平、合理和无歧视原则，实施拒绝许可、搭售商品或者在交易时附加其他的不合理交易条件等排除、限制竞争的行为。

【经典真题】

【多选题 · 2013】我国反垄断法律制度禁止具有市场支配地位的经营者，无正当理由以低于成本的价格销售商品。下列各项中，属于法定正当理由的有（　　）。

A. 清偿债务　　B. 为推广新产品进行促销

C. 处理鲜活商品　　D. 处理积压商品

【答案】ABCD

【多选题 · 2018】根据反垄断法律制度的规定，认定具有市场支配地位的经营者以不公平的高价销售商品，应当主要考虑的因素有（　　）。

A. 商品的销售价格是否明显高于其他经营者销售同种商品的价格

B. 在成本基本稳定的情况下，是否超过正常幅度提高商品的销售价格

C. 商品销售价格的提价幅度是否明显高于成本增长幅度

D. 商品的销售价格是否明显高于成本

【答案】ABC

重难点 16：经营者集中★★

1. 经营者集中的概念

经营者集中，是指经营者之间通过合并、取得股份或者资产、委托经营或者联营以及人事兼任等方式形成的控制与被控制状态。

2. 经营者集中的三种情形

（1）合并。合并又分为吸收合并和新设合并。

（2）通过取得股权或者资产的方式取得对其他经营者的控制权。

（3）通过合同等方式取得对其他经营者的控制权或者能够对其他经营者施加决定性影响。

3. 经营者集中的分类

（1）横向集中，指因生产或销售同类产品，或者提供同种服务而具有相互直接竞争关系

的经营者之间的集中。

（2）纵向集中，指同一产业中处于不同阶段，彼此之间不存在竞争关系，但有买卖关系的经营者之间的集中。

（3）混合集中，指生产经营的产品或服务在彼此没有关联的经营者之间的集中。

4.《反垄断法》对经营者集中的规制模式

经营者集中的经济效果的两面性，决定了《反垄断法》对它的规制在于“控制”，而非“禁止”。我国采取的是强制的事前申报模式，即当事人在实施集中前必须事先向商务部申报，经商务部审查批准后才可以实施集中。

重难点 17：经营者集中的申报★★

1. 申报标准

经营者集中达到下列标准之一的，经营者应当事先向商务部申报，未申报的不得实施集中：

（1）参与集中的所有经营者上一会计年度在全球范围内的营业额合计超过 100 亿元人民币，并且其中至少两个经营者上一会计年度在中国境内的营业额均超过 4 亿元人民币；

（2）参与集中的所有经营者上一会计年度在中国境内的营业额合计超过 20 亿元人民币，并且其中至少两个经营者上一会计年度在中国境内的营业额均超过 4 亿元人民币。

2. “营业额”的界定根据《经营者集中申报办法》，参与集中的单个经营者的营业额应当为下述经营者的营业额总和：

（1）该单个经营者；

（2）第（1）项所指经营者直接或间接控制的其他经营者；

（3）直接或间接控制第（1）项所指经营者的其他经营者；

（4）第（3）项所指经营者直接或间接控制的其他经营者；

（5）第（1）~（4）项所指经营者中两个或两个以上经营者共同控制的其他经营者。

参与集中的单个经营者的营业额不包括上述第（1）~（5）项所列经营者之间发生的营业额。

3. 营业额的计算

（1）如果参与集中的单个经营者之间或者参与集中的单个经营者和未参与集中的经营者之间有共同控制的其他经营者，参与集中的单个经营者的营业额应当包括被共同控制的经营者与第三方经营者之间的营业额，且此营业额只计算一次。

（2）如果参与集中的单个经营者之间有共同控制的其他经营者，则参与集中的所有经营者的合计营业额不应包括被共同控制的经营者与任何一个共同控制他的参与集中的经营者，或与后者有控制关系的经营者之间发生的营业额。

4. 豁免条件

经营者集中有下列情形之一的，可以不向商务部申报：

（1）参与集中的一个经营者拥有其他每个经营者 50% 以上有表决权的股份或者资产的；

（2）参与集中的每个经营者 50% 以上有表决权的股份或者资产被同一个未参与集中的经营者拥有的。

重难点18：经营者集中的审查程序★

1. 两阶段审查

（1）第一阶段为初步审查。

反垄断执法机构应当自收到经营者提交的符合规定的文件、资料之日起30日内，对申报的经营者集中进行初步审查，作出是否实施进一步审查的决定，并书面通知经营者。反垄断执法机构作出决定前，经营者不得实施集中。反垄断执法机构作出不实施进一步审查的决定或者逾期未作出决定的，经营者可以实施集中。

（2）第二阶段审查。

第二阶段审查应当自执法机构作出实施进一步审查决定之日起90日内完毕，并作出是否禁止经营者集中的决定，书面通知经营者。审查期间，经营者不得实施集中。反垄断执法机构逾期未作出决定的，经营者可以实施集中。

（3）有下列情形之一的，国务院反垄断执法机构经书面通知经营者，可以延长第二阶段审查期限，但最长不得超过60日：

①经营者同意延长审查期限的；

②经营者提交的文件、资料不准确，需要进一步核实的；

③经营者申报后有关情况发生重大变化的。

2. 简易程序

（1）符合下列情形的经营者集中案件，为简易案件：

①在同一相关市场，所有参与集中的经营者所占的市场份额之和小于15%；

②存在上下游关系的参与集中的经营者，在上下游市场所占的份额均小于25%；

③不在同一相关市场、也不存在上下游关系的参与集中的经营者，在与交易有关的每个市场所占的份额均小于25%；

④参与集中的经营者在中国境外设立合营企业，合营企业不在中国境内从事经济活动；

⑤参与集中的经营者收购境外企业股权或者资产的，该境外企业不在中国境内从事经济活动；

⑥由两个以上经营者共同控制的合营企业，通过集中被其中一个或者一个以上经营者控制。

（2）虽符合上述条件，但存在下列情形的经营者集中案件，不视为简易案件：

①由两个以上经营者共同控制的合营企业，通过集中被其中的一个经营者控制，该经营者与合营企业属于同一相关市场的竞争者；

②经营者集中涉及的相关市场难以界定；

③经营者集中对市场进入、技术进步可能产生不利影响；

④经营者集中对消费者和其他有关经营者可能产生不利影响；

⑤经营者集中对国民经济发展可能产生不利影响；

⑥国务院反垄断执法机构认为可能对市场竞争产生不利影响的其他情形。

【经典真题】

【单选题·2013】根据反垄断法律制度的规定，我国经营者集中反垄断审查程序的最长审查时限为（　　）。

A. 60 日　　B. 90 日　　C. 180 日　　D. 210 日

【答案】C

【解析】反垄断审查程序的最长时限为：30 日（初步审查）+90 日（第二阶段审查）+60 日（可能出现的延长）=180 日。

重难点 19：经营者集中审查的实体标准★★

1. 一般标准

经营者集中具有或者可能具有排除、限制竞争效果的，国务院反垄断执法机构应当作出禁止经营者集中的决定。

2. 对经营者集中竞争影响的评估

审查经营者集中，根据个案具体情况和特点，综合考虑下列因素：

（1）参与集中的经营者在相关市场的市场份额及其对市场的控制力；

（2）相关市场的市场集中度；

（3）经营者集中对市场进入、技术进步的影响；

（4）经营者集中对消费者和其他有关经营者的影响；

（5）经营者集中对国民经济发展的影响；

（6）国务院反垄断执法机构认为应当考虑的影响市场竞争的其他因素。

评估经营者集中时，除考虑上述因素，还需综合考虑集中对公共利益的影响、集中对经济效率的影响、参与集中的经营者是否为濒临破产的企业、是否存在抵销性买方力量等因素。

【经典真题】

【多选题·2011】在对经营者集中进行反垄断审查并作出是否禁止该集中的决定过程中，反垄断执法机构应主要考虑一些经济因素。下列各项中，属于该类经济因素的有（　　）。

A. 参与集中的经营者在相关市场的市场份额及其对市场的控制力

B. 相关市场的集中度

C. 经营者集中对市场进入、技术进步的影响

D. 经营者集中对消费者的影响

【答案】ABCD

重难点 20：经营者集中附加限制性条件批准制度★★

1. 经营者集中附加限制性条件批准制度

经营者集中附加限制性条件批准制度，是指在经营者集中反垄断审查中，为了消除集中对竞争造成的不利影响，由参与集中的经营者向执法机构提出消除不利影响的解决办法，执法机构附条件批准该项集中的制度。

2. 限制性条件的分类

（1）剥离有形资产、知识产权等无形资产或相关权益等结构性条件；

（2）开放网络或平台等基础设施、许可关键技术、终止排他性协议等行为性条件；

（3）结构性条件和行为性条件相结合的综合性条件。

3. 业务剥离的实施

（1）业务剥离的方式。

可采取自行剥离或者受托剥离的方式。自行剥离是指剥离义务人在审查决定规定的期限内，找到适当的买方、签订出售协议并经商务部审核批准。受托剥离是指剥离义务人在未能如期完成自行剥离的情形下，由剥离受托人在审查决定规定的期限内寻找买方、签订出售协议并经商务部审核批准。

（2）剥离业务的买方资格。

剥离业务的买方应符合如下要求：

①独立于参与集中的经营者；

②拥有必要的资源能力，并有意愿使用剥离业务参与市场竞争；

③取得其他监管机构的批准；

④不得向参与集中的经营者融资购买玻璃业务；

⑤商户根据具体案件情况提出的其他要求。

（3）剥离受托人和监督受托人。

①剥离义务人应在商务部作出审查决定之日起 15 日内向商务部提交监督受托人人选，在进入受托剥离阶段 30 日前向商务部提交剥离受托人人选。剥离义务人应负责支付监督受托人和剥离受托人的报酬。

②剥离受托人和监督受托人应当符合下列要求：

a. 独立于剥离义务人和剥离业务的买方；

b. 具有履行受托人职责的专业团队，团队成员应当具有对限制性条件进行监督所需的专业知识、技能及相关经验；

c. 提出可行的工作方案；

d. 对买方人选确定过程的监督；

e. 商务部提出的其他要求。

③监督受托人应当在商务部的监督下，履行下列职责：

a. 监督剥离义务人履行本规定、审查决定及相关协议规定的义务；

b. 对剥离义务人推荐的买方人选、拟签订的出售协议进行评估，并向商务部提交评估报告；

c. 监督出售协议的执行，并定期向商务部提交监督报告；

d. 协调剥离义务人与潜在买方就剥离事项产生的争议；

e. 应商务部的要求提交其他与剥离有关的报告。

④监督受托人不得披露其在履行职责过程中向商务部提交的各种报告及相关信息。

【经典真题】

【多选题·2015】根据反垄断法律制度的规定，在经营者集中附加限制性条件批准制度中，剥离业务的买方应当符合的要求有（　　）。

A. 独立于参与集中的经营者

B. 拥有必要的资源、能力并有意愿使用剥离业务参与市场竞争

C. 取得其他监管机构的批准

D. 优先向参与集中的经营者融资购买剥离业务

【答案】ABC

【多选题·2015】根据反垄断法律制度的规定，在经营者集中附加限制性条件批准制度中，监督受托人应当符合的要求有（　　）。

A. 具有履行受托人职责的专业团队

B. 独立于剥离义务人和剥离业务的买方

C. 提出可行的工作方案

D. 提出可行的履职经费保障方案

【答案】ABC

【多选题·2017】为消除经营者集中对竞争造成的不利影响，反垄断执法机构可以在批准集中时附加业务剥离的条件。下列关于业务剥离的表述中，符合反垄断法律制度规定的有（　　）。

A. 剥离受托人的报酬由剥离义务人支付，监督受托人的报酬由反垄断执法机构支付

B. 剥离受托人可以是法人和其他组织，也可以是自然人

C. 监督受托人不得披露其在履职过程中向商务部提交的各种报告及相关信息

D. 在受托剥离中，剥离受托人有权以无底价方式出售剥离业务

【答案】BCD

【解析】选项A：剥离义务人负责支付监督受托人和剥离受托人报酬。

重难点21：滥用行政权力排除、限制竞争行为★★

也称行政性垄断，是指行政机关和法律、法规授权的具有管理公共事务职能的组织滥用行政权力，排除、限制竞争的行为。

《反垄断法》禁止的滥用行政权力排除、限制竞争行为。

1. 行政强制交易

（1）以明确要求、暗示、拒绝或者拖延行政审批、重复检查、不予接入平台或者网络等方式，限定或者变相限定经营、购买、使用特定经营者提供的商品；

（2）通过限制投标人所在地、所有制形式、组织形式等方式，限定或者变相限定经营、购买、使用特定投标人提供的商品；

（3）没有法律、法规依据，通过设置项目库、名录库等方式，限定或者变相限定经营、购买、使用特定经营者提供的商品；

（4）限定或者变相限定单位或者个人经营、购买、使用其指定的经营者提供的商品的其他行为。

【小贴士】上述第（1）~（4）项内容为新增部分，请考生注意！

2. 地区封锁

（1）对外地商品设定歧视性收费项目、实行歧视性收费标准，或者规定歧视性价格、实

施歧视性补贴政策；

（2）对外地商品规定与本地同类商品不同的技术要求、检验标准，或者采取重复检验、重复认证等措施，阻碍、限制外地商品进入本地市场；

（3）没有法律、法规依据，采取专门针对外地商品的行政许可、备案，或者对外地商品实施行政许可、备案时，设定不同的许可条件、程序、期限等，阻碍、限制外地商品进入本地市场；

（4）没有法律、法规依据，设置关卡、通过软件或者互联网设置屏蔽等手段，阻碍、限制外地商品进入本地市场或者本地商品运往外地市场；

（5）妨碍商品在地区之间自由流通的其他行为。

3. 排斥或限制外地经营者参加本地招标投标

（1）不依法发布信息；

（2）明确外地经营者不能参与本地特定的招标投标、政府采购活动；

（3）对外地经营者设定歧视性的资质要求或者评审标准；

（4）通过设定与招标项目的具体特点和实际要求不相适应，或者与合同履行无关的资格、技术和商务条件，变相限制外地经营者参加本地招标投标、政府采购活动；

（5）排斥或者限制外地经营者参加本地招标投标政府采购活动的其他行为。

【小贴士】上述第（1）~（5）项的具体内容为新增部分，请考生注意！

4. 排斥或者限制外地经营者在本地投资或者设立分支机构或者妨碍外地经营者在本地的正常经营活动

（1）拒绝外地经营者在本地投资或者设立分支机构；

（2）没有法律、法规依据，对外地经营者在本地投资的规模、方式以及设立分支机构的地址、商业模式等进行限制；

（3）对外地经营者在本地的投资或者设立的分支机构在投资、经营规模、经营方式、税费缴纳等方面规定与本地经营者不同的要求，在安全生产、节能环保、质量标准等方面实行歧视性待遇；

（4）排斥或者限制外地经营者在本地投资或者设立分支机构的其他行为。

【小贴士】上述第（1）~（4）项内容为新增部分，请考生注意！

5. 强制经营者从事垄断行为

行政机关和法律、法规授权的具有管理公共事务职能的组织，滥用行政权力，强制经营者达成、实施排除或限制竞争的垄断协议，或者强制具有市场支配地位的经营者从事滥用市场支配地位的行为，或者强制经营者实施违法经营者集中等。

6. 抽象行政性垄断行为

行政机关滥用行政权力，制定含有排除、限制竞争内容的规定，其具体形式包括决定、公告、通告、通知、意见、会议纪要等。

与具体行政性垄断行为只针对特定主体和特定事项不同，抽象行政性垄断行为针对不特定对象发布的能反复适用的行政规范性文件，具有一定的“普适性”，其危害更大。

【经典真题】

【多选题·2010】下列行为中，属于《反垄断法》所禁止的垄断行为的有（　　）。

A. 某药品生产企业因拥有一项治疗心血管疾病的药品专利，占据了相关市场95%的份额

B. 年销售额在1亿元以上的药品零售企业之间达成联盟协议，共同要求药品生产企业按统一的优惠价格向联盟内的企业供应药品，联盟内的企业按统一的零售价向消费者销售药品

C. 某市政府在与某国有医药企业签订的战略合作协议中承诺，该国有医药企业在本市医疗机构药品招标中享有优先中标机会

D. 某省政府招标办公室发布文件称：凡不在本省纳税的企业，一律不得参与本省的招投标活动

【答案】BCD

【解析】选项A：《反垄断法》对经营者合法取得的垄断地位并不视为非法，法律所禁止的是当事人滥用其垄断地位排除或者限制竞争的行为；选项B属于法律禁止的垄断协议；选项C、D属于行政性垄断行为。

【单选题·2012】甲市市政府办公厅下发红头文件，要求某市各级政府机构在公务接待中必须使用本市乙酒厂生产的“醉八仙”系列白酒，并根据有关政府机构的公务接待预算分别下达了一定数量的用酒任务。根据反垄断法律制度的规定，下列表述中，正确的是（　　）。

A. 甲市市政府的行为不违法，乙酒厂实施了滥用行政权力排除、限制竞争行为

B. 甲市市政府的行为不违法，乙酒厂实施了滥用市场支配地位行为

C. 甲市市政府实施了滥用行政权力排除、限制竞争行为，乙酒厂不违法

D. 甲市市政府实施了滥用行政权力排除、限制竞争行为，乙酒厂实施了滥用市场支配地位行为

【答案】C

【解析】选项A：乙酒厂不属于“行政机关和法律、法规授权的具有管理公共事务职能的组织”，不能成为“滥用行政权力排除、限制竞争行为”的主体；选项B、D：本题并未交代“乙酒厂具有市场支配地位”，而且根据本题所述内容无法认定乙酒厂实施了滥用市场支配地位的行为；选项C：本题并未交代“乙酒厂依据市政府的红头文件实施了垄断行为”，因此，乙酒厂不违法。

【多选题·2014】某行业协会组织本行业7家主要企业的领导人召开“行业峰会”，并就共同提高本行业产品价格及提价幅度形成决议，与会企业领导人均于决议上签字，会后，决议以行业协会名义下发全行业企业，与会7家企业的市场份额合计达85%，根据反垄断法律制度的规定，下列表述中，正确的有（　　）。

A. 行业协会实施了组织本行业经营者达成垄断协议的行为

B. 7家企业实施了滥用市场支配地位行为

C. 7家企业实施了达成垄断协议的行为

D. 行业协会实施了行政性限制竞争行为

【答案】AC

【解析】选项B、C：7家企业实施了“达成垄断协议”的行为，尽管7家企业的市场份额合计达85%，但不涉及“滥用市场支配地位”的行为；选项D：该行业协会不属于“行

政机关和法律、法规授权的具有管理公共事务职能的组织”，谈不上“行政垄断”的问题。

重难点22：公平竞争审查制度★★

1. 审查原则

（1）尊重市场，竞争优化；

（2）立足全局，统筹兼顾；

（3）依法审查，强化监督。

【小贴士】审查原则由“4原则”变为“3原则”，请考生注意！

2. 审查对象

（1）行政机关和法律、法规授权的具有管理公共事务职能的组织制定市场准入、产业发展、招商引资、招标投标、政府采购、经营行为规范、资质标准等涉及市场主体经济活动的规章、规范性文件和其他政策措施；

（2）行政法规和国务院制定的其他政策措施；

（3）政府部门负责起草的地方性法规。

3. 审查方式

采取事前自我审查方式。

4. 公平竞争审查标准

（1）市场准入和退出标准。

①不得设置不合理和歧视性的准入和退出条件；

②公布特许经营权目录清单，且未经公平竞争审查，不得授予经营者特许经营权；

③不得限定经营、购买、使用特定经营者提供的商品和服务；

④不得设置没有法律法规依据的审批或者事前备案程序；

⑤不得对市场准入负面清单以外的行业、领域、业务等设置审批程序。

（2）商品和要素自由流动标准。

①不得对外地和进口商品、服务实行歧视性价格和歧视性补贴政策；

②不得限制外地和进口商品、服务进入本地市场或者阻碍本地商品运出、服务输出；

③不得排斥或者限制外地经营者参加本地招标投标活动；

④不得排斥、限制或者强制外地经营者在本地投资或者设立分支机构；

⑤不得对外地经营者在本地的投资或者设立的分支机构实行歧视性待遇，侵害其合法权益。

（3）影响生产经营成本标准。

①不得违法给予特定经营者优惠政策；

②安排财政支出一般不得与企业缴纳的税收或者非税收入挂钩；

③不得违法免除特定经营者需要缴纳的社会保险费用；

④不得在法律规定之外要求经营者提供或者扣留经营者各类保证金。

（4）影响生产经营行为标准。

①不得强制经营者从事《反垄断法》规定的垄断行为；

②不得违法披露或者要求经营者披露生产经营敏感信息，为经营者从事垄断行为提供便利条件；

③不得超越定价权限进行政府定价；

④不得违法干预实行市场调节价的商品和服务的价格水平。

5. 例外规定

属于下列情形的政策措施，如果具有排除和限制竞争的效果，在符合规定的情况下可以实施：

（1）维护国家经济安全、文化安全或者涉及国防建设的；

（2）为实现扶贫开发、救灾救助等社会保障目的的；

（3）为实现节约能源资源、保护生态环境等社会公共利益的；

（4）法律、行政法规规定的其他情形。

除符合上述情形外，政策制定机关还应当说明相关政策措施对实现政策目的不可或缺，且不会严重排除和限制市场竞争，并明确实施期限；政策制定机关要逐年评估相关政策措施的实施效果，实施期限到期或者未达到预期效果的政策措施，应当及时停止执行或者进行调整。

【经典真题】

【单选题·2010】根据反垄断法律制度的规定，行政机关滥用行政权力，实施限制竞争行为的，除法律、行政法规另有规定的，反垄断执法机构可以采取的处理措施是（　　）。

A. 责令行为人改正违法行为

B. 对直接负责的主管人员和其他直接责任人员给予处分

C. 对行为人处以罚款

D. 向有关上级机关提出依法处理的建议

【答案】D

【多选题·2016】根据反垄断法律制度的规定，下列情形中，可处以50万元以下罚款的有（　　）。

A. 经营者达成垄断协议，但未实施

B. 行业协会组织本行业经营者从事垄断协议行为

C. 经营者未依法申报达到申报标准的经营者集中

D. 行政机关滥用行政权力排除竞争

【答案】ABC

五、进阶练习

（一）单选题

1. 下列不属于我国反垄断法适用主体的是（　　）。

A. 经营者　　B. 消费者

C. 行业协会　　D. 行政机关

2. 下列不是界定相关地域市场时应当考虑的因素是（　　）。

A. 商品的运输成本　　B. 地区间贸易壁垒

C. 特定地区需求者偏好　　D. 商品的销售渠道

3. 国务院反垄断委员会办公室设在（　　）。

A. 商务部　　B. 国家发改委

C. 国家市场监管总局　　D. 国务院办公厅

4. 下列不属于横向垄断协议的是（　　）。

A. 固定商品价格的协议

B. 约定计算商品价格的标准公式的协议

C. 分割销售市场协议

D. 排他性交易协议

5. 下列不属于反垄断法禁止的垄断行为是（　　）。

A. 农村经济组织在粮食加工领域实施的联合行为

B. 联合拒绝向特定经营者销售商品

C. 行政强制交易

D. 限定向第三人转售商品的最低价格

6. 下列不属于经营者集中简易案件的是（　　）。

A. 在同一相关市场，所有参与集中的经营者所占的市场份额之和小于15%

B. 存在上下游关系的参与集中者的经营者，在上下游市场所占的份额均小于35%

C. 不在同一相关市场，也不存在上下游关系的参与集中的经营者，在与交易有关的每个市场所占的份额均小于25%

D. 参与集中的经营者收购境外企业股权和资产的，该境外企业不在中国境内从事经济活动

（二）多选题

1. 下列属于我国《反垄断法》适用除外的有（　　）。

A. 农业生产中的联合行为

B. 知识产权的正当行使

C. 企业间研发新产品达成的垄断协议

D. 国际贸易中为维护国家利益达成的垄断协议

2. 下列属于从需求角度界定相关商品市场时考虑的因素有（　　）。

A. 需求者因商品价格和其他的竞争因素变化转向和考虑转向购买其他商品的证据

B. 商品的外形特性质量和技术特点等总体特征和用途

C. 商品之间的价格差异

D. 商品的销售渠道

3. 下列适用经营者承诺制度的案件有（　　）。

A. 垄断协议　　B. 滥用市场支配地位

C. 经营者集中　　D. 滥用行政权力排除、限制竞争

4. 因垄断行为受到损失，可以向人民法院提起反垄断民事诉讼的主体有（　　）。

A. 消费者　　B. 企业　　C. 公民个人　　D. 检察院

5. 下列属于纵向垄断协议的有（　　）。

A. 维持转售价格协议　　B. 地域限制协议

C. 客户限制协议　　　　　　　　　　D. 排他性交易协议

6. 认定“其他协同行为”时应当考虑的因素有（　　）。

A. 经营者的市场行为是否具有一致性

B. 经营者之间是否进行过意思联络或者信息交流

C. 经营者能否对行为的一致性作出合理解释

D. 相关市场的结构情况、竞争状况、市场变化等情况

7. 参与垄断协议的经营者主动报告，达成垄断协议有关情况并提供重要证据的，可以申请依法减轻或者免除处罚。下列关于宽恕制度的表述错误的有（　　）。

A. 对于第一个申请者，反垄断执法机构可以免除处罚

B. 对于第二个申请者，反垄断执法机构可以按照不低于80%的幅度减轻罚款

C. 对于第三个申请者，可以按照30% ~50%的幅度减轻罚款

D. 对于第四个申请者，可以按照20% ~30%的幅度减轻罚款

8. 下列属于认定经营者具有市场支配地位时应当依据的因素有（　　）。

A. 经营者在相关市场的市场份额以及相关市场的竞争状况

B. 经营者的财力和技术条件

C. 其他经营者对该经营者在交易上的依赖程度

D. 认定互联网等新经济业态经营者具有市场支配地位时需考虑一些特殊因素

9. 限定交易行为的具体表现有（　　）。

A. 限定交易相对人只能与其进行交易

B. 限定交易相对人只能与其指定的经营者进行交易

C. 限定交易相对人不得与特定经营者进行交易

D. 拒绝与交易相对人进行新的交易

10. 以下属于搭售及附加其他不合理交易行为表现的有（　　）。

A. 违背交易惯例、消费习惯或者无视商品的功能，将不同商品捆绑销售或者组合销售

B. 对合同期限、支付方式、商品的运输及交付方式或者服务的提供方式等附加不合理的限制

C. 对商品的销售地域、销售对象、售后服务等附加不合理的限制

D. 附加与交易标的无关的交易条件

11. 下列属于经营者集中免于申报的情形的有（　　）。

A. 参与集中的所有经营者上一会计年度在全球范围内的营业额合计超过100亿元人民币，并且其中至少两个经营者上一会计年度在中国境内的营业额均超过4亿元人民币

B. 参与集中的所有经营者上一会计年度在中国境内的营业额合计超过20亿元人民币，并且其中至少两个经营者上一会计年度在中国境内的营业额均超过4亿元人民币

C. 参与集中的一个经营者拥有其他每个经营者50%以上有表决权的股份或者资产

D. 参与集中的每个经营者50%以上有表决权的股份或者资产被同一个未参与集中的经营者拥有

12. 根据不同情况，国务院反垄断执法机构对经营者集中可作出的决定有（　　）。

A. 不予受理的决定　　　　　　　　　B. 禁止集中的决定

C. 不予禁止的决定　　　　　　　　D. 附条件的不予禁止的决定

13. 行政强制交易的具体表现包括（　　）。

A. 已明确要求、暗示、拒绝或者拖延行政审批、重复检查、不予接入平台或者网络等方式，限定或者变相限定经营、购买、使用特定经营者提供的商品

B. 通过限制投标人所在地、所有制形式、组织形式等方式，限定或者变相限定经营、购买、使用特定投标人提供的商品

C. 没有法律、法规依据，通过设置项目库、名录库等方式，限定或者变相限定经营、购买、使用特定经营者提供的商品

D. 限定或者变相限定单位或者个人经营、购买、使用其指定的经营者提供的商品的其他行为

14. 下列属于排斥或限制外地经营者参加本地招投标的行为有（　　）。

A. 不依法发布信息

B. 明确外地经营者不能参与本地特定的招标投标、政府采购活动

C. 对外地经营者设定歧视性的资质要求或者评审标准

D. 通过设定与招标项目的具体特点和实际要求不相适应，或者与合同履行无关的资格、技术和商务条件，变相限制外地经营者参加本地招标投标、政府采购活动

15. 下列属于排斥或者限制外地经营者在本地投资或者设立分支机构或者妨碍外地经营者在本地正常经营活动的具体表现的有（　　）。

A. 拒绝外地经营者在本地投资或者设立分支机构

B. 没有法律、法规依据，对外地经营者在本地投资的规模、方式以及设立分支机构的地址、商业模式等进行限制

C. 对外地经营者在本地的投资或者设立的分支机构在经营规模、经营方式、税费缴纳等方面规定与本地经营者不同的要求，在安全生产、节能环保、质量标准等方面实行歧视性待遇

D. 排斥或者限制外地经营者在本地投资或者设立分支机构的其他行为

六、进阶练习答案与解析

（一）单选题

1. 【答案】B

【解析】《反垄断法》不规范消费者。

2. 【答案】D

【解析】选项 D 是相关商品市场界定应考虑的因素。

3. 【答案】C

4. 【答案】D

【解析】选项 D 属于纵向垄断协议。

5. 【答案】A

【解析】选项 A 属于《反垄断法》的适用除外。

6. 【答案】B

【解析】存在上下游关系的参与集中者的经营者，在上下游市场所占的份额均小于25%的，为简易案件。

（二）多选题

1. 【答案】AB

【解析】选项C、D属于我国《反垄断法》的豁免协议。

2. 【答案】ABCD

3. 【答案】AB

4【答案】ABC

【解析】检察院不能提起反垄断民事诉讼。

5. 【答案】ABCD

6. 【答案】ABCD

7. 【答案】ABCD

【解析】参与垄断协议的经营者主动报告，达成垄断协议有关情况并提供重要证据的，可以申请依法减轻或者免除处罚。对于第一个申请者，反垄断执法机构可以免除处罚，或者按照不低于80%的幅度减轻罚款。对于第二个申请者，可以按照30%～50%的幅度减轻罚款，对于第三个申请者，可以按照20%～30%的幅度减轻罚款，选项表述均不正确。

8. 【答案】ABCD

9. 【答案】ABC

【解析】选项D为拒绝交易而非限定交易。

10. 【答案】ABCD

11. 【答案】CD

【解析】选项A、B属于应当申报的情形。

12. 【答案】BCD

13. 【答案】ABCD

14. 【答案】ABCD

15. 【答案】ABCD

第十二章 涉外经济法律制度

一、2020 年教材本章主要变化

由于《中华人民共和国外商投资法》（以下简称《外商投资法》），自 2020 年 1 月 1 日起实施，因此本章第一节涉外投资法律制度部分根据《外商投资法》与“外资三法”① 的对比分析几乎全部修改重写，有重大改变，提醒广大考生注意。

二、本章近 5 年考情统计分析

近 5 年本章考题主要为单项选择题与多项选择题，均为客观题，所占分值不大。虽然所占分值不大，但大多数知识点需要记忆，复习难度较大。最近 5 年平均考试分值为 6 分。

（一）近 5 年考试分值分布

题型	2015 年	2016 年	2017 年	2018 年	2019 年
单选题	3	3	3	3	3
多选题	3	3	3	3	3
合计	6	6	6	6	6

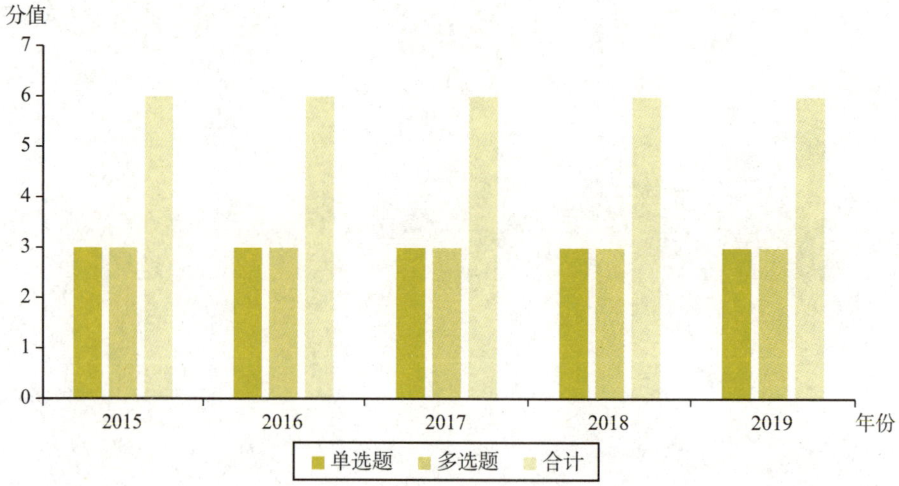

（二）近 5 年考试考点分布

高频考点内容	年度及题型分布
外商投资项目的核准与备案	2018 年单选题
外国投资者以股权作为支付手段并购境内公司	2017 年多选题，2018 年单选题
外商投资合同的法律适用	2018 年多选题

① 《中外合资经营企业法》《外资企业法》《中外合作经营企业法》即为“外资三法”。

高频考点内容	年度及题型分布
自由贸易区外商投资国家安全审查	2015 年多选题，2019 年多选题
对外直接投资法律制度	2019 年多选题
《中华人民共和国贸易法》（以下简称《对外贸易法》）的适用范围和原则	2016 年单选题，2018 年单选题，2019 年单选题
对外贸易经营者	2018 年单选题，2019 年单选题
反倾销税	2016 年单选题，2017 年单选题，2019 年单选题
《中华人民共和国外汇管理条例》（以下简称《外汇管理条例》）的适用范围	2019 年单选题
外汇市场	2016 年单选题，2019 年多选题
外债管理	2017 年多选题
人民币汇率与特别提款权	2015 年多选题，2016 年单选题，2017 年多选题，2018 年多选题

三、本章思维导图

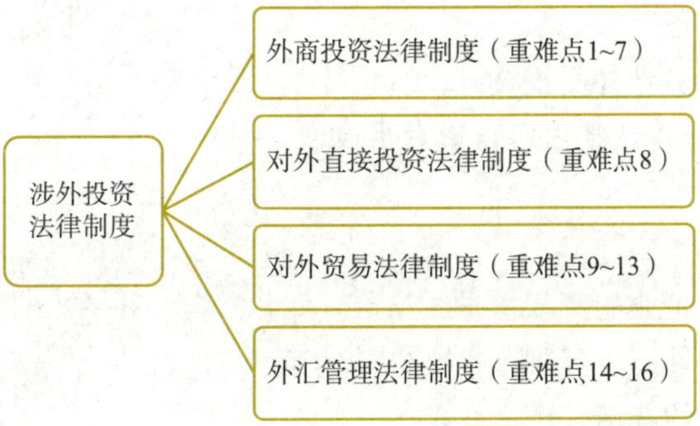

四、重难点解析

本章属于非重要考试章节，主要包括涉外投资法律制度、对外贸易法律制度、外汇管理法律制度等内容。

重难点 1：《外商投资法》制定主要遵循的原则★★

1. 突出积极扩大对外开放和促进外商投资的主基调
2. 坚持外商投资基础性法律的定位
3. 坚持中国特色和国际规则相衔接

4. 坚持内外资一致

【小贴士】本部分为新调整内容，请考生注意。

重难点2：《外商投资法》的特色与创新★★

1. 从企业组织法转型为投资行为
2. 强调对外商投资的促进与保护
3. 全面落实国民待遇原则
4. 更加周延地覆盖外商投资实践

【小贴士】本部分为新调整内容，请考生注意。

重难点3：外国投资的情形★★

1. 外国投资者单独或者与其他投资者共同在中国境内设立外商投资企业
2. 外国投资者取得中国境内企业的股份股权财产份额或者其他类似权益
3. 外国投资者单独或者与其他投资者共同在中国境内投资新建项目
4. 法律行政法规或者国务院规定的其他方式的投资

【小贴士】本部分为新调整内容，请考生注意。

重难点4：关于外商投资促进的具体规定★★

1. 提高外商投资政策的透明度
2. 保障外商投资企业平等参与市场竞争
3. 加强外商投资服务
4. 依法依规鼓励和引导外商投资

【小贴士】本部分为新调整内容，请考生注意。

重难点5：关于外商投资保护

1. 加强对外商投资企业的产权保护
2. 强化对制定涉及外商投资规范性文件的约束
3. 促使地方政府守约践诺
4. 建立健全外商投资企业投诉工作机制

重难点6：关于外商投资管理★★★

1. 准入前国民待遇加负面清单管理制度

国家对外商投资实行准入前国民待遇加负面清单管理制度。所谓准入前国民待遇是指在投资准入阶段，给予外国投资者及其投资不低于本国投资者及其投资的待遇；所谓负面清单是指国家规定在特定领域对外投资实施的准入特别管理措施。国家对负面清单之外的外商投资给予国民待遇，中华人民共和国缔结或者参加的国际条约协定对外国投资者准入待遇有更优惠规定的，可以按照相关规定执行。

负面清单规定禁止投资的领域，外国投资者不得投资负面清单规定限制投资的领域，外国投资者进行投资应当符合负面清单规定的股权要求、高级管理人员要求等限制性准入特别管理措施。有关主管部门在依法履行职责过程中，对外国投资者拟投资负面清单内领域，但不符合负面清单规定的，不予办理许可、企业登记注册等相关事项；涉及固定资产投资项目核准的，不予办理相关核准事项。

外商投资企业的组织形式组织机构适用《公司法》《合伙企业法》等法律的规定。外商投资企业开展生产经营活动，应当依照有关法律、行政法规和国家有关规定办理税收、会计、外汇等事宜，并接受有关主管部门依法实施的监督检查。外国投资者并购中国境内企业或者以其他方式参与经营者集中的，应当依照《反垄断法》的规定接受经营者集中审查。

2. 完善投资安全审查制度

国家建立外商投资安全审查制度，对影响或者可能影响国家安全的外商投资进行安全审查，依法作出的安全审查决定为最终决定。

外商投资安全审查是指以涉及“国家安全”为理由，由专门的机构和机制，对归入审查范围的特定外商投资行为进行全面审查，以评估该投资行为对东道国国家安全产生的风险和影响，从而作出决策并进行风险干预管控的专门制度。

我国建立外国投资者并购境内企业安全审查部际联席会议制度，具体承担并购安全审查工作。联席会议在国务院领导下，由国家发改委、商务部牵头，根据外资并购所涉及的行业和领域，会同相关部门开展并购安全审查。

外商投资包括下列情形：（1）外国投资者单独或者与其他投资者共同投资新建项目或设立企业；（2）外国投资者通过并购方式取得已设立企业的股权和资产；（3）外国投资者通过协议、控制、代持、信托、再投资、境外交易、租赁、认购可转换债券等方式投资。

取得所投资企业的实际控制权，包括下列情形：（1）外国投资者及其关联投资者持有企业股份总额在50%以上；（2）数个外国投资者持有企业股份总额合计在50%以上；（3）外国投资者及其关联投资者、数个外国投资者持有企业股份总额不超过50%，但所享有的表决权已经足以对股东会或股东大会、董事会的决议产生重大影响；（4）其他导致外国投资者对企业的经营决策、人事、财务、技术等产生重大影响的情形。

3. 外商投资合同效力的认定

在准入前国民待遇加负面清单管理模式下，原则上外商投资无需再经审批，投资合同的效力应当贯彻当事人意思自治原则，只有负面清单列明采取特别管理措施的投资领域和项目，才涉及审批行为对合同效力的影响问题。

最高人民法院《关于适用〈中华人民共和国外商投资法〉若干问题的解释》区分负面清单所列投资领域与负面清单之外领域两种情形，对于相关投资合同的效力认定问题作出了具体规定。

（1）对于外商投资准入负面清单之外的领域形成的投资合同，当事人以合同未经有关行政主管部门批准登记为由，主张合同无效或者未生效的，人民法院不予支持。

（2）外国投资者投资外商投资准入负面清单规定禁止投资的领域，当事人主张投资合同无效的，人民法院应予支持。

（3）外国投资者投资外商投资准入负面清单规定限制投资的领域，当事人以违反限制性准入特别管理措施为由，主张投资合同无效的，人民法院应予支持。但是，在人民法院作出生效裁判前，当事人采取必要措施满足准入特别管理措施的要求，并据此主张所涉投资合同有效的，人民法院应予支持支持。

（4）在生效裁判作出前，因外商投资准入负面清单调整，外国投资者投资不再属于禁止或者限制投资的领域，当事人主张投资合同有效的，人民法院应予支持。

“投资合同”是指外国投资者及外国的自然人、企业或者其他组织因直接或者间接在中国境内进行投资而形成的相关协议，包括设立外商投资企业合同、股份转让合同、股权转让合同、财产份额或者其他类似权益转让合同、新建项目合同等协议。外国投资者以赠与、财产分割、企业合并、企业分立等方式取得相应权益所产生的合同纠纷，也适用上述规定。

【经典真题】

【多选题·2015】根据外商直接投资法律制度的规定，外国投资者并购境内企业安全审查部际联席会议的牵头机构有（　　）。

A. 国家发改委　　B. 工业与信息化部

C. 商务部　　D. 国家工商总局

【答案】AC

【经典模拟题】

【多选题】下列属于取得所投资企业实际控制权的有（　　）。

A. 史密斯持有 A 公司 70% 的股份总额

B. 汤姆、杰瑞合计持有 B 公司股份总额 60%

C. 佩奇、乔治合计持有 C 公司 40% 的股份，但其二人所享有的表决权对 C 公司董事会决议能够产生重大影响

D. 弗瑞斯、蒂姆、旺达合计持有 D 公司 35% 的股份，但三人均为 D 公司监事会成员，对 D 公司监事会决议能够产生重大影响

【答案】ABC

【解析】选项 D：数个投资者持有企业股份总额不超过 50%，但所享有的表决权足以对股东会或股东大会、董事会（不包括监事会）的决议产生重大影响，则取得所投资企业实际控制权。

重难点 7：关于过渡期问题★

《外商投资法》实行前依照“外资三法”设立的外商投资企业，在《外商投资法》实行后 5 年内可以依照《公司法》《合伙企业法》等法律的规定，调整其组织形式、组织机构等，并依法办理变更登记，也可以继续保留原企业组织形式、组织机构等。自 2025 年 1 月 1 日起，对未依法调整组织形式、组织机构等并办理变更登记的现有外商投资企业，市场监督管理部门不予办理其申请的其他登记事项，并将相关情形予以公示。

【经典模拟题】

【单选题】我国《外商投资法》规定的过渡期是（　　）。

A. 1年　　B. 3年　　C. 5年　　D. 10年

【答案】C

重难点8：对外直接投资核准备案制度★★

1. 商务部的核准和备案

企业境外投资涉及敏感国家和地区、敏感行业的，实行核准管理；企业其他情形的境外投资，实行备案管理。

实行核准管理的国家是指与中华人民共和国未建交的国家、受联合国制裁的国家，必要时商务部可另行公布其他实行核准管理的国家和地区的名单。

实行核准管理的行业是指涉及出口中华人民共和国限制出口的产品和技术的行业，影响一国（地区）以上利益的行业。

企业境外投资不得有以下情形：(1) 危害我国国家主权、安全和社会公共利益，或违反我国法律法规；(2) 损害我国与有关国家（地区）关系；(3) 违反我国缔结或参加的国际条约、协定；(4) 出口我国禁止出口的产品和技术。

对属于备案情形的境外投资，中央企业报商务部备案，地方企业报所在省级商务主管部门备案；对属于核准情形的境外投资，中央企业向商务部提出申请，地方企业通过所在省级商务主管部门向商务部提出申请。

2. 发展改革部门的核准和备案

实行核准管理的范围是投资主体直接或通过其控制的境外企业开展的敏感类项目，核准机关是国家发展改革委。

所谓敏感类项目，是指涉及敏感国家和地区的项目以及涉及敏感行业的项目。敏感国家和地区包括：(1) 与我国未建交的国家和地区；(2) 发生战争、内乱的国家和地区；(3) 根据我国缔结或参加的国际条约、协定等，需要限制企业对其投资的国家和地区；(4) 其他敏感国家和地区。

敏感行业包括：(1) 武器装备的研制生产维修；(2) 跨境水资源开发利用；(3) 新闻传媒；(4) 根据我国法律法规和有关调控政策，需要限制企业境外投资的行业。敏感行业目录由国家发展改革委发布。

实行备案管理的项目，是投资主体直接开展的非敏感类项目，即不涉及敏感国家和地区且不涉及敏感行业的项目。

实行备案管理的项目中，投资主体是中央管理企业的，备案机关是国家发展改革委；投资主体是地方企业且中方投资额3亿美元及以上的，备案机关是国家发展改革委；投资主体是地方企业且中方投资额3亿美元以下的，备案机关是投资主体注册地的省级政府发展改革部门。

重难点9：《对外贸易法》的适用范围和原则★

从地域范围来看，我国《对外贸易法》只适用于中国内地。我国香港特别行政区、澳门特别行政区和台湾地区已经分别以“中国香港”“中国澳门”和“中国台北”名义加入世贸组织，成为我国的单独关税区，不适用我国的《对外贸易法》。

《对外贸易法》的原则包括：

（1）统一管理原则；

（2）公平自由原则；

（3）平等互利原则；

（4）区域合作原则；

（5）非歧视原则：非歧视原则包括最惠国待遇原则和国民待遇原则；

（6）互惠对等原则：互惠、对等是指我国给予另一国某种待遇或者对其采取某种措施，以该国给予我国相应待遇或者对我国采取相应措施为前提。

【经典真题】

【单选题·2019】《对外贸易法》第七条规定："任何国家或地区在贸易方面对中华人民共和国采取歧视性的禁止、限制或者其他类似措施的中华人民共和国可以根据实际情况对该国或者该地区采取相应的措施。"该条款体现的原则是（　　）。

A. 统一管理原则　　B. 平等互利原则

C. 公平自由原则　　D. 互惠对等原则

【答案】D

【解析】本题考核《对外贸易法》的原则。互惠、对等是指我国给予另一国某种待遇或者采取某种措施，以该国给予我国某种待遇或者采取某种措施为前提。

重难点10：对外贸易经营者★★★

1. 对外贸易经营者包括法人，其他组织和个人

2. 对外贸易经营无须专门许可

《对外贸易法》于2004年修订时取消了外贸特许制，只要依法办理了工商登记或者其他执业手续的单位和个人均可从事外贸经营。

3. 对外贸易经营者的管理

（1）货物贸易和技术贸易经营者的备案登记。

从事货物进出口或者技术进出口的对外贸易经营者，应当向商务部或者其委托的机构办理备案登记；但是，法律、行政法规和商务部规定不需要备案登记的除外。对外贸易经营者未按照规定办理备案登记的，海关不予办理进出口货物的报关验放手续。

（2）关于国营贸易的特别规定。

我国可以对部分货物的进出口实行国营贸易管理；实行国营贸易管理货物的进出口业务只能由经授权的企业经营，但国家允许部分数量的国营贸易管理货物的进出口业务由非授权企业经营的除外；实行国营贸易管理的货物和经授权经营企业的目录，由商务部会同国务院其他有关部门确定、调整并公布。

【小贴士】国家只对部分而非全部货物实行国营贸易管理。目前，我国实行进口国营贸易管理的货物涉及粮食、植物油、糖、烟草、原油、成品油、化肥和棉花等类别，而实行出口国营贸易管理的货物主要是烟草专卖品。

【经典真题】

【单选题·2019】下列关于我国国营贸易制度的表述中，符合对外贸易法律制度规定的是（　　）。

A. 国家可以对全部货物的进出口实行国营贸易管理

B. 判断一个企业是否为国营贸易企业，关键是看该企业的所有制形式

C. 实行国营贸易管理的货物进出口业务只能由经授权的企业专属经营，一律不得由其他企业经营

D. 实行国营贸易管理的货物和经授权经营企业的目录，由该商务部会同国务院其他有关部门确定、调整并公布

【答案】D

【解析】本题考核国营贸易。国营贸易是世界贸易组织明文允许的贸易制度，国家可以对部分货物的进出口实行国营贸易管理，选项A错误。判断一个企业是不是国营贸易企业，关键是看该企业是否在国际贸易中享有专营权或特许权，与该企业的所有制形式并无必然联系，选项B错误。实行国营贸易管理货物的进出口业务只能由经授权的企业经营；但是，国家允许部分数量的国营贸易管理货物的进出口业务由非授权企业经营的除外，选项C错误。

重难点11：货物进出口与技术进出口★★★

《对外贸易法》规定，国家准许货物进出口与技术进出口，但法律、行政法规另有规定的除外。

1. 货物和技术自由进出口的例外情形

（1）一般例外（包括11种情形）；

（2）安全例外（包括2种情形）。

2. 货物和技术进出口的管理制度

（1）货物进出口的自动许可制度。

商务部基于监测进出口情况的需要，可以对部分自由进出口的货物实行进出口自动许可并公布其目录。实行自动许可的进出口货物，收货人、发货人在办理海关报关手续前提出自动许可申请的，商务部应当予以许可；未办理自动许可手续的，海关不予放行。

（2）技术进出口备案登记制度。

进出口属于自由进出口的技术，应当向商务部或其委托的机构办理合同备案登记。

（3）配额和许可证制度。

国家对限制进出口的货物，实行配额、许可证等方式管理。对限制进口或者出口的技术，实行许可证管理。

国家对部分进口货物还可以实行关税配额管理。

进出口货物配额和关税配额由商务部或者国务院其他有关部门在各自职责范围内，按照公开、公平、公正和效益的原则进行分配。

【小贴士】关税配额是将关税和配额制度结合起来的一种数量限制措施，是指在一定时期内对进口商品的绝对数量不加限制，但对在规定关税配额内的进口货物适用较低的关税税

率，对超过规定数量限额的进口货物则适用较高的关税税率，以此来调节货物进口的数量。

【经典真题】

【单选题·2016】根据对外贸易法律制度的规定，对于国家规定有数量限制的进出口货物，我国实行的管理方式是（　　）。

A. 配额管理　　B. 自由进出口管理

C. 备案登记管理　　D. 许可证管理

【答案】A

【解析】国家规定有数量限制的限制进出口货物，实行配额管理。

重难点 12：国际服务贸易★★

商务部和国务院其他有关部门依照该法和其他有关法律、行政法规的规定，对国际服务贸易进行管理。

国家基于下列原因，可以限制或者禁止有关的国际服务贸易：(1) 为维护国家安全、社会公共利益或者公共道德，需要限制或者禁止的；(2) 为保护人的健康或安全，保护动物、植物的生命或者健康，保护环境，需要限制或者禁止的；(3) 为建立或者加快建立国内特定服务产业需要限制的；(4) 为保障国家外汇收支平衡，需要限制的；(5) 依照法律行政法规的规定，其他需要限制或禁止的；(6) 根据我国缔结或者参加的国际条约，协定的规定，其他需要限制或者禁止的。

此外，国家对与军事有关的国际服务贸易，以及与裂变聚变物质或者衍生此类物质的物质有关的国际服务贸易，可以采取任何必要措施，维护国家安全；在战时或者为维护国际和平与安全，国家在国际服务贸易方面可以采取任何必要措施。

重难点 13：对外贸易救济★★★

对外贸易救济措施包括反倾销措施、反补贴措施和保障措施。

反倾销调查的启动过程如下：国内产业或者代表国内产业的自然人、法人或者有关组织，可以向商务部提出反倾销调查的书面申请。商务部应当自收到申请书及有关证据之日起60 日内，决定立案调查或者不立案调查。

在表示支持申请或者反对申请的国内产业中，支持者的产量占支持者和反对者的总产量50%以上的，应当认定申请是由国内产业或者代表国内产业提出，可以启动反倾销调查；但是，表示支持申请的国内生产者的产量不足国内同类产品总产量的25%的，不得启动反倾销调查。在特殊情形下，商务部虽未收到反倾销调查的书面申请，但有充分证据认为存在倾销和损害以及二者之间有因果关系的，可以自行决定立案调查。反倾销调查应当自立案调查决定公告之日起12 个月内结束；特殊情况下可以延长，但延长期不得超过6 个月。

有下列情形之一的，反倾销调查应当终止，并由商务部予以公告：①申请人撤销申请的；②没有足够证据证明存在倾销、损害或者二者之间有因果关系的；③倾销幅度低于2%的；④倾销进口产品实际或者潜在的进口量或者损害属于可忽略不计的；⑤商务部认为不适宜继续进行反倾销调查的。

1. 反倾销措施

（1）临时反倾销措施。

初裁决定确定倾销成立，并由此对国内产业造成损害的，可以采取下列临时反倾销措施：①征收临时反倾销税；②要求提供保证金、保函或者其他形式的担保。

（2）价格承诺。

倾销进口产品的出口经营者在反倾销调查期间，可以向商务部作出改变价格或者停止以倾销价格出口的价格承诺。商务部可以向出口经营者提出价格承诺的建议，但不得强迫出口经营者作出价格承诺。商务部对倾销以及由倾销造成的损害作出肯定的初裁决定前，不得寻求或者接受价格承诺。出口经营者不作出价格承诺或者不接受价格承诺的建议的，不妨碍对反倾销案件的调查和确定。商务部认为出口经营者作出的价格承诺能够接受并符合公共利益的，可以决定中止或者终止反倾销调查，不采取临时反倾销措施或者征收反倾销税。

（3）反倾销税。

终裁决定确定倾销成立，并由此对国内产业造成损害的，可以征收反倾销税。征收反倾销税，由商务部提出建议，国务院关税税则委员会根据商务部的建议作出决定，由商务部予以公告，海关自公告规定实施之日起执行。

①反倾销税原则上仅适用于终裁决定公告之日以后进口的产品。

②反倾销税的纳税人为倾销进口产品的进口经营者。

③反倾销税应当根据不同出口经营者的倾销幅度，分别确定。

④在任何情形下，反倾销税税额不超过终裁决定确定的倾销幅度。

⑤反倾销税的征收期限不超过5年，但经商务部复审确定终止征收反倾销税有可能导致倾销和损害的继续或者再度发生的，反倾销税的征收期限可以适当延长。

2. 反补贴调查与反补贴措施

对补贴的调查和确定，由商务部负责。反补贴调查在申请、启动、实施、终止等方面的条件和程序与反倾销调查基本相同。略有差异的是，反补贴调查的终止情形之一是“补贴金额为微量补贴”，而不是“幅度低于2%”。

反补贴措施包括临时反补贴措施，取消、限制补贴或者其他有关措施的承诺，以及反补贴税，其具体内容和实施程序与反倾销措施基本相同。略有差异的是，临时反补贴措施实施的期限，自临时反补贴措施决定公告规定实施之日起不超过4个月，且不得延长。

3. 保障措施

（1）终裁决定确定进口产品数量增加，并由此对国内产业造成损害的，可以采取保障措施。保障措施可以采取提高关税、数量限制等形式。

（2）保障措施采取提高关税形式的，由商务部提出建议，国务院关税税则委员会根据商务部的建议作出决定，由商务部予以公告。

（3）采取数量限制形式的，由商务部作出决定并予以公告。

（4）采取数量限制措施的，限制后的进口量不得低于最近3个有代表性年度的平均进口量，但有正当理由表明为防止或者补救严重损害而有必要采取不同水平的数量限制措施的除外。

（5）保障措施的实施期限不超过4年。符合下列条件的，保障措施的实施期限可以适当延长，但在任何情况下，一项保障措施的实施期限及其延长期限不得超过10年：

①按照《中华人民共和国保障措施条例》（以下简称《保障措施条例》）规定的程序确定的保障措施对于防止或者补救严重损害仍有必要；

②有证据表明相关国内产业正在进行调整；

③已经履行有关对外通知、磋商的义务；

④延长后的措施不严于延长前的措施。

【经典真题】

【单选题·2017】根据对外贸易法律制度的规定，负责决定征收反倾销税的机构是（　　）。

A. 财政部　　B. 商务部

C. 国家税务总局　　D. 国务院关税税则委员会

【答案】D

【解析】征收反倾销税，由商务部提出建议，国务院关税税则委员会根据商务部的建议作出决定。

【单选题·2015】根据对外贸易法律制度的规定，针对公平贸易条件下的特殊情形，可以采取特定的贸易救济措施，该措施是（　　）。

A. 反补贴税　　B. 反倾销税

C. 价格承诺　　D. 保障措施

【答案】D

【解析】保障措施是针对公平贸易条件下的特殊情形采取的。

重难点14：《外汇管理条例》的适用范围和基本原则★★

《外汇管理条例》对适用范围的规定采取了属人主义和属地主义相结合的原则。境内机构和境内个人的外汇收支或者外汇经营活动，不论其发生在境内或境外，均适用该条例；而对于境外机构和境外个人而言，则仅对其发生在中国境内的外汇收支和外汇经营活动适用该条例。

我国目前外汇管理的基本原则是经常项目和资本项目区别管理原则，即经常项目开放，资本项目部分管制。

【经典真题】

【单选题·2011】根据外汇管理法律制度的规定，下列外汇收支活动中，应当适用《外汇管理条例》的是（　　）。

A. 美国驻华大使洪某在华任职期间的薪酬

B. 最近2年一直居住在上海的美国公民汤姆，出租其在美国的住房获得的租金

C. 美国花旗银行伦敦分行在香港的营业所得

D. 正在中国短期旅行的美国人彼得，得知其在美国购买的彩票中了300万美元的大奖

【答案】B

【解析】选项 A：外国驻华外交人员属于“境外个人”，仅在中国境内的外汇收支和外汇经营活动适用该条例，而美国驻华大使馆不属于中国的领土，不属于“境内”；选项 B：在境内连续居住满 1 年的外国人，属于“境内个人”，境内个人的外汇收支或者外汇经营活动，不论其发生在境内或者境外，均适用该条例；选项 C：美国花旗银行属于“境外机构”，仅在中国境内（不包括中国香港）的外汇收支和外汇经营活动适用该条例；选项 D：在中国短期旅行的彼得属于“境外个人”，仅在中国境内的外汇收支和外汇经营活动适用该条例。

重难点 15：经常项目外汇管理制度★★★

1. 经常项目的内容

经常项目包括贸易收支、服务收支、收益（包括职工报酬和股息、红利等投资收益）和经常转移（单方面转移，如个人之间的无偿赠与或者政府之间的军事及经济援助、赠与、赔款等）。

2. 经常项目的外汇收支管理

（1）经常项目外汇收入。

经常项目外汇收入实行意愿结汇制（而非强制结汇制）。经常项目外汇收入，可以按照国家有关规定保留或者卖给经营结汇、售汇业务的金融机构。

（2）经常项目外汇支出。

经常项目外汇支出凭有效单证，无须审批。

（3）经常项目外汇收支需有真实、合法的交易基础。

人民币经常项目可兑换后，对企业和个人经常项目下用汇的管理，主要体现在对外汇收支及汇兑环节的真实性审核。

3. 个人外汇管理制度

（1）目前，对于个人结汇和境内个人购汇实行年度总额管理，年度总额为每人每年等值 5 万美元。

（2）个人经常项目项下外汇收支分为经营性外汇收支和非经营性外汇收支，对于个人开展对外贸易产生的经营性外汇收支，视同机构按照货物贸易的有关原则进行管理。

【经典真题】

【单选题·2014】下列关于经常项目外汇收支管理的表述中，符合外汇管理法律制度规定的是（　　）。

A. 我国对经常项目外汇收支实行有限度的自由兑换

B. 经营外汇业务的金融机构应当对经常项目外汇收支的真实性进行审核

C. 境内个人购汇额度为每人每年等值 5 万美元，应凭相关贸易单证办理

D. 经常项目外汇收入实行强制结汇制

【答案】B

【解析】选项 A：我国目前经常项目外汇收支可自由兑换；选项 C：对于个人的非经营性外汇收支，无须提供贸易单证；选项 D：经常项目外汇收入实行意愿结汇制（而非强制结汇制）。

重难点 16：资本项目外汇管理制度★★★

1. 资本项目的内容

资本项目包括资本转移、直接投资、证券投资、衍生产品投资、贷款以及非生产、非金融资产的收买或者放弃等。

2. 资本项目的外汇收支管理

（1）资本项目外汇收入。

资本项目外汇收入，保留或者卖给经营结汇、售汇业务的金融机构，应当经外汇管理机关批准，但国家规定无须批准的除外。

（2）资本项目外汇支出。

资本项目外汇支出，凭有效单证以自有外汇支付或者向经营结汇、售汇业务的金融机构购汇支付。国家规定应当经外汇管理机关批准的，应当在外汇支付前办理批准手续。

（3）资本项目外汇及结汇资金的使用。

【经典真题】

【多选题·2015】根据外汇法律制度的规定，下列各项中，属于外汇经常性项目的有（　　）。

A. 贸易收支　　B. 对外借款

C. 投资收益　　D. 单方面转移

【答案】ACD

【解析】选项 B 属于资本项目。

重难点 17：外汇市场★★

根据市场参与者的性质不同，外汇市场可划分为外汇零售市场和外汇批发市场。外汇零售市场是指银行与企业、银行与个人客户之间进行柜台式外汇买卖所形成的市场；外汇批发市场是指商业银行等金融机构之间进行外汇买卖所形成的市场，也称银行间外汇市场。

目前我国银行间外汇市场的参与主体以境内银行业金融机构为主，同时包括部分非银行金融机构和非金融企业。

《外汇管理条例》第三十条规定，外汇市场交易的币种和形式由国务院外汇管理部门规定。目前，银行间外汇市场提供集中竞价、双边询价和撮合交易三种交易模式。

【经典真题】

【多选题·2019】根据外汇管理法律制度的规定，外汇市场可以划分为外汇零售市场和外汇批发市场。下列市场参与者之间进行的外汇买卖中，形成外汇批发市场的有（　　）。

A. 银行与企业之间进行的柜台式外汇买卖

B. 银行与其他金融机构之间进行的外汇买卖

C. 银行与个人客户之间进行的外汇买卖

D. 银行与银行之间进行的外汇买卖

【答案】BD

【解析】本题考核外汇市场。外汇批发市场是指商业银行等金融机构之间进行外汇买卖所形成的市场，也称银行间外汇市场。

五、进阶练习

（一）单选题

1. 下列有关《外商投资法》的表述正确的是（　　）。

A. 该法为企业组织法

B. 该法的制定坚持中国特色与国际规则相衔接

C. 该法强调的“准入前国民待遇”是指准入后不再享有国民待遇

D. 该法所称的外商投资是指外国的自然人直接或者间接在中国境内进行的投资行为

2. 下列有关《外商投资法》与“外资三法”对比的表述中，错误的是（　　）。

A. “外资三法”在市场准入方面与内资区别对待

B. 《外商投资法》实行国民待遇

C. 《外商投资法》以管理为主基调

D. “外资三法”是企业组织法

3. 下列关于加强对外资投资企业的产权保护的说法中，错误的是（　　）。

A. 国家对于外国投资者的投资原则上不实行征收

B. 外国投资者对征收决定不服的，只能依法申请行政复议不能提起行政诉讼

C. 外国投资企业的外籍职工和我国香港、澳门、台湾地区职工的工资收入和其他合法收入，可以依法自由汇出

D. 国家保护外国投资者和外商投资企业的知识产权

4. 下列有关负面清单的表述中错误的是（　　）。

A. 负面清单规定，禁止投资的领域，外国投资者不得投资

B. 负面清单规定限制投资的领域，外国投资者进行投资，应当符合负面清单规定的股权要求

C. 有关主管部门在依法履行职责过程中，对外国投资者里投资负面清单领域，但不符合负面清单规定的，不予办理许可登记注册等相关事项

D. 涉及固定资产投资项目核准的，不予办理相关核准事项

5. 根据外汇管理法律制度的规定，负责对合格境内机构投资者（QDII）的境外投资额度进行管理的机构是（　　）。

A. 财政部　　　　B. 国家外汇管理局

C. 国家发改委　　D. 中国证监会

6. 根据外汇管理法律制度的规定，下列关于特别提款权的表述中正确的是（　　）。

A. 特别提款权是一种货币

B. 特别提款权本身具有价值

C. 特别提款权的货币栏目前由六种货币组成

D. 加入特别提款权“货币篮”标志着人民币完全实现了可自由兑换

7. 根据外汇管理法律制度的规定，下列货币中不属于特别提款权货币篮子组成货币的是（　　）。

A. 美元　　B. 日元　　C. 人民币　　D. 加拿大元

（二）多选题

1. 我国《外商投资法》制定主要遵循的原则有（　　）。

A. 突出积极扩大对外开放和促进外商投资的主基调

B. 坚持外商投资基础性法律的定位

C. 坚持中国特色和国际规则相衔接

D. 坚持内外资一致

2. 我国《外商投资法》的特色与创新主要体现在（　　）。

A. 从企业组织法转型为投资行为

B. 强调对外商投资的促进与保护

C. 全面落实国民待遇原则

D. 更加周延地覆盖外商投资实践

3. 下列属于我国法律规定的外国投资的情形有（　　）。

A. 外国投资者单独或者与其他投资者共同在中国境内设立外商投资企业

B. 外国投资者取得中国境内企业的股份股权财产份额或者其他类似权益

C. 外国投资者单独或者与其他投资者共同在中国境内投资新建项目

D. 法律行政法规或者国务院规定的其他方式的投资

4. 我国《外商投资法》关于外商投资促进的具体规定包括（　　）。

A. 提高外商投资政策的透明度

B. 保障外商投资企业平等参与市场竞争

C. 加强外商投资服务

D. 依法依规鼓励和引导外商投资

5. 我国《外商投资法》关于外商投资保护的具体规定包括（　　）。

A. 加强对外商投资企业的产权保护

B. 强化对制定涉及外商投资规范性文件的约束

C. 促使地方政府守约践诺

D. 建立健全外商投资企业投诉工作机制

6. 下列人民法院关于外商投资合同效力认定的态度，符合法律规定的有（　　）。

A. 对于外商投资准入负面清单之外的领域形成的投资合同，当事人以合同未经有关行政主管部门批准登记为由，主张合同无效或者未生效的，人民法院不予支持

B. 外国投资者投资外商投资准入负面清单规定禁止投资的领域，当事人主张投资合同无效的，人民法院应予支持

C. 外国投资者投资外商投资准入负面清单规定限制投资的领域，当事人以违反限制性准入特别管理措施为由，主张投资合同无效的，人民法院应予支持

D. 在生效裁判作出前，因外商投资准入负面清单调整，外国投资者投资不再属于禁止

或者限制投资的领域，当事人主张投资合同有效的，人民法院应予支持

7. 根据外汇管理法律制度的规定，下列各项中纳入外债管理的有（　　）。

A. 境外发债　　B. 境外借款

C. 境内机构对外担保　　D. 国际融资租赁

8. 根据外汇管理法律制度的规定，下列关于当前人民币汇率制度的表述中正确的有（　　）。

A. 参考“一篮子”货币进行调节　　B. 有管理的浮动汇率制度

C. 以市场供求为基础　　D. 官方汇率与调剂市场汇率并存

六、进阶练习答案及解析

（一）单选题

1. 【答案】B

【解析】选项B为《外商投资法》制定遵循的原则。

2. 【答案】C

【解析】《外商投资法》强调对外资的促进与保护，不是管理。

3. 【答案】B

【解析】外国投资者对征收决定不服的，可以依法申请行政复议或者提起行政诉讼。

4. 【答案】B

【解析】负面清单规定限制投资的领域，外国投资者进行投资，应当符合负面清单规定的股权要求、高级管理人员要求等限制性准入特别管理措施。

5. 【答案】B

6. 【答案】B

【解析】选项C：特别提款权的货币栏目前由五种货币组成。

7. 【答案】D

（二）多选题

1. 【答案】ABCD

2. 【答案】ABCD

3. 【答案】ABCD

4. 【答案】ABCD

5. 【答案】ABCD

6. 【答案】ABCD

7. 【答案】ABCD

8. 【答案】ABC